柴油发动机电控系统检测与修复

主编　张西振　金艳秋　万　捷

北京理工大学出版社
BEIJING INSTITUTE OF TECHNOLOGY PRESS

内 容 简 介

本书以大众车车型为主，共设7个项目，23个学习任务，内容涉及柴油发动机电控分配泵系统检修、电控泵喷嘴系统检修、共轨式电控燃油系统检修、传感器检修、辅助控制系统检修、电控系统故障诊断等。每个学习任务包括学习目标、任务引入、相关知识、任务实施、拓展学习5个环节。

本书内容先进、资料翔实、图文并茂、通俗易懂，适合作为高等院校和专业培训相关课程的教材，同时也可作为汽车维修技术人员的参考书。

图书在版编目（CIP）数据

柴油发动机电控系统检测与修复/张西振，金艳秋，万捷主编. —北京：北京理工大学出版社，2017.2

ISBN 978-7-5682-3417-7

Ⅰ. ①柴… Ⅱ. ①张…②金…③万… Ⅲ. ①汽车-柴油机-电气控制系统-检测②汽车-柴油机-电气控制系统-维修 Ⅳ. ①U472.43

中国版本图书馆CIP数据核字（2017）第044384号

出版发行／北京理工大学出版社有限责任公司
社　　址／北京市海淀区中关村南大街5号
邮　　编／100081
电　　话／(010)68914775(办公室)
　　　　　(010)68944990(批销中心)
　　　　　(010)68911084(读者服务部)
网　　址／http://www.bitpress.com.cn
经　　销／全国各地新华书店
印　　刷／三河市天利华印刷装订有限公司
开　　本／787毫米×1092毫米 1/16
印　　张／18
字　　数／423千字
版　　次／2017年2月第1版　2017年2月第1次印刷
定　　价／54.00元

责任编辑／封 雪
文案编辑／张鑫星
责任校对／周瑞红
责任印制／马振武

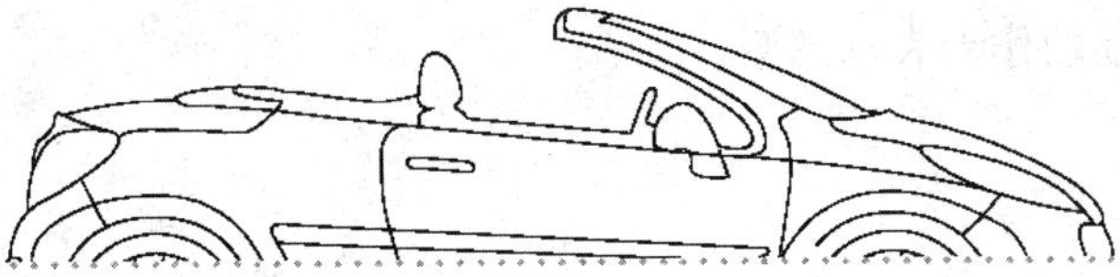

前言

PREFACE

柴油发动机广泛应用于船舶动力、发电、灌溉、车辆动力等领域，尤其在车用动力方面的优势最为明显。在美国、日本以及欧洲，100%的重型汽车使用柴油发动机为动力。在欧洲，90%的商用车及33%的轿车为柴油车；在美国，90%的商用车为柴油车；在日本，38%的商用车为柴油车，9.2%的轿车为柴油车。据专家预测，在今后20年，甚至更长的时间内柴油发动机将成为世界车用动力的主流。

20世纪90年代以来，随着电控技术在汽车柴油发动机上应用的日益增多，控制精度不断提高，控制功能不断强大，加上“共轨”技术、“时间控制”燃油喷射技术、涡轮增压中冷技术、多气门技术、废气再循环技术等在汽车柴油发动机上应用的逐渐成熟，使汽车柴油发动机在质量、噪声、尾气等方面已取得重大突破，达到了汽油发动机的水平，在轿车和轻型车动力竞争中，柴油发动机的发展势头令人瞩目。

本书以大众车具体车型为主，共设7个项目，23个学习任务，内容涉及柴油发动机电控分配泵系统检修、电控泵喷嘴系统检修、共轨式电控燃油系统检修、传感器检修、辅助控制系统检修、电控系统故障诊断等。每个学习任务包括学习目标、任务引入、相关知识、任务实施、拓展学习5个环节。本书不仅对汽车柴油发动机应用广泛的电控燃油喷射系统、进气预热系统、进气控制系统、增压控制系统、排放控制系统等进行了系统、详细的阐述，对比较成熟的第三代共轨系统（压电式）、废气再循环冷却系统、选择性催化还原技术（SCR）、过滤器主动再生技术等新技术也做了详细介绍。此外，为使读者了解汽车柴油发动机的新技术发展方向，本书对处于研究阶段的静电吸附捕集技术、高压脉冲电晕等离子体技术等也做了简单介绍。

本书编写过程中，充分考虑了目前国内职业教育的特点，力求从生产一线对该专业人才知识、能力的需要出发，本着理论知识必需、够用的原则，重点对柴油发动机电控系统的基本组成、主要元件结构和工作原理、常见故障诊断方法、检修方法进行介绍，并列举了常见发动机电控系统实例以加强针对性。同时，也介绍了正在推广应用和正在研制但尚未成熟的柴油发动机新技术，以便使读者了解更多的汽车柴油发动机新技术知识。本书内容先进、资料翔实、图文并茂、通俗易懂，适合作为高等院校和专业培训相关课程的教材，同时也可作为汽车维修技术人员的参考书。

本书由张西振、金艳秋担任主编，其他参与编写的还有王丽梅、张风云、黄艳玲、翟静、修玲玲、刘杨、张丽丽、朱尚功等。

由于时间仓促和编者水平有限，书中不当甚至错误之处在所难免，恳请使用本书的师生和读者批评指正，在此对本书参考文献的作者表示感谢。

编　者

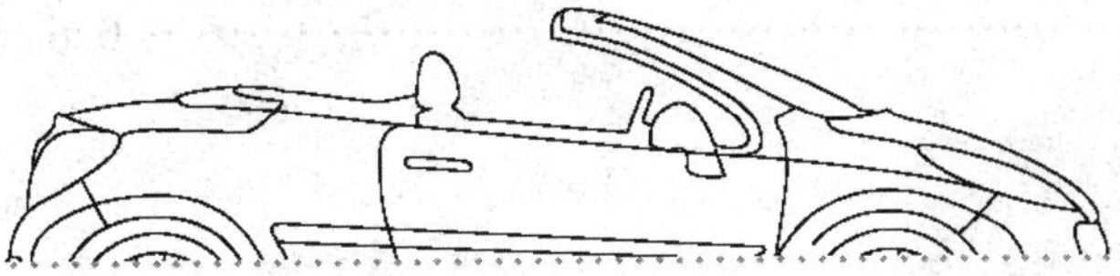

目 录

CONTENTS

项目一
柴油发动机电控系统和维修常用仪器设备的认识

学习任务1　柴油发动机电控系统的认识 ………… 003
学习目标………… 003
任务引入………… 003
相关知识………… 003
一、柴油发动机电控技术的发展历程………… 003
二、柴油发动机电控技术的特点………… 007
三、柴油发动机与汽油发动机电控技术的区别………… 008
四、电控柴油发动机主要技术参数………… 008
五、柴油发动机电控系统分类………… 010
六、柴油发动机电控系统组成………… 014
七、柴油发动机电控系统传感器………… 015
八、柴油发动机电控系统 ECU ………… 016
九、柴油发动机电控系统的执行元件………… 017
任务实施………… 018
学习任务2　维修常用仪器设备认识 ………… 019
学习目标………… 019
任务引入………… 019
相关知识………… 019
一、跨接线………… 019
二、测试灯………… 020
三、数字式万用表………… 020
四、手动真空泵………… 022
五、燃油压力表………… 022
六、故障诊断仪………… 022

七、示波器……………………………………………………………… 024
八、发动机综检仪……………………………………………………… 025
任务实施………………………………………………………………… 026
习题……………………………………………………………………… 026

项目二 电控分配泵燃油系统检修

学习任务1　分配泵检修 ……………………………………………… 029
学习目标………………………………………………………………… 029
任务引入………………………………………………………………… 029
相关知识………………………………………………………………… 029
一、分配泵燃油系统的组成…………………………………………… 029
二、轴向柱塞式分配泵电控系统……………………………………… 029
三、径向柱塞式分配泵电控系统……………………………………… 041
四、捷达SDI柴油发动机电控燃油系统……………………………… 046
任务实施………………………………………………………………… 051
一、拆装及检修流程…………………………………………………… 051
二、技能学习考核……………………………………………………… 051
学习任务2　喷油器检修 ……………………………………………… 052
学习目标………………………………………………………………… 052
任务引入………………………………………………………………… 052
相关知识………………………………………………………………… 052
一、喷油器的功用和工作原理………………………………………… 052
二、喷油器检修………………………………………………………… 054
任务实施………………………………………………………………… 054
一、拆装及检修流程…………………………………………………… 054
二、技能学习考核……………………………………………………… 055
习题……………………………………………………………………… 055

项目三 电控泵喷嘴燃油系统检修

学习任务1　泵喷嘴检修 ……………………………………………… 059
学习目标………………………………………………………………… 059
任务引入………………………………………………………………… 059
相关知识………………………………………………………………… 059
一、P－T燃油供给系统的组成 ……………………………………… 059

二、泵喷嘴电控系统……………………………………………………… 061
三、宝来泵喷嘴电控系统………………………………………………… 064
四、宝来泵喷嘴电控燃油系统…………………………………………… 064
五、宝来泵喷嘴的结构及工作过程……………………………………… 067
六、泵喷嘴检修…………………………………………………………… 072
任务实施…………………………………………………………………… 074
一、注意事项……………………………………………………………… 074
二、拆装及检修流程……………………………………………………… 074
三、技能学习考核………………………………………………………… 074
知识拓展…………………………………………………………………… 075
一、单体泵电控系统的优势……………………………………………… 075
二、电控单体泵…………………………………………………………… 076
学习任务2　泵喷嘴校正 ……………………………………………… 078
学习目标…………………………………………………………………… 078
任务引入…………………………………………………………………… 078
相关知识…………………………………………………………………… 078
一、宝来轿车泵喷嘴结构………………………………………………… 078
二、泵喷嘴的拆卸与安装………………………………………………… 078
三、泵喷嘴的校正………………………………………………………… 081
任务实施…………………………………………………………………… 082
一、注意事项……………………………………………………………… 082
二、拆装及检修流程……………………………………………………… 083
三、技能学习考核………………………………………………………… 083
习题………………………………………………………………………… 083

项目四
电控共轨式燃油系统检修

学习任务1　高压油泵检修 ……………………………………………… 089
学习目标…………………………………………………………………… 089
任务引入…………………………………………………………………… 089
相关知识…………………………………………………………………… 089
一、共轨燃油系统的分类和组成………………………………………… 089
二、高压油泵……………………………………………………………… 091
三、共轨…………………………………………………………………… 093
四、调压阀………………………………………………………………… 095
五、燃油滤清器…………………………………………………………… 096
六、奥迪3.0 A6 TDI燃油系统 ………………………………………… 096
任务实施…………………………………………………………………… 098

一、注意事项 …… 098
二、拆装及检修流程 …… 099
三、技能学习考核 …… 099
学习任务2　共轨喷油器检修 …… 101
学习目标 …… 101
任务引入 …… 101
相关知识 …… 101
一、高压共轨喷油器 …… 102
二、中压共轨喷油器 …… 103
三、压电共轨喷油器 …… 104
四、奥迪 3.0 V6 TDI 压电喷油器 …… 106
任务实施 …… 108
一、注意事项 …… 108
二、拆装及检修流程 …… 109
三、技能学习考核 …… 109
学习任务3　低压输油泵检修 …… 110
学习目标 …… 110
任务引入 …… 110
相关知识 …… 110
一、低压输油泵 …… 110
二、奥迪 TDI 发动机输油泵检修 …… 114
任务实施 …… 115
一、拆装及检修流程 …… 115
二、技能学习考核 …… 115
习题 …… 115

项目五
柴油发动机电控系统传感器检修

学习任务1　加速踏板位置传感器检修 …… 119
学习目标 …… 119
任务引入 …… 119
相关知识 …… 119
一、电位计式加速踏板位置传感器 …… 119
二、差动电感式加速踏板位置传感器 …… 120
三、霍尔式加速踏板位置传感器 …… 121
任务实施 …… 121
一、拆装及检修流程 …… 121
二、技能学习考核 …… 122

学习任务2　凸轮轴/曲轴位置传感器检修 …… 123
学习目标 …… 123
任务引入 …… 123
相关知识 …… 123
一、电磁感应式凸轮轴/曲轴位置传感器 …… 123
二、霍尔式凸轮轴/曲轴位置传感器 …… 125
任务实施 …… 127
一、曲轴位置传感器检修 …… 127
二、凸轮轴传感器检修 …… 127
三、技能学习考核 …… 128
学习任务3　针阀升程传感器检修 …… 130
学习目标 …… 130
任务引入 …… 130
相关知识 …… 130
一、针阀升程传感器的基本组成及工作原理 …… 130
二、针阀升程传感器检修 …… 131
任务实施 …… 132
一、拆装及检修流程 …… 132
二、技能学习考核 …… 132
学习任务4　调节活塞位移传感器检修 …… 134
学习目标 …… 134
任务引入 …… 134
相关知识 …… 134
一、控制滑套位置传感器的基本组成及工作原理 …… 134
二、控制滑套位置传感器检修 …… 136
任务实施 …… 137
一、拆装及检修流程 …… 137
二、技能学习考核 …… 137
学习任务5　温度传感器检修 …… 139
学习目标 …… 139
任务引入 …… 139
相关知识 …… 139
一、温度传感器的功用 …… 139
二、温度传感器的结构原理 …… 139
三、温度传感器检修 …… 141
任务实施 …… 143
一、燃油温度传感器的检修 …… 143
二、进气歧管温度传感器的检修 …… 143
三、冷却液温度传感器的检修 …… 144

四、技能学习考核…………………………………………………… 144
学习任务6　压力传感器检修 …………………………………… 145
学习目标………………………………………………………………… 145
任务引入………………………………………………………………… 145
相关知识………………………………………………………………… 145
一、压力传感器的功用……………………………………………… 145
二、压力传感器的结构原理………………………………………… 146
任务实施………………………………………………………………… 147
一、进气歧管压力传感器的检修…………………………………… 147
二、大气压力传感器的检修………………………………………… 148
三、共轨压力传感器的检修………………………………………… 149
四、技能学习考核…………………………………………………… 149
学习任务7　空气流量传感器检修 ……………………………… 150
学习目标………………………………………………………………… 150
任务引入………………………………………………………………… 150
相关知识………………………………………………………………… 150
一、热线式空气流量计……………………………………………… 150
二、热膜式空气流量计……………………………………………… 151
任务实施………………………………………………………………… 152
一、拆装及检测流程………………………………………………… 152
二、技能学习考核…………………………………………………… 152
学习任务8　氧传感器检修 ……………………………………… 153
学习目标………………………………………………………………… 153
任务引入………………………………………………………………… 153
相关知识………………………………………………………………… 153
一、普通型氧传感器………………………………………………… 153
二、热型氧传感器…………………………………………………… 155
三、普通氧传感器…………………………………………………… 155
任务实施………………………………………………………………… 156
一、氧传感器的检修………………………………………………… 156
二、宽量程氧传感器的检修………………………………………… 157
三、技能学习考核…………………………………………………… 158
习题……………………………………………………………………… 159

项目六 柴油发动机辅助控制系统检修

学习任务1　废气涡轮增压控制系统检修 ……………………… 163
学习目标………………………………………………………………… 163

任务引入…………………………………………………………………… 163
相关知识…………………………………………………………………… 163
一、废气涡轮增压系统…………………………………………………… 163
二、增压控制系统的功能………………………………………………… 165
三、增压压力控制系统…………………………………………………… 165
四、增压空气循环控制系统……………………………………………… 168
任务实施…………………………………………………………………… 170
一、拆装及检修流程……………………………………………………… 170
二、技能学习考核………………………………………………………… 171
知识拓展…………………………………………………………………… 171
一、怠速转速控制………………………………………………………… 172
二、各缺均匀性控制……………………………………………………… 172
学习任务 2　预热系统检修 ………………………………………………… 173
学习目标…………………………………………………………………… 173
任务引入…………………………………………………………………… 173
相关知识…………………………………………………………………… 173
一、起动预热系统（空气预热）　………………………………………… 173
二、辅助预热系统（冷却液预热）　……………………………………… 176
三、预热塞系统检修……………………………………………………… 177
任务实施…………………………………………………………………… 178
一、拆装及检修流程……………………………………………………… 178
二、技能学习考核………………………………………………………… 178
学习任务 3　电控进气系统检修 …………………………………………… 180
学习目标…………………………………………………………………… 180
任务引入…………………………………………………………………… 180
相关知识…………………………………………………………………… 180
一、捷达 SDI 柴油发动机进气翻板的检修………………………………… 180
二、宝来 TDI 柴油发动机进气翻板的检修………………………………… 182
任务实施…………………………………………………………………… 184
一、捷达 SDI 柴油发动机进气翻板系统的检修…………………………… 184
二、宝来 TDI 柴油发动机进气翻板系统的检修…………………………… 184
三、技能学习考核………………………………………………………… 184
知识拓展…………………………………………………………………… 185
学习任务 4　EGR 系统检修 ………………………………………………… 189
学习目标…………………………………………………………………… 189
任务引入…………………………………………………………………… 189
相关知识…………………………………………………………………… 189
一、柴油发动机排放控制技术…………………………………………… 189
二、废气再循环控制系统………………………………………………… 192

任务实施……198
一、拆装及检修流程……198
二、技能学习考核……199
知识拓展……200
一、催化转化系统……200
二、颗粒过滤系统……205
习题……209

项目七 柴油发动机电控系统故障诊断

学习任务1 故障码读取和无故障诊断……213
学习目标……213
任务引入……213
相关知识……213
一、故障码读取与清除……213
二、无故障码故障诊断……223
任务实施……227
一、故障码读取……227
二、无故障码诊断……227
三、技能学习考核……227
学习任务2 数据流读取和执行元件测试……231
学习目标……231
任务引入……231
相关知识……231
一、读取数据块……231
二、执行元件诊断……242
三、发动机控制单元（ECU）编码……245
任务实施……246
一、数据流读取……246
二、执行元件测试……246
三、技能学习考核……246
习题……247
技能学习工作单……248
参考文献……275

项目一

柴油发动机电控系统和维修常用仪器设备的认识

学习任务1

柴油发动机电控系统的认识

学习目标

(1) 了解柴油发动机电控技术的发展历程和现状。
(2) 了解柴油发动机电控技术的特点。
(3) 掌握部分车型柴油发动机电控系统的主要参数。
(4) 熟悉柴油发动机电控系统的功用。
(5) 掌握柴油发动机电控系统的基本组成。
(6) 能够区分不同柴油发动机电控系统的类型。
(7) 能够识别柴油发动机电控系统传感器的位置。
(8) 能够识别柴油发动机电控系统执行器的位置。

任务引入

关于柴油发动机技术，大众对其的认知比汽油发动机技术的认知少得多，因为国内的乘用车绝大部分是汽油车。柴油发动机的技术特征命名五花八门，柴油发动机高压喷油系统的演变是从纯机械到电控，而电控柴油发动机大致经历了哪几个阶段？现在柴油发动机电控系统都有哪些特点？维修技师应该阅读维修手册并借助对实车的观察分析，掌握柴油发动机的特点以便正确制订维修计划。随着柴油发动机电控技术的发展，柴油发动机电控系统从最基本的燃油喷射控制，即供（喷）油量控制和供（喷）油正时控制，已扩展到包括对供（喷）油速率控制和喷油压力控制在内的多项目标控制的燃油喷射控制；并从单一的燃油喷射控制扩展到全方位集中控制。柴油发动机电控系统都包括哪些？柴油发动机电控系统的基本组成包括哪些？维修技师要掌握柴油发动机的类型及其传感器、执行器的位置，以便制订维修计划。

相关知识

一、柴油发动机电控技术的发展历程

1892 年，德国工程师鲁道夫·狄赛尔（Rudolf Diesel）受面粉厂粉尘爆炸的启发，设想将吸入气缸的空气高度压缩，使其温度超过燃料的自燃温度，再用高压空气将燃料吹入气缸，使之着火燃烧。他首创的压缩点火式内燃机于 1897 年研制成功，这种内燃机大多用柴

油作为燃料，故又称为柴油发动机。

1898 年柴油发动机首先用于固定式发电机组，1903 年用作商船动力，1904 年装于舰艇，1913 年第一台以柴油发动机为动力的内燃机车制成。1927 年，德国 Bosch 公司研制出了直列式合成泵，带来了柴油发动机技术的第一次飞跃，从此机械式供油系统取代了蓄压式供油系统，为柴油发动机的高速化、改善燃烧、提高性能创造了条件，使柴油发动机在汽车上的应用成为可能。

20 世纪 50 年代出现的废气涡轮增压技术，带来了柴油发动机技术的第二次飞跃。在第二次世界大战期间，增压技术广泛应用在飞机发动机上，直到 1954 年，瑞典的沃尔沃（VOLVO）汽车公司首先将增压技术应用在汽车柴油发动机上，使柴油发动机的升功率大幅度提高的同时，也奠定了柴油发动机作为中、重型车辆动力装置的主导地位。

柴油发动机升功率低、比质量大、振动和噪声大、起动性能差、制造成本高的缺点，始终是限制柴油发动机在汽车（尤其是轿车和轻型车）上广泛应用的瓶颈。20 世纪 80 年代电子控制技术在柴油发动机上的应用，带来了柴油发动机技术的第三次飞跃，推进了轿车和轻型车柴油化的进程。

在柴油发动机技术发展的同时，随着 20 世纪 80 年代电控技术、增压技术、净化处理技术在柴油发动机上的广泛应用，柴油发动机的燃油经济性和升功率进一步提高，CO、HC 和 NO_x 的排放量进一步降低，在轿车和轻型车动力竞争中，柴油发动机的优势开始显现。

现代汽车柴油发动机发展面临的主要问题是进一步降低油耗、降低 NO_x 和颗粒排放、降低噪声（欧盟、美国、日本排放法规的发展如图 1－1 所示），解决这些问题，就必须实现柴油发动机循环喷油量的高精度控制、喷油正时和喷油速率的优化控制、喷油压力的独立控制（不受喷油量和转速的影响）。

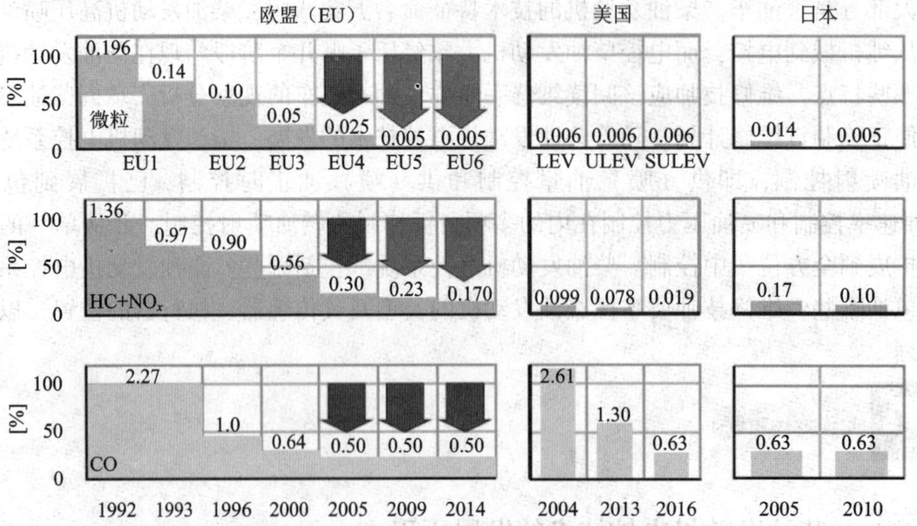

图 1－1　欧盟、美国、日本排放法规的发展

柴油发动机传统的机械式燃料供给系统无法实现上述要求的各种控制，汽油发动机电控技术发展的经验证明，只有以计算机为电控单元的电子控制技术，才能使柴油发动机的动力性、经济性、排放性及噪声等各个方面的指标进一步得到改善，从而提高柴油发动机与汽油发动机竞争汽车动力的优势。

从结构和功能的角度看，柴油发动机的电控系统包括燃油系统的电子控制和柴油发动机空气供给系统的电子控制。这些电子控制系统使得柴油发动机在动力性、经济性和排放性等方面都取得了巨大的进步。

早在20世纪80年代，人们就开始研究柴油发动机电子控制技术来替代机械控制。到目前为止，已经研究并创造出许多功能各异的柴油发动机电子控制技术，大部分已经产品化并投放市场。这期间经历了三代：第一代，位置控制式；第二代，时间控制式；第三代，时间—压力控制式，即高压共轨系统。

1. 第一代柴油发动机电控燃油喷射系统——位置控制系统

位置控制系统的主要特点是保留了大部分传统的燃油系统部件，如喷油泵—高压油管—喷油器系统和喷油泵中齿条、齿圈、滑套、柱塞上的螺旋槽等零件，只是用电子伺服机构代替机械式调速器来控制供油滑套或燃油齿条的位置，使供油量的调整更为灵敏和精确。

第一代柴油发动机电控燃油喷射系统——位置控制系统的最大特点是相对原有系统起动简单，成本低。但是由于喷射压力相对原有系统没有提高，因此发动机的排放性能改善有限，只是动力性、经济性以及整车的驾驶性能有所改善。但是第一代位置控制系统相对传统机械系统已经改变整个发动机的控制和匹配模式，在柴油发动机电子控制的道路上迈出了第一步。

由于第一代位置控制式电控燃油喷射系统只是在原有的机械调速器的位置实施电控，所以又被称为“电子调速器”，调速执行器电动机如图1－2所示。有的电控系统在加装了电子控制执行器的同时，还保留了原有的机械调速器，形成了“机电混合调速器”。

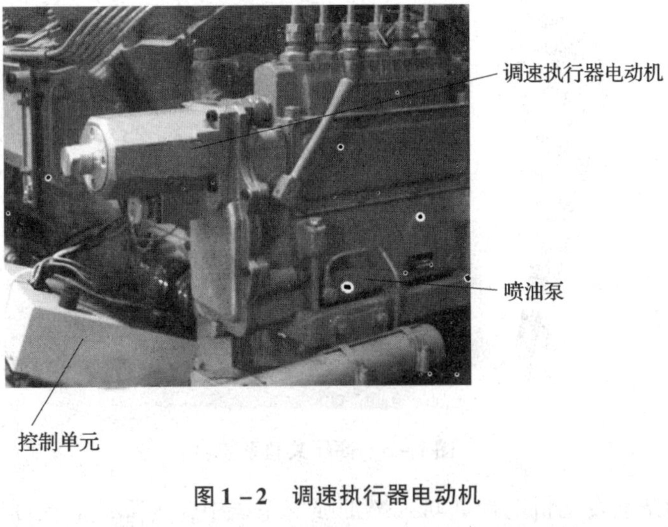

图1－2　调速执行器电动机

日本Denso公司的ECD－V1，德国Bosch公司的EDC和日本Zexel公司的COVEC等都属于位置控制的电控分配泵系统。日本Zexel公司的COPEC，德国Bosch公司的EDR和美国Caterpillar公司的PEEC等都属于位置控制的电控直列泵系统。

2. 第二代柴油发动机电控燃油喷射系统——时间控制系统

时间控制系统可以保留原来的喷油泵—高压油管—喷油器系统，也可以采用新型高压燃油系统。其喷油量和喷油定时由电脑控制的强力高速电磁阀的开闭时刻所决定：电磁阀关闭，执行喷油；电磁阀打开，喷油结束。即喷油始点取决于电磁阀关闭时刻，喷油量取决于电磁阀关闭时间的长短，因此可以同时控制喷油量和喷油定时。

传统喷油泵中的齿条、滑套、柱塞上的斜槽和提前机构等全部取消，对喷射定时和喷射油量控制的自由度更大。在喷油泵上装有油泵控制单元，用于控制喷油量的喷射控制电磁阀和控制喷油提前角的定时控制电磁阀。

第二代时间控制系统存在的不足是，仍然需要凸轮型线的驱动来产生喷射所需的高压，其喷射压力严重依赖于凸轮型线的设计，不仅喷射区间受到限制，而且也是脉动的，使得喷油压力控制、喷油速率控制和喷油定时控制都没有得到充分发挥，从而限制了发动机性能的进一步改善。

日本 Zexel 公司的 Model - 1 电控分配泵，美国 Detroit 公司的 DDEC 电控泵喷嘴、德国 Bosch 公司的 EUP13 电控单体泵都属于时间控制系统。我国专家欧阳明高和丹麦 Sorenson 研制的“泵—管—阀—嘴（Pump/Pipe/Valve/Injector - PPVI）”电控燃油喷射系统也属于第二代电控燃油喷射系统。

3. 第三代柴油发动机电控燃油喷射系统——时间—压力控制系统

时间—压力控制系统也称电控高压共轨系统，这种系统包括了高压共轨系统和中压共轨系统。这是 20 世纪 90 年代国外最新推出的新型柴油发动机电控喷油技术。该系统摒弃了传统的喷油泵—高压油管—喷油嘴的脉动供油方式，代之以一个高压油泵在柴油发动机的驱动下，连续将高压燃油输送到共轨管内，高压燃油再由共轨送入各缸喷油器，通过控制喷油器上的电磁阀实现喷射的开始和终止。高压共轨系统如图 1 - 3 所示。

图 1 - 3 高压共轨系统

在后期开发的柴油发动机电控共轨式燃油喷射系统中，为降低对供油压力的要求，喷油量的控制采用控制喷油压力的方法实现，即喷油量的“压力控制”方式。

喷油器喷孔尺寸一定，喷油时间一定，控制喷油压力即可控制喷油量；而在增压活塞和柱塞尺寸一定时，喷油压力（即增压压力）取决于共轨中的油压，共轨中的油压是由 ECU 根据各种传感器信号通过燃油压力调节阀来控制的，所以将此种喷油量控制方式称为“压力控制”方式。在系统中，ECU 根据实际的共轨压力信号对共轨压力进行闭环控制。

二、柴油发动机电控技术的特点

近年来，柴油发动机电控技术的发展势头令人瞩目，柴油发动机采用电控技术以后，可以实现更为复杂的控制要求，且随着电控技术的逐步发展和不断成熟，更容易满足人们对柴油发动机所提出的种种苛刻要求。与传统柴油发动机相比，采用电控技术的现代柴油发动机具有燃油经济性更高、排放污染更低、工作更可靠、低温起动更容易等优势。

1. 燃油经济性和排放性更好

柴油发动机采用电控技术后，由于其控制精度高、控制自由度大、控制功能齐全，因而能实现整个运行范围内的参数优化，不仅能进一步降低排放，还可以进一步提高燃油经济性。

2. 工作可靠性更高

利用电控技术能够随时检测影响发动机工作可靠性的一些参数，如机油压力、排气温度、曲轴轴承温度及发动机的转速等，一旦某项参数超出设定值，控制系统会立即报警，同时控制执行器进行相应的调节，直到这些参数恢复正常为止。对于一些影响柴油发动机工作可靠性的重要参数，控制系统还可为发动机提供双重甚至是多重保护，以免造成重大事故。

3. 低温起动更容易

由于柴油发动机是压燃式，发动机在低温条件下着火相当困难，因此需使用预热塞。起动时，驾驶员先使发动机减压以提高转速，再返回压缩状态，起动预热塞使之迅速着火，这一系列操作十分麻烦，如果操作不熟练，很容易因反复起动而导致蓄电池放电过度。电子控制系统能够以最佳的程序替代驾驶员进行这种烦琐的起动操作，使柴油发动机低温起动更容易。

4. 运转更稳定

响应快、精度高是对一个控制系统的基本要求，控制系统的响应速度越快、控制精度越高，被控对象的性能指标就越容易接近最优值。由于传统柴油发动机喷油泵调速器的反馈控制系统响应特性差、控制精度低，而容易导致发动机在负荷急剧变化和小负荷低速运转时，产生游车现象。电控系统的响应速度和控制精度远高于机械控制系统，所以采用电控技术的柴油发动机运转更稳定。

此外，发动机怠速运转时，为防止因负荷的增加（如动力转向泵、空调压缩机工作等）而产生游车和熄火现象，传统的方法是把怠速转速调高。柴油发动机采用电控技术后，无论负荷怎样增减，都能保证其怠速工况下以最低的转速稳定运转，而且有利于提高柴油发动机的燃油经济性。

5. 动力输出和负荷匹配更精确

柴油发动机通过与自动变速器综合控制，能随着自身负荷的变化在一定范围内自动调整其动力输出和动力传递，使动力输出和负荷得到更精确的匹配，有利于最佳性能（主要是动力性）的发挥。

6. 实现增压控制

柴油发动机的转速不易提高，要提高其输出功率，必须增大柴油发动机的转矩，采用涡轮增压已成为一种应用较为广泛的手段。为了用好增压柴油发动机，有必要对增压装置进行精确的控制，无疑采用电子控制技术是最好的选择。

7. 结构紧凑、维修方便

对于现代高速柴油发动机而言，采用电控技术，可大大减小相关零部件（特别是燃油供给系统部件）的尺寸和质量，使零部件安装部位免受空间位置的约束，不仅可以提高柴油发动机的紧凑性，而且有利于柴油发动机日常维护及修理。

此外，电控柴油发动机的故障自诊断功能也可在柴油发动机出现故障后，对维修人员提供信息帮助，使故障诊断和排除更为快捷有效。

三、柴油发动机与汽油发动机电控技术的区别

由于柴油发动机与汽油发动机使用的燃料不同，结构（尤其燃料供给系统）和工作特点也存在很大差异，为此采用的电控技术也各有特点。

1. 对混合气浓度的控制程度不同

汽油发动机一般要求混合气浓度在过量空气系数等于1的状态下工作，所以汽油发动机普遍采用带氧传感器的闭环电控燃油喷射系统，由氧传感器检测废气中残余氧的含量，以确定混合气浓度，并通过调节喷油量来保持过量空气系数尽量接近1的状态。柴油发动机对混合气浓度一般没有相对固定的要求，所以对混合气浓度控制并不严格。

2. 对喷油压力的要求不同

由于柴油与汽油的性质不同，为保证混合气的形成质量，柴油发动机与汽油发动机对喷油压力的要求相关很大。汽油发动机多点喷射系统的喷油压力一般为0.25～0.35 MPa，单点喷射系统的喷油压力一般为0.07～0.10 MPa，而柴油发动机的喷油压力高达100～200 MPa，如何建立更高的喷油压力是柴油发动机技术发展的重点和难点。

3. 对燃烧过程的控制途径不同

汽油发动机主要通过控制点火正时和点火能量来控制燃烧过程；柴油发动机则是通过控制喷油正时、喷油持续时间和喷油速率来控制燃烧过程。

4. 柴油喷射的电控执行器复杂

柴油发动机燃油喷射具有高压、高频、脉动等特点，其喷射压力高达200 MPa，为汽油发动机喷射压力的百倍以上。同时柴油发动机需要对喷油量、喷油正时、喷油压力等参数进行综合控制，而且柴油发动机对喷油正时的精度要求很高，这就导致了柴油喷射的电控执行器要复杂得多，其软件的难度也大于汽油发动机。

5. 柴油发动机电控燃油喷射系统型式多样

传统的柴油发动机具有直列泵、分配泵、泵喷油器、单缸泵等结构完全不同的燃油喷射系统。实施电控技术的执行机构比较复杂，形成了柴油喷射系统的多样化。

四、电控柴油发动机主要技术参数

目前，国内生产的轿车装用的柴油发动机主要有：一汽大众捷达轿车装用的1.9 L SDI

(Suction Direct Injection：吸气式直接喷射）电控柴油发动机、宝来轿车装用的1.9 L TDI（Turbo Direct Injection：涡轮增压式直接喷射）电控柴油发动机和奥迪A6轿车装用的2.5 L TDI电控柴油发动机。

1. 捷达1.9 L SDI电控柴油发动机主要技术参数

缸数：4个；

气门数/缸：2个；

排量：1.9 L；

缸径：79.5 mm；

压缩比：19.0∶1；

最大转矩：125 N·m（2 000～2 600 r/min）；

最大输出功率：47 kW（4 000 r/min）；

做功顺序：1－3－4－2。

捷达1.9 L SDI电控柴油发动机装有废气再循环装置和三元催化器，其外特性曲线如图1－4所示。

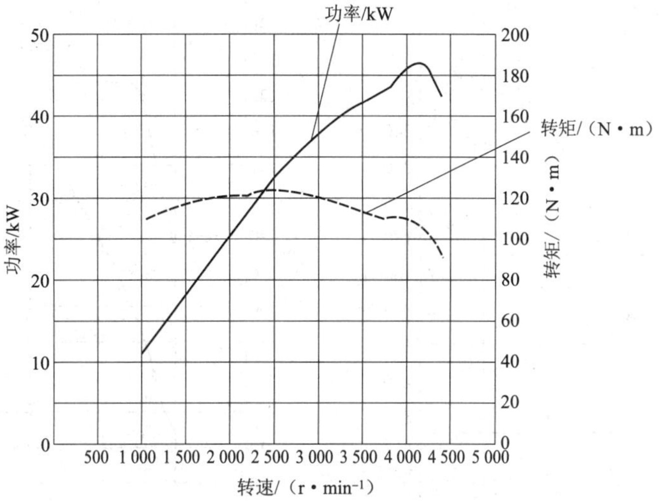

图1－4 捷达1.9 L SDI电控柴油发动机外特性曲线

2. 宝来1.9 L TDI电控柴油发动机主要技术参数

缸数：4个；

气门数/缸：2个；

排量：1.9 L；

缸径：79.5 mm；

压缩比：19.0∶1；

最大转矩：240 N·m（2 000～2 600 r/min）；

最大输出功率：74 kW（4 000 r/min）；

做功顺序：1－3－4－2。

宝来1.9 L TDI电控柴油发动机装有废气涡轮增压器、废气再循环装置和三元催化器，其外特性曲线如图 1－5 所示。

3. 奥迪 A6 2.5 L TDI 电控柴油发动机主要技术参数

缸数：6 个；

气门数/缸：4 个；

排量：2.5 L；

缸径：78.3 mm；

压缩比：18.5∶1；

最大转矩：370 N·m（1 500～2 750 r/min）；

最大输出功率：133 kW（4 000 r/min）；

做功顺序：1－4－3－6－2－5。

奥迪 A6 2.5 L TDI 电控柴油发动机装有可调节式涡轮增压器、废气再循环装置和三元催化器，其外特性曲线如图 1－6 所示。

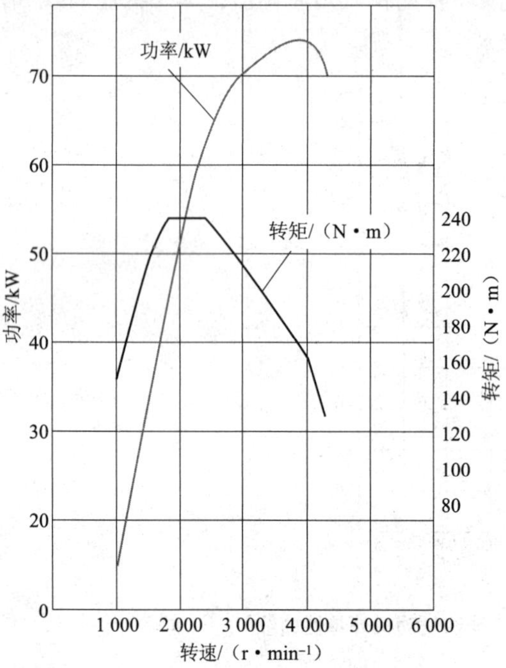

图 1－5　宝来 1.9 L TDI 电控柴油发动机外特性曲线

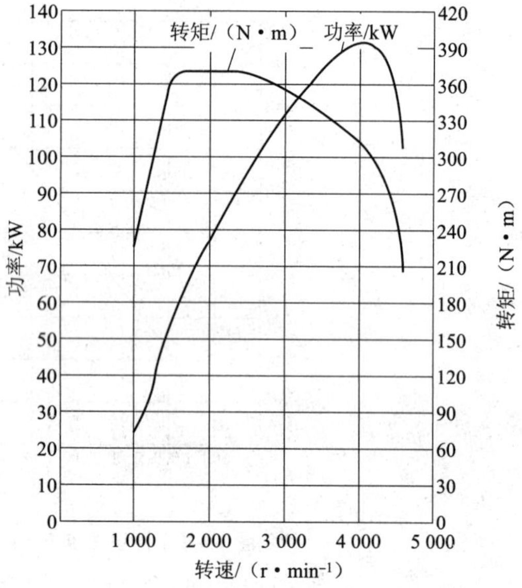

图 1－6　奥迪 A6 2.5 L TDI 电控柴油发动机外特性曲线

五、柴油发动机电控系统分类

随着柴油发动机电控技术的发展，柴油发动机电控系统从最基本的燃油喷射控制，即供（喷）油量控制和供（喷）油正时控制，扩展到包括对供（喷）油速率控制和喷油压力控制在内的多项目标控制的燃油喷射控制；并从单一的燃油喷射控制扩展到全方位集中控制。

1. 电控燃油喷射系统

1）电控燃油喷射系统的分类

按对供（喷）油量、供（喷）油正时的控制方式不同，柴油发动机电控燃油喷射控制系统可分为第一代和第二代两大类。第一代柴油发动机电控燃油喷射系统采用“位置控制”或“时间控制”方式，系统中的供（喷）油压力与传统柴油发动机供给系统相同，所以又称为常规压力电控喷油系统；第二代柴油发动机电控燃油喷射系统采用“时间—压力控制”或“压力控制”方式，系统中的喷油压力较高，所以又称为高压电控喷油系统。

第一代柴油发动机电控燃油喷射系统按其结构特点不同，可分为直列柱塞泵燃油系统、分配泵燃油系统。第二代柴油发动机电控燃油喷射系统的主要特点是采用了共轨技术，它包括泵喷嘴电控系统和共轨式电控燃油喷射系统。

直列柱塞泵燃油系统如图 1－7（a）所示，其特点是需要多个独立的喷油通道（柱塞和高压管），有多少个缸，就需要多少个喷油柱塞，柱塞的活动类似于发动机的活塞活动，将油压缩后喷射。由于柱塞多，体积大，对于高速行驶的轿车来说不太合适，因此后来出现了分配泵燃油系统。

分配泵燃油系统的分配泵从结构上有转子式分配泵和单柱塞分配泵，如图 1－7（b）所示。分配泵和直列泵相比，最大的不同在于分配泵采用一个或者少量柱塞实现对多缸柴油发动机的各缸供油，并将加压后的燃油按照一定的顺序分配给各缸对应的喷油器。喷油泵具有体积小、结构紧凑等特点。

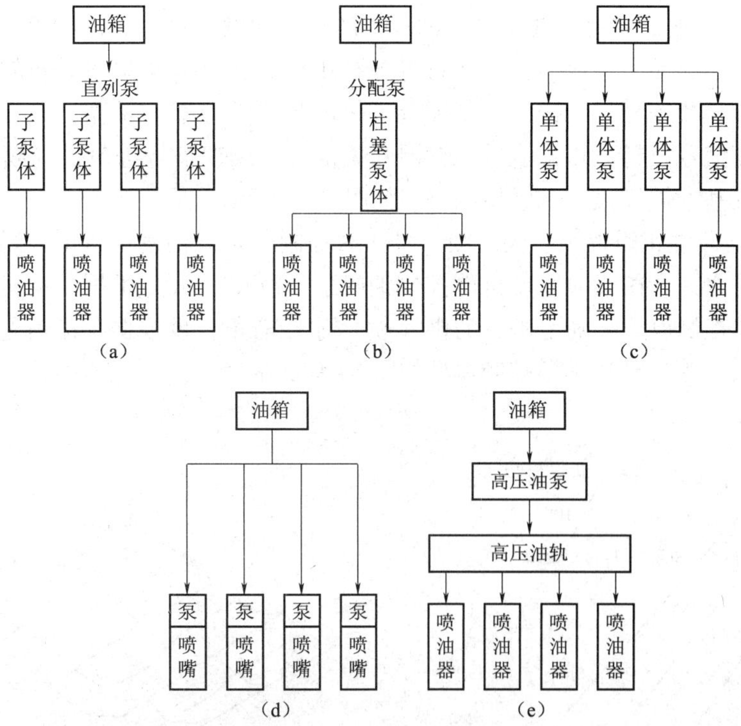

图 1－7　电控燃油喷射系统的分类

（a）直列柱塞泵燃油系统；（b）柱塞分配泵燃油系统；（c）单体泵燃油系统；（d）泵喷嘴燃油系统；（e）高压共轨燃油系统

在单体泵燃油系统［图 1-7（c）］中，为每缸单独配了一个喷油泵，每个泵体由柴油机配气凸轮轴上相对应的油泵凸轮来推动的。单体泵可以分布在离气缸不远的地方，缩短了高压油管的长度。

泵喷嘴燃油系统［图 1-7（d）］是将喷油泵的压油机构与喷油器结合在一起，省去了高压油管，有利于实现高压化和喷油速率的控制能力，从而获得发动机的高效率和低排放。

高压共轨燃油系统［图 1-7（e）］是将喷射压力的产生和喷射过程完全分开。高压油泵将加压后的燃料送入高压油轨中，用高压油管分别连接各个气缸的喷油器，喷油器由 ECU 控制。

目前电控柴油发动机其燃油喷射形式，泵喷嘴、单体泵和高压共轨占主导地位。单体泵由泵嘴改进而来，其结构简单、性能可靠、故障率低、寿命长、维修方便。单体泵制造工艺相对简单，成本低，产品价格也低，特别是单体泵对柴油的清洁度不太敏感，尤其是大功率柴油发动机，多用于重型柴油车。但单体泵系统喷油压力是利用脉动柱塞供油，对转速有依赖性，在低速、低负荷时喷油压力不高，不易实行多次喷射，柴油发动机的噪声和振动不易降低。在欧洲市场，85% 以上的重型柴油发动机都采用电控单体泵技术，美国重型柴油发动机则多采用高压共轨技术。

2）电控燃油喷射系统的控制内容

燃油喷射控制主要包括供（喷）油量控制、供（喷）油正时控制、供（喷）油速率控制和喷油压力控制等。

（1）供（喷）油量控制。供（喷）油量控制是柴油发动机电控燃油喷射系统最主要的控制功能之一。在起动、怠速、正常运行等各种工况下，ECU 根据发动机转速信号、负荷信号（加速踏板位置信号）和内存控制模型来确定基本供（喷）油量，再根据冷却液温度信号、进气温度信号、起动开关信号、空调开关信号、反馈信号等对供（喷）油量进行修正。柴油发动机基本供（喷）油量控制模型如图 1-8 所示。

（2）供（喷）油正时控制。供（喷）油正时控制也是柴油发动机电控燃油喷射系统最主要的控制功能之一。在柴油发动机电控燃油喷射系统中，ECU 根据发动机转速信号、负荷信号和内存的控制模型来确定基本的供（喷）油提前角，再根据反馈信号进行修正。柴油发动机基本供（喷）油提前角控制模型如图 1-9 所示。

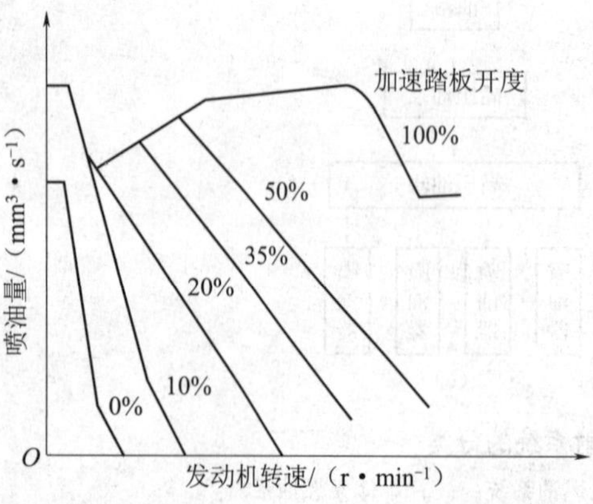

图 1-8　柴油发动机基本供（喷）油量控制模型

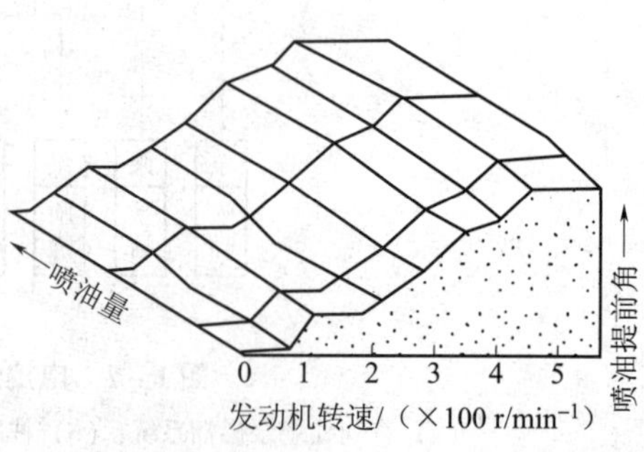

图 1-9　柴油发动机基本供（喷）油提前角控制模型

（3）供（喷）油速率和供（喷）油规律的控制。在柴油发动机电控燃油喷射系统中，ECU以柴油发动机转速信号和负荷信号作为主控制信号，按预设的程序确定最佳的供（喷）油速率和供（喷）油规律。

（4）喷油压力的控制。在柴油发动机电控燃油喷射系统中，ECU以柴油发动机转速信号和负荷信号作为主控制信号，按预设的程序确定最佳的喷油压力，并对喷油压力进行闭环控制。

（5）柴油发动机低油压保护。柴油发动机机油压力过低时，ECU根据机油压力传感器信号减少供（喷）油量，降低转速并报警；当机油压力降到一定值以下时，则切断燃油供给，强制使发动机熄火。

（6）增压器工作保护。装有增压装置的柴油发动机，增压压力过高会造成中冷器和气缸内最高压力升高；增压压力过低则会导致进气量不足使排气温度升高。因此ECU根据增压压力信号适当调节供（喷）油量，并在增压压力过高或过低时报警。

2. 怠速控制系统

柴油发动机的怠速控制主要包括怠速转速控制和怠速时各缸均匀性的控制。

1）怠速转速的控制

怠速工况时，ECU以柴油发动机转速信号和负荷信号作为主控制信号，按内存程序确定怠速时的供（喷）油量，并根据冷却液温度信号、进气温度信号、空调开关信号、转速（反馈）信号等，对怠速供（喷）油量进行修正控制，使怠速转速保持稳定。

2）各缸均匀性的控制

在共轨式第二代柴油发动机电控燃油喷射系统中，由ECU分别对各缸的喷油器进行控制（顺序喷射控制），ECU可以通过精确测定曲轴转速，根据各缸做功行程中曲轴转速的变化确定各缸供（喷）油量的偏差，然后进行补偿调节。

3. 进气控制系统

柴油发动机的进气控制主要包括进气节流控制、可变进气涡流控制和可变配气正时控制。

1）进气节流控制

ECU主要根据柴油发动机转速信号和负荷信号，控制设在进气管中的节气门开度，以满足不同工况对进气流量的不同要求。

2）可变进气涡流控制

ECU以柴油发动机转速和负荷作为主控制信号，按内存的程序对进气涡流强度进行控制，以满足不同工况对进气涡流强度的不同要求。

3）可变配气正时控制

ECU根据柴油发动机转速信号和负荷信号，按内存程序控制气门驱动机构，以改变配气正时和气门升程，满足发动机不同工况的要求。

4. 增压控制系统

柴油发动机的增压控制主要是由ECU根据柴油发动机转速信号、负荷信号、增压压力信号等，通过控制废气旁通阀的开度或废气喷射器的喷射角度、增压器涡轮废气进口截面大小等措施，实现对废气涡增压器工作状态和增压压力的控制，以改善柴油发动机的扭矩特性，提高加速性能，降低排放和噪声。

5. 排放控制系统

柴油发动机的排放控制主要是废气再循环（EGR）控制。ECU 主要根据柴油发动机转速和负荷信号，按内存程序控制 EGR 阀开度，以调节 EGR 率。

6. 起动控制系统

柴油发动机起动控制主要包括供（喷）油量控制、供（喷）油正时控制和预热装置控制，其中供（喷）油量控制和供（喷）油正时控制与其他工况相同。柴油发动机冷起动时的预热装置一般都是电加热装置（如进气预热塞等），ECU 根据柴油发动机起动时的冷却液温度决定电加热装置是否通电以及通电持续时间，并在柴油发动机起动后或起动温度较高时，自动切断电加热装置电源。

7. 巡航控制系统

带有巡航控制功能的柴油发动机电控系统，当通过巡航控制开关选定巡航控制模式后，ECU 即可根据车速信号等自动维持汽车以一定车速行驶。

8. 故障自诊断和失效保护系统

柴油发动机电控系统中也包含故障自诊断和失效保护两个子系统。柴油发动机电控系统出现故障时，自诊断系统将点亮仪表盘上的“故障指示灯”，提醒驾驶员注意，并储存故障码，检修时可通过一定的操作程序调取故障码等信息；同时失效保护系统起动相应保护程序，使柴油发动机能够继续保持运转或强制熄火。

9. 柴油发动机与自动变速器的综合控制系统

在装有电控自动变速器的柴油车上，将柴油发动机控制 ECU 和自动变速器控制 ECU 合为一体，实现柴油发动机与自动变速器的综合控制，以改善汽车的变速性能。

六、柴油发动机电控系统组成

1. 电控系统的基本组成

电子控制系统（简称电控系统）是指采用计算机等电子设备作为控制装置的自动控制系统。任何一种电子控制系统，其主要组成都可分为信号输入装置、电子控制单元（ECU）和执行元件三大部分，如图 1－10 所示。

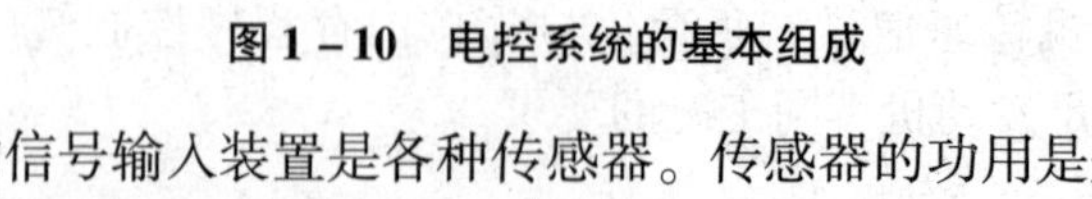

图 1－10　电控系统的基本组成

电子控制系统中的信号输入装置是各种传感器。传感器的功用是采集控制系统所需的信息，并将其转换成电信号通过线路输送给 ECU。

电子控制单元（ECU）是一种综合控制电子装置，其功用是给各传感器提供参考（基准）电压，接收传感器或其他装置输入的电信号，并对所接收的信号进行存储、计算和分析处理，根据计算和分析的结果向执行元件发出指令。

执行元件是受 ECU 控制，具体执行某项控制功能的装置。

2. 电控系统的类型

电子控制系统有两种基本类型：即开环控制系统和闭环控制系统。

开环控制系统的控制方式比较简单，ECU 只根据各传感器信号对执行元件进行控制，而控制的结果是否达到预期目标对其控制过程没有影响。

闭环控制系统除具有开环控制的功能外，还对其控制结果进行检测，并将检测结果（即反馈信号）输入 ECU，ECU 则根据反馈信号对其控制误差进行修正，所以闭环控制系统的控制精度比开环控制系统高。

七、柴油发动机电控系统传感器

传感器（包括信号开关）用来检测柴油发动机与汽车的运行状态，并将检测结果转换成电信号输送给 ECU。根据用途和功能，现代汽车柴油发动机电控系统中使用的传感器分为以下三种类型。

1. 运行工况传感器

运行工况传感器是指用来检测柴油发动机运行工况基本参数的传感器，如加速踏板位置传感器、凸轮轴/曲轴位置传感器、空气流量计等。这类传感器向 ECU 输送的信号，一般作为控制系统工作时的主要控制信号，用来确定基本循环供（喷）油量或基本供（喷）油提前角等。

2. 修正信号传感器

修正信号传感器一般是指用来检测柴油发动机运行工况非基本参数的传感器，如冷却液温度传感器、燃油温度传感器、进气温度传感器、进气压力传感器等。这类传感器向 ECU 输送的信号，作为控制系统工作时的辅助控制信号，用来对基本循环供（喷）油量或基本供（喷）油提前角等进行修正。

3. 反馈信号传感器

柴油发动机电控燃油喷射系统一般对供（喷）油量和供（喷）油正时采用闭环控制，反馈信号传感器就是指闭环控制系统中用来检测控制系统执行元件实际位置的传感器，在柴油发动机电控燃油喷射系统中主要包括供（喷）油量传感器（如供油齿条位置传感器、滑套位置传感器、燃油压力传感器等）和供（喷）油正时传感器（如分配泵正时活塞位置传感器、着火正时传感器等）两大类。

在不同柴油发动机电控燃油喷射系统中，由于控制供（喷）油量和供（喷）油正时的执行元件不同，负荷传感器和正时传感器的名称、数量和类型也不同，传感器通常采用电位计式、差动电感式或电磁感应式。

上述三类传感器中的大多数是和现代汽车汽油发动机电控系统中使用的传感器通用的，如凸轮轴/曲轴位置传感器、各种温度传感器、空气流量计等。但也有一些与汽油发动机电控系统中使用的传感器不完全相同，或是柴油发动机电控系统中特有的，如光电式着火正时传感器等。

八、柴油发动机电控系统 ECU

ECU 的功用是根据各传感器输入信号和内存程序，计算出供（喷）油量和供（喷）油开始时刻，并向执行元件发出执令信号。柴油发动机电控系统在运算原理、控制原理、存储原理、数据传输原理及程序设计等方面与汽油发动机电控系统基本相同。

ECU 主要由输入回路、微型计算机（简称微机）和输出回路等组成，如图 1－11 所示。

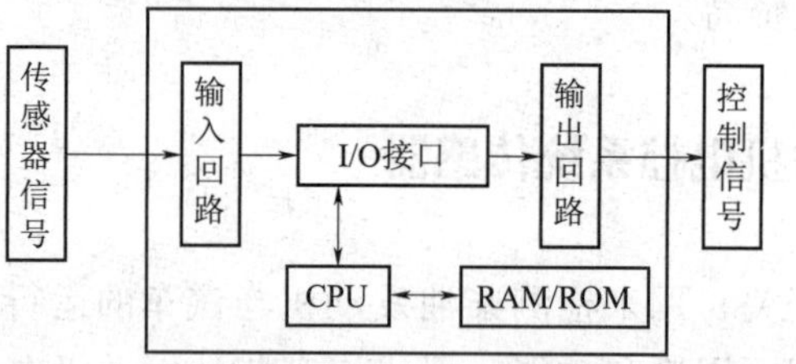

图 1－11　ECU 的组成

1. 输入回路

发动机工作时，各种传感器的信号输入 ECU 后，首先经过输入回路进行处理，输入回路的作用如图 1－12 所示。

传感器输送给 ECU 的信号有数字信号（如凸轮轴/曲轴位置传感器信号等）和模拟信号（如温度传感器信号等）两种，如图 1－13 所示。传感器输入的信号不同，处理的方法也不同。对模拟信号的处理，一般是先滤除杂波再通过模/数（A/D）转换器转换为微机可接收的数字信号，即将正弦波转变为矩形波；对数字信号的处理，一般是进行整形和分频，如将曲轴位置传感器信号分频为 1°信号等。

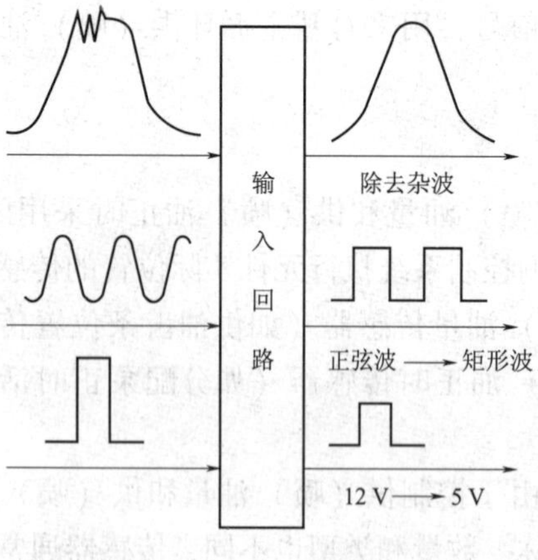

图 1－12　输入回路的作用

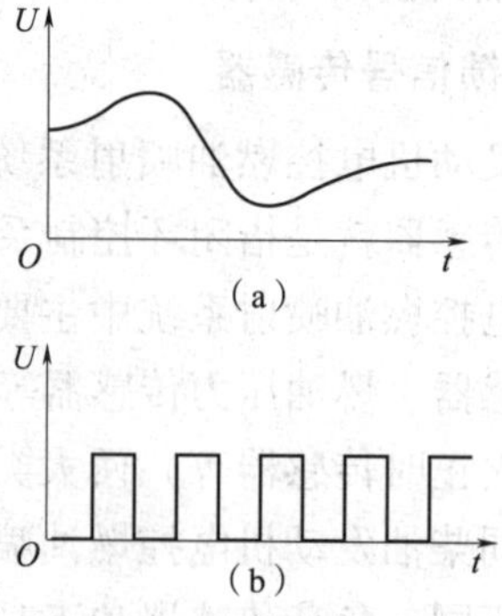

图 1－13　传感器信号类型

(a) 模拟信号；(b) 数字信号

2. 微型计算机

微机是控制系统的神经中枢，其功用是根据工作需要，利用其内存程序和数据对各传感器输送来的信号进行运算处理，并将处理结果送往输出回路。

微机主要由中央处理器（CPU）、存储器（RAM/ROM）和输入/输出（I/O）接口组成，如图 1－14 所示。

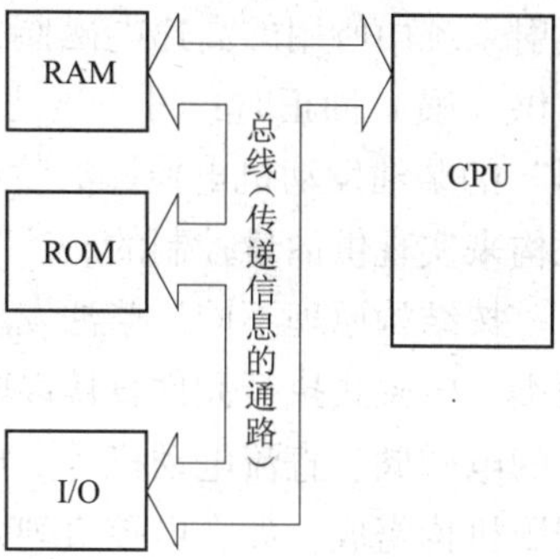

图 1－14　微型计算机组成

1）中央处理器

中央处理器主要由进行算术运算和逻辑运算的运算器、暂时存储数据的寄存器、按照程序在各装置之间完成信号传送及控制任务的控制器等组成。其功用是读出命令并执行数据处理任务。

2）存储器

存储器的功用是存储信息资料，包括随机存储器 RAM 和只读存储器 ROM。

随机存储器 RAM 是用来暂时存储信息的，如存储微机输入、输出和计算过程中产生的中间数据等，存储的信息可随时调出或被新的数据取代，当切断电源时，存储在 RAM 中的信息将丢失。为使故障码等信息在 RAM 中能保存较长时间，一般用不受点火开关控制的专用电路给 RAM 提供电源；当然，专用电路断开时（如拆开蓄电池电缆），存储在 RAM 中的信息仍会丢失。

只读存储器 ROM 是用来存储固定信息（如控制程序、发动机特征参数等）的，存储的内容一般由制造商一次性存入，使用中不能更改，但可以随时调出使用。即使切断电源，ROM 中存储的信息也不会丢失。

3）输入/输出接口

输入/输出接口是微机与外界进行信息交流的纽带，在控制系统工作时，输入/输出接口根据 CPU 的命令，在 CPU 与输入回路和输出回路之间负责数据传送。输入/输出接口具有数据缓冲、电平匹配、时序匹配等多种功能。

3. 输出回路

微机输出的数字信号电压很弱，不能直接驱动执行元件工作。作为微机与执行元件之间连接桥梁的输出回路，其主要功用就是将微机的处理结果放大，生成能控制执行元件工作的控制信号。

九、柴油发动机电控系统的执行元件

执行元件主要是执行 ECU 的命令，对被控制对象实施调控的元件。柴油发动机电控系统中所用的执行元件与汽油发动机有很大的不同，特别是在燃油喷射控制中所用的执行元件。由于柴油发动机缸内混合的特征对循环喷油量、喷油正时的精度要求很高，柴油发动机燃油喷射又具有高压、高频和脉动等特点，再加上柴油发动机燃油喷射装置的多样性，这些都使得现代汽车柴油发动机电控系统在燃油喷射控制中所用的执行元件远比汽油发动机复杂，技术含量也要高得多。可以这样说，柴油发动机电控技术的关键和难点就是执行器。

按对被控制对象实施调控的方式不同，柴油发动机电控系统执行元件可分为两类：一类是对被控制对象直接实施调控的执行元件，如在采用“时间控制”的柴油发动机电控燃油喷射系统中所用的高速电磁阀，它的通、断电时刻和通、断电时间直接调控供（喷）油量和供（喷）油正时；另一类是对被控制对象间接实施调控的执行元件，如在采用“位置控制”的柴油发动机电控燃油喷射系统中所用的电子调速器，它是通过高压油泵的油量调节机构来实现供油量控制的。

按结构原理不同，柴油发动机电控系统执行元件可分为电磁式和电/液（或电/气）式两类。电磁式执行元件直接以电磁能量为驱动能量，实施对被控制对象调控，如作为执行元件的电磁阀、直流电动机等。电/液（或电/气）式执行元件由电磁线圈与各种油压或气压伺服机构组成，如在电控直列泵或电控分配泵中采用的正时控制器等。

按运动状态不同，柴油发动机电控系统执行元件可分开关式（如开关式电磁阀）和连续动作式（如占空比控制型电磁阀、直流电动机）两类。

任务实施

（1）教师为每组学生准备好实验台架或整车及相关技术材料。

（2）小组学生边查阅技术资料边观察实验台架或整车，完成技能学习工单。

（3）教师观察学生学习过程，最后审阅学生完成的工作单，给出评价。

学习任务2

维修常用仪器设备认识

学习目标

（1）能够描述常用仪器设备的分类和功用。

（2）能够正确使用常用仪器设备。

（3）能够正确使用维修工具。

任务引入

发动机电子控制系统是高度智能化的电脑控制系统，随着汽车电子技术的发展，该系统的控制内容不断增加，系统组成更加复杂，仅靠修理人员的工作经验和熟练技术难以进行准确的故障诊断，只有采用先进的故障诊断分析仪器设备，才能快速、准确地进行故障诊断。维修技师应该做到快速正确的使用工具，以便实施维修计划。

相关知识

一、跨接线

跨接线就是一段专用导线，不同形式的跨接线主要是其长短和两端接头不同，如图1-15所示。跨接线两端的接头一般是不同形式的插头或鳄鱼夹，以适应对不同位置的跨接。

跨接线主要用于电路故障诊断。当某电控元件不工作时，可用跨接线将被检元件的“搭铁”端子直接搭铁，若此时电控元件工作恢复正常，则说明该元件搭铁电路有故障；同理，若用跨接线将蓄电池“正”极跨接到被检元件的“电源”端子上时，电控元件工作恢复正常，则说明该元件电源电路有故障。

此外，在故障诊断或调取故障码时，有时也需要使用专用跨接线跨接在诊断座相应端子间。使用跨接线应注意：

（1）用跨接线将蓄电池“正”极跨接到被检元件的“电源”端子上时，必须弄清被检元件的规定电源电压值。否则，若将12 V电源直接加在电控元件上，可能导致电控元件损坏。

（2）不要用跨接线将被检元件“电源”端

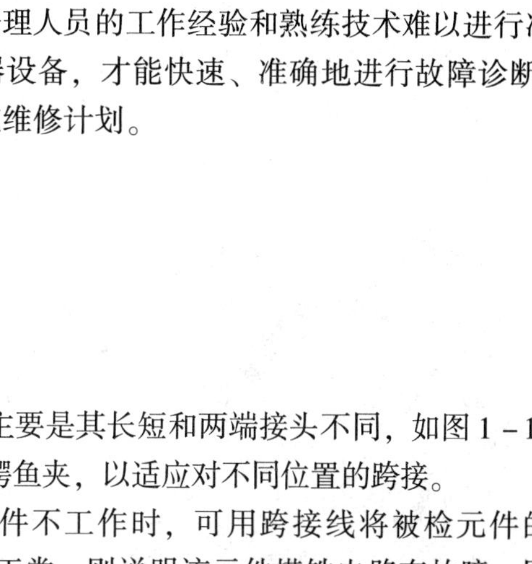

图1-15　跨接线

子直接搭铁，以免导致电源短路。

二、测试灯

测试灯实际就是带导线的“电笔”，主要是用来检查电控元件电路的通、断。测试灯带有显示电路通、断的指示灯，对电路进行检测时，根据指示灯的亮度还可判断被测电路的电压高低。测试灯分为无电源测试灯和自带电源测试灯两种类型。

1. 无电源测试灯

无电源测试灯如图 1－16 所示。若怀疑某电控元件电路有断路故障，可先将测试灯的搭铁夹搭铁，再用探针触接其“电源”端子，若灯不亮，则说明被测电路有断路故障，可继续沿电流的流向依次选择测点检查，直到灯亮为止，此时即可确定电路的断开点在最后两个测点之间。

如果怀疑某电路有短路故障，可将测试灯直接跨接在熔丝处，然后依次断开待测线路中的线束连接器，直到测试灯熄灭为止，短路故障即发生在最后两个断开的线束连接器之间。

2. 自带电源测试灯

自带电源测试灯如图 1－17 所示，在手柄内加装两节 1.5 V 干电池，主要用于检测电路断路故障；检查时，将自带电源测试灯跨接在被测线路的两端，如果灯不亮，则说明被测线路有断路故障。然后依次选择适当测点移动探针（或探头）缩小测试范围，直到灯亮为止，则可确定电路的断开点在最后两个测点之间。

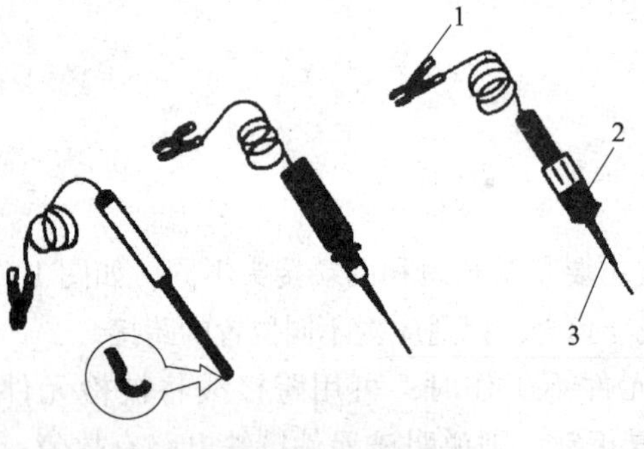

图 1－16　无电源测试灯

1—搭铁夹；2—手柄；3—探针

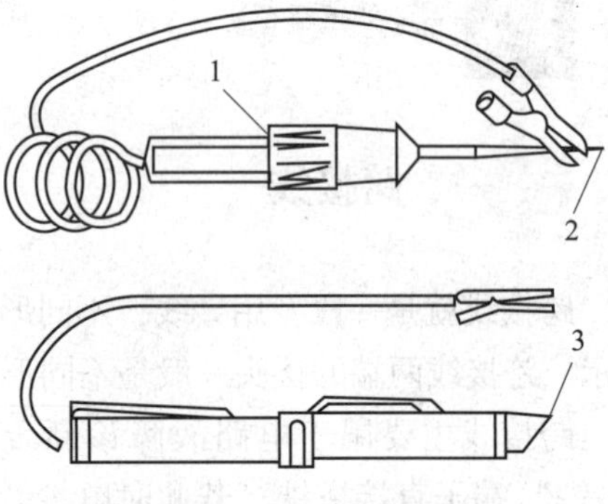

图 1－17　自带电源测试灯

1—电池在手柄内；2—探针；3—探头

三、数字式万用表

万用表主要用来测量电阻、电压、电流等参数，以此判断电路的通断和电控元件的技术状况。万用表可分为模拟式（指针式）万用表和数字式万用表两种。由于发动机控制系统中的大多数电路都具有高电阻、低电压、低电流特征，因此在实际的故障诊断与检修过程中，除维修手册有特别规定外，必须使用高阻抗数字式万用表进行测试。

1. 常用的数字式万用表

数字式万用表采用数字化测量技术和液晶显示器显示，具有测量精度高、测量范围广、输入阻抗高、抗干扰能力强、容易读数等优点，在汽车故障诊断与检修中应用广泛。

常用的数字式万用表功能比较简单，一般只能用来测量电阻、电压和电流。常用的数字式万用表有盒式和袖珍式两种，两者的结构原理和用途基本相同，只是袖珍数字式万用表的体积小、结构紧凑，比较适合在空间窄小的地方使用，如图 1－18 所示。

图 1－18　袖珍数字式万用表

（1）按被测量的性质和数值大小选择合适的“挡位”和“量程”，并将测量导线插接到相应的“插孔”中。如测量某电磁线圈电阻时，因线圈电阻值一般不会超过 1 000 Ω，所以应将万用表“选择开关”拧到电阻“Ω”挡的“2 k”量程，并将黑色测量导线插接到“COM”插孔，将红色测量导线插接到“V Ω”插孔，再将红色和黑色两根测量导线连接到电磁线圈的两端子上，万用表的显示屏上即可显示出该电磁线圈的电阻值。

（2）选择万用表的量程时最好从低到高逐级进行选择，以便获得较准确的测量数据。

（3）在使用数字式万用表时，严禁电控元件或电路处于通电状态时测量其电阻，以免外部电流流入数字万用表而将其损坏。

2. 汽车万用表

汽车万用表是一种多功能的数字万用表，它除具有数字万用表的功能外，还具有一些汽车专用测试功能。汽车万用表除可用来测量电控元件和电路的电阻、电压、电流外，一般还能测量转速、频率、温度、电容、闭合角、占空比等项目，并具有自动断电、自动变换量程、数据锁定、波形显示等功能。汽车万用表一般都装有标准的数据接口，且自身带有若干连接导线和连接接头，以适应其不同功能和各种车型的检查需要。

汽车万用表如图 1－19 所示，其主要功能如下：

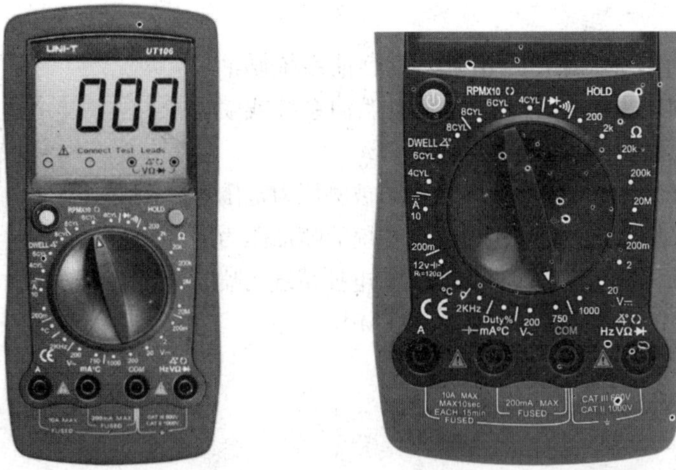

（a）　（b）

图 1－19　汽车万用表

（a）汽车万用表；（b）操作面板

（1）测量汽油发动机点火线圈的闭合角。

（2）测量节气门位置传感器、氧传感器、空气流量计、进气温度传感器、水温传感器和 ECU 端子的动态电压信号。

（3）测量各种电磁阀、继电器线圈、喷油器、点火线圈、水温传感器、进气温度传感器等的电阻。

（4）测量汽油发动机怠速控制阀的电流。

（5）检测喷油器的喷油脉宽、频率及发动机的转速。

四、手动真空泵

手动真空泵又称手持式真空测量仪，如图 1－20 所示。发动机电控系统中的很多元件都采用真空驱动，如 EGR 阀、增压控制阀等，检查这些真空驱动元件的好坏一般都需要对其施加一定的真空度，手动真空泵是一种常用的抽真空工具。手动真空泵上带有显示真空度的真空表，一般还带有各种连接软管和接头等附件，以适应对不同车型和不同真空驱动元件的检测。

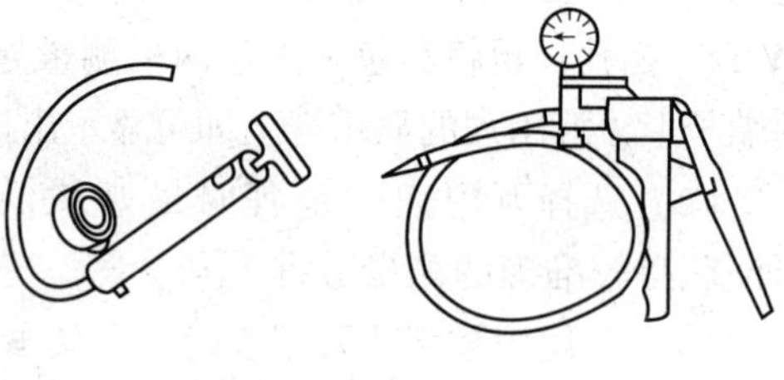

图 1－20　手动真空泵

使用手动真空泵对真空驱动元件进行检查时应注意：

（1）检查前将各真空软管连接好，防止因泄漏而导致测量结果失准。

（2）检查时必须按规定对被检元件施加真空度，施加真空度过大会损坏被检元件。

（3）检查完毕后，在拆开连接的真空软管前，应先施放真空度，否则将灰尘、湿气等吸入被检元件内，会造成不良后果。

五、燃油压力表

燃油压力表（图 1－21）是用来测量燃油系统燃油压力或喷油器喷油压力的专用工具，是对燃油系统或喷油器进行检查和故障诊断的常用工具。

使用燃油压力表时，应注意选择量程与被测压力范围相适应的燃油压力表。柴油发动机电控泵系统的喷油压力一般为 10～20 MPa，泵喷嘴、单体泵和共轨电控系统的喷油压力一般在 120 MPa 以上，甚至高达 200 MPa 以上。

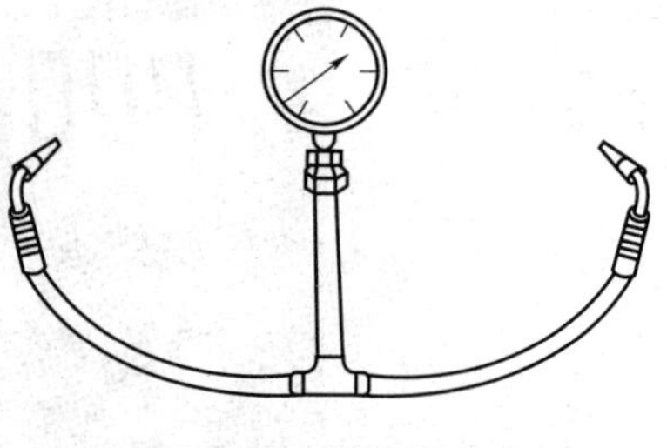

图 1－21　燃油压力表

六、故障诊断仪

1. 故障诊断仪的功能

故障诊断仪俗称解码器，它是一种多功能的诊断检测仪器，一般都具有如下功能：

（1）快速、方便地读取或清除故障码。

（2）在发动机运转或车辆行驶过程中，对发动机控制系统进行动态测试，显示 ECU 多种输入、输出信号的瞬时信息，使电控系统的工作状况一目了然，为诊断故障提供依据。

（3）能在静态或动态下，向电控系统各执行元件发出检修作业需要的动作指令，以便检查执行元件的工作状况。

（4）在车辆运行或路试时监测并记录数据块。

（5）具有示波器功能、万用表功能和打印功能。

（6）有些诊断仪能显示系统控制电路图和维修指导，以供故障诊断和检修时参考。

（7）有些功能强大的专用诊断仪能对发动机 ECU 进行某些数据的重新输入和更改。

2. 常见故障诊断仪简介

故障诊断仪可分为专用型和通用型两大类。

专用型故障诊断仪是汽车制造公司为自己生产的汽车而专门设计制造的，世界上一些大的汽车制造公司都有自己专用的故障诊断仪，如日本本田车系专用的 PGM、美国克莱斯勒车系专用的 DRB－Ⅱ、美国福特车系专用的 STAR－Ⅱ、德国大众车系专用的 V. A. G1551 和 V. A. G1552、德国宝马车系专用的 MODIC－Ⅲ等。专用型故障诊断仪一般只适合在特约维修站配备，以便提供良好的售后服务，充分发挥故障型诊断仪的功能。图 1－22 所示为克莱斯勒车系 DRB－Ⅱ和福特车系 STAR－Ⅱ专用型故障诊断仪。

通用型故障诊断仪（图 1－23）是汽车保修设备制造公司为适应诊断检测多种车型而设计制造的，一般都配有不同车系的测试卡和适合各种车型的检测连接电缆连接器，测试卡存储有几十种甚至上百种不同公司、不同车型汽车电控系统的检测程序、检测数据和故障码等资料，适合综合性维修企业使用。

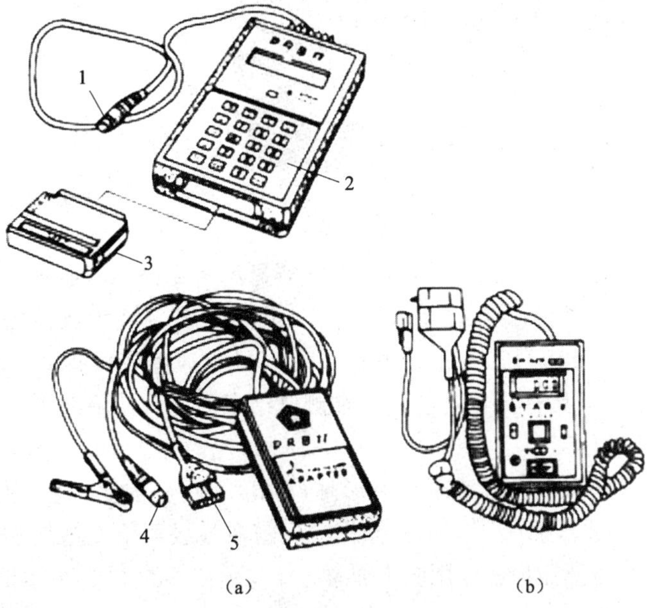

(a)　(b)

图 1－22　专用型故障诊断仪

（a）克莱斯勒车系 DRB－Ⅱ；（b）福特车系 STAR－Ⅱ

1—8 端子连接器；2—操作面板；3—测试卡；4—8 端子连接器；5—12 端子连接器

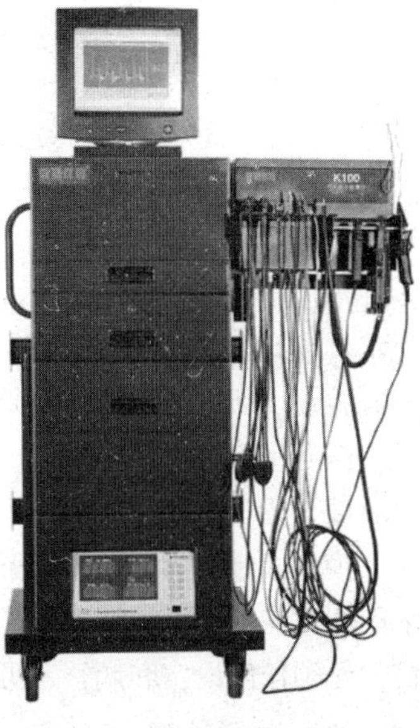

图 1－23　通用型故障诊断仪

由于故障诊断仪的种类繁多，其使用方法在此不能逐一介绍。故障诊断仪的操作方法一般都比较简单，参照使用说明书会很快掌握，一般操作步骤如下：

（1）选择测试卡和合适的连接电缆连接器（专用型故障诊断仪不需此项）。

（2）连接故障诊断仪。电源电缆连接到车内点烟器或蓄电池上，测试电缆与汽车的故障诊断座相连。

（3）选择测试地址和功能。选择测试地址是指选择想要测试的电控系统，如发动机控制系统、自动变速器控制系统、ABS 系统、安全气囊系统等；功能选择是指根据测试目的选择具体的测试项目，如读取系统数据块、调取故障码、清除故障码等。

（4）进行测试。带打印功能的故障诊断仪，还可与打印机相连，选择打印功能将测试结果（如故障码信息等）打印出来。

七、示波器

示波器（图 1－24）主要用来显示控制系统中输入、输出信号的电压波形，以供维修人员根据波形分析判断电控系统故障。示波器比一般电子设备的显示速度快，是唯一能显示瞬时波形的检测仪器，是电控系统故障诊断中的重要设备。

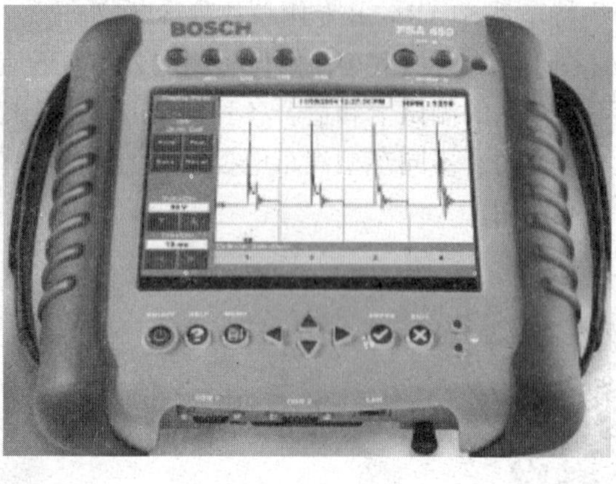

图 1－24　示波器

示波器可分为模拟式示波器和数字式示波器。模拟式示波器显示速度快，但显示波形不稳定（抖动），且没有记忆功能，给对故障波形的分析判断带来困难。数字式示波器由微处理器控制，由于将模拟信号转换成数字信号需要一定时间，所以显示速度较模拟式示波器慢，但数字式示波器显示波形稳定，且具有记忆功能，可在测试结束后重现故障波形，便于对故障波形进行进一步的分析判断。

模拟式示波器一般采用开关、按键和旋钮等实现对波形垂直幅度、水平幅度、垂直位置、水平位置和亮度等的调整。数字式示波器多采用菜单式操作，只需在各级菜单上选择测试项目，无须任何设定和调整，可以直接观测波形，使用起来非常方便。示波器的主要功能如下：

（1）测试各种传感器、执行元件、电路和点火系统等电压波形。

（2）数字式示波器具有汽车万用表功能，可测试电压、电阻、闭合角、喷油脉冲、喷油时间、点火电压等。有的示波器内部还存有汽车数据库和标准波形，使判断故障更为方便。

（3）数字式示波器可对测试内容进行记录、回放。

（4）能提供在线帮助，包括提供系统工作原理、测试连接方法、接线颜色等。

八、发动机综检仪

发动机综检仪是发动机综合性能检验仪的简称，它能对发动机进行不解体综合测试，并配备有标准的数据及专家分析系统，可通过对测试结果与标准数据比较，判断发动机整机或部分系统工作好坏。常见的发动机综检仪有深圳元征 EA－1000 型、西安凌翔 FZ2000 型、石家庄华燕汽车检测设备厂 HFZF2000 型、济南无线电六厂 QFC－5X 型等国产品牌和 HUMAN（凯文）、Bosch（博士）、BEAR（大熊）等进口品牌。不同型号的发动机综检仪在结构、使用方法等方面都存在一定的差异，使用时注意认真阅读使用说明书。图 1－25 所示为发动机综检仪。

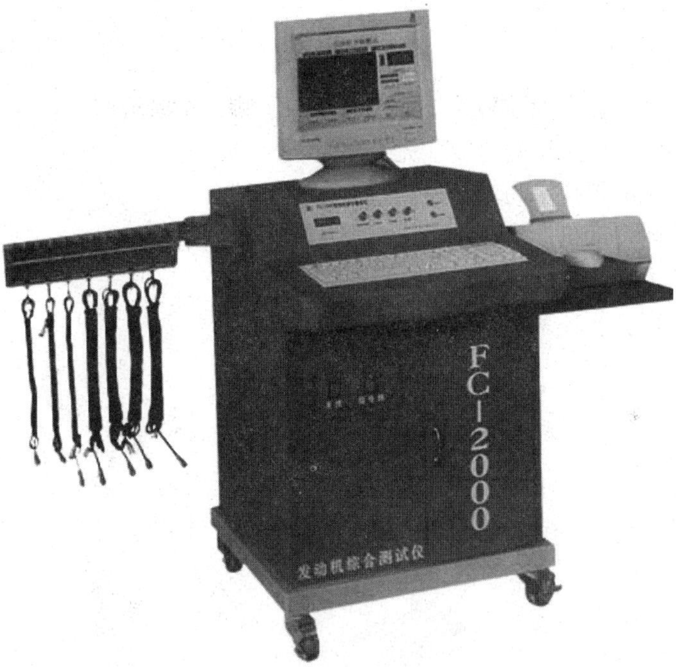

图 1－25　发动机综检仪

发动机综检仪一般都具有如下功能：

（1）汽油发动机检测功能。

汽油发动机检测功能包括点火系统参数（如点火提前角、点火波形等）检测、无负荷测功、单缸动力性检测、转速稳定性分析、温度检测、进气管真空度检测、起动系统检测、充电系统检测、数字万用表功能和废气分析（需配备废气分析仪）等功能。

（2）柴油发动机检测功能。

柴油发动机检测功能包括喷油压力及压力波形检测、喷油提前角检测、无负荷测功、转速稳定性分析、起动系统检测、充电系统检测、数字万用表功能和排气烟度检测（需配备烟度计）等功能。

（3）电控燃油喷射发动机检测功能。

电控燃油喷射发动机检测功能包括进气量检测、转速检测、温度检测、进气管真空度检测、节气门位置检测、爆震信号检测、氧传感器信号检测、喷油信号检测、点火系统检测等。

（4）故障诊断分析功能。

故障诊断分析功能包括故障查询、检测信号再现与分析、参数设定和显示数据或波形等。

任务实施

（1）教师为每组学生准备好维修常用仪器设备及相关技术材料。

（2）小组学生边查阅技术资料边观察仪器设备，完成技能学习工作单。

（3）教师观察学生学习过程，最后审阅学生完成的工作单，给出评价。

习题

（1）柴油发动机电控燃油喷射系统的发展经历了哪几个阶段？

（2）现代柴油发动机采用的有哪些先进技术？

（3）柴油发动机电控技术与汽油发动机有何不同？

（4）应用在柴油发动机上的电控系统有哪些？

（5）电控系统由哪几部分组成？

（6）什么是闭环、开环系统？

项目二

电控分配泵燃油系统检修

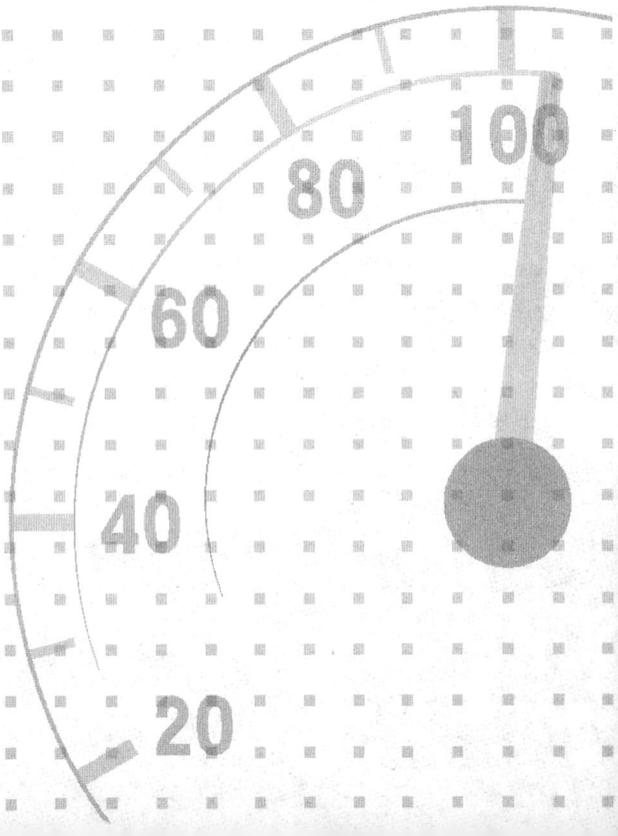

学习任务1

分配泵检修

学习目标

(1) 能够正确描述电控分配泵燃油系统的组成。

(2) 能够正确描述电控分配泵燃油系统的工作原理。

(3) 能够对分配泵进行检查和维修。

(4) 能够参阅汽车维修手册，制订分配泵检修工作计划。

(5) 能够分析工作中的不安全因素并采取措施保护环境。

(6) 能够检查、评价、记录工作结果。

任务引入

在电控分配泵燃油系统中，分配泵又称高压油泵、喷油泵，其功用是接收输油泵输送来的低压柴油，对柴油进行加压后，按柴油发动机不同工况的要求，定时、定量地将高压柴油输送给喷油器。喷油泵故障可导致发动机工作抖动。主要检测项目如下：喷油泵主要零件检查（柱塞偶件、柱塞弹簧、断油电磁阀、滚轮及滚轮架组件、出油阀偶件等），喷油始点，喷油泵控制电路检查等。

相关知识

一、分配泵燃油系统的组成

传统分配泵燃油供给系统如图 2－1 所示，主要由油箱、膜片式输油泵、柴油滤清器、低压油管、分配泵（喷油泵）、高压油管、喷油器和回油管等组成。发动机工作时，膜片式输油泵将柴油从油箱中吸出并泵向柴油滤清器，经滤清后的柴油进入分配泵（喷油泵），分配泵（喷油泵）将柴油加压并通过高压油管分配给各缸喷油器，输油泵和喷油泵供给的多余的柴油及喷油器泄漏的少量柴油经回油管流回油箱。

二、轴向柱塞式分配泵电控系统

1. 轴向柱塞式分配泵的结构原理

传统轴向柱塞式分配泵主要由叶片式输油泵、分配泵驱动机构、分配泵、供油提前角自

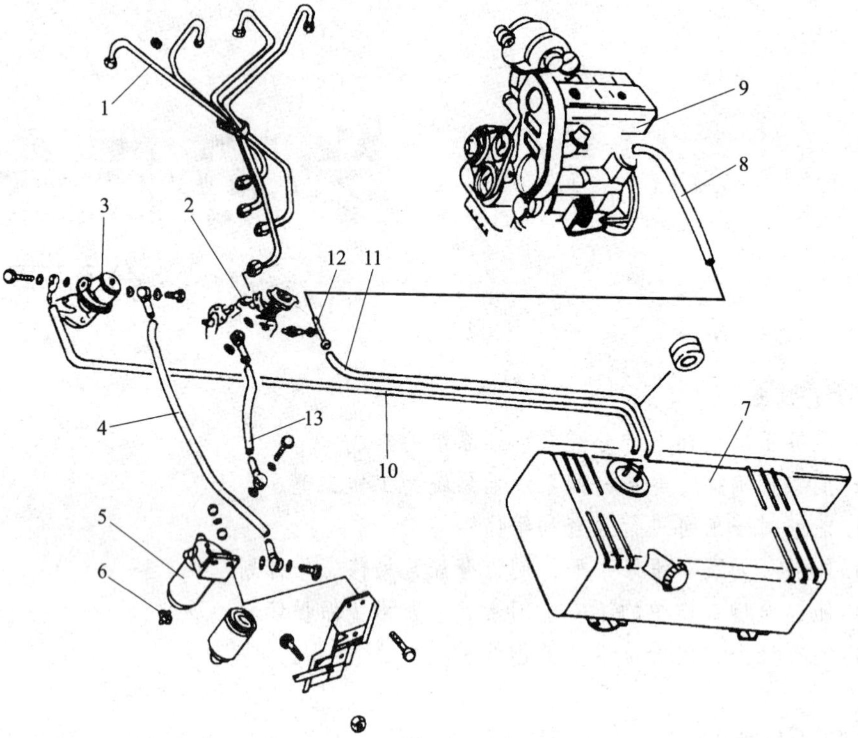

图 2-1　传统分配泵燃油系统

1—高压油管；2—分配泵；3—膜片式输油泵；4，10，13—低压油管；5—柴油滤清器；6—积水传感器；7—油箱；8，11—回油管；9—发动机；12—三通接头

动调节器、调速器等组成，如图 2-2 所示。柴油发动机工作时，来自柴油滤清器的清洁柴油进入喷油泵后，由叶片式输油泵二次泵油，输出的低压柴油分两路：一路流向供油提前角自动调节器；另一路经泵体内的油道、分配泵柱塞上的轴向油槽进入分配泵油腔。进入分配泵油腔内的柴油被分配泵柱塞（又称分配转子）加压，然后经分配泵柱塞中心油道、分配孔、出油阀和高压油管输送给喷油器。

1）叶片式输油泵

叶片式输油泵是分配泵燃油供给系统中的第二级输油泵，它安装在分配泵内部，其组成如图 2-3 所示，主要由转子、叶片、偏心环和端盖等组成。偏心环用定位销与喷油泵壳体固定；转子装在偏心环内，转子上的 4 个凹槽中均装有叶片，叶片既可随转子一起转动，也可在转子凹槽内滑动。端盖用于封闭偏心环两端形成泵腔。

叶片式输油泵工作原理如图 2-4 所示。叶片的外端为圆弧面，与偏心环内表面配合并始终保持接触，叶片将输油泵转子与偏心环内表面之间隔成 4 个泵油腔。输油泵转子与喷油泵轴用键连接。柴油发动机工作时，输油泵转子带动叶片在偏心环内转动，使叶片、转子、偏心环和端盖共同形成的 4 个泵油腔容积不断变化；当泵油腔转至进油口附近时，由于容积逐渐增大，将来自膜片式输油泵的柴油吸入泵油腔；泵油腔转过进油口后，容积逐渐减小，使泵油腔内的柴油压力升高，当泵油腔与出油口连通时，泵油腔内的柴油输出送往分配泵。

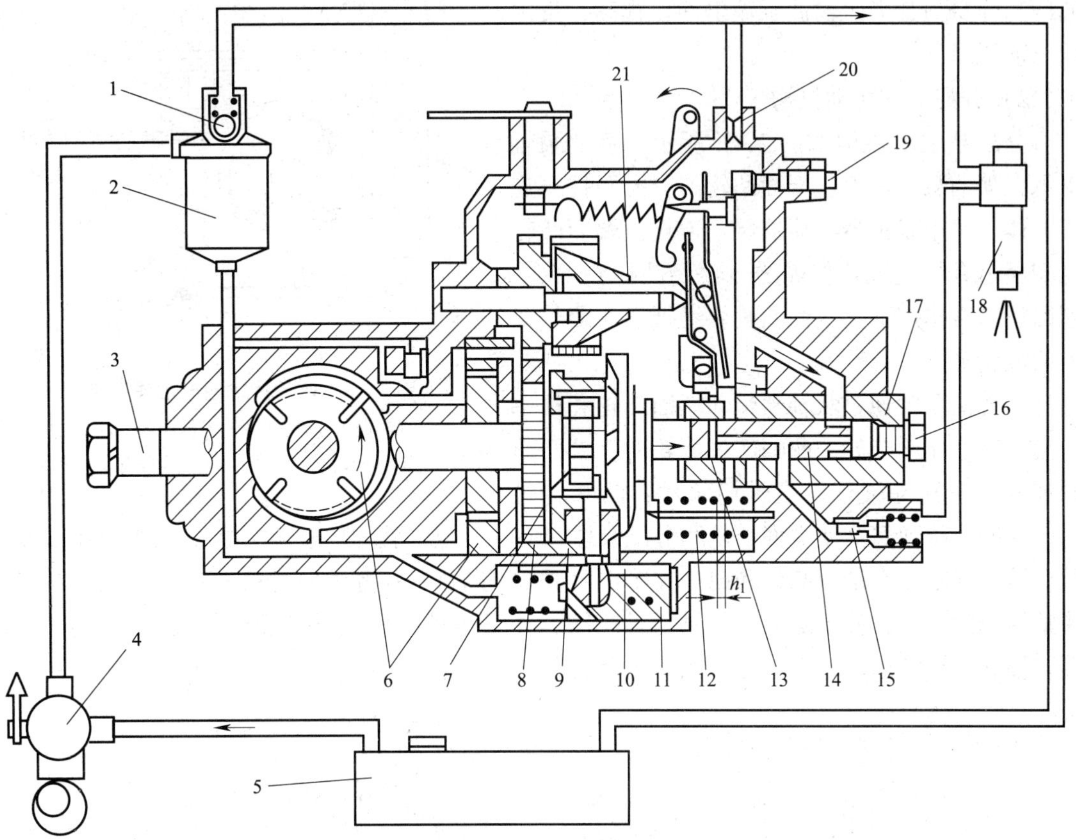

图 2－2　轴向柱塞式分配泵

1—限压阀；2—柴油滤清器；3—泵轴；4—膜片式输油泵；5—油箱；6—叶片式输油泵；7—联轴器；8—调速器驱动齿轮；9—滚轮机构；10—端面凸轮；11—供油提前角自动调节器；12—分配泵柱塞回位弹簧；13—油量控制滑套；14—分配泵柱塞；15—出油阀；16—检视螺钉；17—分配泵柱塞套筒；18—喷油器；19—最大供油量调节螺钉；20—回油管接头；21—调速器总成

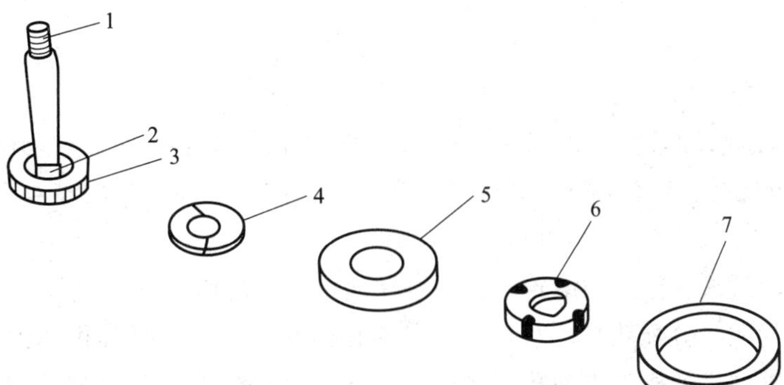

图 2－3　叶片式输油泵的组成

1—喷油泵轴；2—弹性连接块；3—调速器驱动齿轮；4—垫片；5—端盖；6—转子；7—偏心环

调压阀用来限制输油泵的输出压力，当叶片式输油泵输出的油压超过规定值时，柴油顶开调压阀，使部分柴油经调压阀流回低压油管。调压阀也可用来调整输油泵输出油压，增加调压阀弹簧预紧力，输油泵输出油压提高，反之输出油压降低。

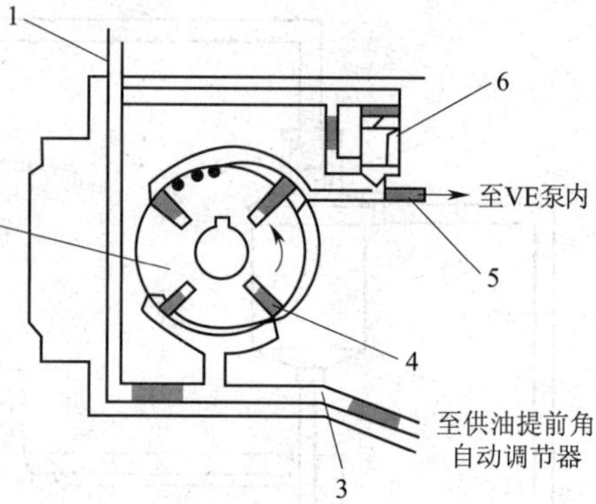

图 2-4　叶片式输油泵工作原理

1—低压油管；2—转子；3—油道；4—叶片；5—输出油道；6—调压阀

2）分配泵的驱动机构

分配泵驱动机构如图 2-5 所示。喷油泵轴支承在喷油泵壳体上，端面凸轮与分配泵柱塞连成一体，并用联轴器与喷油泵轴连接，端面凸轮的端面上有与气缸数相等的凸轮（凸峰）。在柱塞回位弹簧作用下，端面凸轮始终抵靠在滚轮架上的滚轮上。

当喷油泵轴通过联轴器带动端面凸轮和柱塞一起转动，端面凸轮的凸峰转过滚轮时，端面凸轮和分配泵柱塞被顶向右轴向移动；凸峰转过后，柱塞回位弹簧又使端面凸轮和分配泵柱塞向左回位。就这样，分配泵柱塞随喷油泵轴一起旋转的同时，在端面凸轮和回位弹簧作用下，不断进行往复轴向运动，喷油泵轴的转速为曲轴转速的一半，柱塞随喷油泵轴每转一圈，往复运动的次数与端面凸轮数（气缸数）相等。柱塞每往复运动一次，即完成一次吸油和泵油过程。

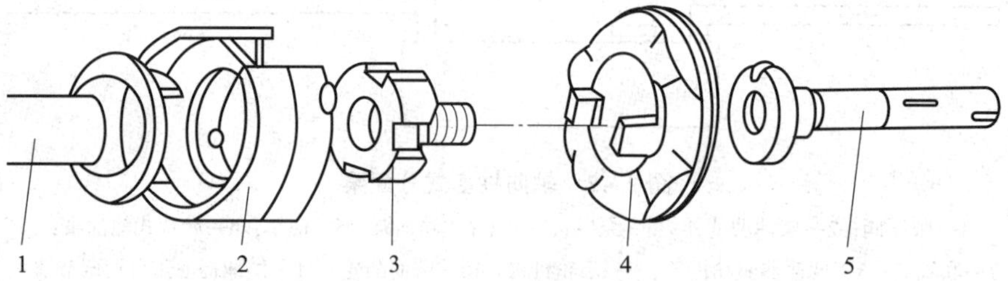

图 2-5　分配泵驱动机构

1—喷油泵轴；2—滚轮架；3—联轴器；4—端面凸轮；5—分配泵柱塞

3）分配泵

分配泵的工作过程可分为吸油、泵油和回油三个过程。

（1）吸油过程。吸油过程如图 2-6 所示，柱塞上设有 4 个（四缸发动机用）均布的进油轴向槽、1 个分配孔、1 个中心油道和 1 个泄油孔，柱塞套和筒上均布 4 个与出油道对应的出油孔。

当端面凸轮转过滚轮架上的滚轮时，柱塞在回位弹簧的作用下向左移动。此时，泄油孔被油量控制滑套封闭，分配孔与柱塞套上的出油孔错开，泵腔内因容积增大而产生真空度；当柱塞上的某一轴向进油槽与进油孔接通时，来自叶片式输油泵的柴油经进油道、进油孔和轴向进油槽进入泵腔，分配泵完成吸油过程。

（2）泵油过程。泵油过程如图 2-7 所示，随柱塞继续转动，轴向进油槽与进油孔错开，泄油孔仍被封闭，端面凸轮顶动柱塞使其向右移动，泵腔内的油压升高。当分配孔与柱塞套上的某一出油孔接通时，泵腔内的高压柴油即经柱塞中心油道和分配孔进入出油道，并顶开出油阀供往喷油器，分配泵完成泵油过程。

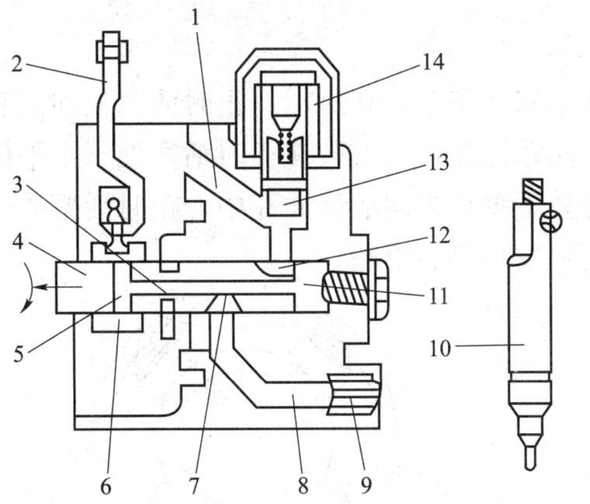

图 2-6　分配泵吸油过程

1—进油道；2—油量控制杠杆；3—柱塞中心油道；
4—柱塞；5—泄油孔；6—油量控制滑套；
7—分配孔；8—出油道；9—出油阀；
10—喷油器；11—泵腔；12—轴向进油槽；
13—断油阀体；14—断油电磁阀

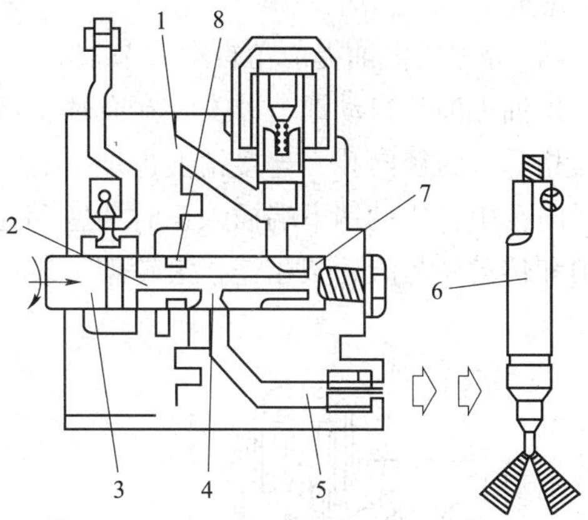

图 2-7　分配泵泵油过程

1—进油道；2—柱塞中心油道；
3—柱塞；4—分配孔；5—出油道；
6—喷油器；7—泵腔；
8—压力平衡槽

柱塞上的轴向进油槽、柱塞套上的出油孔、泵体上的出油道都是沿圆周方向均布，且数量与柴油发动机气缸数相等。随分配泵柱塞的转动，柱塞每转一圈（曲轴转两圈），分配泵通过柱塞上的每个轴向进油槽各完成一次吸油过程；由于端面凸轮上的凸峰数量也与柴油发动机气缸数相等，所以柱塞每转一圈，柱塞上的分配孔与泵体上的每个出油道各接通一次，分配泵按做功顺序向各缸喷油器供油一次。

在柱塞上还设有油压平衡槽，其功用是：在柱塞旋转过程中分别与各出油道接通，以平衡各出油道内的压力，对保证分配泵向各缸分油均匀有利。

（3）回油过程。回油过程如图 2-8 所示，在分配泵泵油过程中，随柱塞向右移动，当泄油孔从油量控制滑套中露出，即与泵壳内腔相通时，分配泵内的高压柴油经柱塞中心油道和泄油孔流入泵壳内腔，出油道内油压迅速下降，出油阀关闭，分配泵泵油过程结束。

分配泵供油量的调节是通过改变油量控制滑套在柱塞上的轴向位置来实现的。滑套向左移动时，泄油孔从滑套中露出之前柱塞有效泵油行程减小，供油量减少；滑套向右移动时，柱塞有效泵油行程增大，供油量增加。滑套的轴向位置由调速器的油量控制杠杆控制。

（4）停机熄火。分配泵上装有一个断油电磁阀，如图 2-9 所示。当点火开关处于 ON 位置时，断油电磁阀电路接通，将断油阀体吸起，分配泵进油道开通。当需要停机熄火时，只要关闭点火开关，断油电磁阀电路断开，断油阀体在弹簧作用下切断分配泵进油道，分配泵停止供油，柴油发

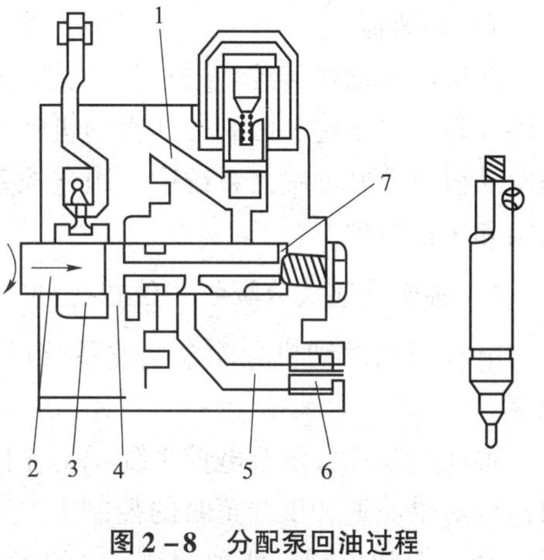

图 2-8　分配泵回油过程

1—进油道；2—柱塞；3—油量控制滑套；
4—泄油孔；5—出油道；
6—出油阀；7—泵腔

动机熄火。

4）分配泵供油提前角自动调节器

供油提前角自动调节器安装在泵体下部，其结构如图 2－10 所示。正时活塞上加工有两个互相垂直的径向孔，连接销上也加工有一个径向孔，连接销安装在正时活塞处于水平位置的径向孔中，传动销下端插入正时活塞和连接销处于垂直方向的径向孔中。正时活塞通过连接销和传动销与滚轮架相连，滚轮架上装有与气缸数相等的滚轮。

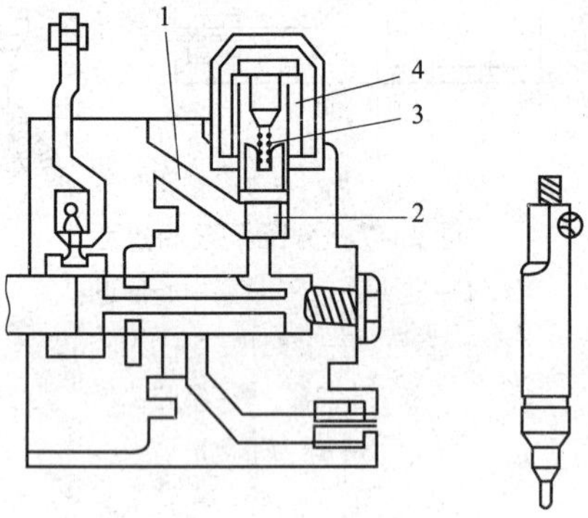

图 2－9　分配泵断油电磁阀

1—进油道；2—断油阀体；
3—弹簧；4—断油电磁阀

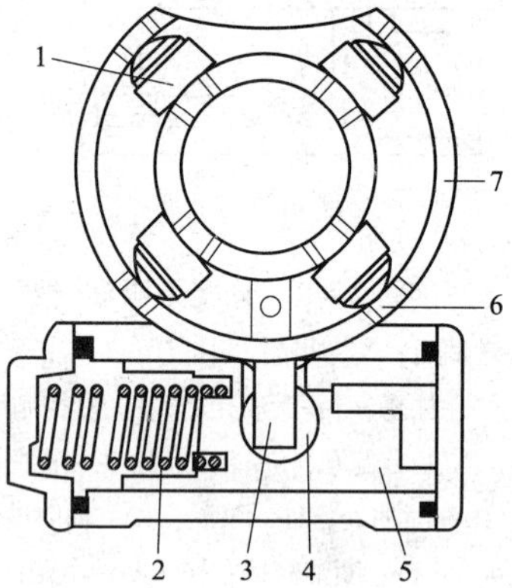

图 2－10　转子泵供油提前角自动调节器

1—滚轮；2—弹簧；3—传动销；4—连接销；
5—正时活塞；6—滚轮轴；7—滚轮架

正时活塞右侧与泵壳内腔相通，左侧与来自柴油滤清器的油道相通。当柴油发动机在常用转速下工作时，叶片式输油泵输送到泵壳内腔的低压柴油进入正时活塞右腔，使正时活塞受到低压柴油向左的推力与正时活塞左侧的弹簧弹力和来自柴油滤清器的柴油压力之和相平衡。当转速升高时，叶片式输油泵输出的油压也随之升高，正时活塞两侧受力失去平衡而向左移动，并通过连接销、传动销使滚轮架顺时针转过一定角度，端面凸轮上的凸峰则提前一定角度与滚轮接触，分配泵的供油时刻提前；反之，供油时刻推迟。

5）调速器

在柴油发动机传统（非电控）燃油供给系统中，利用机械调速器根据转速变化自动调节供油量，以稳定和限制柴油发动机转速，使柴油发动机在不同工况下均能稳定运转。在柴油发动机电控燃油喷射系统中，用电控系统取代了机械调速器，在此不再讲述机械调速器的结构和工作原理。

2．轴向柱塞式分配泵“位置控制”系统

电控柴油发动机分配泵燃油系统所使用的喷油泵有轴向柱塞式分配泵和径向柱塞式分配泵。

轴向柱塞式分配泵电控系统就是在传统轴向柱塞式分配泵燃油供给系统基础上发展而来的，按对供油量和供油正时的控制方式不同，轴向柱塞式分配泵电控系统可分为“位置控制”和“时间控制”两种类型。一汽大众捷达轿车装用的 1.9 L SDI 柴油发动机即采用“位置控制”方式的轴向柱塞式分配泵电控系统。

轴向柱塞式分配泵“位置控制”系统如图 2－11 所示，该系统利用电子调速器通过控制分配泵中的油量控制滑套位置来实现供油量的控制，利用电磁阀通过控制供油提前角自动调节器中正时活塞两侧的油压（决定正时活塞位置）来实现供油正时控制。

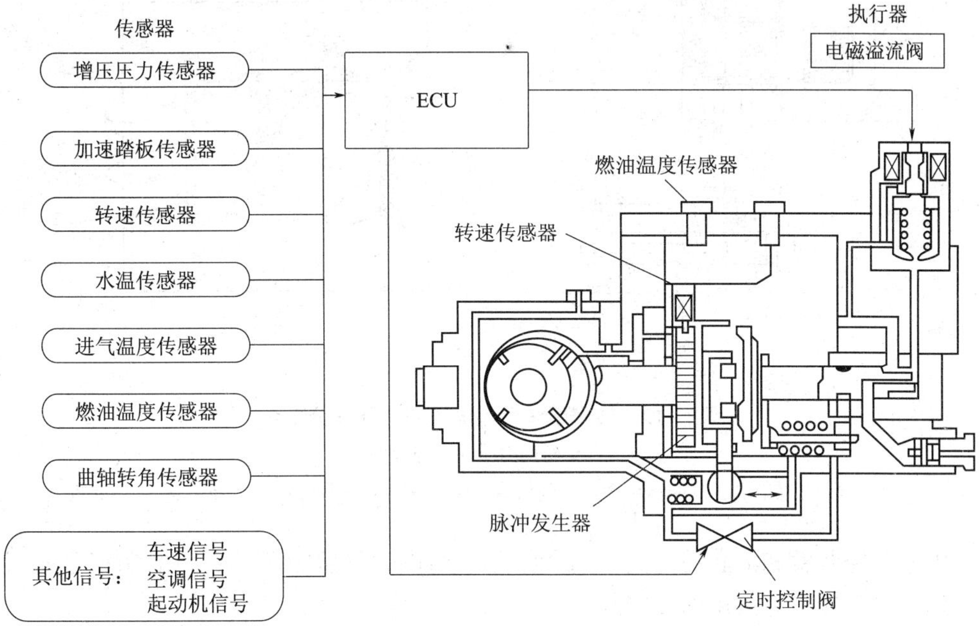

图 2－11　轴向柱塞式分配泵“位置控制”系统

1—蓄电池；2—车辆开关；3—车速传感器；4—加速踏板位置传感器；5—泵角传感器；
6—电子调速器；7—滑套位置传感器；8—燃油温度传感器；
9—正时控制电磁阀；10—正时活塞位置传感器

1）供油量控制

分配泵供油量“位置控制”系统中，电子调速器有转子螺线管型和螺线管型两种。一汽大众捷达轿车装用的 1.9 L SDI 柴油发动机电控燃油喷射系统即采用了转子螺线管型电子调速器。

（1）转子螺线管型电子调速器。转子螺线管型电子调速器主要由定子铁芯、线圈、转子轴和滑套位置传感器等组成，如图 2－12 所示。转子由永久磁铁制成，当给绕制在“U 形”定子铁芯上的线圈通电时，产生的磁场使转子转动，直到转子轴转动到其所受电磁力矩与弹簧产生的力矩平衡时为止；转子轴下端的偏心钢球伸入油量控制滑套的凹槽中，转子轴转动时，通过伸入滑套凹槽内的偏心钢球使滑套轴向移动，从而改变喷油泵的供油量。ECU 可以通过控制流经线圈的电流方向来控制转子轴的转动方向，通过控制通电占空比来控制转子轴转动的角度。滑套位置传感器安装在转子轴上，ECU 通过该传感器检测的转子轴位置信号确定油量控制滑套的实际位置，并对滑套位置（即供油量）进行闭环控制。

（2）螺线管型电子调速器。螺线管型电子调速器主要由螺线管、回位弹簧、控制臂、滑套位置传感器等组成，如图 2－13 所示。螺线管中的电枢、滑套位置传感器的铁芯与控制臂连成一体，控制臂下端伸入油量控制滑套的凹槽中；当螺线管通电时，使电枢通过控制臂带动滑套移动到电磁力与回位弹簧力平衡的位置，螺线管通电占空比不同，产生的磁场强度

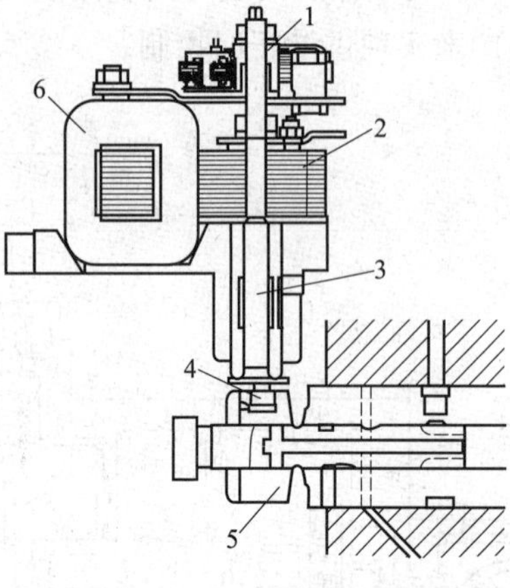

图 2-12 转子螺线管型电子调速器（分配泵）

（a）结构图；（b）原理图

1—滑套位置传感器；2—定子；3—转子轴；4—偏心钢球；5—滑套；6—线圈；7—回位弹簧

不同，电枢、控制臂和滑套的位置不同，分配泵的供油量也就不同，ECU 就是通过控制螺线管的通电占空比来完成供油量控制的。

滑套位置传感器为差动电感式，螺线管中的电枢和传感器铁芯移动时，在滑套位置传感器线圈中产生感应电压信号，ECU 根据此电压信号来确定油量控制滑套的实际位置以实现供油量的闭环控制。

2）供油正时控制

在分配泵“位置控制”系统中，通常是在原供油提前角自动调节器活塞两侧油腔之间增加一条燃油通道，并由 ECU 通过电磁阀控制该燃油通道的开度来实现供油正时控制，如图 2-14 所示。ECU 主要根据柴油发动机转速和负荷传感器信号确定基本供油提前角，再根

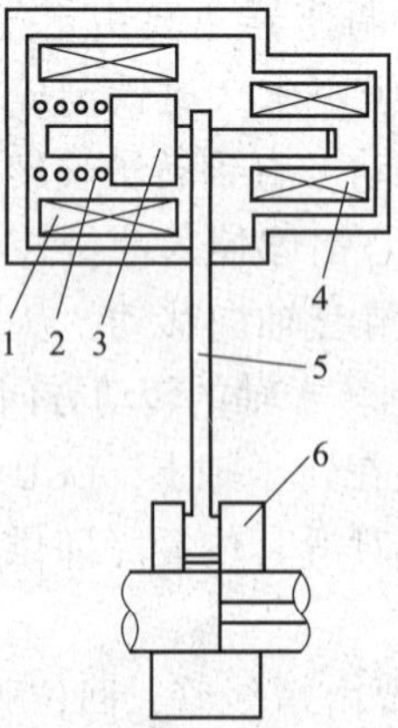

图 2-13 螺线管型电子调速器（分配泵）

1—螺线管；2—回位弹簧；3—电枢；

4—滑套位置传感器；5—控制臂；6—滑套

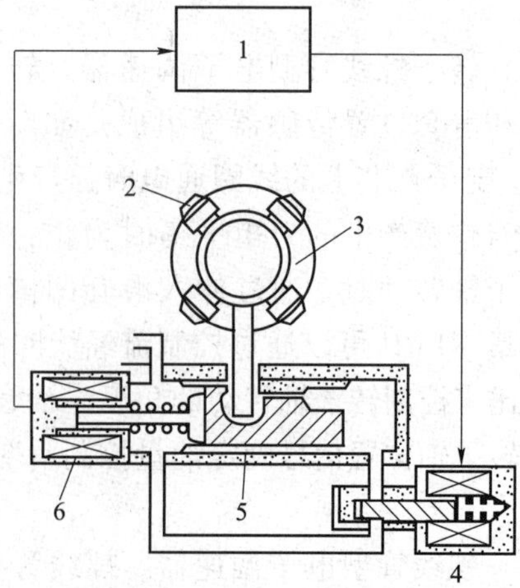

图 2-14 供油正时控制系统（分配泵）

1—ECU；2—滚轮；3—滚轮架；4—电磁阀；

5—正时活塞；6—正时活塞位置传感器

据冷却液温度等传感器信号进行修正，并通过电磁阀控制正时活塞左右两侧油腔内的燃油压力差，以改变正时活塞的位置；正时活塞左右移动时，通过传动销带动分配泵内的滚轮架转动，从而改变喷油泵的供油正时。

正时控制电磁阀实际就是螺线管中的电枢与控制阀连成一体的电磁阀，其结构如图 2-15 所示。ECU 通过控制其通电占空比使控制阀移动，改变正时活塞两侧高、低压油室间的通道开度，调节正时活塞两侧的压差，以达到控制正时活塞位置、实现供油正时控制的目的。

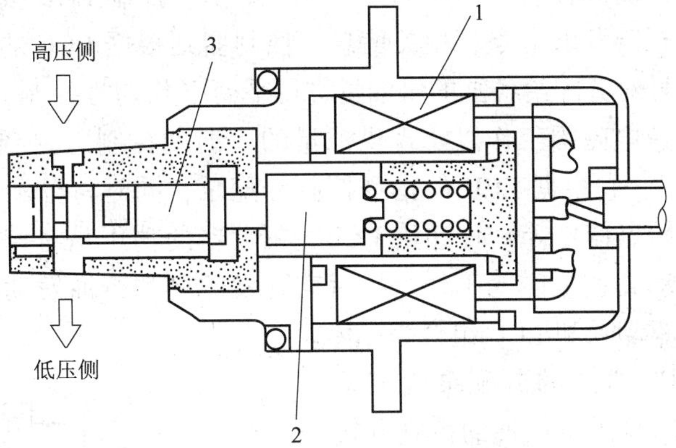

图 2-15　分配泵正时控制电磁阀

1—螺线管；2—电枢；3—控制阀

正时活塞位置传感器为差动电感式，如图 2-16 所示。传感器铁芯随正时活塞移动，传感器线圈内产生与活塞位移成正比的电压（自感电动势）信号，ECU 根据此传感器信号对喷油泵供油正时进行闭环控制。

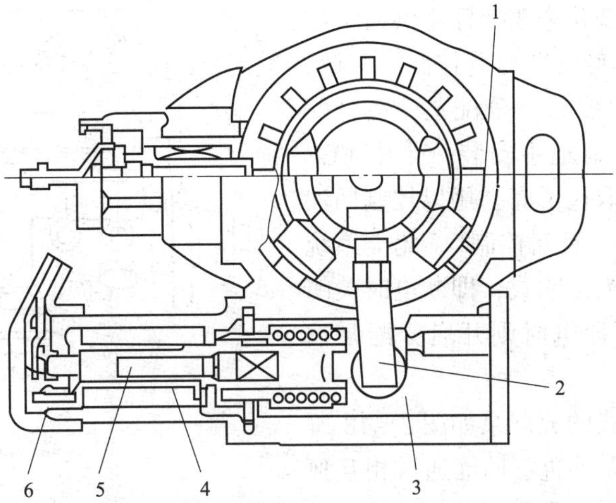

图 2-16　正时活塞位置传感器

1—滚轮架；2—传动销；3—正时活塞；4—传感器线圈；5—铁芯；6—线束连接器

3. 轴向柱塞式分配泵“时间控制”系统

供油量的“位置控制”特点是用模拟量来控制执行元件工作，通过对喷油泵油量控制机构的定位来得到所需的供油量。用以闭环控制供油量的反馈信号也是由模拟信号传感器检测的，ECU 只能对模拟信号进行 A/D 转换后才能处理，这必然影响供油量的控制精度和执行元件的响应速度。此外，不论采用何种类型的电子调速器，总是需要由部分机械装置来完成对喷油泵供油量的调节，也会降低控制精度和响应速度。所以继供油量“位置控制”之后出现了“时间控制”。

1）供油量控制

分配泵的供油量“时间控制”系统如图 2－17 所示。控制 ECU 根据各种传感器信号计算出供油量后，向控制器发出指令和相关信息；控制器则根据 ECU 的指令和相关信息，参考燃油温度传感器信号对分配给各缸的供油量进行平衡（均匀性控制），并通过驱动器（放大电路）直接控制高速电磁阀工作以实现供油量的“时间控制”。控制器是 ECU 与分配泵之间的“信息中转站”，它根据 ECU 的指令控制分配泵，同时将分配泵的信息（如电磁阀关闭时间信号、喷油始点信号等）传递给 ECU。驱动器的功用是对控制器输出的控制信号进行放大以便能够驱动高速电磁阀工作。在后期开发的此类柴油发动机电控燃油喷射系统中，一般将控制器、驱动器和 ECU 组合为一体。

采用“时间控制”方式的分配泵电控系统，根据高速电磁阀对分配泵供油的控制方式不同，可分为回油控制方式和进油控制方式两种类型。

（1）回油控制方式。

传统分配泵是利用油量控制滑套的位置变化来控制分配泵回油过程开始时间的变化，即在机械控制的供油压力和供油开始时刻一定时，通过滑套的位置变化来改变停止供油（即回油）的时刻，从而实现供油量控制。因此，早期的供油量“时间控制”分配泵，在分配泵回油（或称溢油）通道中安装一个由 ECU 控制的高速电磁阀来取代滑套，用以控制回油时刻，实现供油量的“时间控制”。此类系统中装用的高速电磁阀为常闭式，即断电时关闭分配泵回油通道，而通电时则开启分配泵油通道。

采用回油控制方式的分配泵如图 2－18 所示。其特点是：分配泵的进、回油通道相互独立，高速电磁阀安装在分配泵回油通道中，只能对分配泵工作时的回油过程进行控制；而分配泵的柱塞上仍保留有进油槽，由柱塞上的进油槽和柱塞套筒上的进油孔控制分配泵的进油过程。在柱塞吸油过程中高速电磁阀处于关闭

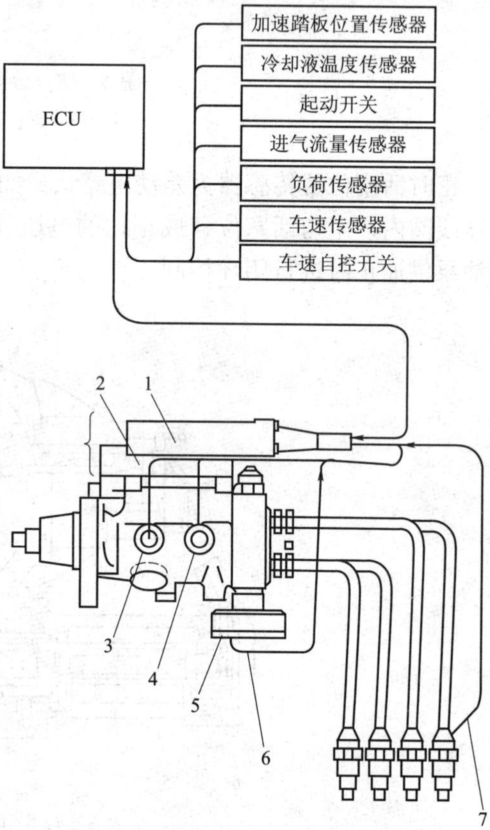

图 2－17　分配泵供油量“时间控制”系统

1—控制器；2—驱动器；3—泵角传感器；4—燃油温度传感器；5—高速电磁阀；6—电磁阀关闭时间传感器；7—喷油始点传感器

状态，泵油过程开始后高压油腔即产生高压，分配泵向某缸喷油器供油；当由 ECU 控制的高速电磁阀通电时，电磁阀打开高压腔回油通道，柱塞顶部的高压油腔内油压迅速下降，分配泵向某缸的供油停止。

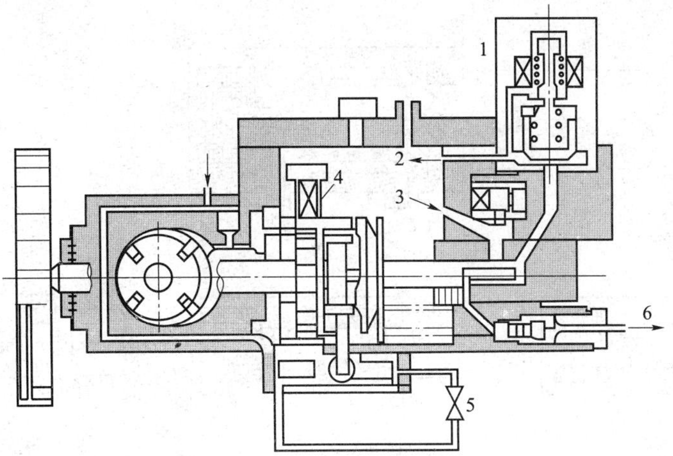

图 2－18　回油控制方式的分配泵

1—高速电磁阀；2—回油口；3—进油口；4—泵角传感器；
5—正时控制电磁阀；6—至喷油器

柴油发动机电控系统中所用的高速电磁阀一般体积和质量较大，这是因为要产生较大的电磁力，以满足高压密封和动态相应性好的要求，就需要增加线圈的匝数和电枢的受力面积。为解决这一问题，在“时间控制”方式的分配泵中，常采用双重阀结构的伺服式电磁阀，其特点是：利用较小的电磁力控制一个较小的辅助阀，而通过辅助阀的工作控制较大的主阀工作，不仅电能消耗少，而且响应速度快。

伺服式电磁阀的结构如图 2－19 所示。伺服式电磁阀由电控辅助阀和液压主阀构成，辅助阀是受 ECU 控制的电磁阀，用来控制辅助回油通道；主阀的开闭由液压自动控制，用来控制主回油通道。

伺服电磁阀的工作原理如图 2－20 所示。在分配泵进油和泵油过程中，ECU 给辅助阀的电磁线圈通电，使辅助阀关闭辅助回油通道；高压腔的燃油经主阀上的小孔进入主阀右侧，主阀左、右两侧的燃油压力相等，但由于主阀右侧的承压面积较大，加之主阀回位弹簧的作用，使主阀压紧左侧的阀座，关闭主回油通道［图 2－20（a)］；此时分配泵泵油过程产生的高压燃油经高压油管送往喷油器。当需要停止供油时，ECU 立即切断辅助阀电磁线圈中的电流，辅助阀在其回位弹簧作用下打开辅助回油通道［图 2－20（b)］，主阀右侧的高压燃油经辅

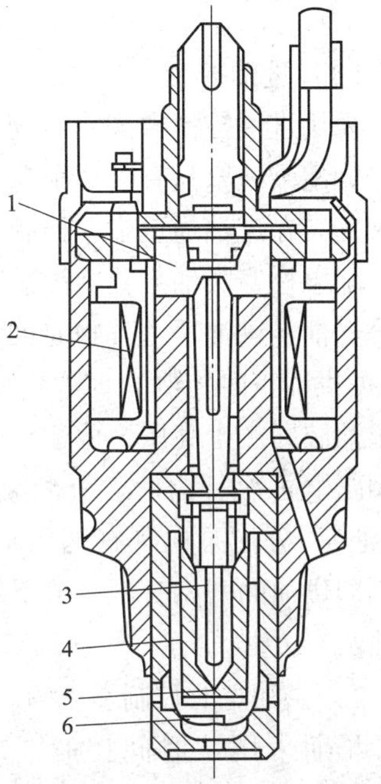

图 2－19　伺服式电磁阀

1—电枢；2—线圈；3—电控辅助阀；
4—液压主阀；5—辅助阀回油通道；
6—主回油通道

助回油通道流回低压油腔，由于主阀上小孔的节流作用，使主阀右侧的油压迅速降低；一旦主阀右侧的油压泄掉，主阀左侧的高压油将主阀推开［图 2－20（c）］，柱塞泵高压油腔的燃油经主回油道迅速流回低压油腔，从而使高压油腔压力迅速降低，分配泵供油立即停止。

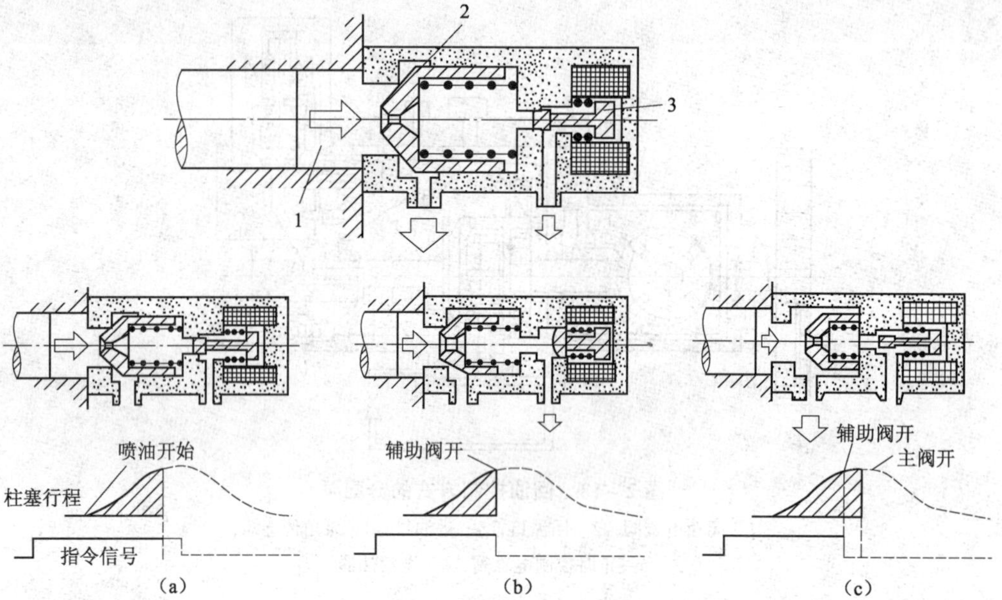

图 2－20　伺服电磁阀工作原理

（a）回油控制阀关闭；（b）辅助阀开启；（c）主阀开启

1—高压油腔；2—主阀；3—辅助阀

（2）进油控制方式。

采用进油控制方式的分配泵如图 2－21 所示，其特点是：分配泵的柱塞上取消了进油槽，分配泵柱塞只有吸油和泵油两个行程；分配泵的回油通道与进油通道合二为一，高速电磁阀安装在进油通道中，控制分配泵工作时的供油开始和结束时刻。高速电磁阀为常开阀，在分配泵柱塞吸油行程中高速电磁阀处于开启状态（不通电），泵油行程开始后高压油腔的部分燃油经进油通道（也是回油通道）被压回低压腔，直到由 ECU 控制的高速电磁阀通电（根据供油正时控制）时，电磁阀关闭进油通道，分配泵高压油腔即产生高压，分配泵向某缸喷油器供油；高速电磁阀断电再次开启时，分配泵高压油腔内油压迅速下降（回油），分配泵向某缸的供油停止。高速电磁阀的关闭时刻即供油的开始时刻，关闭的时间即为供油时间（决定供油量）。

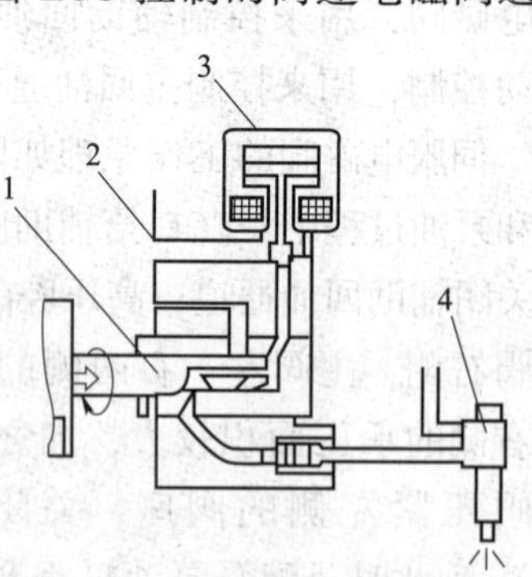

图 2－21　进油控制方式的分配泵

1—分配泵柱塞；2—进回油口；
3—高速电磁阀；4—喷油器

2）供油正时控制

早期采用“时间控制”方式的分配泵中，与采用“位置控制”方式的分配泵相同，保留了电控液压供油提前角自动调节器，通过改变分配泵驱动装置中滚轮架与端面凸轮的相对位置，来实现对供油正时的控制。两者的共同特点是供油的开始时刻取决于分配泵驱动装置中滚轮架与端面凸轮的相对位置，而不同的是供油结束时刻的控制方式不同，采用“位置控制”方式的分配泵供油结束时刻取决于油量控制滑套的位置，采用“时间控制”方式的分配泵供油结束时刻取决于高速电磁阀的开启时刻。

后期采用“时间控制”方式的分配泵中，取消了电控液压供油提前角自动调节器，完全用高速电磁阀的关闭和开启时刻来控制供油的开始和结束时刻，真正实现了供油正时的“时间控制”。

利用高速电磁阀的关闭和开启时刻来控制供油的开始和结束时刻，虽然实现了供油正时的“时间控制”，但由于在分配泵柱塞高压腔内建立压力需要时间，燃油通过高压油管时的压力传递也需要时间，所以ECU输出的电磁阀驱动脉冲正时与喷油器的实际喷油正时之间必然存在一定程度的时间延迟，总的延迟时间取决于柴油发动机转速、温度和高压油管长度等因素。在分配泵供油正时的“时间控制”系统中，为提高供油正时控制精度，ECU除根据检测柴油发动机工况信息的各种传感器信号控制供油正时外，一般还采用两种控制措施：一是采用电磁阀关闭时间传感器来精确测定电磁阀关闭始点和终点时刻，以便向ECU提供电磁阀驱动脉冲的实际输出正时，实现对电磁阀驱动脉冲输出正时的闭环控制；二是采用各种形式的喷油始点传感器，精确测定喷油器的实际喷油始点，ECU根据此传感器的反馈信号修正对分配泵供油正时的控制。

采用“时间控制”方式的分配泵，为准确控制各缸的供油顺序，一般设有供油信号发生器（同汽油发动机普通电子点火系统中的点火信号发生器），该信号发生器与凸轮轴/曲轴位置传感器制成一体。

时间控制式VE分配泵有博世（Bosch）公司生产的VP44分配泵、日本电装公司的ECD－V3型分配泵、日本杰克赛尔公司的COVEC－F型电控分配泵。

三、径向柱塞式分配泵电控系统

径向柱塞式分配泵与轴向柱塞式分配泵的主要区别是：泵油柱塞和分配转子分开（轴向柱塞式分配泵的泵油柱塞与分配转子是同一零件），泵油柱塞沿分配转子的径向运动完成泵油过程。由于径向柱塞式分配泵与轴向柱塞式分配泵结构上的不同，其供油量和供油正时的电控方式（尤其是“位置控制”方式）也存在一定差别。

1. 径向柱塞式分配的结构原理

传统径向柱塞式分配泵燃油供给系统与轴向柱塞式分配泵基本相同。径向柱塞式分配泵的结构如图2－22所示，主要由叶片式输油泵、调压阀、传动轴、分配泵、调速器、供油提前角自动调节器等组成。

柴油发动机工作时，从滤清器来的清洁柴油由叶片式输油泵泵入分配套筒的轴向油道，然后低压柴油分成两路：一路经油道流往供油提前角自动调节器；另一路经分配套筒进油口、油量控制阀、分配转子径向油道和中心油道流到两个柱塞之间的泵油腔。柴油经柱塞压缩提高压力后，高压柴油经分配转子中心油道和分配口、分配套筒出油道输送给喷油器。分配泵的供油量通过油量控制阀控制进油量来实现。

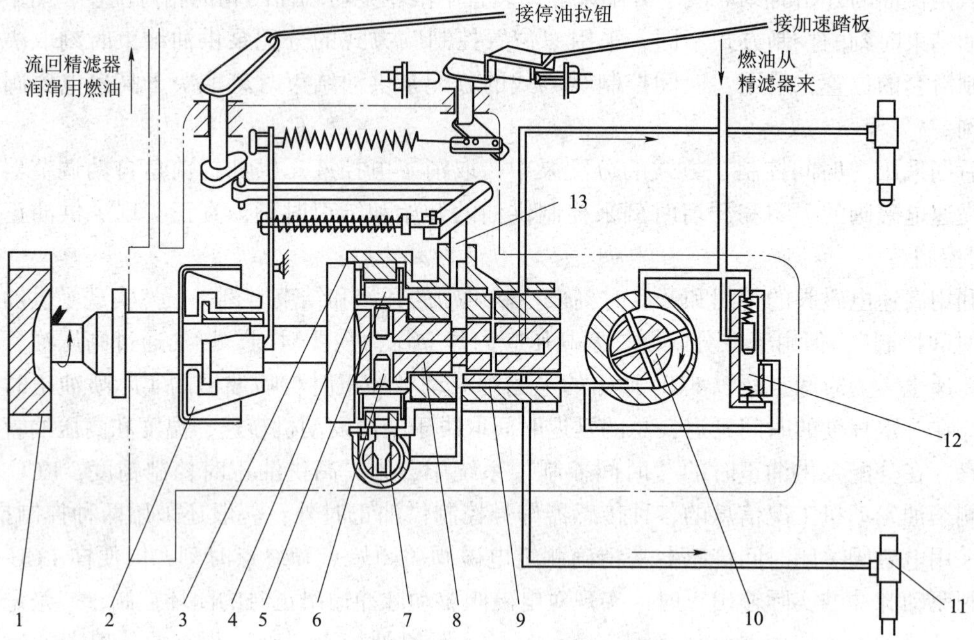

图 2-22　径向柱塞式分配泵的结构

1—联轴器；2—调速器飞块；3—内凸轮；4—滚柱；5—滚柱座；6—泵油柱塞；7—供油提前角自动调节器；8—分配转子；9—分配套筒；10—叶片式输油泵；11—喷油器；12—调压阀；13—油量控制阀

2. 径向柱塞式分配泵“位置控制”系统

径向柱塞式分配泵的供油量控制可以通过两种途径来实现：一种是控制泵油柱塞的行程；另一种是控制进油量。在非电控径向柱塞式分配泵基础上，取消油量控制阀，利用电控元件控制泵油柱塞行程即可实现供油量的“位置控制”。而供油正时的“位置控制”，可以利用电控元件直接或间接控制分配泵内凸轮相对分配转子的位置来实现。

1）供油量控制

为实现对泵油柱塞行程的控制，柱塞的外端（伸出分配转子的一端）加工两个对称的斜面（图 2-23），并用一个座架限制柱塞运动（只能沿分配转子径向移动而不能转动），座架上开槽的弯臂与柱塞外端具有相同的斜度。由于泵油柱塞安装在分配转子中的压油腔内，所以分配转子和泵油柱塞与座架相对位置（沿分配转子轴向）发生变化时，因泵油柱塞斜面与座架弯臂斜面的配合关系，就会改变泵油柱塞的行程，从而改变分配泵的供油量。改变分配转子与座架的相对位置，可以通过使分配转子轴向移动或使座架轴向移动来实现。

（1）座架轴向位置控制。

座架轴向位置控制机构如图 2-24 所示，在驱动分配转子的中部装有端面凸轮和导向管，导向管与端面凸轮接触的一侧为与端面凸轮配合的曲面，导向管轴向是固定的（但随驱动轴转动），因此端面凸轮相对导向管转动时，端面凸轮同时会产生轴向移动。松套在驱动轴上的端面凸轮向右移动时，通过推

图 2-23　泵油柱塞和座架

1—泵油柱塞；2—柱塞斜面；3—座架弯臂槽；4—座架

力圈（用十字轴与驱动轴连接）和推杆（位于中空的驱动轴内）推动柱塞座架向右移动；端面凸轮向左移动时，座架弹簧则推动座架、推杆和推力圈跟随端面凸轮向左移动。

导向管与端面凸轮之间的相对转动，通过步进电动机控制的液压油缸来实现，如图2－25所示。步进电动机通过伺服阀控制液压油缸的油路，以控制液压油缸中活塞的上、下移动，再由液压活塞驱动齿杆和端面凸轮外齿圈使端面凸轮转动，从而实现对座架轴向位置的控制，也就是分配泵柱塞行程或分配泵供油量的“位置控制”。端面凸轮位置传感器用来检测端面凸轮转动的实际位置（反应座架位置或泵油柱塞行程），用以实现分配供油量的闭环控制。

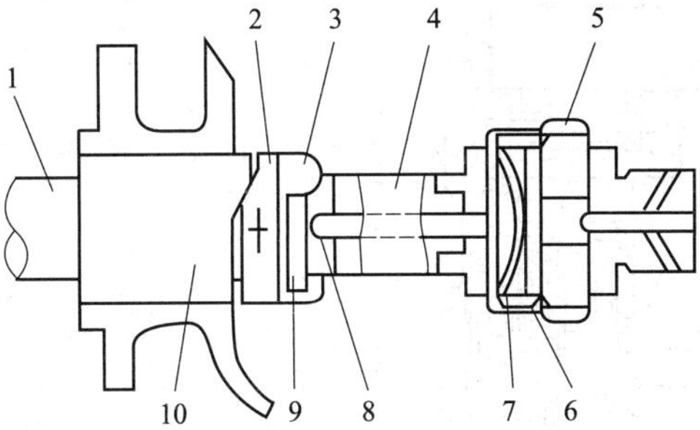

图2－24　座架轴向位置控制机构

1—驱动轴；2—端面凸轮；3—推力圈；4—驱动轴；5—泵油柱塞；6—座架；7—座架弹簧；8—推杆；9—十字轴；10—导向管

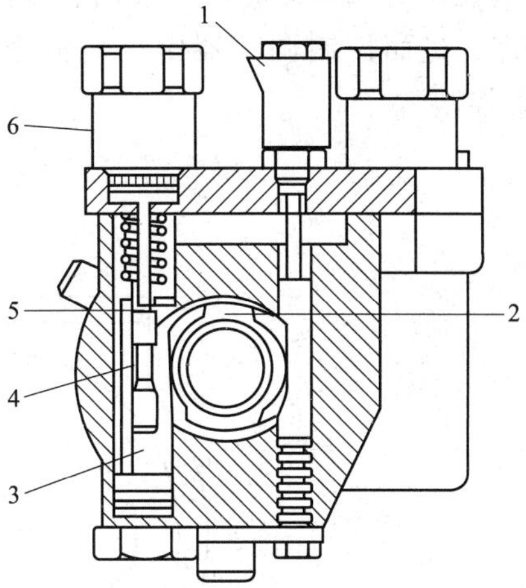

图2－25　端面凸轮转动位置控制机构

1—端面凸轮位置传感器；2—端面凸轮；3—液压活塞；4—液压油路；5—伺服阀；6—步进电动机

（2）分配转子轴向位置控制。

分配转子轴向位置控制如图2－26所示，ECU通过两个电磁阀控制分配转子尾部油腔内的油压，使分配转子产生轴向移动；当进油电磁阀关闭、回油电磁阀开启时，分配转子在弹

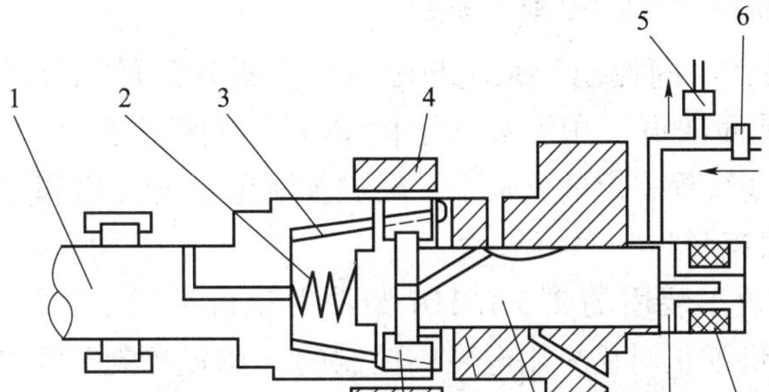

图2－26　分配转子轴向位置控制

1—驱动轴；2—分配转子回位弹簧；3—驱动轴爪形槽斜面；4—内凸轮；5—回油电磁阀；6—进油电磁阀；7—转子位置传感器；8—油腔；9—分配转子；10—滚柱座

簧力的作用下向右移动，由于滚柱座斜面与驱动轴爪形槽斜面的配合关系（与前述柱塞斜面与座架弯臂斜面类似），使泵油柱塞行程增大，分配泵供油量增加；当进油电磁阀开启、回油电磁阀关闭时，分配转子向左移动，泵油柱塞行程减小，分配泵供油量减少。在分配转子的尾部装有转子位置传感器，向 ECU 提供分配转子实际位置的反馈信号，以便对供油量进行闭环控制。

2）供油正时控制

径向柱塞式分配泵供油正时的“位置控制”与轴向柱塞式分配泵基本相同，通过在供油提前角自动调节器的油道中安装电磁阀或步进电动机来实现。图 2－27 所示为用步进电动机控制的供油提前角调节器，步进电动机通过伺服活塞控制供油提前角调节器的液压油路，进而控制调节器中正时活塞的位置，从而实现径向柱塞式分配泵供油正时的“位置控制”。

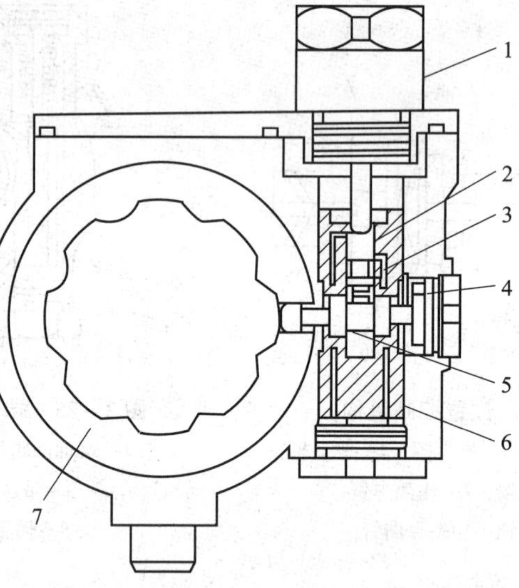

图 2－27　步进电动机控制的供油提前角调节器

1—步进电动机；2—伺服活塞；3—液压油路；4—弹簧；5—传动销；6—正时活塞；7—分配泵内凸轮

3. 径向柱塞式分配泵“时间控制”系统

径向柱塞式分配泵“时间控制”系统与轴向柱塞式分配泵“时间控制”系统类似，在分配泵的进油道（也是回油道）中安装一个由 ECU 控制的电磁阀（取代传统的油量控制阀），在保证分配泵柱塞行程一定的前提下，通过控制电磁的开启和关闭时刻，来实现供油量和供油正时的“时间控制”。

一汽大众奥迪 A6 轿车装用的 2.5 L TDI 柴油发动机采用了径向柱塞式分配泵供油量“时间控制”系统，但供油正时仍采用电磁阀控制的“位置控制”系统，其组成如图 2－28 所示。ECU 主要根据加速踏板位置传感器、柴油发动机转速传感器、空气流量计、冷却液温度传感器来确定供油量和供油正时。分配泵控制器的功用：一是将 ECU 输出来的控制信号进行转换放大，然后驱动分配泵中供油量控制电磁阀和供油正时控制电磁阀工作；二是将安装在分配泵中的泵角传感器（即凸轮轴/曲轴位置传感器）和柴油温度传感器信号经处理后输送给 ECU。

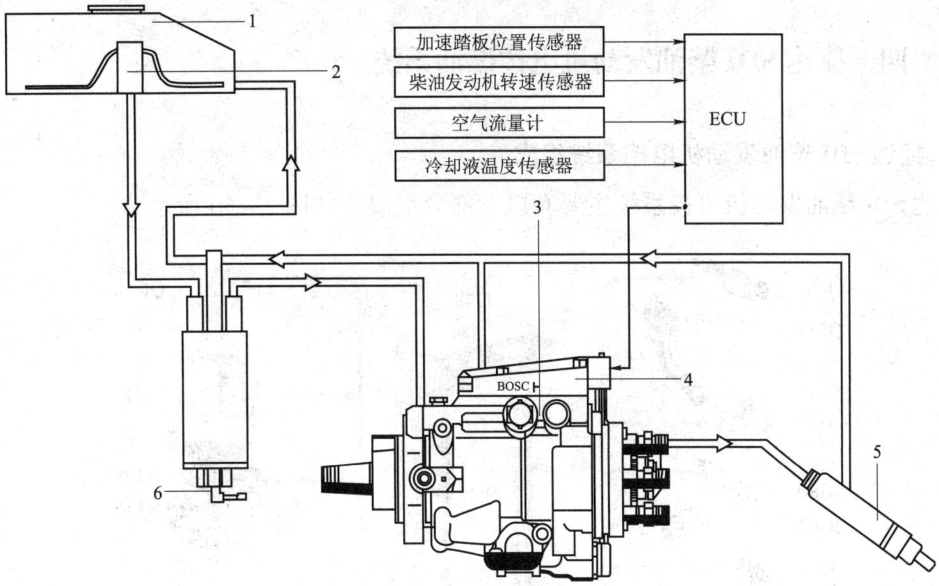

图 2-28　奥迪 A6 轿车 2.5 L TDI 柴油发动机电控燃油喷射系统

1—燃油箱；2—输油泵；3—电控径向柱塞式分配泵；4—分配泵控制器；5—喷油器；6—柴油滤清器

一汽大众奥迪 A6 轿车 2.5 L TDI 柴油发动机电控径向柱塞式分配泵如图 2-29 所示。供油量的“时间控制”与轴向柱塞式分配泵采用“进油控制方式”基本相同，在此不再重述。供油正时控制与本学习任务前述“位置控制”电控系统基本相同，只是控制供油提前角调节器油路的是电磁阀，而不是步进电动机。

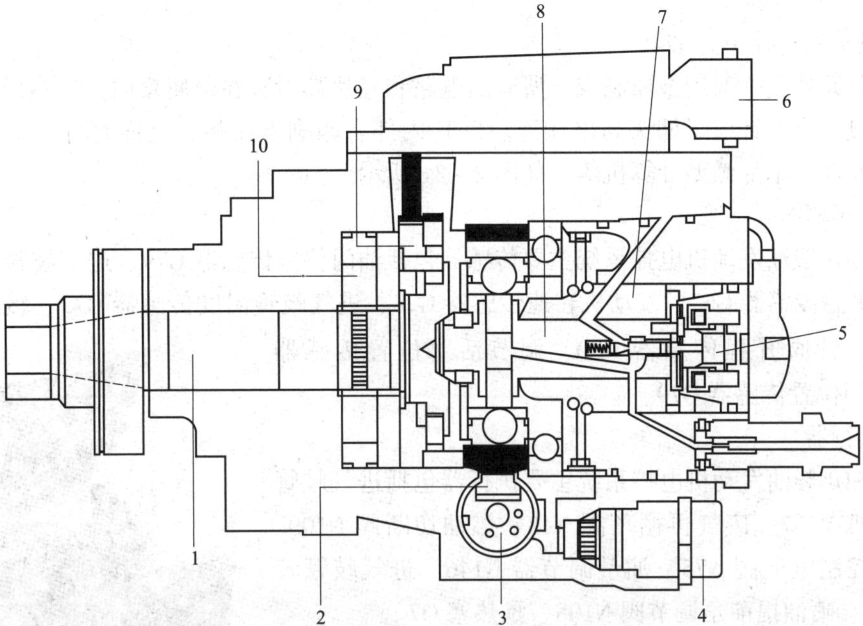

图 2-29　奥迪 A6 轿车 2.5 L TDI 柴油发动机电控径向柱塞式分配泵

1—驱动轴；2—内凸轮；3—供油提前角调节器；4—正时控制电磁阀；5—供油量控制电磁阀；6—分配泵控制器；7—分配套筒；8—分配转子；9—泵角传感器；10—叶片式输油泵

四、捷达 SDI 柴油发动机电控燃油系统

1. 捷达 SDI 柴油发动机电控系统组成

捷达 SDI 柴油发动机电控系统主要有以下部分组成，如图 2 - 30 所示。

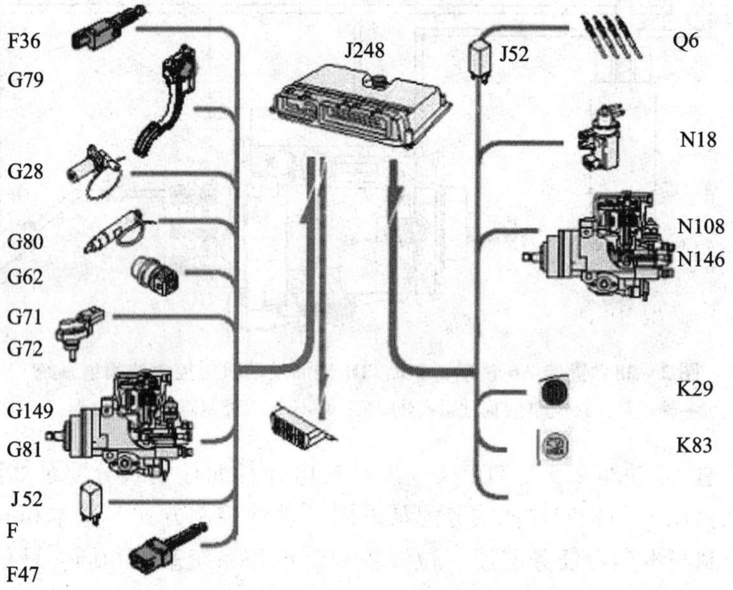

图 2 - 30　捷达 SDI 柴油发动机电控系统的组成

1）发动机电控单元 J248

电控单元外壳一般用金属制成，所有的电路和芯片都封装在金属盒内，传感器、执行器和电源通过一个多针电气插头与之相连。ECU 内部有印刷电路板，上面有各种集成电路芯片、电子元件、单片微型计算机等，如图 2 - 31 所示。

2）传感器

捷达 SDI 柴油发动机电控系统主要传感器包括油门位置传感器 G79、进气歧管压力传感器 G71、水温传感器 G62、发动机转速传感器 G28、进气歧管温度传感器 G72、燃油温度传感器 G81、针阀升程传感器 G80、调节活塞位置传感器 G149、油门位置传感器 G79。

3）执行器

捷达 SDI 柴油发动机电控系统主要执行器包括进气歧管翻板电动机 V157、废气再循环阀 N18、燃油切断阀 N109、增压压力控制电磁阀 N75、油量调节器 N146、进气歧管转换阀 N239、喷油提前角调节阀 N108、预热塞 Q7。

4）其他元件

捷达 SDI 柴油发动机电控系统还包括预热塞继电器 J52、低热输出继电器 J359、高热输出继电器 J360、离合器踏板

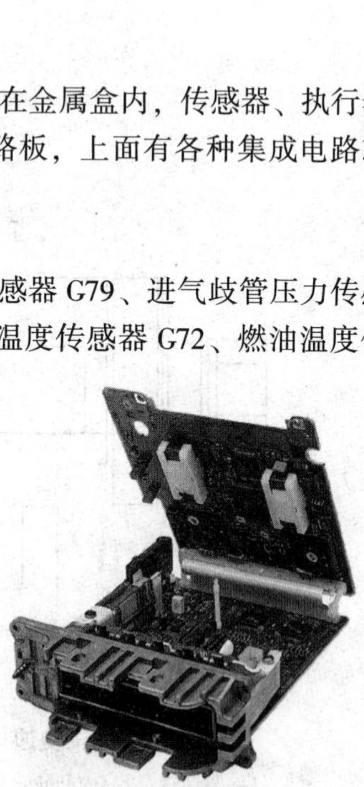

图 2 - 31　电控单元

开关F36、强制挡开关F8、机油压力开关F1、制动灯开关F、制动踏板开关F47。

2. 捷达SDI柴油发动机电控燃油系统的组成和检修

捷达SDI柴油发动机电控系统采用的是电控轴向压缩式分配泵，该系统组成如图2－32所示。该系统使用Bosch生产的VP37型电控分配泵，属于第一代位置式控制系统。电子控制轴向压缩式分配泵主要由电子控制式油量调节机构、供油提前角自动调节机构、泵油机构、驱动机构、滑片式输油泵及燃油切断装置等部分组成。

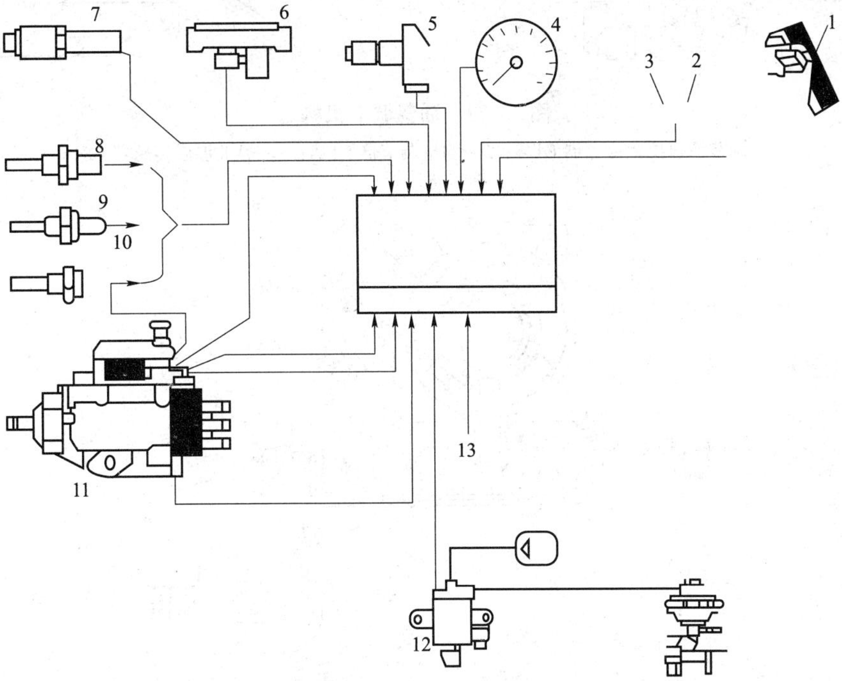

图2－32 SDI柴油发动机电子控制轴向压缩式分配泵系统

1—加速踏板位置传感器；2—制动灯开关；3—离合器开关；4—车速信号；5—转速信号；6—电子节气门；7—针阀升程传感器；8—冷却液温度传感器；9—进气温度传感器；10—燃油温度传感器；11—喷油泵；12—EGR阀；13—故障指示灯

1）捷达SDI柴油发动机分配泵的组成

（1）油量调节机构。

油量调节机构如图2－33所示，调节活塞位置传感器G149检测调节活塞的位置并以电信号的形式输送到电控单元。油量调节器N146实际上是一个电磁转动电位计，它是由发动机控制单元通过定向的占空循环（开－关比例）来控制的。油量调节器上的偏心轴在高压活塞上移动调节活塞，从而移动油量控制套筒以达到调节喷油量的作用。油量调节机构还包括燃油温度传感器G81。

（2）供油提前角自动调节机构。

通过喷油提前角调节阀N108来控制压力腔内的油压，压力腔内的油压与弹簧的平衡位置不同，使得正时活塞能够左右移动，带动传力销相对转动一个位置，这样就改变压力滚轮与凸轮盘的相对位置，从而改变喷油提前角，如图2－34所示。

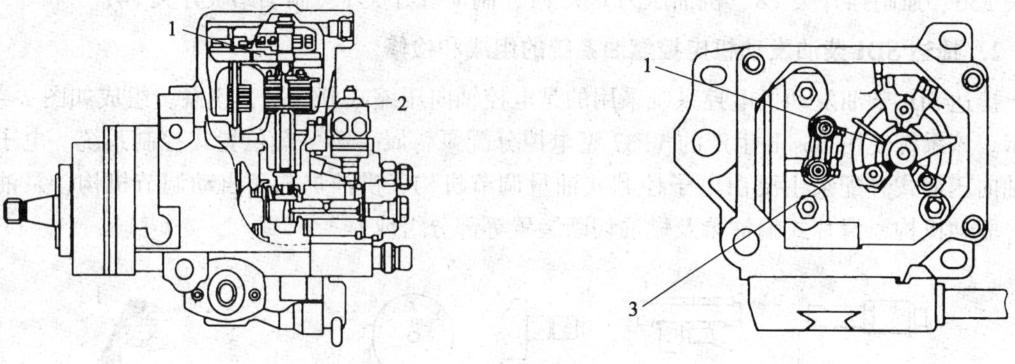

图 2-33 油量调节机构

1—调节活塞位置传感器 G149；2—油量调节器 N146；3—燃油温度传感器 G81

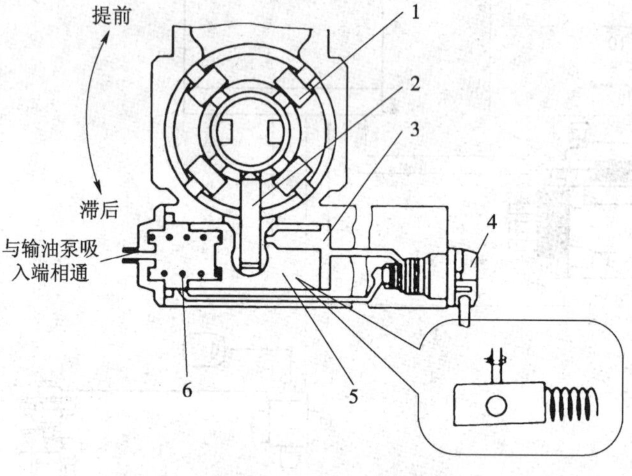

图 2-34 供油提前角自动调节机构

1—滚轮；2—传力销；3—压力腔；4—喷油提前角调节阀 N108；5—供油提前角调节油缸；6—弹簧

（3）燃油切断阀 N109。

燃油切断阀 N109 作用是停机断油，如图 2-35 所示。当点火开关处于 ON 位置时，断油电磁阀电路接通，将断油阀体吸起，分配泵进油道开通。当需要停机熄火时，只要关闭点火开关，断油电磁阀电路断开，断油阀体在弹簧作用下切断分配泵进油道，分配泵停止供油，柴油发动机熄火。

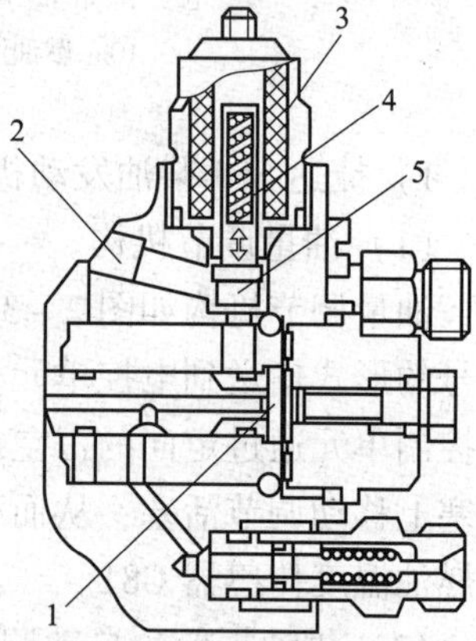

图 2-35 燃油切断阀 N109

1—压缩室；2—供油孔；3—燃油切断电磁阀 N109；4—弹簧；5—电磁铁

2）电控分配泵控制电路检修

捷达柴油发动机电控分配泵控制电路如图 2-36 所示。分配泵的线束连接器上有 10 个端子，端子 1、2、3 分别为调节活塞位置传感器 G149 的电源端子、信号端子和搭铁端子，端子 4 和 7 分别为燃油温度传感器 G81 的信号端子和搭铁端子，端子 5 和 6 分别为电子调速器的电源（12 V）端子和控制端子，端子 8 为燃油切断电磁阀 N109（通过壳体搭铁）的控制端子，端子 9 和 10 分别为喷油提前角调节阀 N108 的控制端子和电源（12 V）端子。

捷达柴油发动机电控分配泵线束连接器如图 2－37 所示。

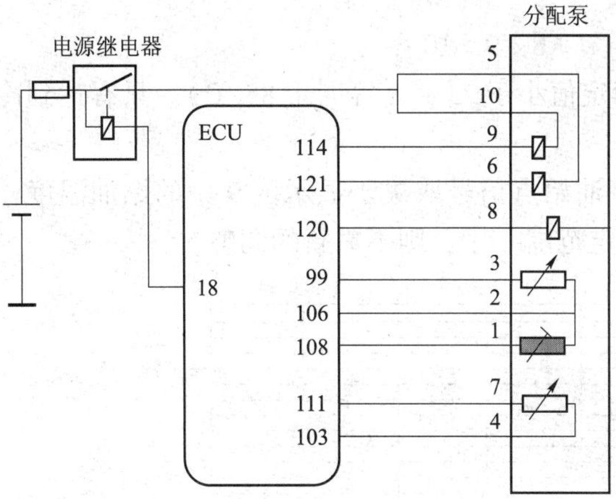

图 2－36　捷达柴油发动机电控分配泵电路

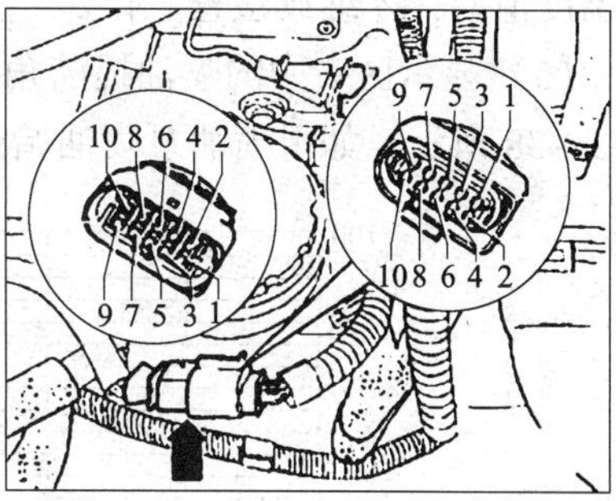

图 2－37　捷达柴油发动机电控分配泵线束连接器

检测内容及方法如下：

（1）静态检测。关闭点火开关，拆开电控分配泵线束连接器，在分配泵一侧用万用表测量端子之间的电阻。端子 4 与 7 之间（燃油温度传感器 G81）的电阻，30 ℃时对应的电阻值应为 1 500～2 000 Ω，80 ℃时对应的电阻值应为 275～375 Ω；端子 1 与 2、3 与 2 之间（调节活塞位置传感器 G149）的电阻，正常为 4. 9～7. 5 Ω；端子 5 与 6 之间（电子调速器）的电阻，正常为 0. 5～2. 5 Ω；端子 9 与 10 之间（喷油提前角调节阀 N108）的电阻，正常为 12～20 Ω。

（2）动态检测。打开点火开关，在线束侧用万用表测量电压：端子 1 与搭铁、端子 3 与搭铁之间的电压应约为 2. 5 V，端子 5 与搭铁、端子 10 与搭铁之间的电压应约为 12 V（蓄电池电压）。

3）喷油始点的检查

（1）连接故障诊断仪 V. A. G1551 或 V. A. G1552，输入 01 “地址码” 选择发动机电子控制单元，当进行此项操作时，发动机必须在怠速状态下运行，此时显示屏显示：

Rapid data transfer	HELP
Select function × ×	
快速数据传递	帮助
选择功能　× ×	

（2）按 0 和 4 键选择 “基本设定” 功能，按 Q 键确认，显示屏显示：

Basis setting

Input display group number × ×

基本设定

输入显示组号 × ×

（3）按三次 0 键选择 “显示组号 0” 功能，按 Q 键确认。显示屏显示 1～10 个显示区：

System in basis setting 0

1 2 3 4 5 6 7 8 9 10

系统基本设定 0

1 2 3 4 5 6 7 8 9 10

(4) 在显示区 7 中检查冷却液温度，标定值小于 73 + （等同于 85 ℃）。只有达到冷却液温度值时，才继续检查工作。

(5) 显示区 2 中的喷油提前角调节阀喷油始点信号取决于显示区 9 中的燃油温度，如图 2 - 38 所示。如果喷油泵喷油始点位于标定范围 *C* 中，则不需新的调整。

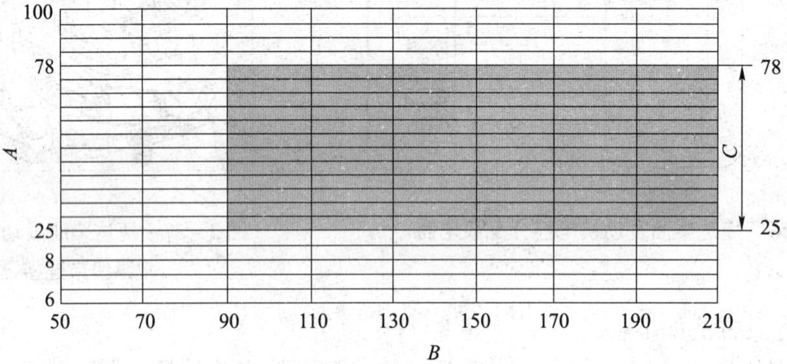

图 2 - 38　喷油提前角调节阀喷油始点信号与燃油温度关系

A—显示区 2 中的喷油阀喷油始点信号；*B*—显示区 9（B）中的燃油温度；
C—喷油阀喷油始点信号标定范围

(6) 按“→”键。按 0 和 6 键选择“结束输出”功能，再按 Q 键确认。

(7) 关闭点火开关。

(8) 如果喷油始点信号（正时）在允许范围之外，调整喷油提前角调节阀喷油始点信号。

4）喷油始点的调整

(1) 拆下同步带的上部。松开两个喷油泵链轮紧固螺栓 1，如图 2 - 39 所示。

(2) 在轮轴紧固螺母 2 上安放好 22 mm AF 环形扳手，反抓住喷油泵轴。

(3) 松开喷油泵链轮紧固螺栓，轻轻地转动喷油泵轴，往左延迟喷油泵喷油始点信号，往右提前喷油泵喷油始点信号。

注意：轮轴上的紧固螺母 2 绝不能松开，否则喷油泵的基本设定会被改变，而普通的维修车间设备无法将其恢复。

(4) 紧固新的喷油泵链轮安全螺栓。

(5) 按“→”键。按 0 和 6 键选择“结束输出”功能，按 Q 键确认。

(6) 关闭点火开关。

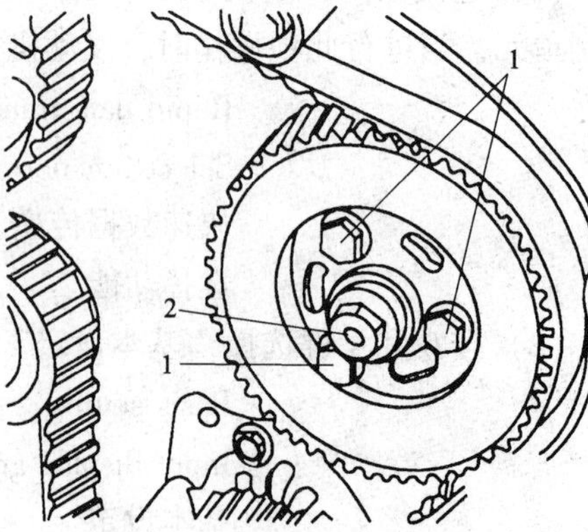

图 2 - 39　喷油始点调整示意图

1—紧固螺栓；2—紧固螺母

任务实施

一、拆装及检修流程

1. 喷油泵喷油始点检测

（1）连接故障诊断仪，发动机在怠速状态下运行（捷达 SDI 发动机）。

（2）选择“基本设定”功能。

（3）按三次 0 键选择“显示组号 0”功能，观察各显示区数值。如果喷油泵喷油始点位于标定范围 C 中，则不需从新调整。

2. 喷油泵喷油始点调整

（1）拆下同步带的上部。松开两个喷油泵链轮紧固螺栓。

（2）在轮轴紧固螺母 2 上安放好 22 mm AF 环形扳手，反抓住喷油泵轴。

（3）松开喷油泵链轮紧固螺栓，轻轻地转动喷油泵轴。往左延迟喷油泵喷油始点信号，往右提前喷油泵喷油始点信号。

3. 喷油泵控制电路检修

（1）燃油温度传感器 G81 检测。若不符合要求，更换燃油温度传感器。

（2）调节活塞位置传感器 G149 检测。若不符合要求，更换调节活塞位置传感器。

（3）喷油提前角调节阀 N108 检测。若不符合要求，更换喷油提前角调节阀。

（4）燃油切断电磁阀 N109 检测。若不符合要求，更换燃油切断电磁阀。

4. 喷油泵喷油零部件检修

（1）柱塞偶件检测。若不符合要求，更换柱塞偶件。

（2）出油阀检测。若不符合要求，更换出油阀。

（3）断油电磁阀检测。若不符合要求，更换断油电磁阀。

二、技能学习考核

（1）教师为每组学生准备好实验台架或整车及相关技术材料。

（2）小组学生边查阅技术资料边观察实验台架或整车，完成技能学习工作单。结合检测结果，指出发动机电控或机械方面的故障。考虑工作计划的准备工作，检测仪器、工作油液和辅助材料的可使用性是否达到最佳程度，提出合理化建议并在下一次检修时予以考虑。

（3）教师观察学生学习过程，最后审阅学生完成的工作单，检查工作计划的所有工作项目并确认所有项目都已认真完成，检查安全、环保方面的工作是否到位，检查是否遵守规定的维修工时，检查车辆、发动机是否干净整洁，护套是否取下，工具是否整理，最后给出评价。

学习任务2

喷油器检修

学习目标

(1) 能够正确描述电控分配泵燃油系统中喷油器的分类。

(2) 能够正确描述电控分配泵燃油系统中喷油器的工作原理。

(3) 能够对电控分配泵燃油系统中喷油器进行检查和维修。

(4) 能够查阅汽车维修手册，制订喷油器检修工作计划。

(5) 能够分析工作中的不安全因素并采取措施保护环境。

(6) 能够检查、评价、记录工作结果。

任务引入

喷油器有孔式和轴针式两种。喷油器堵塞、喷油压力不符合标准及针阀偶件磨损均可导致发动机工作抖动。主要检测项目如下：针阀偶件检修、喷油器密封性检查、喷油器压力测试。

相关知识

一、喷油器的功用和工作原理

1. 喷油器的功用

喷油器的功用是将燃油雾化并合理分布到燃烧室内，以便与空气混合形成混合气。根据柴油发动机混合气形成与燃烧的要求，喷油器应有一定的喷射压力和射程（即喷射距离）以及合适的喷射锥角。此外喷油器停止供油时，不应有滴漏现象。

2. 喷油器的工作原理

孔式喷油器的针阀下端不伸出针阀体，喷油孔是直径为0.2~0.8 mm的圆孔，喷油孔有1~8个不等。轴针式喷油器的针阀下端较长，延伸出一伸入针阀体下端孔的轴针，轴针与针阀体下端的孔形成环状狭缝，喷油器喷油时，柴油从环状狭缝中呈空心圆柱状（轴针为圆柱形）或空心圆锥状（轴针为倒锥形）喷入燃烧室。轴针式喷油器与孔式喷油器除针阀和针阀体结构略有不同外，其他结构及工作原理完全相同，如图2-40所示。

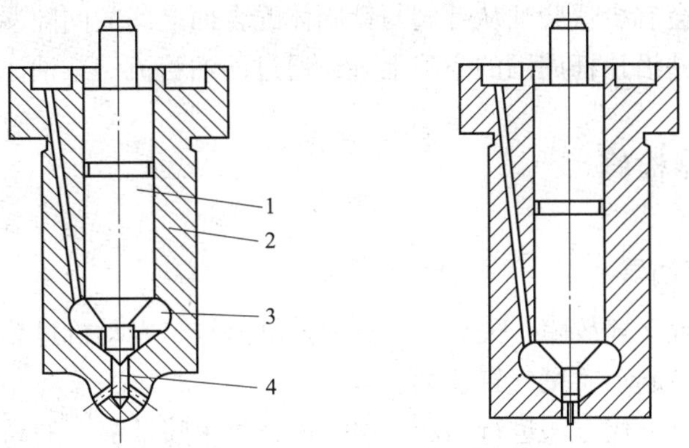

图 2-40　喷油器的类型

(a) 孔式喷油器；(b) 轴针式喷油器

1—针阀；2—针阀体；3—高压油腔；4—压力室

喷油器主要有针阀、针阀体、顶杆、调压弹簧、调压螺钉及喷油体等零件组成，如图 2-41 所示。喷油器不喷油时，调压弹簧通过顶杆使针阀紧压在针阀体的密封锥面上。调压弹簧的预紧力，可通过调压螺钉来调整。为防止细小杂物堵塞喷孔，喷油器进油管接头内一般装有缝隙式滤芯。

针阀与针阀体是喷油器的精密偶件，针阀上部的圆柱表面和针阀体相对应的内圆柱面配合精度很高，其配合间隙只有 0.001 0 ~ 0.002 5 mm。配合间隙过大，会因漏油而导致油压下降，直接影响喷雾质量；间隙过小，针阀又不能在针阀体中正常运动。

喷油器针阀的下端锥面与针阀体上相应的内锥面配合，实现喷油器内腔的密封，也称为密封锥面。针阀上部的圆柱面及下端的锥面与针阀体的配合是经过精磨后再相互研磨以保证其配合精度的，所以喷油器精密偶件不能进行互换。

针阀中部位于高压油腔内的锥面为承压锥面。喷油泵供油时，高压柴油由进油管接头 15 经过喷油器体 9 和针阀体 12 内的油道进入针阀喷油器高压油腔，油压作用在针阀的承压锥面上，给针阀一个向上的轴向推力。随着高压油腔内的油压升高，当针阀所受的轴向推力足以克服调压弹簧的预紧力时，针阀向上移动而打开喷孔，高压柴油便从针阀体下端的喷油孔喷射出去。当喷油泵停止供油时，由于高压油路内油压迅速下降，针阀在调压弹簧的作用下及时回位，喷孔被关闭，喷油器喷油停止。

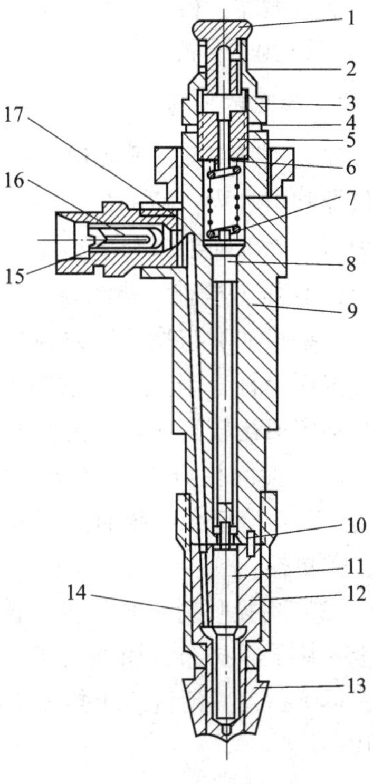

图 2-41　柴油发动机喷油器

1—回油管螺栓；2—回油管衬垫；3—调压螺钉护帽；4—调压螺钉垫圈；5—调压螺钉；6—调压螺钉垫圈；7—调压弹簧；8—顶杆；9—喷油器体；10—定位销；11—针阀；12—针阀体；13—喷油器锥体；14—紧固螺套；15—进油管接头；16—滤芯；17—进油管接头衬垫

喷油器工作时，会有少量柴油从针阀与针阀体配合面之间的间隙漏出，这部分柴油对针阀可起到润滑作用，并沿顶杆周围的空隙上升，通过回油管流回柴油滤清器或油箱。

二、喷油器检修

1. 拆卸和安装喷油器

喷嘴失效可能导致下述故障：失火、一缸或多缸敲缸、发动机过热、动力损失、尾气冒黑烟、燃油消耗高、冷起动时尾气冒蓝烟。

失效喷嘴可以通过下述方法进行判断：逐一松开每个喷油嘴上的高压管路接头，如果松开一个管路接头后，发动机怠速仍然保持不变，则说明该喷嘴失效。

（1）拆卸。以下操作适用于所有车型：用专用开口环行扳手拆下喷油管（说明：喷油管只能成组更换，不要改变油管形状），拧下固定螺母，拆下支架，取出喷油嘴。

（2）安装。**注意**：气缸盖与喷油嘴之间隔热垫必须更换。

插入喷嘴，检查底座并正确地安装到缸盖上，装上支架（拧紧力矩：喷油管 25 N·m，支架螺栓 20 N·m）。

2. 喷嘴的检查

发动机装有双弹簧喷嘴，因此喷油分两个阶段，若喷嘴发生故障，只能更换。喷嘴检查的仪器和工具为：喷油压力测试仪 V. A. G. 1322 及压力管 V. A. G1322/2。**注意**：检查喷油压力时，确保喷射口与手不能有任何接触，否则高压燃油会射穿皮肤造成严重伤害。

（1）压力检查。检测条件：压力计应打开。

连接喷油嘴与喷油压力测试仪，如图 2－42 所示。慢慢按压泵杆，当开始喷射时，读出开口处压力，如果与标定值比较有偏差，更换喷油嘴。

（2）渗漏检查。慢慢压下泵杆，保持约 150 bar 压力 10 s，应该没有燃油从喷嘴尖处渗漏。若喷嘴渗漏，需更换。

（3）更换喷射正时装置护盖 O 形环。在喷油泵下垫上一块干净抹布，用通用工具拆下护盖上内六角螺栓，拆下护盖并清洗，更换 O 形环，重新装好护盖和垫片。

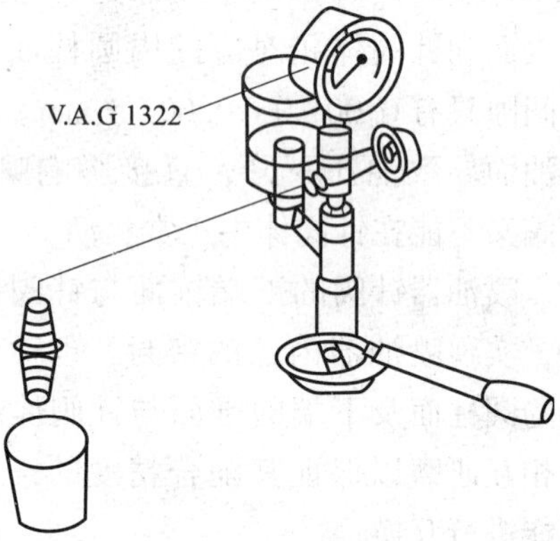

图 2－42　喷油器压力检测

任务实施

一、拆装及检修流程

1. 喷油器拆装

（1）用专用开口环行扳手拆下喷油管（捷达 SDI 发动机）。

(2) 拧下固定螺母，拆下支架，取出喷油嘴。喷油管只能成组更换，不要改变油管形状。

(3) 插入喷油器，检查底座并正确地安装到缸盖上，装上支架。气缸盖与喷油嘴之间隔热垫必须更换。拧紧力矩：喷油管 25 N·m，支架螺栓 20 N·m。

2. 喷油器喷油压力检测

(1) 打开压力计。

(2) 连接喷油嘴与喷油压力测试仪。

(3) 慢慢按压泵杆，当开始喷射时，读出开口处压力。新喷嘴 190 ~ 200 bar，磨损极限 170 bar。

3. 喷油器渗漏检测

慢慢压下泵杆，保持约 150 bar 压力 10 s。应该没有燃油从喷嘴尖处渗漏。若喷嘴渗漏，需更换。

二、技能学习考核

(1) 教师为每组学生准备好实验台架或整车及相关技术材料。

(2) 小组学生边查阅技术资料边观察实验台架或整车，完成技能学习工作单。结合检测结果，指出发动机电控或机械方面的故障。考虑工作计划的准备工作，检测仪器、工作油液和辅助材料的可使用性是否达到最佳程度，提出合理化建议并在下一次检修时予以考虑。

(3) 教师观察学生学习过程，最后审阅学生完成的工作单，检查工作计划的所有工作项目并确认所有项目都已认真完成，检查安全、环保方面的工作是否到位，检查是否遵守规定的维修工时，检查车辆、发动机是否干净整洁，护套是否取下，工具是否整理，最后给出评价。

习题

(1) 电控直列柱塞泵系统如何控制供油量和供油正时？

(2) 电控轴向柱塞分配泵系统如何控制供油量和供油正时？

(3) 电控分配泵系统的喷油器是如何工作的？

项目三
电控泵喷嘴燃油系统检修

学习任务 1

泵喷嘴检修

学习目标

(1) 能够描述电控泵喷嘴燃油系统的组成。
(2) 能够描述电控泵喷嘴燃油系统的工作原理。
(3) 能够描述电控泵喷嘴燃油系统中供（喷）油量和供（喷）油正时的控制方法。
(4) 能够对泵喷嘴进行检修。
(5) 参阅汽车维修手册，制订泵喷嘴检修工作计划。
(6) 能够分析工作中的不安全因素并采取措施并保护环境。
(7) 能够检查、评价、记录工作结果。

任务引入

一客户打电话说他所驾驶的宝来柴油发动机轿车起动困难，加速不良，且故障指示灯闪烁。根据客户反映的故障现象，技术员先从发动机控制系统入手，对该轿车发动机电控系统中传感器、执行器及相关控制电路进行了检测。

相关知识

泵喷嘴电控系统是在柴油发动机传统 P－T 燃油供给系统的基础上发展而来的。

一、P－T 燃油供给系统的组成

“P” 和 “T” 分别是英语压力（Pressure）和时间（Time）的缩写，P－T 燃油供给系统的主要特点是利用燃油泵的供油压力 “P” 和喷油器的计量时间 “T” 相互配合，来控制发动机每一循环的供油量，此系统结构和工作原理与直列柱塞泵和分配泵燃油供给装置均有本质的区别。P－T 燃油供给系统的组成如图 3－1 所示，由燃油箱、柴油滤清器、P－T 燃油泵、P－T 喷油器、进油管、回油管等组成。

燃油箱用以储存柴油。燃油滤清器装在油箱与 P－T 燃油泵之间，用以滤除燃油中的杂质，防止 P－T 燃油泵和喷油器发生故障。P－T 燃油泵是一个低压燃油泵，其功用包括输油、调压和调速，即根据柴油发动机转速和负荷变化，将适当压力的燃油输送给 P－T 喷油器，以得到所需要的循环供油量，并限制发动机的最高转速，稳定发动机怠速或某一转速。P－T 喷油器的功用是对来自 P－T 燃油泵的燃油进行计量和加压后，根据发动机的工作需要定

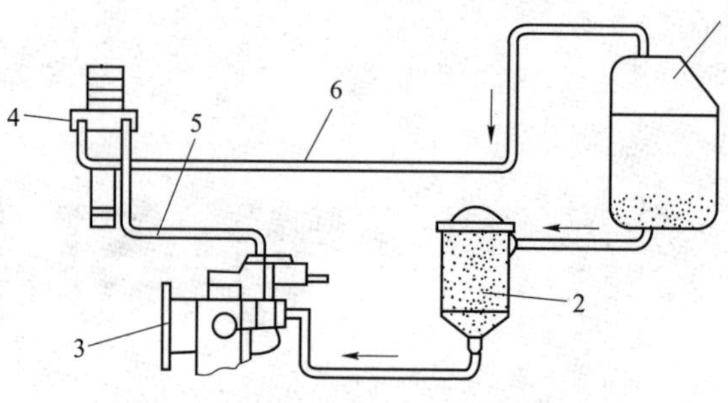

图 3-1 P-T 燃油供给系统的组成

1—燃油箱；2—柴油滤清器；3—P-T 燃油泵；4—P-T 喷油器；5—进油管；6—回油管

时喷入气缸。进、回油管的功用是分别将燃油自 P-T 燃油泵送往喷油器和将喷油器多余的燃油送回油箱。

P-T 喷油器及其驱动机构如图 3-2 所示。喷油器锥体下部加工有 7 个或 8 个直径为 0.2 mm 的喷油孔。发动机工作时，通过驱动凸轮、摆动式挺杆、推杆、摇臂来驱动喷油器柱塞向下运动，完成柴油的加压和喷射；驱动凸轮的凸起部分转过后，喷油器柱塞在回位弹簧作用下上升回位，以便使一定量的柴油进入喷油器，为下次喷射做好准备。

P-T 喷油器的工作原理如图 3-3 所示。图 3-3（a）所示为喷油器驱动凸轮外形及转角位置，喷油器驱动凸轮轴逆时针旋转，其转速为曲轴转速的 1/2。

喷油器凸轮转到排气上止点位置时，喷油器柱塞在回位弹簧作用下开始上升［图 3-3（b）］，来自 P-T 燃油泵的柴油经喷油器进油口、进油量孔、上进油道、柱塞环槽、下进油道进入环形油腔。此时因计量孔仍被柱塞封闭，环形油腔内的柴油不能经计量孔流入计量室（柱塞下部与喷油器锥体之间形成的锥形空腔），而是经回油量孔和回油道流回油箱。

当喷油器凸轮转到排气上止点后 44°曲轴转角位置时，随柱塞继续上移，计量孔逐渐开启，环形油腔内的部分柴油经计量孔进入计量室［图 3-3（c）］，喷油器计量开始，多余的柴油仍流回油箱。此时计量室内的油压较低，且喷油器的喷孔很小，所以柴油不会滴入气缸。

喷油器凸轮转到进气下止点前 60°曲轴转角位置时，柱塞上升到最高点并保持该位置；直到压缩上止点前 62°时，喷油器柱塞又被驱动下行，当柱塞下行到将计量孔关闭的位置（压缩上止点前 28°）时，环形油腔内的柴油不再流入计量室，喷油器计量结束。随柱塞继续下行，计量室内的柴油压力迅速升高，直到压缩上止点前 22.5°时，计量室内的柴油经喷孔以雾状喷入燃烧室［图 3-3（d）］。

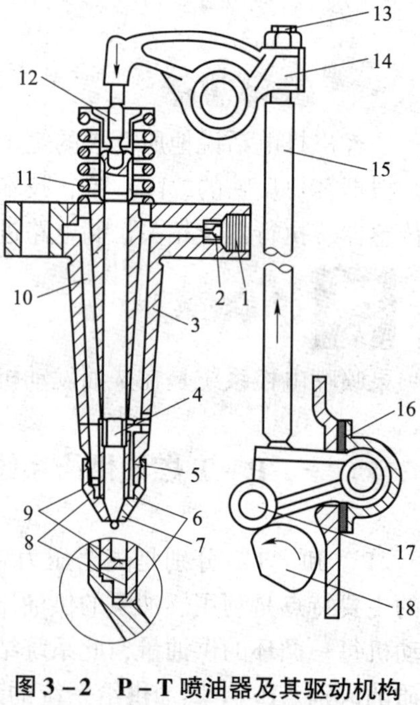

图 3-2 P-T 喷油器及其驱动机构

1—进油口；2—进油量孔；3—喷油器体；4—柱塞；5—O 形密封圈；6—调整垫片；7—喷油器锥体；8—计量孔；9—回油量孔；10—回油道；11—柱塞回位弹簧；12—柱塞杆头；13—调整螺钉；14—摇臂；15—推杆；16—挺杆调整垫片；17—滚轮；18—驱动凸轮

喷油器凸轮转到顶端位置（压缩上止点后18°）时，喷油器柱塞下行到极限位置，喷油器喷油结束［图3－3（e）］。此时柱塞以一定压力与喷油器锥体压紧，以便使计量室内的柴油完全喷出，防止残余柴油形成积炭，影响喷油器正常工作。

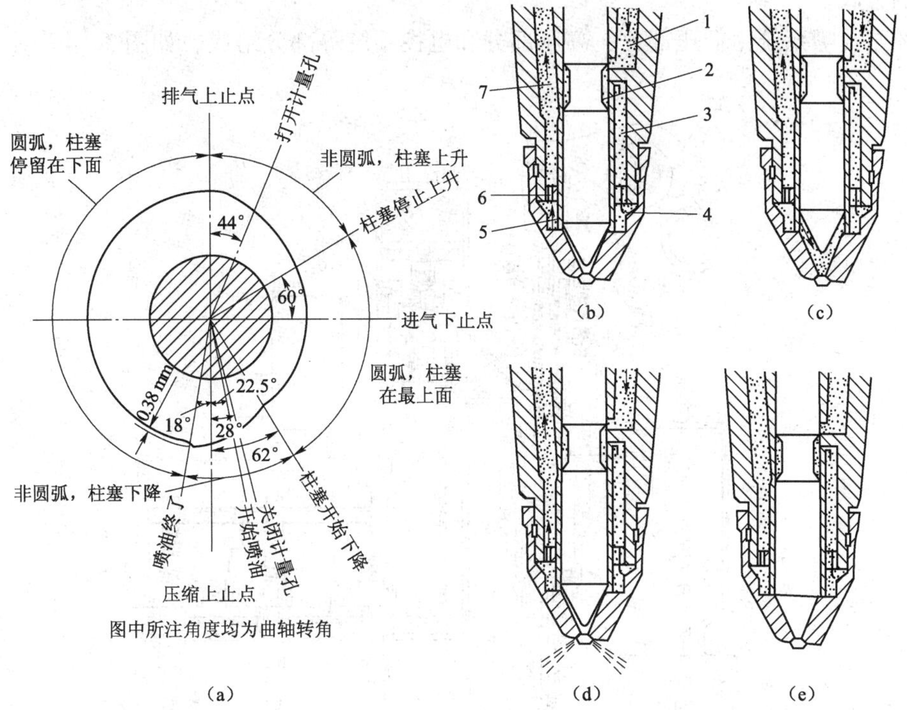

图3－3　P－T喷油器工作原理

（a）驱动凸轮外形及转角位置；（b）进油；（c）计量；（d）喷油；（e）喷油结束

1—上进油道；2—柱塞环槽；3—下进油道；4—环形油腔；5—计量孔；6—回油孔；7—回油道

柴油发动机的每一工作循环内，P－T喷油器都完成一个进油、计量、升压和喷油的全过程。喷油正时由喷油器凸轮轴与曲轴的相对位置来保证。P－T喷油器每一循环的喷油量就是在计量时间内进入计量室的油量，此油量取决于P－T燃油泵的供油压力、计量孔直径和计量时间（即计量室进油时间）。对一定的发动机而言，计量孔尺直径一定时，计量时间随发动机转速而变化，P－T燃油泵的供油压力必须与计量时间配合，以满足发动机在不同工况下对燃油量的需求。

喷油器内的调整垫片可用来调整计量时间，调整垫片加厚，计量孔相对柱塞上移，开启时刻推迟，关闭时刻提前，计量时间缩短，喷油量减少，此调整用于保证各缸喷油量的均匀性。挺杆调整垫片用来调整挺杆滚轮与凸轮的相对位置，以调整喷油正时。调整螺钉用来调整喷油器（喷油结束后）柱塞与喷油器锥体的压紧力（柱塞落座压力）。

二、泵喷嘴电控系统

提高柴油的喷射压力，使燃油雾化质量提高，有利于改善柴油发动机的燃烧过程，从而降低排放和噪声。为此，继直列柱塞泵电控系统和分配泵电控系统之后，喷油量的“时间控制”被应用在具有较高喷射压力的柴油发动机 P－T 燃油供给系统中，形成了泵喷嘴电控系统。在泵喷嘴电控系统中，取消了传统 P－T 燃油供给系统中结构复杂的 P－T 燃油泵和 P－T 喷油器的计量装置，但保留了传统 P－T 燃油供给系统中利用机械装置驱动喷油器对燃油加压的方式。

电控泵喷嘴系统由低压部分、高压部分和电控系统等部分组成，如图 3－4 所示。

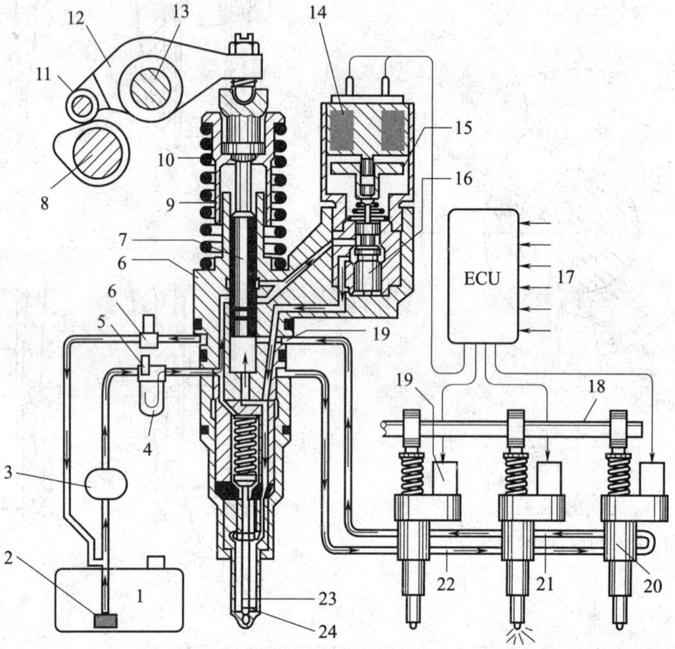

图 3－4 凸轮驱动式电控泵喷嘴系统组成

1—燃油箱；2—滤网式过滤器；3—齿轮式输油泵；4—滤清器；5—手动泵；6—柱塞体回油阀；7—柱塞；8，18—凸轮轴；9—导管；10—弹簧；11—滚子；12—摇臂；13—摇臂轴；14—溢流电磁线圈；15—衔铁盘；16—溢流控制阀；17—传感器；19—排出口电磁溢流阀；20—泵喷嘴；21—回油油道；22—油道；23—针阀；24—针阀体

（1）低压部分。低压部分是指燃油供给部分。燃油供给部分的任务是储存所需要的燃油，并在所有工况下以规定的压力向燃油喷射系统提供燃油。燃油供给部分主要包括燃油箱、滤清器、输油泵、手动泵、回油阀等。

（2）高压部分。高压部分是指泵喷嘴。泵喷嘴的功用是在所有工况下，按电子控制单元计算出的时刻，以精确的数量和要求的压力将燃油喷射到发动机气缸内。

（3）电控系统。电控系统分三个系统模块，即传感器、电控单元及执行器。

泵喷嘴由以下三部分组成，其结构如图 3－5 所示。

（1）产生高压的部件。产生高压的主要部件是泵体组件、泵柱塞和回位弹簧。

（2）高压电磁阀（电磁溢流阀）。高压电磁阀由线圈、电磁阀针阀、衔铁、磁芯和电磁阀弹簧等主要部件组成，其任务是控制喷油起始时刻和喷油持续时间。

（3）喷油嘴。喷油嘴将燃油雾化，精确定量并分布到燃烧室中。喷油嘴是利用压紧螺母安装到泵喷嘴体上的。

电控泵喷嘴的基本工作原理如图 3－6 所示，由低压输油泵经进油通道向喷油器供油，进油通道由高速电磁阀控制；高速电磁阀为常开阀（即断电时开启），当机械驱动的压油柱塞向

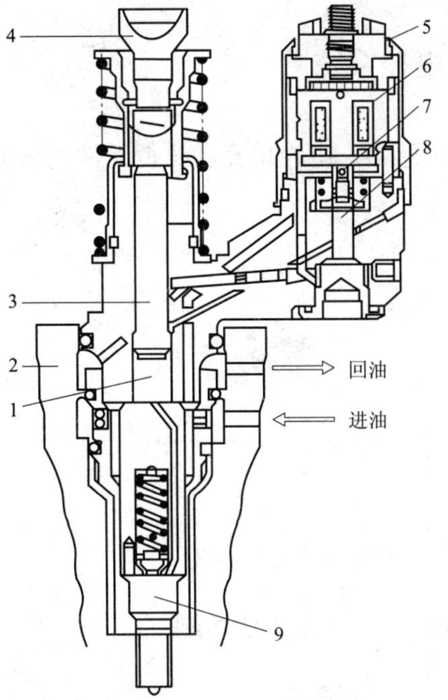

图 3-5 泵喷嘴结构

1—喷油泵室；2—发动机；3—柱塞；4—挺柱体；5—控制阀；6—定子；7—电枢；8—阀；9—喷油嘴

上移动时，压油腔内产生真空，低压输油泵输送来的低压柴油被吸入压油腔［图 3-6（a）］；压油柱塞向下移动的压油初期，由于高速电磁阀仍保持开启，部分柴油被压回低压进油通道［图 3-6（b）］；当高速电磁阀接收 ECU 的指令通电时，电磁阀关闭喷油器进油通道，随着压油柱塞压油行程的进行，使喷油器内油压迅速升高（喷油压力高达 150 MPa 以上），油压作用在针阀中部的承压锥面上使针阀升起打开喷油孔，喷油器喷油开始［图 3-6（c）］；ECU 控制高速电磁阀断电开启时，喷油器压油腔的柴油回流［图 3-6（d）］使油压迅速下降，喷油器喷油结束。高速电磁阀关闭的时刻即是喷油开始时刻，高速电磁阀关闭的持续时间决定了喷油量。

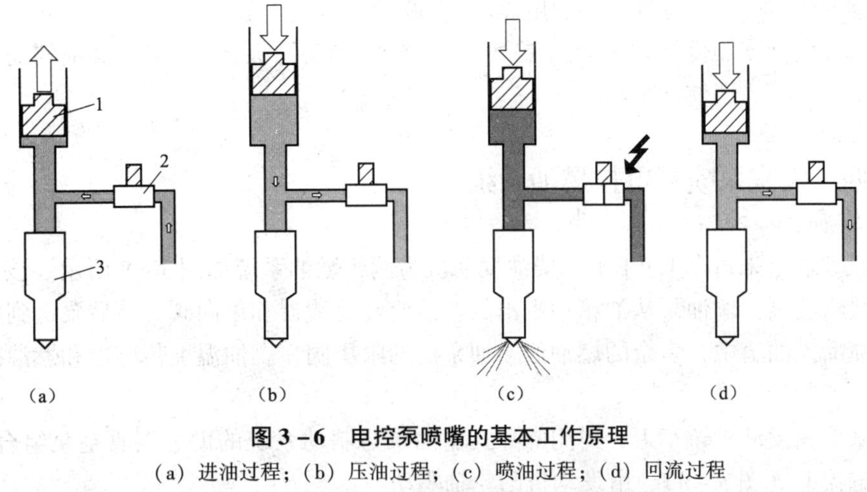

图 3-6 电控泵喷嘴的基本工作原理

（a）进油过程；（b）压油过程；（c）喷油过程；（d）回流过程

1—压油柱塞；2—高速电磁阀；3—喷油嘴

三、宝来泵喷嘴电控系统

宝来泵喷嘴电控系统由传感器、电控单元和执行元件三部分组成（图3－7）。

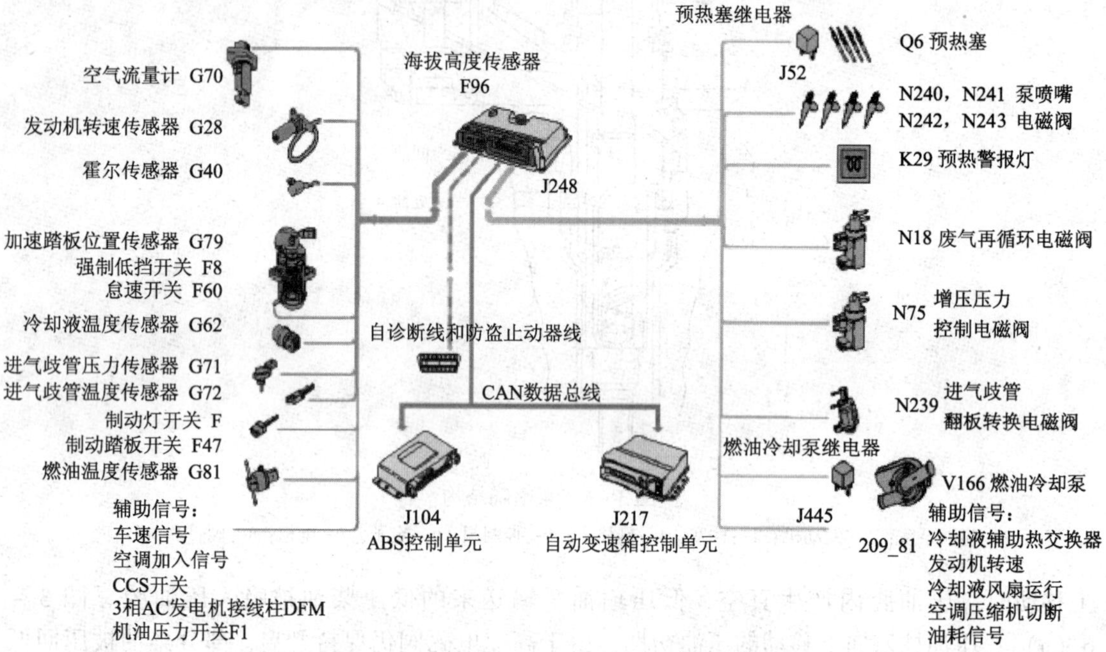

图3－7　宝来TDI柴油发动机电控系统组成

传感器包括空气流量计G70、发动机转速传感器G28、霍尔传感器G40、加速踏板位置传感器G79、冷却液温度传感器G62、进气歧管压力传感器G71、进气歧管温度传感器G72、燃油温度传感器G81、海拔高度传感器F96。

执行元件包括喷油器电磁阀（N240～N243）、燃油冷却泵V166、燃油冷却泵继电器J445、预热塞Q6、预热塞继电器J52、预热警报灯K29、废气再循环电磁阀N18、增压压力控制电磁阀N75、进气歧管翻板转换电磁阀N239等。

其他元件包括强制低挡开关F8、怠速开关F60、制动踏板开关F47。其他辅助信号有车速信号、空调信号、巡航开关等。

四、宝来泵喷嘴电控燃油系统

以一汽大众宝来轿车1.9 L TDI柴油发动机为例，燃油系统如图3－8所示。该系统采用封闭叶片式输油泵，输油泵从油箱中吸出的燃油流经滤清器和单向阀，然后泵送到位于气缸盖内的泵喷嘴供油道中，多余的燃油经输油泵内的限压阀、燃油温度传感器和燃油冷却器流回油箱。

在宝来柴油发动机轿车上，封闭叶片式输油泵与制动系统的助力器真空泵组合成一体，安装在气缸盖上（图3－9），由发动机凸轮轴驱动。

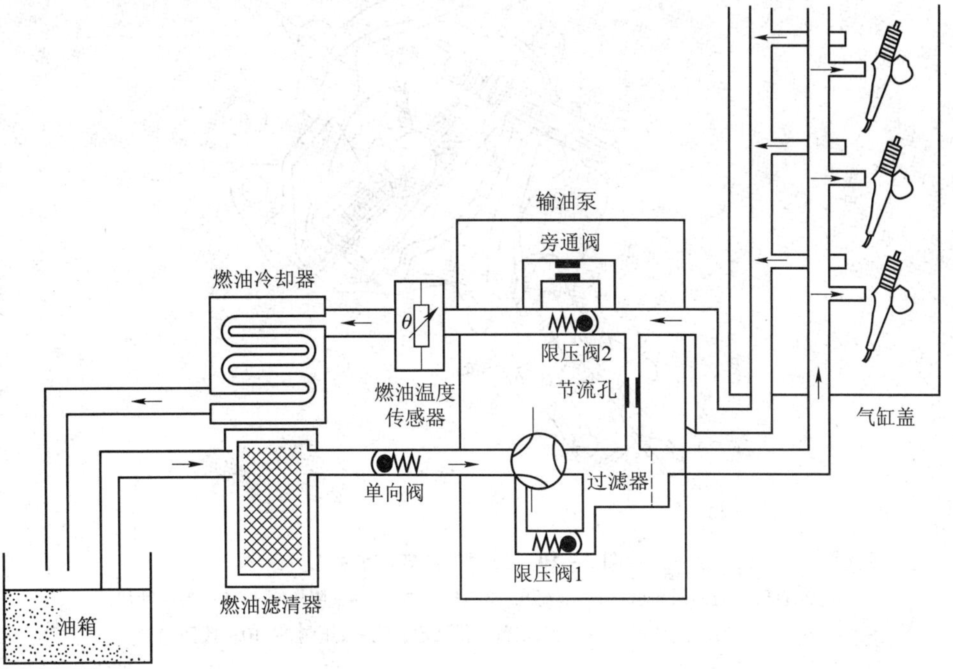

图 3 -8　宝来轿车 1.9 L TDI 柴油发动机燃油系统

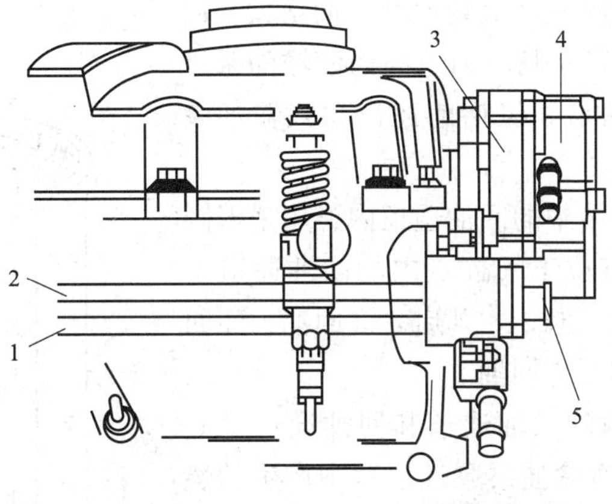

图 3 -9　宝来轿车 1.9 L TDI 柴油发动机输油泵位置

1—供油道；2—回油道；3—真空泵；4—输油泵；5—压力表接头

封闭叶片式输油泵主要由封闭叶片、转子、供油道限压阀、回油道限压阀、过滤器和节流孔等组成，其结构如图 3 -10 所示。封闭叶片被弹簧压靠在转子上，转子有 3 个凸齿与泵壳体形成 3 个泵油腔，每个泵油腔转到封闭叶片所处的位置时，转过封闭叶片的部分（位于封闭叶片的转子旋转方向一侧）容积增大便开始吸油，而未转过封闭叶片的部分（位于封闭叶片的转子旋转方向相反一侧）容积减小便开始压油，输油泵的进油口设在泵油腔吸油的一侧，出油口则设在泵油腔压油的一侧，泵油腔完全转过某一封闭叶片吸满油后，转到另一个封闭叶片时将油全部泵出；由于输油泵内有两个封闭叶片，所以每个泵油腔随转子旋转一圈都完成两次泵油过程。

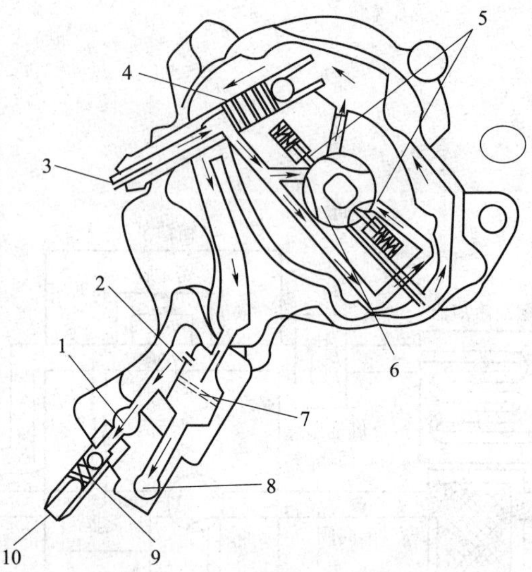

图 3-10　封闭叶片式输油泵

1—来自气缸盖内回油道；2—节流孔；3—接供油管；4—限压阀 1；5—封闭叶片；6—转子；7—过滤器；8—接气缸盖内供油道；9—限压阀 2；10—接回油管

限压阀 1 安装在输油泵进油口和出油口之间，用来限制输油泵的输出油压，当出油口一侧的压力超过 0.75 MPa 时，限压阀打开，部分燃油经限压阀流回进油口一侧。因为所有机械驱动的输油泵，其泵油量均随发动机转速升高而增大，而泵油量过多时，会因出油口一侧压力过高而使输油泵过载，所以机械驱动的输油泵（包括前述齿轮式输油泵等）一般均装限压阀。

限压阀 2 安装在输油泵中的回油通道内，用来限制回油通道中的油压。只有位于气缸盖内的回油通道中油压达到 0.1 MPa 时，限压阀 2 才开启允许回油，而回油通道中的油压过低时不允许回油。

节流孔位于输油泵内的供油通道和回油通道之间（图 3-10），其功用是：将输油泵泵油过程中产生的燃油蒸气经此节流孔排入回油通道，同时利用其节流作用减少由供油通道直接流入回油通道的油量。回油通道中限压阀的上部还设有一个旁通阀，即使回油通道中的限压阀关闭，回油通道内的燃油蒸气也可经旁通阀排出。

位于输油泵进油管路中装有单向阀（图 3-10），其功用是：在发动机熄火后，防止燃油回流，以保持供油系统有一定（0.02 MPa）的残余压力。

在使用中，应定期拧开放水螺塞放出滤清器内的水。目前，有些柴油滤清器带有放水报警装置，当滤清器内的积水达到一定量时，会报警提示放水（图 3-11）。

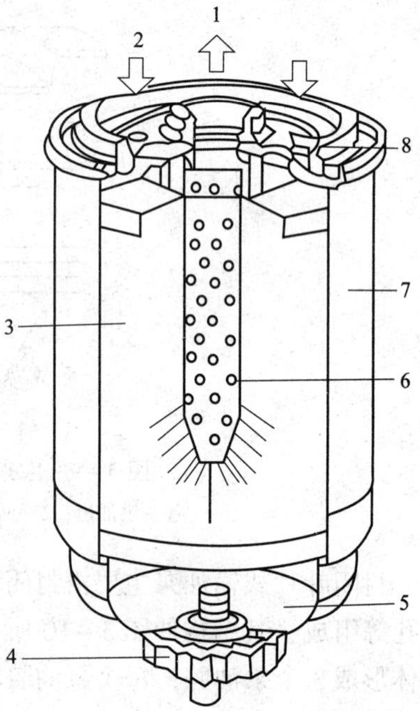

图 3-11　柴油滤清器

1—出油口；2—进油口；3—滤芯；4—放水螺塞；5—集水腔；6—滤芯支管；7—滤清器壳体；8—滤清器盖

五、宝来泵喷嘴的结构及工作过程

泵喷嘴主要包括压力产生泵、喷油器和电磁阀，并组合在一起形成一个整体。一汽大众宝来轿车 1.9 L TDI 柴油发动机电控泵喷嘴的结构如图 3－12 所示。

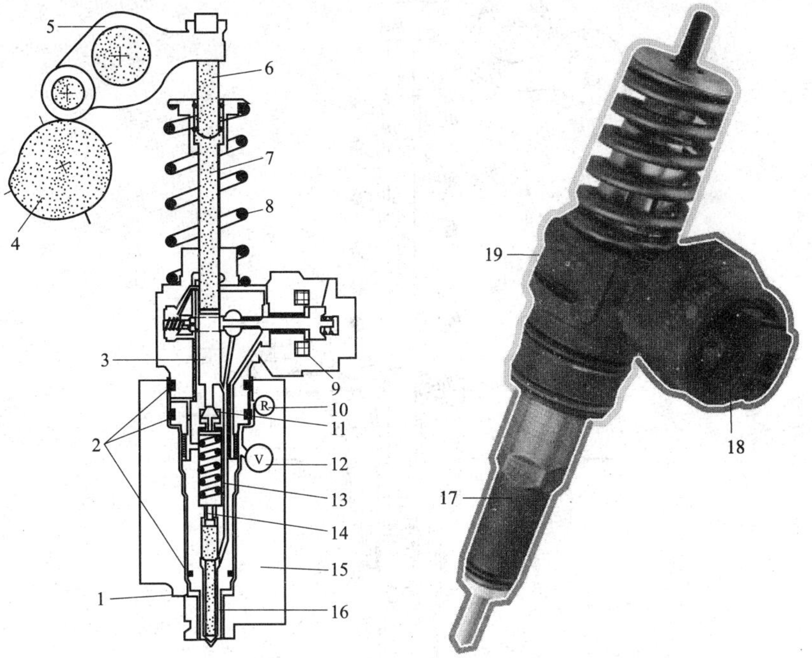

图 3－12　宝来轿车 1.9 L TDI 柴油发动机电控泵喷嘴的结构

1—隔热密封垫；2—O 形环；3—高压腔；4—喷射凸轮；5—滚柱式摇臂；6—球销；7—泵油柱塞；8—柱塞弹簧；9—高速电磁阀；10—回油管；11—收缩活塞；12—进油管；13—喷嘴弹簧；14—缓冲活塞；15—缸盖；16—针阀；17—喷嘴；18—电磁阀；19—压力产生泵

泵喷嘴安装在气缸盖中，进、回油通道均在气缸盖内。泵喷嘴主要由驱动机构、高压泵、控制电磁阀和喷油嘴四部分组成；泵喷嘴驱动机构（图 3－13）包括喷射凸轮、滚柱式摇臂、球销等，其功用是驱动泵喷嘴中的高压泵完成泵油；高压泵由泵油柱塞和高压腔组成，其功用是产生高压油；控制电磁阀的功用是控制泵喷嘴的喷油正时和喷油量；喷油嘴主要由针阀、针阀体、喷嘴弹簧、收缩活塞和针阀缓冲元件等组成，喷油嘴的针阀和针阀体与普通柴油发动机喷油器相同，收缩活塞和针阀缓冲元件用于控制喷油器的喷油规律。

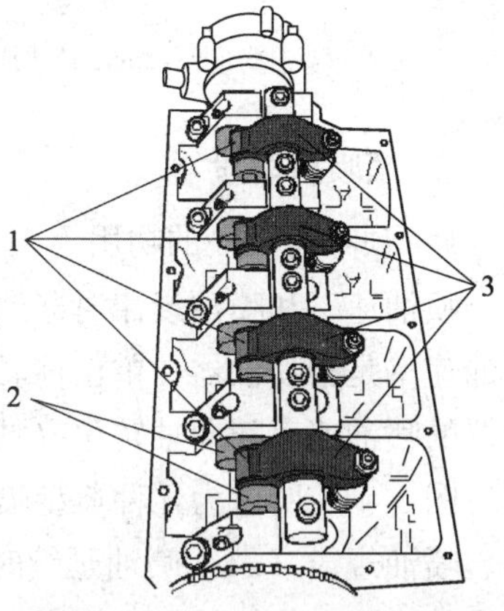

图 3－13　宝来轿车柴油发动机电控泵喷嘴驱动机构

1—喷射凸轮；2—配气凸轮；3—滚柱式摇臂

泵喷嘴的工作过程分为三个阶段：进油阶段、预喷射阶段、主喷射阶段。

1. 进油阶段

喷射凸轮的凸峰转过之后，泵油柱塞在柱塞弹簧压力作用下向上移动，高压腔内容积增大。此时，高速电磁阀处于初始的开启状态，进油管到高压腔的通道打开，使柴油进入高压腔，为喷射做好准备。电控泵喷嘴进油阶段如图 3－14 所示。

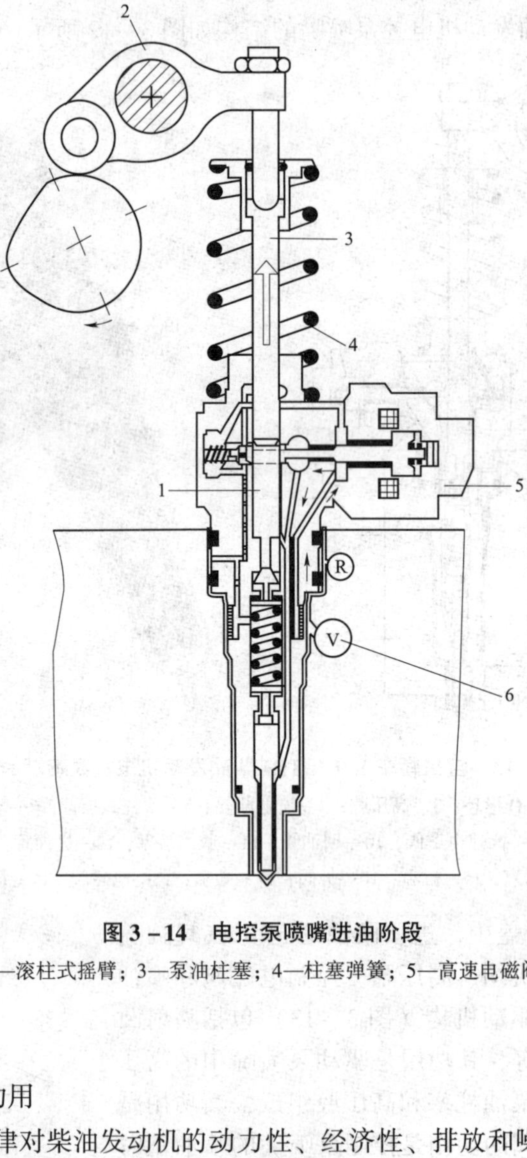

图 3－14　电控泵喷嘴进油阶段

1—高压腔；2—滚柱式摇臂；3—泵油柱塞；4—柱塞弹簧；5—高速电磁阀；6—进油管

2. 预喷射阶段

1）预喷射阶段的功用

喷油速率和喷油规律对柴油发动机的动力性、经济性、排放和噪声等均有很大的影响。喷油速率是指喷油器在单位曲轴转角（或单位时间）内的平均喷油量，而喷油规律是指喷油器的喷油速率随曲轴转角（或时间）的变化规律。

图 3－15 所示为几种典型喷油规律。

喷油规律（a）：喷油延续时间短，喷油速率大，曲线变化陡，柴油发动机经济性和动力性好，但工作粗暴、噪声大。

喷油规律（b）：开始喷油速率较大，曲线上升陡，柴油发动机工作粗暴；后期曲线下降平缓，喷油速率过小，使喷油延续时间长，补燃多，柴油发动机经济性下降。

喷油规律（c）：开始喷油速率较低，曲线变化平缓，柴油发动机工作柔和；后期喷油速率加大，对保证燃烧过程在上止点附近进行，获得良好的动力性、经济性和排放性有利。

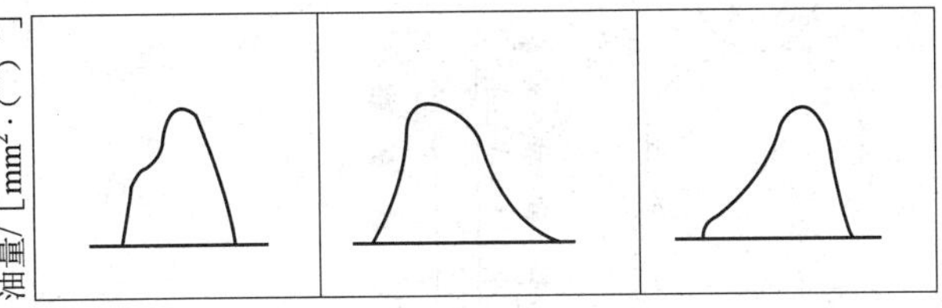

图 3－15　典型喷油规律

保证合适的喷油规律，对改善柴油发动机的燃烧过程、降低柴油发动机的排放和噪声、提高柴油发动机的动力性和经济性非常重要。比较理想的喷油规律是“先缓后急并尽量缩短喷油时间”。喷油规律集中体现了喷油过程中喷油泵供油压力、喷油器喷油压力、缸内气体压力、喷油器喷孔直径、喷油器针阀升程等参数之间的相互关系，为保证合适的喷油规律，必须合理设计供油系统的结构、合理选择其参数，并在使用中正确调整。

一汽大众宝来轿车 1.9 L TDI 柴油发动机电控泵喷嘴系统，利用收缩活塞将喷射过程分为预喷射（前期喷射）和主喷射（后期喷射）两个阶段，并利用缓冲活塞控制针阀上升时的升程变化，从而保证其具有“先缓后急”的理想喷油规律。

2）预喷射阶段的进行

喷射凸轮通过滚柱式摇臂驱动泵油柱塞向下移动，初期由于高速电磁阀仍未关闭，高压腔内的部分柴油被压回到进油管，直到 ECU 控制的高速电磁阀通电、高速电磁阀关闭高压腔到进油管的通道为止；然后高压腔内开始产生压力，当压力达到 18 MPa 时，针阀承压锥面上承受的上升力（油压分力）高于喷嘴弹簧力，针阀上升开启喷油孔，预喷射开始，如图 3－16 所示。

在针阀上升开启喷油孔的过程中，缓冲活塞起到限制针阀上升速度的功用，借以实现理想喷油规律的“先缓”。缓冲活塞作用原理如图 3－17 所示，喷油开始前，喷嘴弹簧将缓冲活塞和针阀压至最下端位置，使针阀关闭喷油孔，此时在针阀室上部充满柴油；开始喷油时，针阀和缓冲活塞一起上升，针阀室上部的柴油被压回喷嘴弹簧室，由于缓冲活塞与喷嘴内孔之间泄油间隙的节流作用，针阀的上升速度减小，喷油速率的增长平缓。针阀上升初期[图 3－17（a）]，泄油间隙足够大、节流作用小，缓冲活塞对针阀上升的“阻尼”作用较小，但当缓冲活塞下部开始进入针阀室与喷嘴弹簧室之间直径较小的内孔时［图 3－17（b）］，由于泄油间隙减小、节流作用增强，缓冲活塞对针阀上升的“阻尼”作用明显增大，针阀升程增加更缓慢。

预喷射阶段的喷油量很少，时间很短。收缩活塞的功用就是将喷油分成预喷射和主喷射两个阶段，同时限制预喷射时间，提高主喷射时的喷油压力。收缩活塞的工作原理如图 3－18 所示，预喷射开始后，高压腔内的油压作用在收缩活塞上，随着泵油柱塞压油行程的继续进行，高压腔内的油压进一步提高，当达到一定压力时，收缩活塞下移，高压腔内容积增大，使高压腔内的油压瞬间下降，针阀关闭喷油孔，预喷射结束。此外，由于收缩活塞的下移增

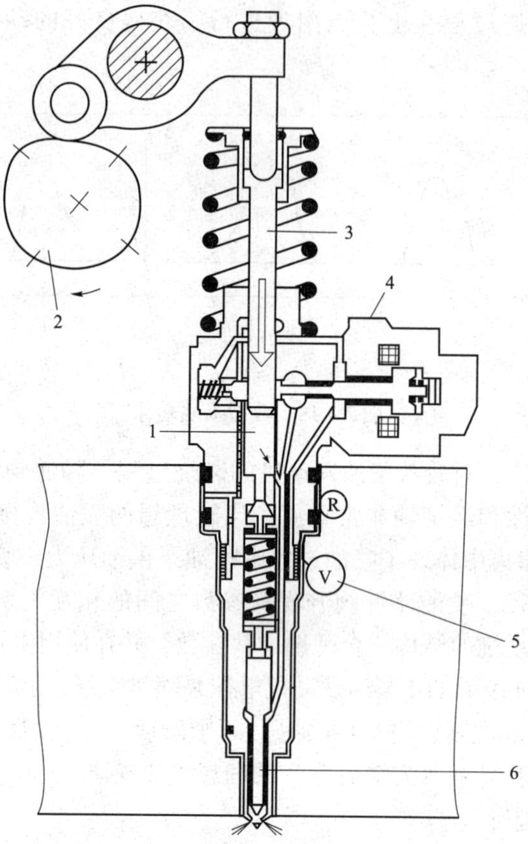

图 3-16 电控泵喷嘴预喷射开始

1—高压腔；2—喷射凸轮；3—泵油柱塞；4—高速电磁阀；5—进油管；6—喷油针阀

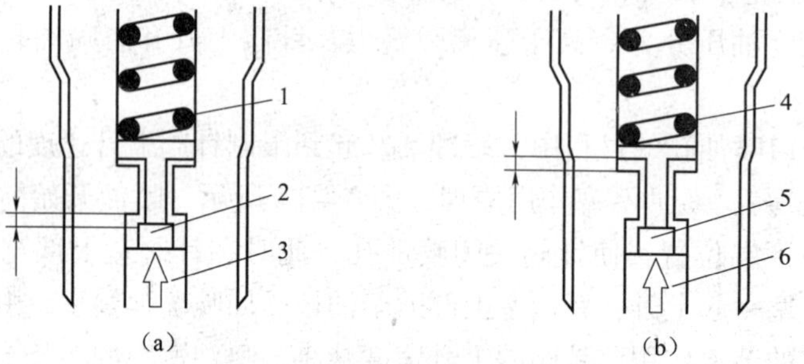

图 3-17 缓冲活塞作用原理

(a) 针阀上升初期；(b) 针阀上升后期

1—喷嘴弹簧；2—缓冲活塞；3—针阀；4—喷嘴弹簧室；5—喷嘴壳体；6—针阀室

加了喷嘴弹簧的预紧力，在预喷射后的主喷射阶段，使针阀上升开启喷油孔所需的油压必然比预喷射过程中的油压高。

3. 主喷射阶段

预喷射结束后，高速电磁阀仍然关闭，随着泵油柱塞继续压油，高压腔内油压立即重新上升，当油压上升到约 30 MPa 时，针阀再次上升开启喷油孔，主喷射阶段开始，如图 3-19 所示。在主喷射阶段中，由于喷油孔的节流作用，喷油压力会进一步提高，最高压力可达 205 MPa。

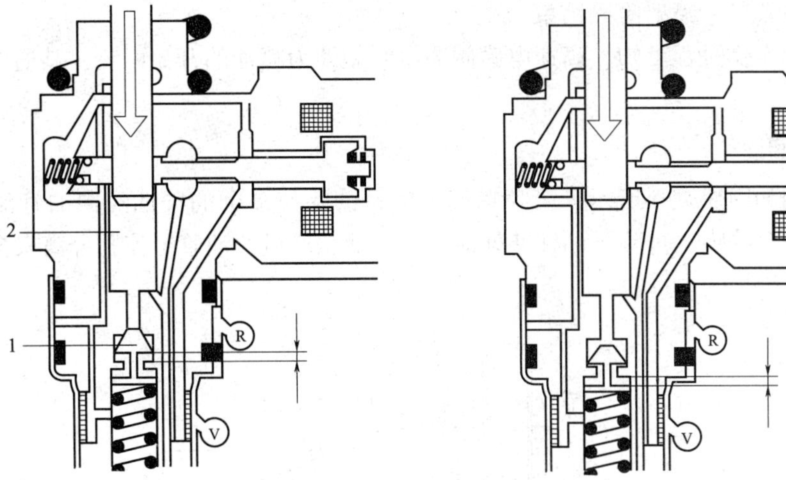

（a）　　　　（b）

图 3－18　收缩活塞的工作原理

（a）预喷射开始；（b）预喷射结束

1—收缩活塞；2—高压腔

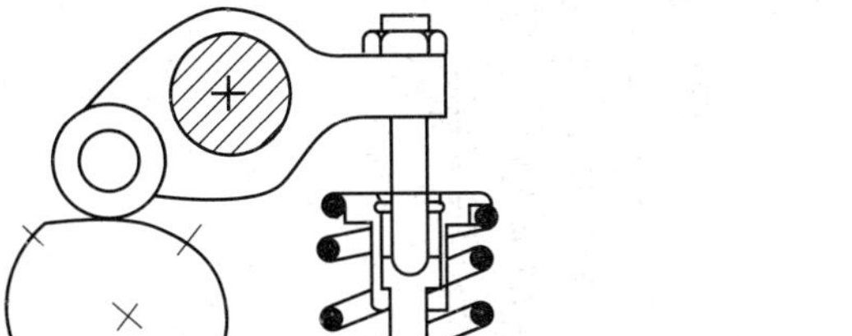

图 3－19　电控泵喷嘴主喷射阶段开始

1—高压腔；2—泵油柱塞；3—高速电磁阀；4—喷嘴弹簧；5—针阀

当喷油量达到预期控制目标时，ECU 切断高速电磁阀电路，电磁阀开启，高压腔的柴油回流到进油管，压力迅速下降，喷嘴弹簧迅速使针阀关闭喷油孔，同时收缩活塞和缓冲活塞也回到初始位置，主喷射阶段结束。

由泵喷嘴的工作过程可知，高速电磁阀通电时刻即为喷油的开始时刻，其通电时间决定了喷油量。

4. 泵喷嘴回油

泵喷嘴回油如图 3－20 所示。泵喷嘴回油的目的除使多余的柴油经回油管流回燃油箱外，还可以冷却泵喷嘴、排除泵油柱塞处泄出的柴油、通过回油管节流孔分离来自进油管内的气泡。

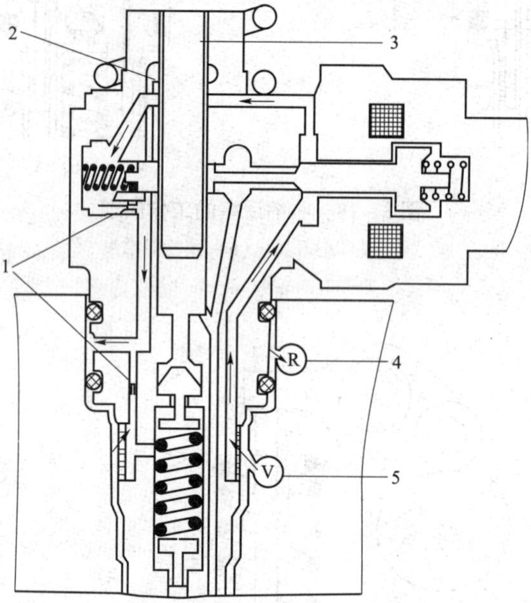

图 3－20　泵喷嘴回油

1—节流孔；2—泄油；3—泵油柱塞；4—回油管；5—进油管

泵喷嘴进油阶段高压腔充满油后，或高速电磁阀关闭进油通道后，来自进油管的柴油全部经回油管流回燃油箱。

六、泵喷嘴检修

1. 电控泵喷嘴的测试

（1）连接 V. A. G1551 或 V. A. G1552，输入地址码 01，选择发动机控制单元，让发动机处在怠速状态，此时显示器显示：

Rapid data transfer　　　　HELP
Select function × ×
快速数据传递　　　　帮助
选择功能　　× ×

（2）按 0 和 8 键，进入“读取测量数据块”，按 Q 键输入，则显示器显示：

Read measure value block　　　　HELP

Input display group number × ×

读取测量数据块　　　　　　　　　　帮助

输入显示组号 × ×

(3) 按 0、1 和 8 键，进入"显示组 18"，按 Q 键确认输入，则显示器显示：

Read measure value block　　　　18

0　0　0　0

读取测量数据块　18

0　0　0　0

(4) 发动机至少怠速运转 1 min，检查显示区 1 ~ 4 的泵喷嘴状态值：显示区 1 表示 1 缸，显示区 2 表示 2 缸，显示区 3 表示 3 缸，显示区 4 表示 4 缸。规定值：所有 4 个显示区必须显示表示无故障控制的"0"值。如果显示非 0 数字，则检查泵喷嘴电阻。

(5) 按"→"键，再按 0 和 6 键，进入"结束数据传输"功能，按 Q 键确认输入。最后关闭点火开关。

2. 泵喷嘴电阻的检查

(1) 断开气缸盖处的泵喷嘴插头，如图 3-21 所示。检查气缸盖处插头触点间的泵喷嘴电阻。其中 1 缸：触点 7 和 5；2 缸：触点 7 和 3；3 缸：触点 7 和 2；4 缸：触点 7 和 6。标准值约为 0.5 Ω。然后检查电路间及对地是否短路。

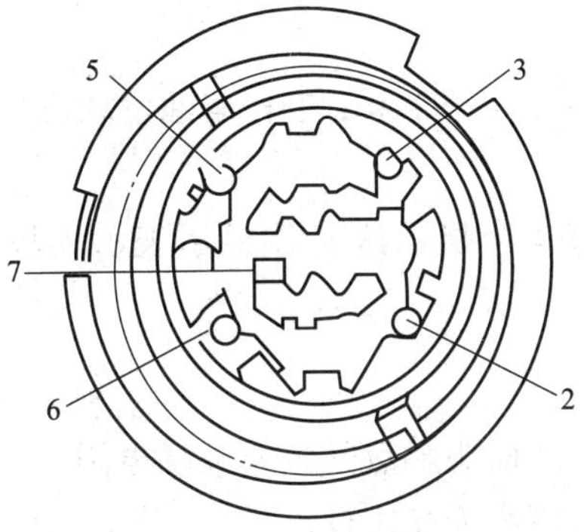

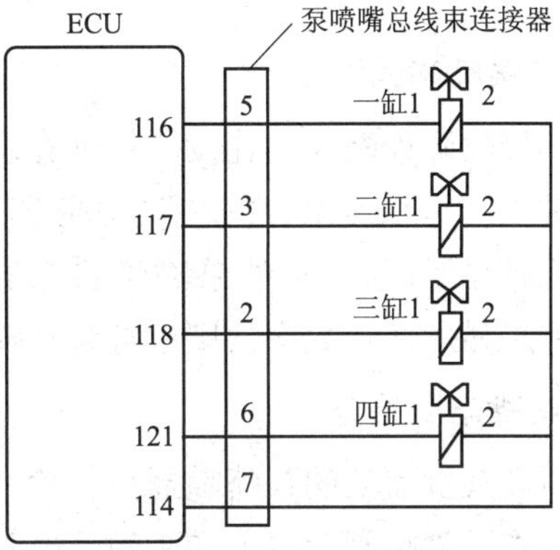

图 3-21　泵喷嘴插头及电路

(2) 检查泵喷嘴阀触点 1 和 2 间的电阻，如图 3-22 所示。标准值约为 0.5 Ω，如未达到规定值，则更换泵喷嘴。

3. 检查控制单元的线路

(1) 将测试盒 V. A. G1598/31 连接到发动机控制单元的线束上，但不连接发动机控制单元。

(2) 按图 3-21 检查测试盒与插头间的线路是否断路：

端子 2 与插口 118、端子 3 与插口 117、端子 5 与插口 116、端子 6 与插口 121、端子 7 与插口

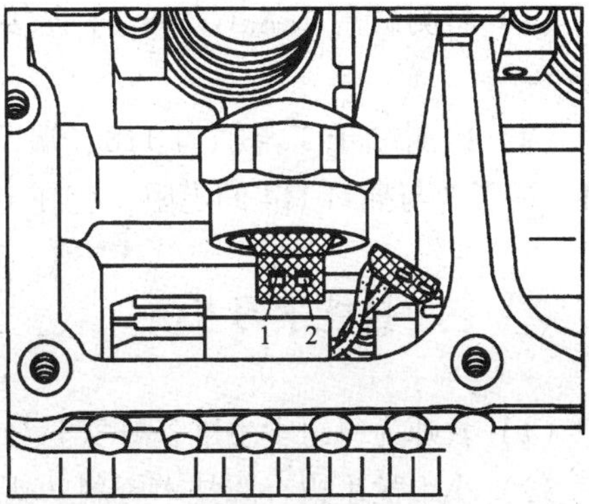

图 3-22　泵喷嘴阀触点间电阻的检查

114，线路电阻最大为1.5 Ω。

另需对线路间、对地及对蓄电池正极检查是否短路，规定值为无穷大。如在线路中未检测到故障，更换柴油直接喷射系统控制单元。

任务实施

一、注意事项

（1）拆卸前彻底清洗所有接头及其邻近区域。

（2）拆下的部件应置于干净地面并盖好，不能使用起毛的布。

（3）若不立即维修，应盖好打开的部件和密封件。

（4）只可安装清洁的部件，安装前方可拆除更换件的外包装，切勿使用散放的部件。

（5）打开系统时尽可能不使用压缩空气，无绝对必要，切勿移动车辆。

（6）应确保无柴油流入冷却液软管；必须立即清洗与燃油接触过的软管；必须更换损坏的软管。

二、拆装及检修流程

1. 电控泵喷嘴的测试

（1）连接故障诊断仪，让发动机处在怠速状态（宝来1.9 L TDI柴油发动机）。

（2）进入“读取测量数据块”功能选项。

（3）检查显示区1～4的泵喷嘴状态值。所有4个显示区必须显示表示无故障控制的“0”值。如果显示非0数字，则检查泵喷嘴电阻。

2. 泵喷嘴电阻检查

（1）断开气缸盖处的泵喷嘴插头，检查气缸盖处插头触点间的泵喷嘴电阻。

（2）检查泵喷嘴阀触点1和2间的电阻，标准值约为0.5 Ω。

3. 控制单元信号检查

（1）将测试盒V. A. G1598/31连接到发动机控制单元的线束上，但不连接发动机控制单元。

（2）检测端子2与插口118、端子3与插口117、端子5与插口116、端子6与插口121、端子7与插口114间电阻，应在1.5 Ω以下。

三、技能学习考核

（1）教师为每组学生准备好实验台架或整车及相关技术材料。

（2）小组学生边查阅技术资料边观察实验台架或整车，完成技能学习工作单。结合检测结果，指出发动机电控或机械方面的故障。考虑工作计划的准备工作，检测仪器、工作油液和辅助材料的可使用性是否达到最佳程度，提出合理化建议并在下一次检修时予以考虑。

(3) 教师观察学生学习过程，最后审阅学生完成的工作单，检查工作计划的所有工作项目并确认所有项目都已认真完成，检查安全、环保方面的工作是否到位，检查是否遵守规定的维修工时，检查车辆、发动机是否干净整洁，护套是否取下，工具是否整理，最后给出评价。

知识拓展

单体泵电控系统

单体泵电控系统（图 3－23）是在泵喷嘴的基础上衍生出来，除了压力较泵喷嘴稍低一点外，其他功能基本和泵喷嘴相近，在货车、客车等大功率的中、低速柴油发动机上应用较普遍。

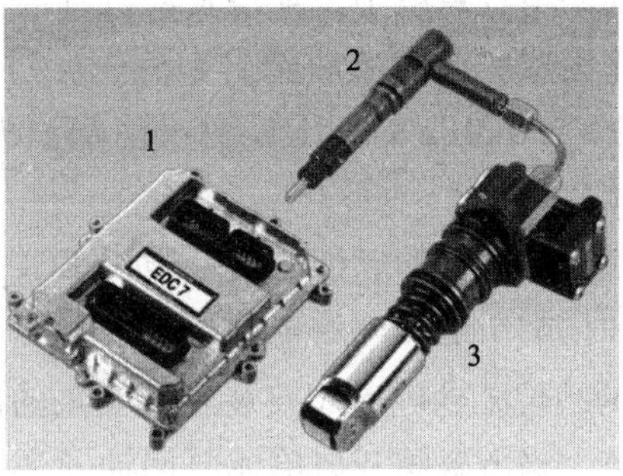

图 3－23　单体泵电控系统

1—电子控制单元；2—喷油器；3—电控单体泵

一、单体泵电控系统的优势

与有泵喷嘴电控系统和共轨系统相比，单体泵电控系统具有成本低、性能可靠、寿命长、故障率低、维修方便等优点。

1. 成本优势

单体泵主要由一个柱塞和柱塞套构成，本身不带凸轮轴，有的甚至不带滚轮传动部件，从成本上讲，由于单体泵系统制造工艺相对简单，所以成本低和产品价格低。此外，国内的发动机从欧Ⅱ向欧Ⅲ升级时，如果采用单体泵，对发动机改动非常小，仅以外挂式的凸轮轴箱代替欧Ⅱ发动机的直列泵。当从欧Ⅲ向欧Ⅳ升级时，发动机机身主体结构仍然不变，只是把欧Ⅲ系统里机械式喷油器改为电控喷油器，形成单体泵电控系统。在发动机整体结构不做大的调整下，就可以达到欧Ⅳ的排放水平。

2. 可靠性和寿命优势

单体泵系统在发动机使用过程中，可以保证排放水平和燃油消耗率水平，这已经在国外得到了 10～15 年的实际使用时间、数百万辆整车使用的证明。目前，这种非常强化、非常可靠的性能和使用寿命，仍然在进一步提高，所以单体泵和泵喷嘴电控系统，必将成为未来几年大型货车和客车柴油发动机电控燃油喷射系统的主流。

3. 适应性优势

在性能方面，单体泵电控系统的喷油压力为200～250 MPa，而且通过对驱动单体泵的凸轮型线设计，能够实现较为理想的供油速率和供油规律。在供油控制方面，利用电子控制系统的强大功能，不仅可以对压力进行控制，还可以对喷射进行控制，而且可以实现多次喷射。

此外，单体泵精密偶件数量少，对燃料清洁度的敏感性不高，尤其在当前国内油品质量无法满足要求的条件下，使用单体泵具有更好的保障。

二、电控单体泵

在单体泵电控系统中，柴油发动机每个气缸均配装一个电控单体泵，燃油喷射由各自的喷射单元来完成。柴油从油箱出来后先经过一个低压输油泵将柴油加压，再经过单体泵加压，以200～250 MPa的高压喷射可使柴油极好地雾化，有利于提高柴油发动机的动力性、经济性和排放性。

单体泵电控系统的燃油喷射一般由ECU通过电磁阀控制，电磁阀的瞬时动作决定喷油时刻，喷油量则由电磁阀通电时间的长短来确定。早期的电控单体泵如图3－24所示，由ECU控制的二位二通电磁阀安装在单体泵的出油端，控制其回油通道，当电磁阀开启单体泵回油通道时，单体泵内的柱塞即使进入泵油行程，也不能使柴油加压；只有当电磁阀关闭单体泵回油通道时，油压迅速升高，高压柴油经一段很短的高压油管供给喷油器并使喷油器喷油，直到电磁阀再次开启回油通道时，油压迅速降低，喷油立即停止。电磁阀的关闭时刻即为单体泵供油的开始时刻，每次关闭的持续时间决定供油量。

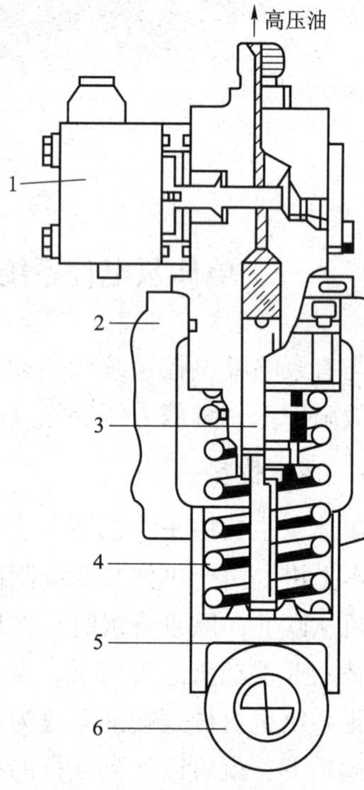

图3－24 早期的电控单体泵

1—高速电磁阀；2—柴油发动机；3—泵油柱塞；4—柱塞弹簧；5—滚轮体；6—滚轮

为使单体泵的供油规律符合柴油发动机的工作需要，有些单体泵电控系统采用了变量柱塞单体泵，如图3－25所示。变量柱塞单体泵在泵油柱塞上方增加了一个增压套筒，这样就在单体泵中形成两个泵油腔，一个是柱塞与增压套筒之间形成的较小泵油腔A，另一个是增压套筒与柱塞套筒之间形成的较大泵油腔B。在单体泵的泵油行程中，开始阶段是由柱塞压缩较小泵油腔A中的柴油，由于柱塞顶部压油面积小，供油量较少；后期柱塞带动增压套筒压缩较大泵油腔B中的柴油，由于增压套筒顶部压油面积大，所以供油量也较多，整个供油过程形成了初期供油量小、后期供油量多的供油规律。通过匹配柱塞、增压套筒和柱塞套筒的尺寸，可以改变两个泵油腔A和B的容积以及两个阶段的供油行程，从而调整单体泵的供油规律。与前述电控单体泵一样，利用高速电磁阀控制变量柱塞泵的回油通道，以控制其供油的开始与结束时刻。

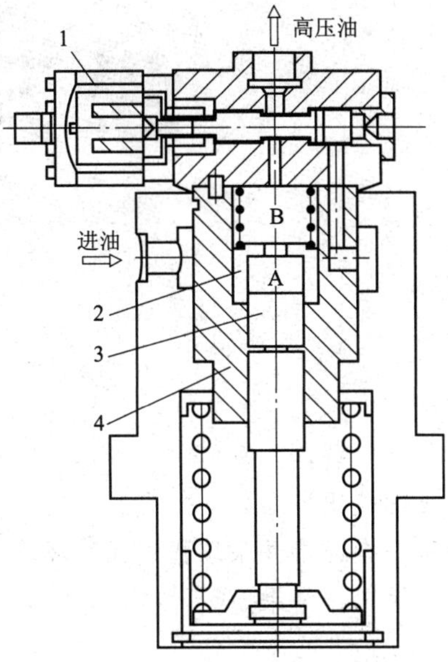

图 3 – 25　电控变量柱塞单体泵

1—高速电磁阀；2—增压套筒；3—泵油柱塞；4—柱塞套筒

目前，电控单体泵系统主要因为价格较低和结构简单的优势，才在大功率柴油发动机中占有一定的地位，随着柴油发动机电控技术的发展，共轨式电控燃油喷射系统仍是柴油发动机技术的发展方向。

学习任务 2

泵喷嘴校正

学习目标

（1）能够描述泵喷嘴的结构。
（2）能够对泵喷嘴进行正确拆装。
（3）能够对泵喷嘴进行正确校正。
（4）能够分析工作中的不安全因素并采取措施保护环境。
（5）能够检查、评价、记录工作结果。

任务引入

电控泵喷嘴主要由柱塞式高压泵、喷油器、油量控制电磁阀及驱动部分组成。本学习任务主要包括泵喷嘴正确拆装和泵喷嘴校正。

相关知识

一、宝来轿车泵喷嘴结构

宝来轿车泵喷嘴结构如图 3－26 所示。

二、泵喷嘴的拆卸与安装

泵喷嘴的拆卸如图 3－27 所示。

1. 拆装泵喷嘴 O 形密封圈

准备必备专用工具、维修设备及检测仪和 T10056 装配衬套（图 3－28）。

拆卸：

小心撬下泵喷嘴上的旧 O 形圈，确保 O 形圈的支承面无毛刺。

安装说明：

必须用装配衬套安装 O 形圈，如果不使用衬套，则会损坏 O 形圈。为防止安装时 O 形圈滚动，装配到泵喷嘴上时不得扭曲 O 形圈。现已逐渐采用无颜色标记的 O 形圈，为确保 O 形圈正确落座在槽内，O 形圈的厚度向喷嘴端逐渐减小。

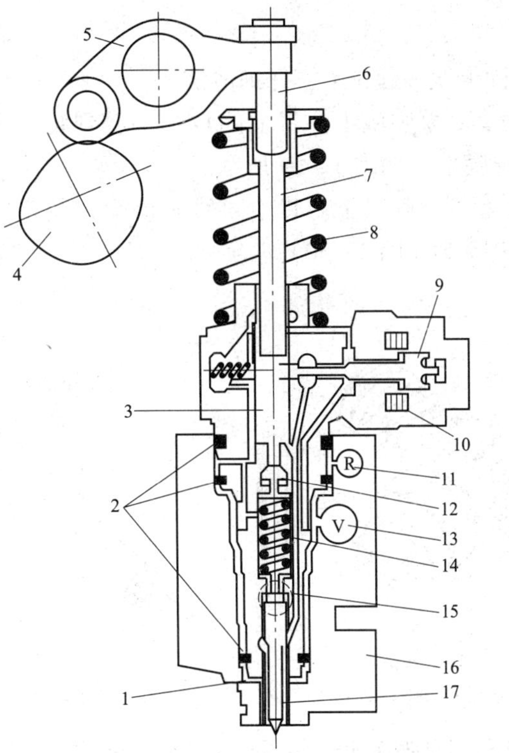

图 3-26　宝来轿车泵喷嘴结构

1—隔热密封垫；2—O 形圈；3—高压腔；4—喷射凸轮；5—滚柱式摇臂；6—球销；7—泵油柱塞；8—活塞弹簧；9—电磁阀针阀；10—喷嘴电磁阀；11—回油管；12—收缩活塞；13—供油管；14—喷嘴弹簧；15—针阀缓冲元件；16—缸盖；17—喷嘴针阀；

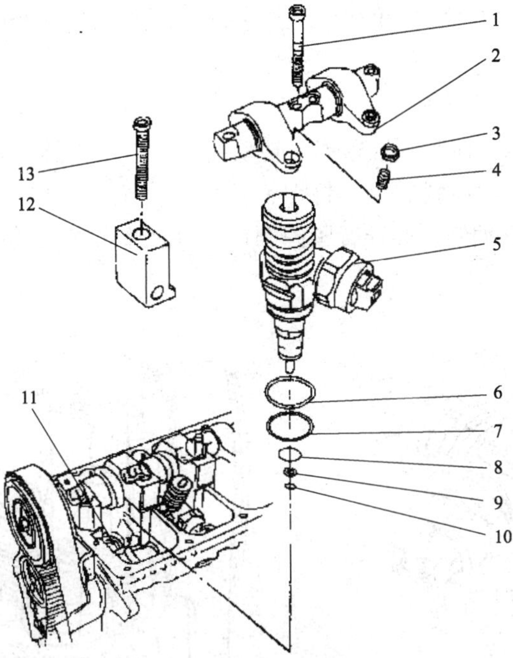

图 3-27　泵喷嘴的拆卸

1—摇臂螺栓（20 N·m+1/4 圈）；2—摇臂轴；3—锁紧螺母（30 N·m）；4—调整螺钉；5—泵喷嘴；6，7，8—O 形密封圈；9—隔热密封圈；10—开口弹性挡圈；11—气缸盖；12—张紧块；13—螺栓安装顺序：

（1）将隔热圈和紧固卡箍一起拉下，仔细清洁。

（2）将 T10056/1 滑套到泵喷嘴上。将上部 O 形圈套到装配衬套上，然后装到泵喷嘴上，如图 3－29 所示。

（3）将 T10056/2 滑套到泵喷嘴上。将中间 O 形圈套到装配衬套上，然后装到泵喷嘴上（图 3－30）。

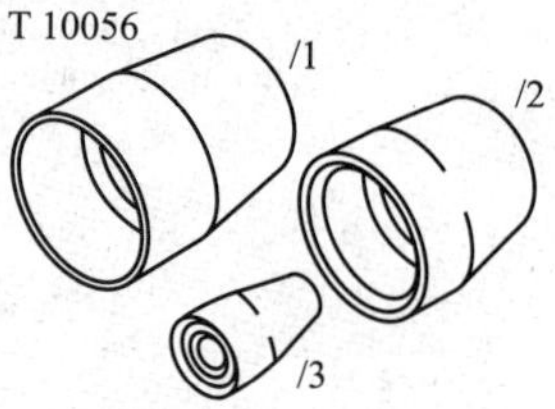

图 3－28 装配衬套

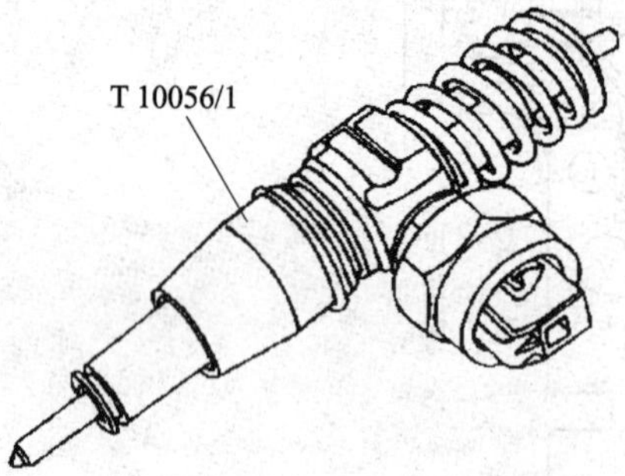

图 3－29 安装上部 O 形圈

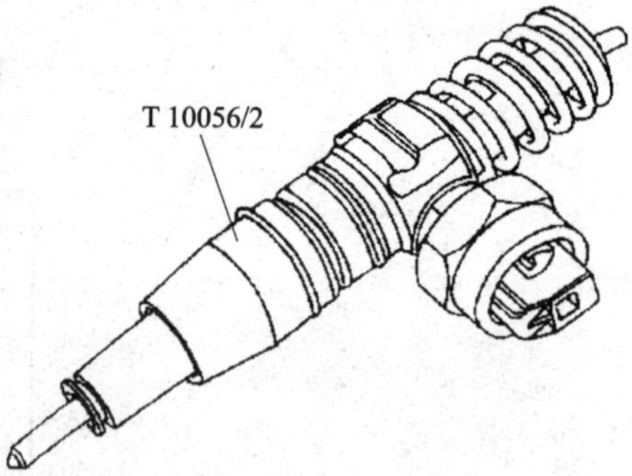

图 3－30 安装中部 O 形圈

（4）将 T10056/3 滑套到泵喷嘴上。将下部 O 形圈套到装配衬套上，然后装到泵喷嘴上（图 3－31）。

（5）安装新的隔热圈和紧固卡箍。

2. 拆装泵喷嘴

所用专用工具和检测仪：V W387 千分表支架、3410 插销、T10054 插销、T10055 拉拔器、扭力扳手。

拆卸顺序：

（1）拆卸齿形带护罩上体和气缸盖罩，转动曲轴，直至待拆卸泵喷嘴的凸轮朝上。

（2）松开调整螺钉 1 的锁紧螺母，将螺钉拧出，直至相应摇臂顶住泵喷嘴的柱塞弹簧（图 3－32）。用工具 3410 插销拆卸摇臂紧固螺栓 2（由外向内），拆下摇臂轴。

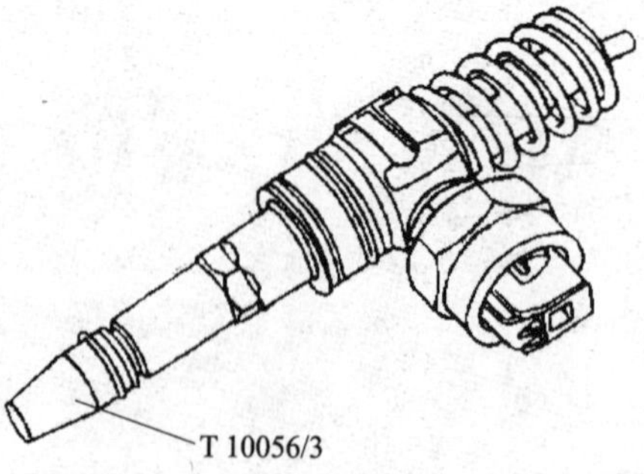

图 3－31 安装下部 O 形圈

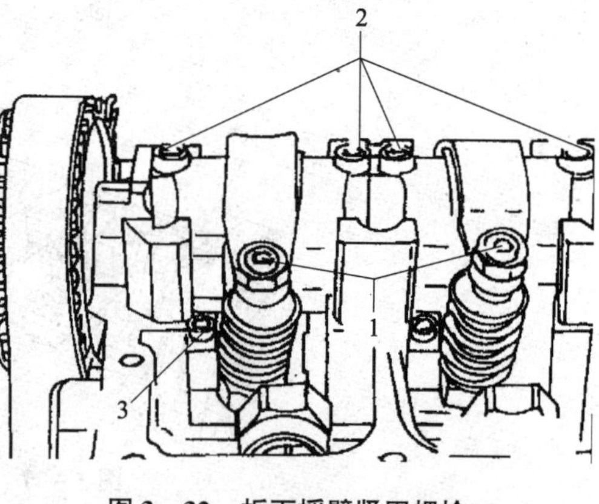

图 3－32 拆下摇臂紧固螺栓

1—调整螺钉；2—摇臂紧固螺母；3—张紧块紧固螺母

（3）用工具 T10054 拆下张紧块紧固螺栓 3，并拆下张紧块。用旋具撬开泵喷嘴插头（图 3－33 中箭头），用手指轻轻压住插头的另一侧，以免其倾斜。

（4）在原安装张紧块的泵喷嘴一侧的槽内装上拉拔器。轻轻敲打，将泵喷嘴从缸盖上拉出（图 3－34）。

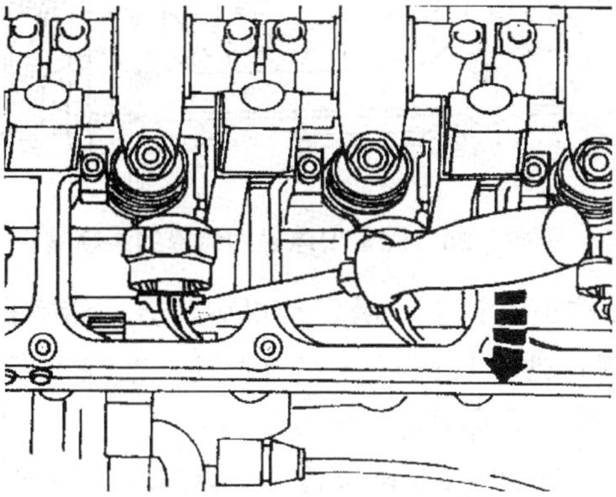

图 3－33　用旋具撬开泵喷嘴插头

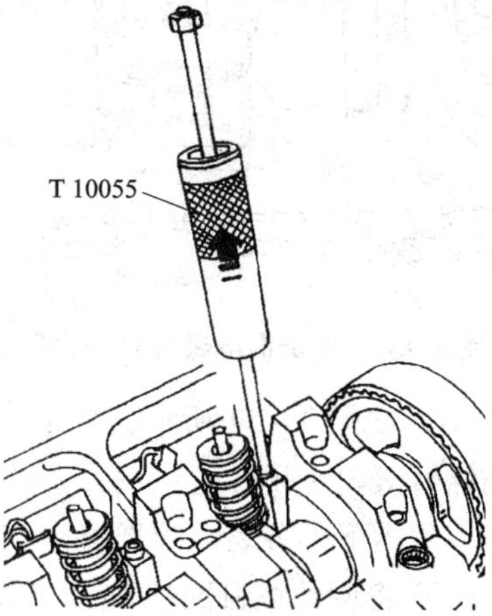

图 3－34　将泵喷嘴从缸盖上拉出

注意：若安装新的泵喷嘴，则同时须更换相应摇臂的调整螺钉。每次调整泵喷嘴后，须清洁摇臂调整螺钉及球销，并检查是否磨损，若磨损明显，更换调整螺钉及球销。润滑球销和调整螺钉的接触表面。供货时新的泵喷嘴配有 O 形圈和隔热圈。

安装顺序：

（1）如仍用原泵喷嘴，则须更换隔热圈和 O 形圈。安装泵喷嘴前检查三个 O 形圈、隔热圈及紧固卡箍是否安装正确，不得扭曲 O 形圈。

（2）在油封上涂机油，然后小心将泵喷嘴装到缸盖上。

（3）将泵喷嘴均匀推进气缸盖。

（4）将张紧块装入泵喷嘴侧的槽内。

注意：如泵喷嘴与张紧块不垂直，则紧固螺栓可能松动，从而可能损坏泵喷嘴或缸盖。

三、泵喷嘴的校正

按下述方法校正泵喷嘴：

（1）将紧固螺栓拧到张紧块内，直至泵喷嘴仍可转动自如。

（2）将泵喷嘴校正至与凸轮轴轴承盖垂直。

（3）用游标卡尺（量程：最小 400 mm）检查气缸盖外边缘到泵喷嘴圆角边的尺寸“a”（图 3－35 和图 3－36）。

说明：逐步采用配备新式电磁阀螺母的泵喷嘴，新旧可混合安装，但需符合尺寸“a”。

（4）拧紧紧固螺栓，力矩为：12 N · m + 270°（3/4 圈，可分几步拧）。

（5）安装摇臂轴并拧紧新紧固螺栓，先拧紧内部螺栓，再拧两侧外部螺栓，按同样顺序将螺栓拧紧至 20 N · m + 90°（1/4 圈）。

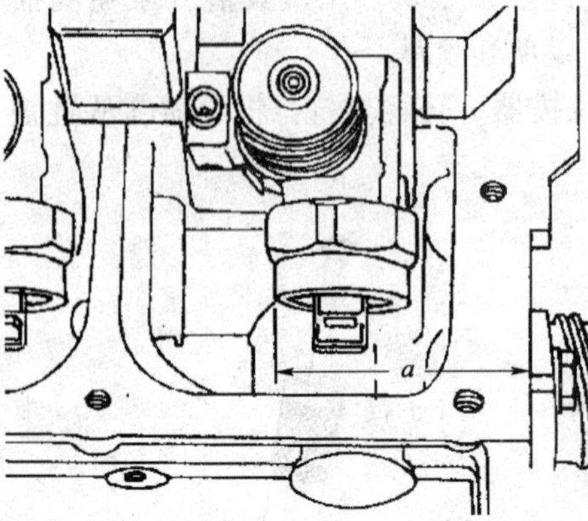

图 3－35　配备旧电磁阀螺母的泵喷嘴尺寸

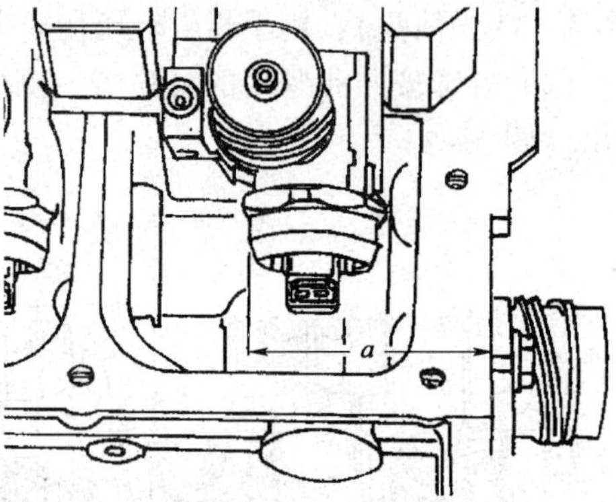

图 3－36　配备旧电磁阀螺母的泵喷嘴尺寸

（6）如图 3－37 所示，将千分表装在泵喷嘴调整螺钉上。沿发动机旋转方向转动曲轴，直到摇臂滚轮位于凸轮最高点，滚轮侧（箭头 A）处于最高点，千分表侧（箭头 B）处于最低点，拆下千分表。向摇臂内拧调整螺钉，直到感觉紧为止。

（7）将调整螺钉回拧 225°（图 3－38）。调整螺钉保持在该位置，并以 30 N · m 的力矩拧紧螺母。连接泵喷嘴插头，安装气缸盖罩和齿形带罩。

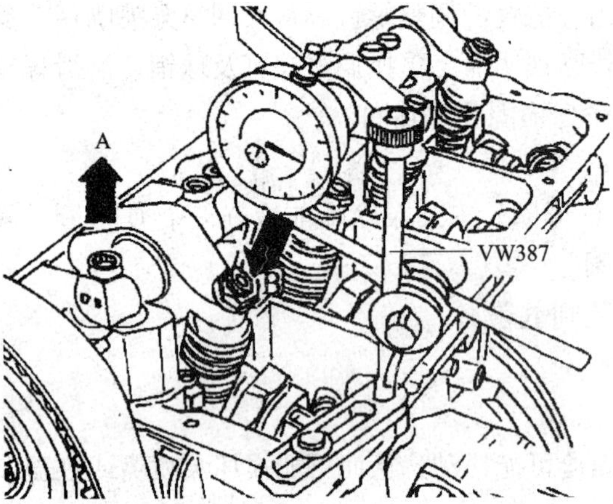

图 3－37　将千分表装在喷油嘴调整螺钉上

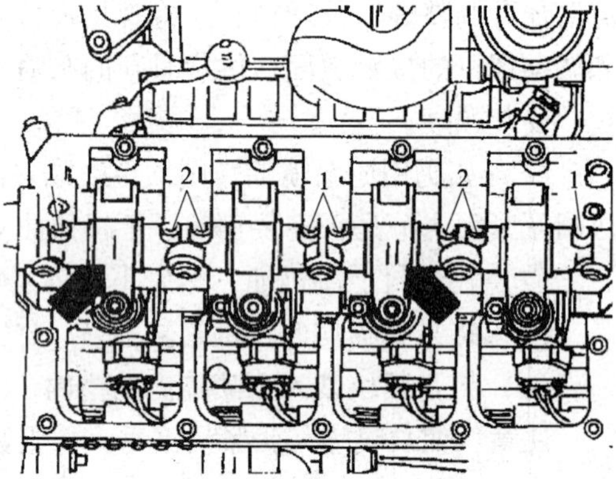

图 3－38　摇臂紧固螺栓拧紧顺序

任务实施

一、注意事项

（1）拆卸前彻底清洗所有接头及其邻近区域。

（2）拆下的部件应置于干净地面并盖好，不能使用起毛的布。

（3）若不立即维修，应盖好打开的部件和密封件。

（4）只可安装清洁的部件，安装前方可拆除更换件的外包装，切勿使用散放的部件。

（5）打开系统时尽可能不使用压缩空气，无绝对必要，切勿移动车辆。

（6）应确保无柴油流入冷却液软管；必须立即清洗与燃油接触过的软管；必须更换损坏的软管。

二、拆装及检修流程

1. 泵喷嘴拆装

（1）拆装泵喷嘴 O 形密封圈（宝来 1.9 LTDI 柴油发动机）。

（2）拆卸泵喷嘴。

（3）安装泵喷嘴。若安装新的泵喷嘴，则同时须更换相应摇臂的调整螺钉。

2. 泵喷嘴校正

（1）将紧固螺栓拧到张紧块内，直至泵喷嘴仍可转动自如。

（2）将泵喷嘴校正，至与凸轮轴轴承盖垂直。

（3）用游标卡尺检查气缸盖外边缘到泵喷嘴圆角边的尺寸，量程：最小 400 mm。

（4）安装摇臂轴并拧紧新紧固螺栓。

（5）将千分表装在泵喷嘴调整螺钉上。沿发动机旋转方向转动曲轴，直到摇臂滚轮位于凸轮最高点。

（6）拆下千分表，向摇臂内拧调整螺钉，直到感觉紧为止。

（7）将调整螺钉回拧 225°。调整螺钉保持在该位置，并以 30 N · m 的力矩拧紧螺母。连接泵喷嘴插头，安装气缸盖罩和齿形带罩。

三、技能学习考核

（1）教师为每组学生准备好实验台架或整车及相关技术材料。

（2）小组学生边查阅技术资料边观察实验台架或整车，完成技能学习工作单。结合检测结果，指出发动机电控或机械方面的故障。考虑工作计划的准备工作，检测仪器、工作油液和辅助材料的可使用性是否达到最佳程度，提出合理化建议并在下一次检修时予以考虑。

（3）教师观察学生学习过程，最后审阅学生完成的工作单，检查工作计划的所有工作项目并确认所有项目都已认真完成，检查安全、环保方面的工作是否到位，检查是否遵守规定的维修工时，检查车辆、发动机是否干净整洁，护套是否取下，工具是否整理，最后给出评价。

习题

（1）电控泵喷嘴燃油系统如何控制供油量和供油正时？

（2）什么是预喷射、主喷射、后喷射和多次喷射？预喷射和后喷射的目的是什么？

（3）一汽大众宝来轿车 1.9 L TDI 柴油发动机是怎样实现预喷射功能的？

项目四

电控共轨式燃油系统检修

共轨技术不仅是指用一个公共油轨（简称共轨）给各缸喷油器输送燃油，还包括用高压（或中压）输油泵、压力传感器和 ECU 组成的闭环系统独立控制喷油压力的供油方式。在共轨式电控燃油喷射系统（以下简称共轨系统）中，由高压（或中压）输油泵将高压燃油输送到公共油轨，ECU 对共轨内的油压和喷油时间进行控制。保持喷油压力一定，通过控制喷油时间来控制喷油量，即称为“时间—压力控制”方式；保持喷油时间一定，通过控制喷油压力来控制喷油量，即称为“压力控制”方式。

1. 第一代共轨系统

高压共轨系统是指由高压输油泵（压力在 120 MPa 以上）直接产生高压燃油输送至共轨中，经消除压力的脉动后，再分送到各喷油器；ECU 根据柴油发动机的工作需要控制高速电磁阀迅速打开或关闭，进而控制喷油器按设定的要求开始喷油或停止喷油。此类系统一般采用“时间—压力控制”方式，又称第一代共轨式电控燃油喷射系统。

第一代共轨高压泵总是保持在最高压力，导致燃油的浪费和很高的燃油温度。该系统为商用车设计的最高喷射压力为 1 400 bar①，乘用车 1 350 bar。除此之外，特殊的共轨系统还可用于大型柴油发动机，如火车机车和船用发动机等。

2. 第二代共轨系统（带有控制油量的油泵）

中压共轨系统是指由中压输油泵（压力为 10 ~ 13 MPa）将中压燃油输送到共轨中，经消除压力的脉动后再分送至带有增压作用的喷油器；ECU 根据柴油发动机的工作需要通过高速电磁阀控制喷油器开始喷油或停止喷油，与高压共轨系统不同的是在喷油开始前，喷油器内的增压装置先对来自共轨的中压柴油进行增压，使之达到规定的喷油压力（120 ~ 150 MPa）。此类系统一般通过控制共轨中的油压来控制喷油量，即采用“压力控制”方式，也是第二代共轨式电控燃油喷射系统。

第二代共轨系统可根据发动机需求而改变输出压力，并具有预喷射和后喷射功能。此共轨系统的喷射压力可以达到 1 600 bar。该共轨系统使用可以控制油量的油泵，在计量单元的作用下，即使在压力较低的情况下，系统也可以根据实际情况提供合适的供油量。该系统不仅有助于降低燃油消耗，而且还可以降低燃油温度，从而可以省去燃油冷却装置。

3. 第三代共轨系统（带有压电直列式喷油器）

第三代共轨系统的最高喷射压力增加到 1 800 bar。此款压电直列式喷油器的共轨系统使预喷和后喷的喷油曲线范围更为自由。该共轨系统由高压泵、喷油管、高压蓄压器（共轨）、喷油器、电控单元和传感器及执行器组成。

第一代和第二代共轨系统均属电磁阀式共轨系统，即利用电磁阀作为执行元件，通过控制喷油器喷油的开始与结束来实现燃油喷射控制。在压电式共轨系统中，则是利用压电晶体作为执行元件，通过控制喷油器针阀的升程（或喷油开始与结束）来实现燃油喷射控制。压电式共轨系统也被称为第三代共轨式电控燃油喷射系统。

目前绝大部分客车、轻型卡车都采用电控高压共轨系统柴油发动机，国内常见的电控高压共轨系统有德国博世共轨系统、美国德尔福共轨系统以及日本电装共轨系统。而中重型卡

① 巴，1 bar = 10^5 Pa。

车因对舒适性要求不高，且使用环境复杂无法保证燃油质量，多采用单体泵系统，如南岳衡阳单体泵系统、成都威特单体泵系统。德尔福单体泵系统因成本及维护费用问题而较少采用。

德尔福共轨系统是一款为轻型车设计的共轨系统，早期在玉柴 YC4F 系列发动机上大量采用，主要装配 20～30 座的小客车，但因该系统对燃油品质要求极为苛刻，造成了该款发动机使用过程中，居高不下的喷油器及高压油泵损坏率，所以该系统在商用车领域现已很少使用；电装共轨系统主要应用在日野发动机及部分锡柴发动机上，市场占有率较小。目前国内销量第一的玉柴发动机的大部分机型以及专业生产大功率发动机具有较高市场占有率的潍柴发动机都采用博世共轨系统，因此，博世共轨系统占据了中国柴油发动机电控系统供应市场的大部分份额。

学习任务1

高压油泵检修

学习目标

（1）能够对电控共轨式燃油系统的分类进行正确的描述。

（2）能够对电控共轨式燃油系统的组成和工作原理进行正确的描述。

（3）能够对电控共轨式燃油系统高压油泵进行描述。

（4）能够对电控共轨式燃油系统高压油泵进行检修。

（5）参阅汽车维修手册，制订高压油泵的检修工作计划。

（6）能够分析工作中的不安全因素并采取措施保护环境。

（7）能够检查、评价、记录工作结果。

任务引入

高压油泵又称喷油泵，其功用是接收输油泵输送来的低压柴油，对柴油进行加压后，按柴油发动机不同工况的要求，定时、定量地将高压柴油输送给喷油器。喷油泵故障可导致发动机工作抖动。

相关知识

一、共轨燃油系统的分类和组成

1. 高压共轨燃油系统

高压共轨燃油系统主要由油箱、高压输油泵、共轨、喷油器和各种电子元件组成，如图4-1所示。高压输油泵从油箱中吸出柴油并将油压提高到约120 MPa后输入共轨，高压输油泵的供油量一般多几倍于实际喷油量以保证供油的可靠性，多余的燃油经回油管流回油箱。高压输油泵的出口端装有一个用来调节共轨中油压的调压阀，ECU根据柴油发动机的转速、负荷等控制调压阀的开度，从而增加或减少高压输油泵输送给共轨的油量，实现对共轨中油压的控制，以保证供油压力稳定在目标值，使喷油压差保持不变。此外，ECU还根据燃油压力传感器信号对共轨中的油压进行闭环控制。

2. 中压共轨燃油系统

在后期开发的柴油发动机共轨式电控燃油喷射系统中，中压共轨燃油系统为降低对供油

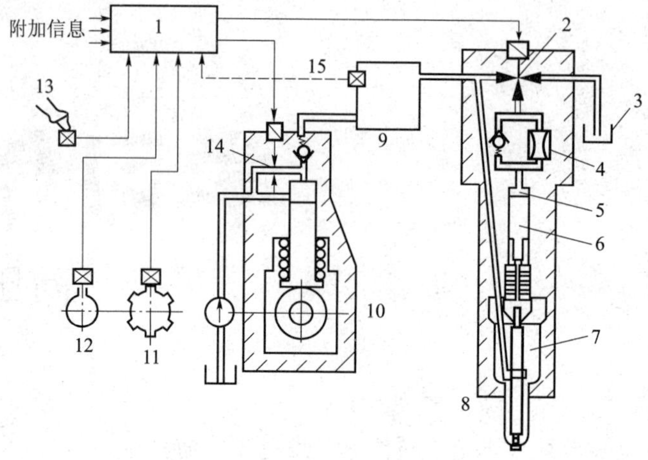

图 4-1 高压共轨燃油系统

1—ECU；2—三通电磁阀；3—油箱；4—节流孔；5—控制室；6—控制活塞；7—喷油器针阀偶件；8—喷油器；9—共轨；10—高压输油泵；11—曲轴位置传感器；12—凸轮轴位置传感器；13—加速踏板位置传感器；14—调压阀；15—燃油压力传感器

压力的要求，喷油量控制采用“压力控制”方式，如图 4-2 所示。中压共轨燃油系统主要由低压输油泵、蓄压式电/液控制喷油器、调压阀、共轨等组成。ECU 根据各传感器信号控制调压阀，以调节共轨中的油压；ECU 同时通过控制安装在喷油器上的电磁阀工作，使喷油持续时间保持不变，以实现喷油量的“压力控制”。

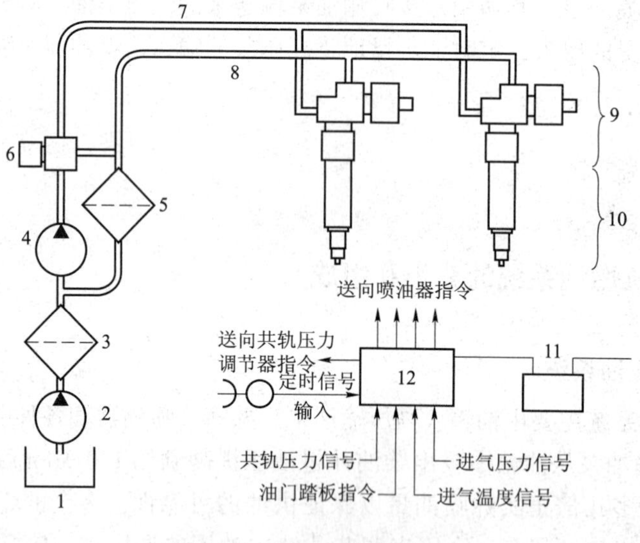

图 4-2 中压共轨燃油系统

1—油箱；2—低压输油泵；3—燃油滤清器；4—中压输油泵；5—热交换器；6—调压阀；7—公共油轨；8—回油管；9—电磁阀和油压增压器；10—喷油器；11—蓄电池；12—ECU

3. 压电式共轨燃油系统

第一代共轨系统中最高压力约 140 MPa，由于始终保持很高压力，导致系统密封难度大，燃油温度高，即使是预喷射和后喷射功能（包括主喷射在内 3 次喷射）也难以实现。

第二代共轨系统中的压力较低，且可根据发动机需求而调节共轨中的压力，利用高速电磁阀的快速开闭可实现预喷射和后喷射功能，但受电磁阀工作特性的限制，也难以实现多次喷射功能。第三代共轨系统—压电式共轨燃油系统具有喷射压力高、控制精度高、切换频率高、响应速度快、节能、寿命长等优点，可使喷油速率、喷射规律以及精确度达到最优。压电式共轨燃油系统是指采用了压电技术的共轨系统，主要是指控制喷油器的执行元件用压电元件。

二、高压油泵

高压油泵也称高压输油泵、喷油泵。

在共轨式电控燃油喷射系统中，普遍采用高压输油泵将低压输油泵输出的燃油进一步加压，使其达到共轨供油压力的需要。为满足不同共轨系统的需要，高压输油泵除产生高压油的功能外，还可以通过由 ECU 控制的电磁阀（调压阀）来控制向共轨输送的燃油量，最终目的是实现共轨中燃油压力的控制。高压油泵也称高压输油泵、喷油泵。

高压输油泵通常采用由凸轮轴驱动的带有多个分泵的直列柱塞式油泵（一般用于大型柴油发动机）或径向柱塞式油泵（一般用于小型柴油发动机）。驱动高压输油泵的凸轮轴上可布置一个或几个凸轮，按每个凸轮上的凸起数可分为单作用型、双作用型、三作用型和四作用型等多种形式。采用多作用型凸轮，可以实现凸轮每转一圈完成几个（与凸轮凸起数相等）供油过程，因此在要求输油泵供油量一定时，可以降低输油泵驱动装置的转速或输油泵的分泵数量，从而降低功耗，简化结构，但凸轮的凸起数一般不超过 4 个。

无论是直列柱塞式高压油泵，还是径向柱塞式高压油泵，其分泵的数量、凸轮的凸起数量应与发动机的气缸数量相匹配。为保证共轨中的压力稳定，一般要求高压油泵的供油频率与喷油频率一致。如：六缸柴油发动机的喷油频率为每工作循环 6 次，若匹配每循环转一圈的柱塞式高压油泵，采用单作用型凸轮时应有 6 个分泵，若采用双作用型凸轮时应有 3 个分泵，采用三作用型凸轮应有 2 个分泵；若高压油泵由曲轴驱动每循环转两圈，则高压油泵的分泵数可减少一半。

1. 直列柱塞式高压油泵

以采用三作用型凸轮的直列柱塞泵为例，其结构如图 4－3 所示。直列柱塞式高压油泵主要由柱塞、柱塞套筒、柱塞回位弹簧、凸轮轴、滚轮体、出油阀（单向阀）、进油控制电磁阀等组成。发动机工作时，凸轮轴每转一圈，凸轮上的 3 个凸起轮流驱动柱塞压油，每个柱塞分泵可完成 3 个泵油过程。每个柱

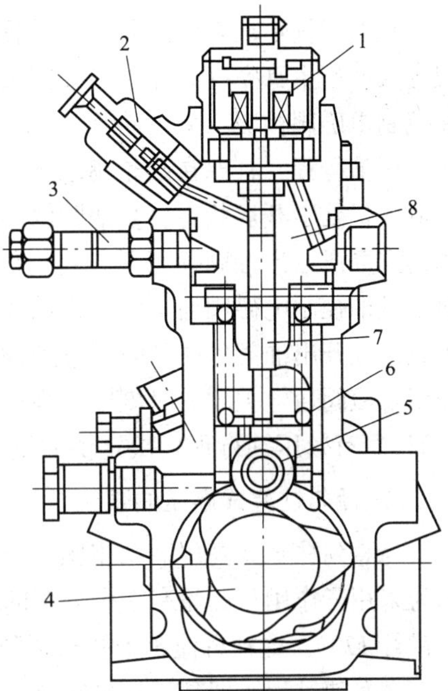

图 4－3　直列柱塞式高压油泵

1—进油控制电磁阀；2—出油阀；3—调压阀；4—凸轮轴；5—滚轮体；6—柱塞回位弹簧；7—柱塞；8—柱塞套筒

塞分泵的进油口处都安装一个进油控制电磁阀，用来控制分泵供油正时和供油量。高压油泵一般利用发动机润滑油进行强制润滑。

直列柱塞式高压输油泵的泵油过程可分为吸油行程和压油行程，如图 4－4 所示。

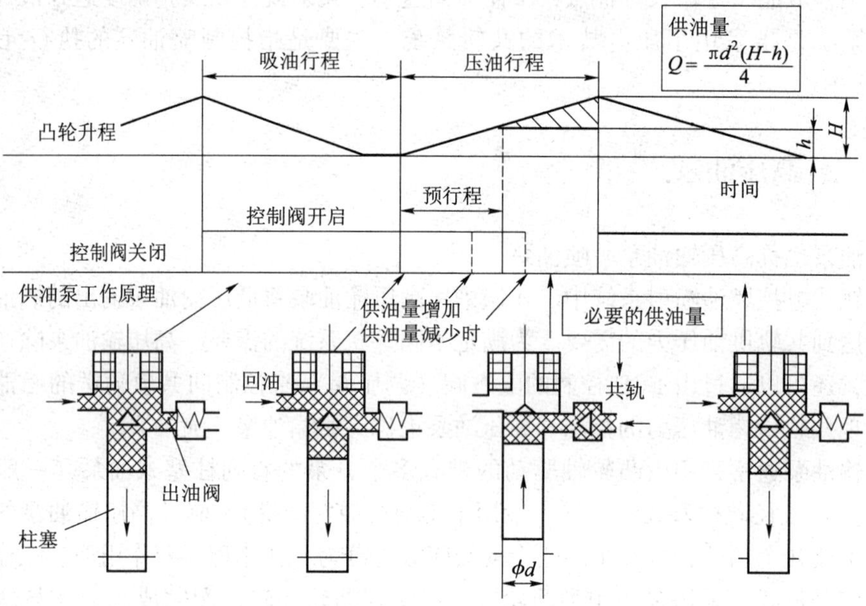

图 4－4　直列柱塞式高压油泵工作原理

吸油行程：凸轮的凸起最大升程转过后，柱塞在回位弹簧作用下向下运行，泵油腔内容积增大而产生真空度；此时出油阀关闭，进油控制电磁阀处于断电开启状态，低压燃油经进油控制电磁阀被吸入泵油腔。

压油行程：柱塞在凸轮驱动下向上运行，但开始阶段（预行程）进油控制电磁阀尚未通电，仍处于开启状态，泵油腔内的部分燃油经进油控制电磁阀被压回低压腔，泵油腔内不能建立高压，出油阀关闭不向共轨供油；当 ECU 计算出满足必要供油量的供油正时、适时地给进油控制电磁阀通电时，进油控制电磁阀关闭回油通道，使泵油腔内燃油迅速增压，高压燃油顶开出油阀供往共轨，直到柱塞运行到上止点、进油控制电磁阀再次开启为止。进油控制电磁阀通电关闭的时刻即为高压输油泵供油开始时刻，进油控制电磁阀通电关闭的时间（即柱塞有效压油行程）决定供油量。

2. 径向柱塞式高压油泵

与直列柱塞式高压油泵相比，径向柱塞式高压油泵体积更小、结构更紧凑。图 4－5 所示为采用三作用型凸轮有 3 个分泵的径向柱塞式高压油泵。3 个分泵及凸轮的 3 个凸起均相互错开 120°，这样可使 3 个柱塞泵同时吸油、同时压油，且凸轮轴每转一圈，3 个分泵各完成 3 次泵油过程，即高压油泵完成 3 次供油。此高压油泵由发动机曲轴通过齿轮、链条或齿带驱动，且传动比为 1∶1，则发动机每工作循环高压油泵供油 6 次，与六缸柴油发动机的喷油频率相同。

径向柱塞式高压油泵的工件原理与直列柱塞式高压油泵基本相同，泵油过程同样分为吸油和压油两个行程，在此不再重述。

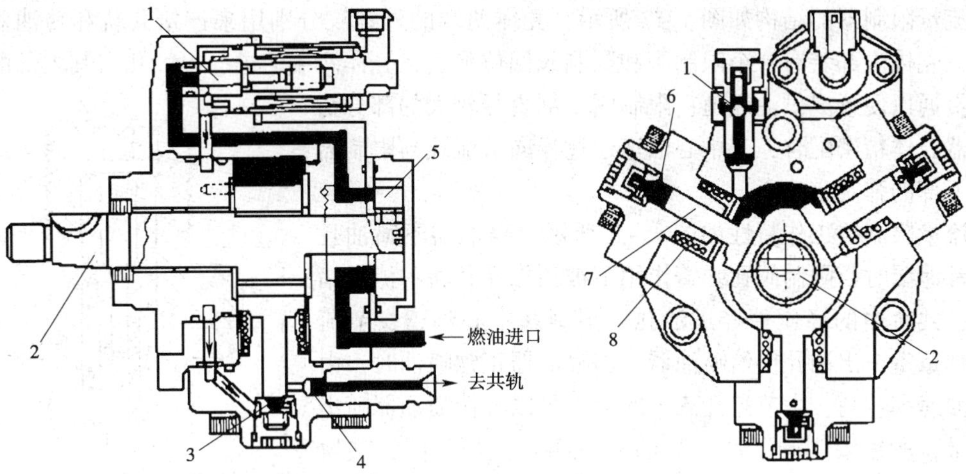

图 4-5　径向柱塞式高压油泵

1—调压阀；2—凸轮轴；3—进油控制电磁阀；4—出油阀；
5—输油泵；6—泵油腔；7—柱塞；8—柱塞回位弹簧

三、共轨

共轨的功用是储存高压输油泵提供的高压燃油，并根据需要分配给各喷油器，即起蓄压器的作用；此外，共轨应能抑制高压油泵供油和喷油器喷油时引起的压力波动，以保持共轨中压力的稳定。共轨必须具有适当的容积，容积过小，不能保持共轨中压力的稳定，而容积过大，共轨中的压力响应速度变慢。

喷油器流量限制器、共轨限压阀一般都安装在共轨上，如图 4-6 所示。在部分共轨系统中，用于电控系统的燃油压力传感器、调压阀也安装在共轨上。

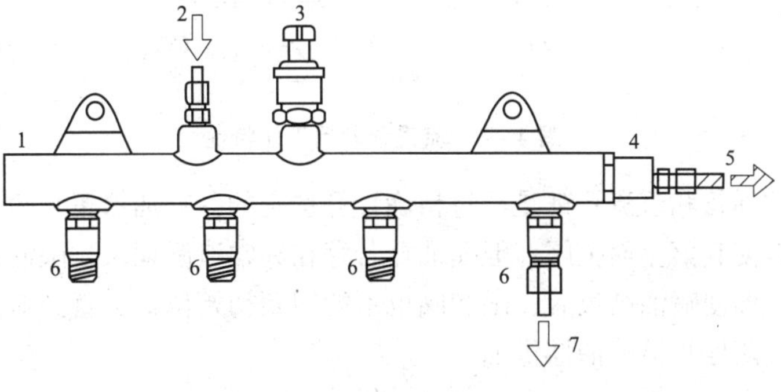

图 4-6　共轨

1—共轨；2—进油管口；3—燃油压力传感器；4—限压阀；
5—回油管口；6—流量限制器；7—喷油器供油口

1. 流量限制器

共轨给每个喷油器供油的通道中都安装有 1 个流量限制器，其功用是在非常情况下防止喷油器常开并持续喷油，即：一旦某喷油器常开并持续喷油，导致共轨输出的油量超过一定限值，流量限制器则会关闭该喷油器的供油通道。

流量限制器的结构如图 4－7 所示，壳体两端的外螺纹分别用来连接共轨和喷油器的供油管，壳体内部装有一个限制阀和限制阀回位弹簧，壳体两端的进、出油孔与其内部的限制阀腔贯通以便形成供油通道；限制阀上部直径较大的部分与限制器壳体精密配合，其中心油道通过径向节流孔与限制器内腔下部的弹簧室连通。

流量限制器工作特性如图 4－8 所示。喷油器不喷油且无异常泄漏时，限制阀在弹簧作用下被顶靠在共轨一侧的堵头上，共轨中的高压油经进油孔、限制阀中心油道、节流孔、弹簧室、出油孔供给喷油器；当喷油器正常喷油时，由于喷油速率较高，由节流孔流出的油不足以补偿喷油器喷出的油量，所以限制阀下部（喷油器一侧）油压下降，共轨油压使限制阀压缩弹簧而向下移动，直到限制阀下部承受的油压和弹簧力与共轨油压平衡为止；当喷油器喷油结束后，共轨中的高压油继续经节流孔流出供给喷油器，使限制阀下部（喷油器一侧）的油压逐渐升高，限制阀也逐渐被弹簧推回到初始位置。

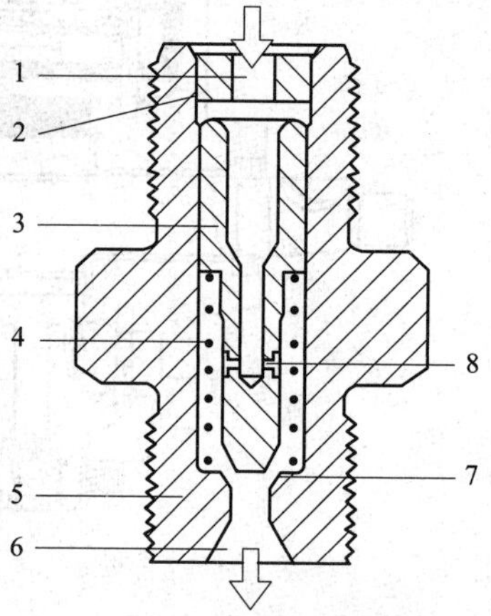

图 4－7　流量限制器的结构

1—进油孔；2—堵头；3—限制阀；4—弹簧；5—壳体；6—出油孔；7—阀座；8—节流孔

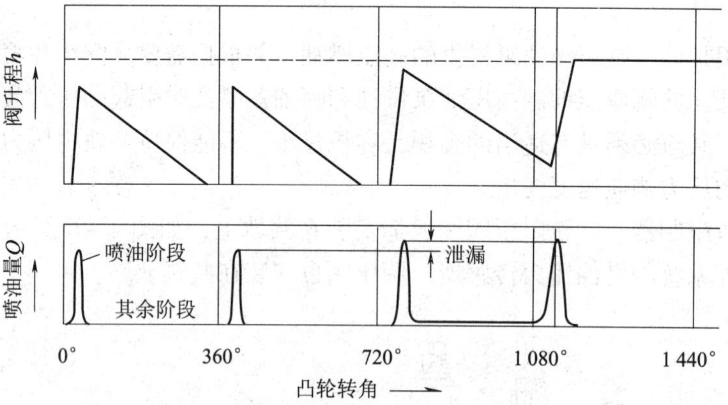

图 4－8　流量限制器工作特性

流量限制器的弹簧和节流孔都是经过精确计算选定的，喷油器正常喷油时，限制阀向下移动的升程不足以使其落座而关闭；但喷油器若存在异常泄漏现象，限制阀的升程会随泄漏量的增多而增大，即使喷油结束后，限制阀也不能回到初始位置，直到泄漏量超过一定限值时，限制阀完全关闭停止给喷油器供油。

2. 限压阀

限压阀一般安装在输油泵内或共轨上，其功用是限制共轨中的最高压力。限压阀的结构如图 4－9 所示，阀和弹簧被空心螺塞限制在阀体内部的空腔内，弹簧的预紧力根据规定的共轨最高压力调定。通常情况下，阀被弹簧压靠在阀体左侧的阀座上，限压阀处于关闭状态；当共轨压力超过规定值时，阀左侧承受的共轨压力超过右侧的弹簧力，阀向右移动离开阀座，共轨中的燃油经限压阀流回油箱或输油泵进油侧，随着共轨中燃油的溢流，共轨压力下降，阀在弹簧作用下重新回位，限压阀关闭。

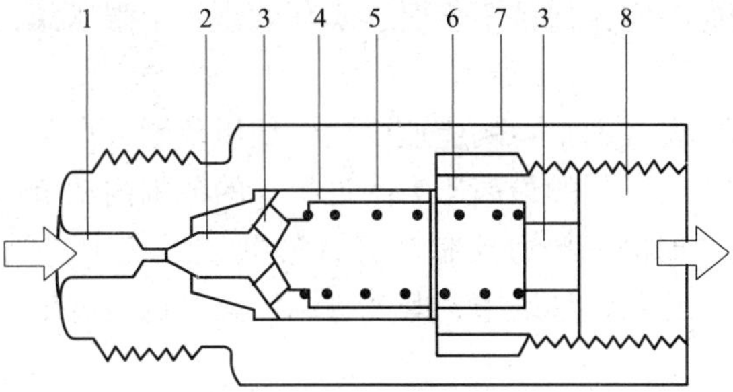

图 4-9　限压阀的结构

1—共轨侧进油口；2—阀头；3—油孔；4—阀；5—弹簧；
6—空心螺塞；7—阀体；8—回油口

四、调压阀

调压阀安装在高压输油泵出油口或共轨上，其功用是根据 ECU 的指令实现对共轨压力的闭环控制。在采用“时间—压力控制”方式的共轨系统中，ECU 主要根据燃油压力传感器的信号控制调压阀工作，通过调压阀保持共轨压力（即喷油压力）不变。在采用“压力控制”方式的共轨系统中，ECU 首先根据各种传感器的信号确定循环喷油量，并根据循环喷油量与共轨压力的函数关系，利用调压阀调节共轨压力，使之达到预定喷油量所需要的目标值。

调压阀为占空比控制型电磁阀，其结构如图 4-10 所示。柴油发动机工作时，调压阀始终处于通电状态，电磁线圈产生的电磁力和弹簧力通过电枢共同作用在球阀上，共轨的燃油压力则作用在球阀的底部；当共轨压力大于电磁力和弹簧力时，球阀开启共轨回油通道，使共轨压力下降；当共轨压力小于电磁力和弹簧力时，球阀关闭共轨回油通道，使共轨压力升高；当共轨压力与电磁力和弹簧力平衡时，球阀保持一定开度，使共轨压力保持稳定，此稳定的共轨压力取决于电磁力，电磁力越大，共轨压力越高。电磁线圈产生的电磁力与通电占空比成正比，共轨系统对共轨压力的控制就是由 ECU 通过调整电磁线圈的通电占空比来实现的。

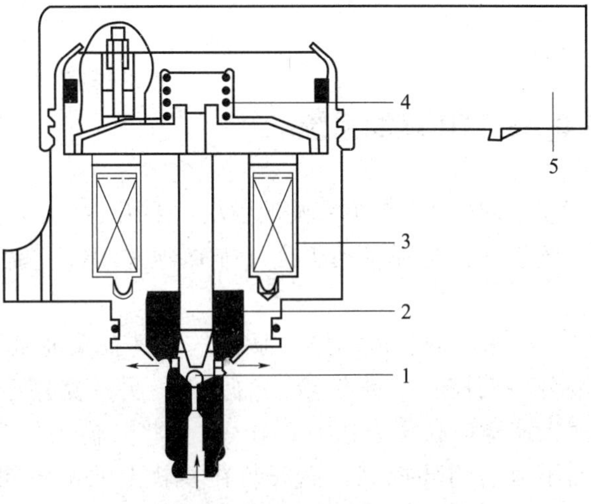

图 4-10　调压阀的结构

1—球阀；2—电枢；3—电磁线圈；4—弹簧；5—线束连接器

调压阀不通电或通电占空比保持不变时，实际就是一个限压阀，调压阀不通电时的限制压力一般为 10 MPa。

调压阀与限压阀的主要区别是：响应速度快，调压范围大。限压阀是机械控制阀，不仅响应速度慢，而且只能在其限制的最高压力附近很小的范围内调节压力，使压力保持基本稳定；因此，即使在采用“时间—压力控制”方式的共轨系统中，要保持共轨压力不变，也不能只装用限压阀。在部分共轨系统中，既装有调压阀，也装有限压阀，主要是加强工作可靠性。

五、燃油滤清器

燃油中若含有杂质，将导致油泵零部件、出油阀、喷油嘴的损坏。因此必须装用燃油滤清器，燃油滤清器必须符合喷射系统的特定要求，否则燃油供给系统正常运转和相关元件的使用寿命将无法得到保证。柴油中含有可溶性乳状液或者自由水（例如：用于温度变化的冷却水），若这种水进入喷射系统，将会引起燃油系统元件的穴蚀。陆风 VM 柴油发动机带有油水分离器的燃油滤清器（图 4－11），可以把水从水分收集器中排出。随着柴油发动机使用时间的增加，燃油滤清器的水分收集器水位达到一定高度时，通过自动报警装置报警灯来提示，驾驶员需进行水分收集器排水作业。

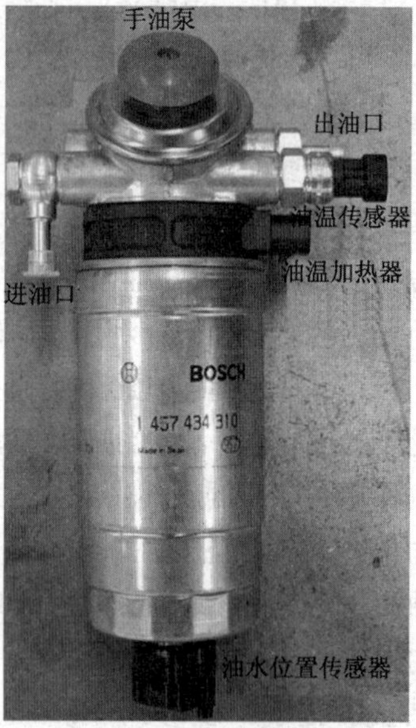

图 4－11　燃油滤清器

柴油发动机高压共轨技术中燃油滤清器集成了油温传感器、油温加热器、油水位置传感器。高压油泵是不允许干运转的，否则会内部干摩擦导致零件磨损甚至毁坏，因此高压泵首次启用或者有空气进入油路时，必须按照以下操作方法：首先排除油路中的空气，并且充油压力不得大于 4 bar，然后向下压燃油滤清器上的手动泵，直到所有空气排出并有燃油从排气孔流出。

六、奥迪 3.0 A6 TDI 燃油系统

奥迪 3.0 A6 TDI 轿车装用的 3.0 L TDI 柴油发动机采用了 Bosch 公司生产的压电式共轨系统（图 4－12），该系统可降低柴油发动机废气排放高达 20%，提高功率 5%，降低油耗 3%，降低噪声 3dB。

柴油发动机工作时，柴油由低压电动燃油泵输送给具有泵油量调节功能的高压油泵，分配单元将进入的燃油分成两路：一路供给泵油元件，另一路用于冷却传动机构和润滑轴承。高压油泵将燃油压缩至最高压力达 160 MPa，并将其输入共轨。拧紧在共轨上的燃油压力传感器用于燃油压力的闭环控制，而安装在共轨上的调压阀则用于调节共轨中的油压。

该系统配有一个由齿形皮带驱动的高压泵，左、右气缸座各有一条分配管。高压油泵高

压泵可产生大约 1 800 bar 的压力。高压泵通过一个位于燃油泵 G6 之后的电动附加燃油泵提供燃油。两个油泵活塞通过一个带有双凸轮的凸轮轴交替驱动。

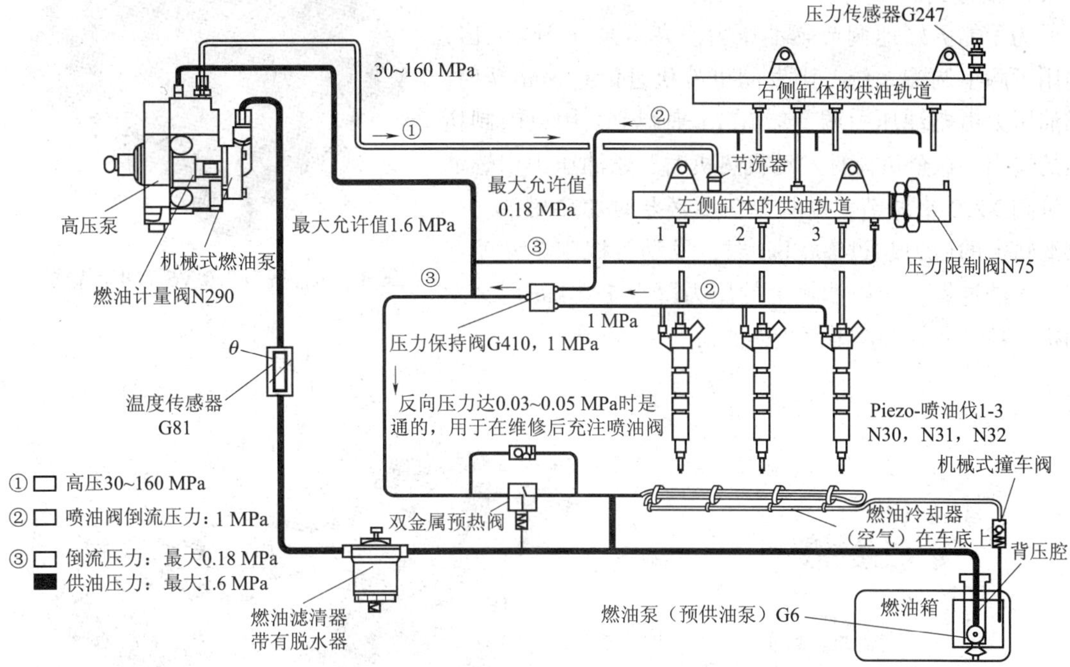

图 4-12　奥迪 3.0 V6 TDI 共轨系统组成

其高压泵的优点是采用滚轮推杆可减少燃油消耗，均匀的驱动皮带（高压泵）负荷，通过吸油侧的燃油计量阀的量的调节可产生很高的工作效率，如图 4-13 所示。

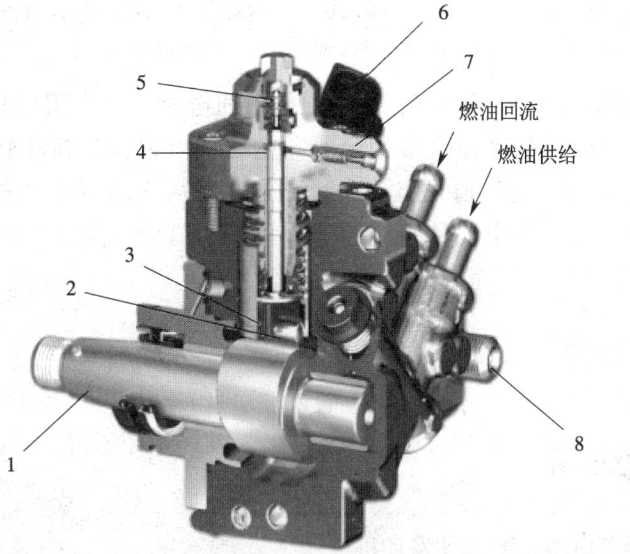

图 4-13　奥迪 3.0 V6 TDI 高压油泵

1—带有双凸轮的凸轮轴；2—滚子；3—滚子座；4—高压活塞；5—进油阀；6—燃油计量阀 N290；7—高压连接 1；8—高压连接 2

齿轮泵，如图4－14所示，由齿形皮带通过高压泵的贯穿偏心轴来驱动，将油箱中的燃油（用油箱内的泵）输送到高压泵中。

为了能更好地调节燃油压力，高压泵（图4－15）使用了两个调节系统。当发动机冷机且以怠速运转时，燃油压力由燃油压力调节器N276来调节，用以限制扭矩的输出。在全负荷且发动机热机时，燃油压力由燃油计量阀N290来调节，以避免在不必要时加热燃油。当供油轨上的压力超过200 bar时，发动机控制单元就会起动喷油过程。当供油轨上的压力降至130 bar时，发动机电控单元就会发出停止喷油指令。

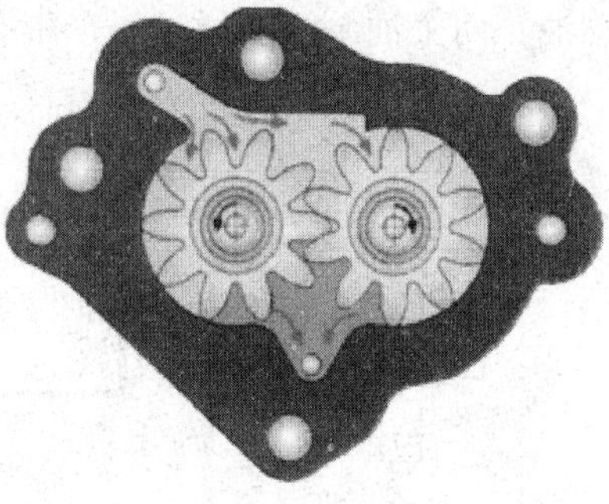

图4－14　奥迪3.0 V6 TDI齿轮泵

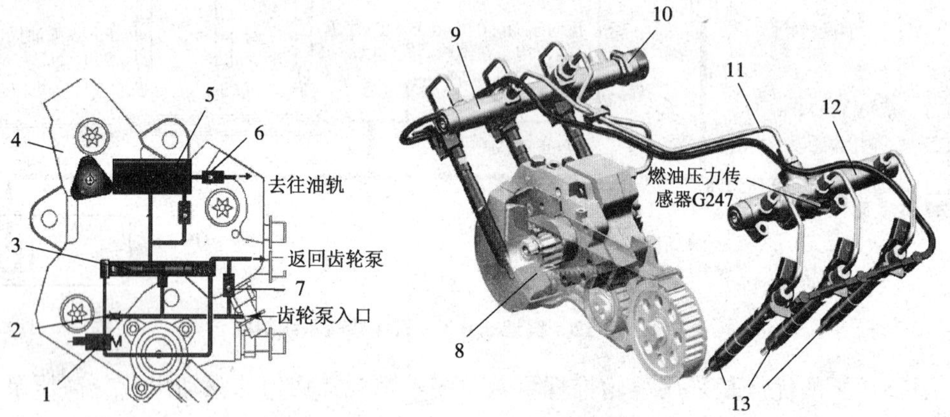

图4－15　奥迪3.0 V6 TDI高压泵调节系统

1—燃油计量阀N290；2—节流孔；3—调节活塞；4—高压泵；5—泵活塞；6—输出阀；7—安全阀；
8—高压泵；9--油轨；10—燃油压力调节器N276；11—油轨间的分配管；12—油轨；13—喷嘴

燃油计量阀N290在高压泵内部，当电磁阀不通电时，电磁阀打开。调节活塞被弹簧力推动向左移动，此时通往高压泵截面最小。电磁阀可根据负荷和转速来调节燃油通过截面。当电磁阀通电时，电磁阀关闭。控制压力升高从而调节活塞右移，从而加大通往高压泵的截面。通过改变占空比使控制压力和活塞位置会发生变化。从电磁阀溢出的燃油返回齿轮泵。

任务实施

一、注意事项

（1）没有接通蓄电池不要起动发动机。

（2）发动机运行时，不要从车内拆卸蓄电池。

（3）蓄电池的极性和控制单元的极性不能接反。

（4）为起动发动机不能使用快速起动装置，只能采用蓄电池辅助起动。

(5) 给车辆蓄电池充电时，需拆下蓄电池。

(6) 控制线路的各种插头只能在断电状态（点火开关关）进行拔插。

(7) 应遵循制造商的要求使用合适的设备进行故障诊断，故障诊断时，诊断设备应与发动机机体接地。

(8) 不能用传统的方法进行新型电控柴油发动机的故障诊断。故障诊断前需要详细阅读发动机制造厂的操作指南和技术说明。

(9) 电控柴油发动机系统故障诊断多采用逆源诊断法，先使用诊断设备找出故障的可能原因，然后从外围设备到控制单元逐步寻找故障所在的部位，最后加以解决。

(10) 一旦出现燃油计量阀失效，则必须进行整个高压油泵的更换，不允许自行更换燃油计量阀。

(11) 拆卸前确认共轨管内压力回落至环境压力。

二、拆装及检修流程

1. 高压泵系统初始充油与排空

在对高压泵初次充油时，由于其齿轮输油泵内有空气而导致供油不足，应该采用附加的输油泵对其供油。该附加的输油泵可以是加装在整车上的一个起动辅助输油泵；也可以是加装在整车上的一个手油泵；或在生产线上的一个辅助输油泵。

在所有运行的环境压力下，根据高压泵总成的最小供油压力和最大压力选择滤清器上的手油泵。

车上排空建议：松开柴油滤清器出口油管，压动手油泵直到柴滤出口有燃油流出至无明显气泡状态。

2. 读取数据流

(1) 读取喷油泵标准显示值，显示组 19（奥迪 TDI 发动机，未起动时）。

(2) 读取喷油泵标准显示值，显示组 01。怠速时，冷却液温度大于 85 ℃。

(3) 读取汽车功率标准显示值，显示组 03。怠速时，冷却液温度大于 85 ℃。

(4) 读取汽车功率标准显示值，显示组 038。全负荷以 3 挡或 4 挡试车。

3. 低压系统压力测试

测试燃油系统低压油压，应为 0.05 ~0.15 MPa。

4. 高压系统压力测试

(1) 高压油泵供油压力测试。

(2) 高压泵工作情况。起动转数下，供油压力大于 25 MPa。

(3) 检查共轨压力传感器指示。

三、技能学习考核

(1) 教师为每组学生准备好实验台架或整车及相关技术材料。

（2）小组学生边查阅技术资料边观察实验台架或整车，完成技能学习工作单。结合检测结果，指出发动机电控或机械方面的故障。考虑工作计划的准备工作，检测仪器、工作油液和辅助材料的可使用性是否达到最佳程度，提出合理化建议并在下一次检修时予以考虑。

（3）教师观察学生学习过程，最后审阅学生完成的工作单，检查工作计划的所有工作项目并确认所有项目都已认真完成，检查安全、环保方面的工作是否到位，检查是否遵守规定的维修工时，检查车辆、发动机是否干净整洁，护套是否取下，工具是否整理，最后给出评价。

学习任务 2

共轨喷油器检修

学习目标

(1) 能够对电控共轨式燃油系统喷油器的分类进行正确的描述。

(2) 能够对电控共轨式燃油系统喷油器的工作原理进行正确的描述。

(3) 能够对电控共轨式燃油系统喷油器进行检修。

(4) 参阅汽车维修手册，制订电控共轨喷油器的检修工作计划。

(5) 能够分析工作中的不安全因素并采取措施以保护环境。

(6) 能够检查、评价、记录工作结果。

任务引入

共轨喷油器可以拆分为一系列功能部件：孔式喷油嘴、液压伺服系统和电磁阀等。本学习任务主要检测项目如下：共轨喷油器供油量、共轨喷油器开启压力、共轨喷油器均匀性、共轨喷油器最小喷油量、共轨喷油器最大喷油量、共轨喷油器雾化观察、共轨喷油器密封性检查等。

相关知识

为满足日益严格的排放法规要求，对喷油速率和喷油规律的控制，已成为柴油发动机电控燃油喷射系统的重要功能之一。目前，在柴油发动机共轨式电控燃油喷射系统中，为降低排放污染和噪声，控制喷油速率和喷油规律的主要措施是：实现预喷射、后喷射甚至多次喷射功能。

预喷射是指主喷射前某一定时内向缸内喷射少量柴油。通过对预喷射量的控制来实现对着火延迟期（燃烧过程分着火延迟期、速燃期、缓燃期和补燃期）内混合气形成数量的控制，从而达到防止柴油发动机工作粗暴、减小噪声的目的。此外，预喷射的柴油喷入气缸后首先着火燃烧，对燃烧室进行预热后再进行主喷射，使主喷射阶段喷入气缸的柴油着火更容易，有利于形成边喷射、边形成混合气、边燃烧的平缓燃烧过程，从而防止柴油发动机在速燃期缸内压力的急剧变化，有利于降低燃烧噪声。

后喷射是指在膨胀过程中进行的喷射。后喷射的柴油燃烧放出的热量，可提高柴油发动机在缓燃期和补燃期的温度，从而降低 HC 和 CO 的排放量。

多次喷射是指在柴油发动机的 1 个工作循环内进行若干次（一般多于 3 次）喷射，可以根据柴油发动机工况对喷油速率和喷油规律进行精确控制。

实现预喷射、后喷射甚至多次喷射功能的关键，就是要求电控系统的执行元件必须有很好的灵敏性（即反应速度），能在很短的时间内完成多次切换。此外，电控系统对喷油量的控制应有较高的精度，即要求能控制的最小供油量要足够小。

进一步提高喷射压力，提高喷油雾化质量，也是降低排放污染的重要措施。

一、高压共轨喷油器

高压共轨系统中所用的电/液控制式喷油器有两种类型：二位三通电磁阀式、二位二通电磁阀式。

1. 二位三通电磁阀式喷油器

二位三通电磁阀式喷油器如图 4－16 所示，二位三通电磁阀安装在喷油器顶部，电磁阀主要由阀体、电磁线圈、内阀和外阀组成，内阀和电磁线圈均固定在阀体中，套装在内阀上的外阀与电磁阀的电枢做成一体，电磁阀通电和断电时，外阀则上下移动。内阀下部密封锥面与其阀座（位于外阀下部中心孔的内侧）控制喷油器控制室进油通道，外阀下部密封锥面与其阀座（位于阀体上）控制喷油器控制室回油通道。

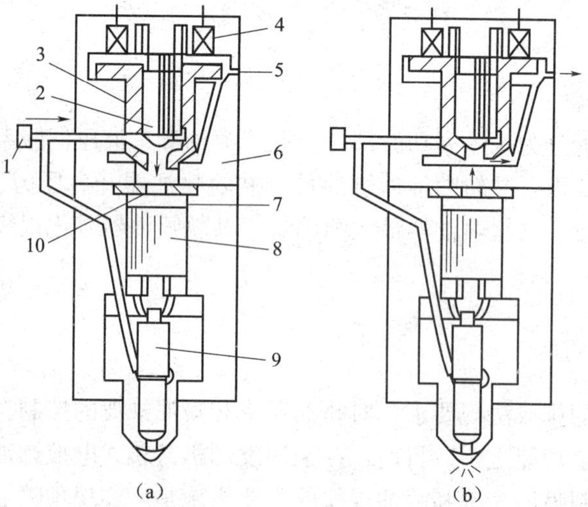

图 4－16　二位三通电磁阀式喷油器

（a）电磁阀断电不喷油；（b）电磁阀通电喷油

1—共轨；2—内阀；3—外阀；4—电磁线圈；5—回油管；6—阀体；
7—控制室；8—控制活塞；9—针阀；10—量孔

电磁阀不通电时，外阀在其回位弹簧作用下保持在下端极限位置，此时外阀与其阀座压紧，内阀则离开其阀座，控制室的回油通道关闭、进油通道开启，共轨中的高压柴油进入控制室；尽管喷油器下部的油腔始终与共轨中保持相等的高压（油腔与油轨经油道连通），但喷油器针阀的承压锥面比控制活塞上部承压面小，加之针阀上作用着回位弹簧弹力，所以电磁阀断电使高压油进入控制室时，喷油器不喷油。当 ECU 接通电磁阀电路时，产生的电磁力将外阀向上吸起，外阀离开其阀座，内阀则与其阀座压紧，控制室的回油通道开启、进油通道关闭，从而使控制室油压迅速下降，喷油器油腔内的高压油将针阀顶起开始喷油，直到电磁阀再次断电使高压油进入控制室时，喷油器喷油结束。

2. 二位二通电磁阀式喷油器

与二位三通阀相比，二位二通电磁阀的控制灵活性较好，制造成本较低，但在循环供油量较大时，其效率较低。

二位二通电磁阀式喷油器与二位三通电磁阀式喷油器的结构原理基本相同，主要区别是只用电磁阀控制喷油器控制室的回油通道，而不控制进油通道，但进油通道中装有节流孔，如图 4－17 所示。来自共轨中的高压柴油进入喷油器后分成两路：一路直接进入喷油器下部的油腔，另一路经过节流孔进入控制室；电磁阀不通电时，控制室回油通道关闭，控制室与喷油器下部油腔内的油压相等，在控制活塞（相当于一个顶杆）上部油压和回位弹簧力作用下，使喷油器针阀关闭，喷油器不喷油；电磁通电时，控制室回油通道开启，作用在液压活塞上部的油压迅速下降，喷油器下部油腔内的高压燃油将针阀顶开，使喷油器开始喷油，直到电磁阀再次断电时喷油结束。

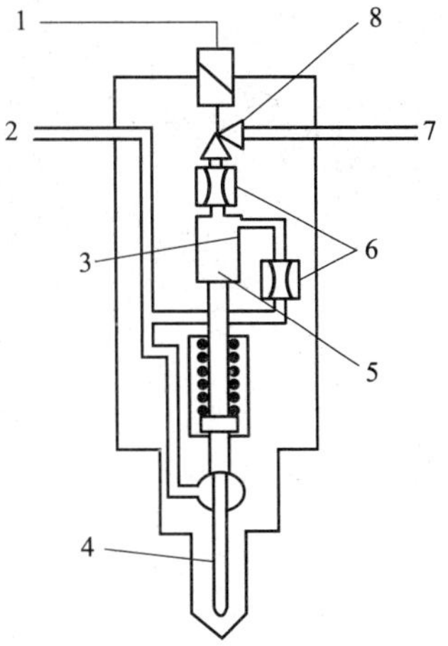

图 4－17　二位二通电磁阀式高压共轨喷油器

1—控制信号线；2—进油通道；3—控制室；4—针阀；5—控制活塞；6—节流孔；7—回油通道；8—电磁阀

在喷油器控制室的进、回油通道中各有一个节流孔，进油通道中的节流孔（图中右侧）比回油通道中的节流孔（图中上部）小，否则即使电磁阀开启回油通道，控制室的油压也不会下降，喷油器也就无法喷油。回油通道中的节流孔主要是控制喷油规律，当电磁阀通电开启控制室回油通道后，节流孔可减缓控制室油压下降的速度，从而减慢针阀上升的速度，满足喷油规律“先缓”的要求。

二、中压共轨喷油器

在中压共轨系统中，由于共轨中的油压不满足柴油发动机对喷油压力的要求，因此都采用具有增压功能的蓄压式电/液控制喷油器。

用于中压共轨系统的蓄压式电/液控制喷油器工作原理如图 4－18 所示。喷油器上部装有一个电控的三通电磁阀，电磁阀通电时，增压活塞上方进油通道开启而回油通道关闭，共轨中的低压油进入喷油器中的增压活塞上方，由于增压活塞上方面积大于柱塞下方的面积，根据液力放大原理，经过单向阀进入柱塞下方蓄压室中的燃油压力提高（提高 10～16 倍，可达 100～160 MPa）并充满喷油器柱塞偶件的油腔，但此时由于在针阀上部油压和回位弹簧力作用下，针阀关闭，喷油器不喷油［图 4－18（a）］；当电磁阀断电时，增压活塞上方回油通道开启而进油通道关闭，针阀上部油压迅速下降，喷油器油腔内的高压燃油将针阀顶开，喷油器开始喷油［图 4－18（b）］，直到喷油器油腔内的油压下降到一定值时，柱塞上方的燃油压力和弹簧力使针阀关闭，喷油结束。喷油时刻取决于电磁阀断电的时刻，由于针阀回位弹簧的弹力是一定的，停止喷油时喷油器油腔内的压力也一定，所以喷油正时（电磁阀断电的时刻）一定时，喷油器的喷油时间也就固定。

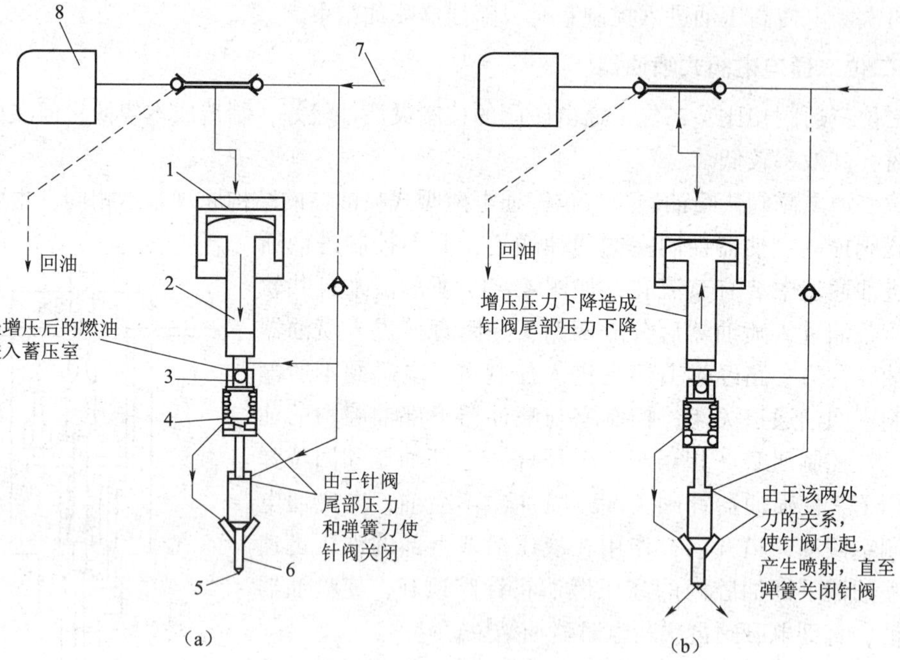

图 4-18 蓄压式电/液控制喷油器工作原理

(a) 针阀关闭，不喷油；(b) 针阀打开，喷油

1—增压活塞；2—增压柱塞；3—单向阀；4—蓄压室；5—针阀密封锥面；

6—喷油器针阀；7—公共油轨；8—电磁阀

喷油器喷孔尺寸一定，喷油时间一定，控制喷油压力即可控制喷油量；而在增压活塞和柱塞尺寸一定时，喷油压力（即增压压力）取决于共轨中的油压，共轨中的油压是由 ECU 根据各种传感器信号通过燃油调压阀来控制的，所以将此种喷油量控制方式称为“压力控制”方式。在系统中，ECU 根据实际的共轨压力信号对共轨压力进行闭环控制。

三、压电共轨喷油器

用压电元件作为控制执行元件的喷油器称为压电式喷油器。压电元件具有正向和反向压电效应，当压电元件受到外力变形时，会在压电元件两端产生电压，如压电式进气管绝对压力传感器、爆燃传感器即是利用这一原理来产生信号的；当在压电元件两端施加电压时，压电元件就会发生形变，给压电元件施加正向电压时其体积膨胀，给压电元件施加反向电压时则其体积收缩，压电式喷油器就是利用这一原理来使喷油器控制室油道通断或针阀升程改变，从而实现对喷油量和喷油正时的控制。

由于压电元件像一个在电压下立即就能充电的电容器，它在施加电压以后的 0.1 ms 以内就会发生形变，所以压电式共轨系统的响应速度快。正是由于压电元件具有快速的响应性，才能实现高频率切换（切换频率为电磁阀的 5 倍）和高精度控制，压电式喷油器每个工作循环喷射次数可达 5 次（电磁阀式喷油器为 3 次），最小喷射间隔时间可达 0.1 ms，最小喷射量可控制在 0.5 mm^3以下。此外，压电式共轨系统压力从 20～200 MPa 弹性调节，最高喷射压力达到 180 MPa。

1. 用压电元件控制油道的喷油器

此类喷油器的结构原理与前述高压共轨、中压共轨系统采用电磁阀控制的喷油器基本相同，只是用压电元件取代了电磁阀，所以高压共轨系统和中压共轨系统均可使用。Bosch 公司生产的压电式共轨系统一般采用此类喷油器。

2. 用压电元件控制针阀升程的喷油器

此类喷油器在直喷式汽油发动机和柴油发动机上均已得到应用，其结构如图 4－19 所示，传统的柴油发动机喷油器，都是利用燃油压力作用在针阀中部的承压锥面上，来使针阀开启实现喷油，而用压电元件控制针阀升程的喷油器，则是利用压电元件直接控制针阀升程来实现喷油；因此，用压电元件控制针阀升程的喷油器，针阀中部无承压锥面和相应的压力室，称为无压力室喷油器（VCO 喷油器）。VCO 喷油器无增压功能，只适用高压柴油共轨系统。

VCO 喷油器的下部结构如图 4－20 所示。ECU 控制给压电元件施加正向电压时，压电元件膨胀而使喷油器针阀关闭，喷油器不喷油；给压电元件施加反向电压时，压电元件收缩而使喷油器针阀开启，喷油器开始喷油。为保证喷油器不喷油时，压电元件能将针阀压紧，依靠给压电元件施加正向电压显然会导致电能损耗，所以在喷油器顶部设有差动螺纹，可通过差动螺纹来调整压电元件的刚度（即预压力），而石英测量垫片则用来精确测量差动螺纹的调整量。

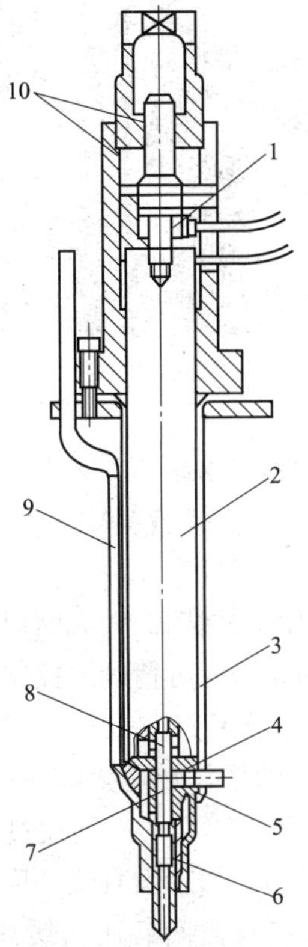

图 4－19　VCO 喷油器的结构

1—石英测量垫片；2—压电执行器；3—外壳；4—密封垫；5—紧固螺套；6—针阀体；7—压杆；8—压帽；9—高压油管；10—差动螺纹

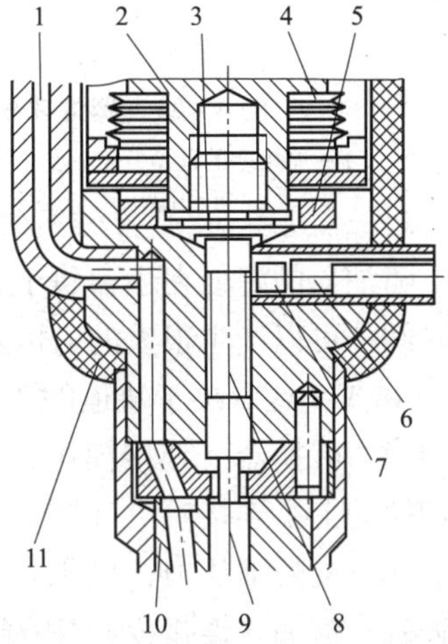

图 4－20　VCO 喷油器的下部结构

1—高压油管；2—压电元件；3—压帽；4—碟形弹簧；5—膜片；6—磁铁；7—霍尔式针阀位置传感器；8—压杆；9—针阀；10—针阀体；11—外壳

此外，采用其他喷油器的共轨系统，通过改变共轨中的油压或喷油器喷油时间来控制喷油量，而采用压电元件控制针阀升程式喷油器的共轨系统，则是利用压电元件直接控制针阀升程来改变喷油孔流通截面，从而实现对喷油量的控制。在喷油压力和喷油时间一定的前提下，喷油器的喷油量与喷油器针阀的升程成正比，而喷油器针阀的升程与施加在压电元件两端的反向电压成正比，所以通过控制给压电元件施加的反向电压，即可控制喷油量。

四、奥迪 3.0 V6 TDI 压电喷油器

1. 压电喷油器的工作原理

为实现喷嘴的控制，喷油器在执行元件模块当中利用了压电效应。如果在压电元件上施加电压，其晶体结构可被伸长；反过来使用压电效果，264 个压电元件层根据电流伸长量可达 30 μm（头发丝的直径是 60 μm），如图 4－21 所示。

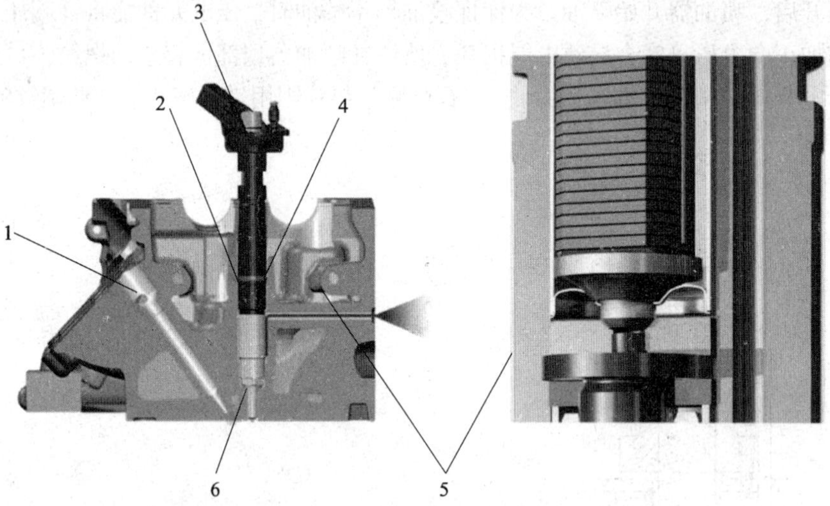

图 4－21　奥迪 3.0 V6 TDI 压电喷油器的位置和外形

1—加热塞的通道；2—通过气缸盖上的油室可进入曲轴箱通风系统的通道；
3—压电喷嘴；4—密封环；5—通风通道；6—燃烧室的密封

采用压电喷油器的好处在于：每个工作行程可产生多个触发周期；大大缩短多个喷油器之间的切换时间；可以产生很大的力以对抗共轨压力；燃油卸压时可精确地控制行程；触发电压为 110～148 V，这取决于轨道的压力。

油阀中的液力转换器（连接模块）将执行元件模块长度的增长转化为液体压力和位移，然后作用到切换阀上。连接模块（图 4－22）的作用就像液压缸，它的上面通过压力调节阀总是作用有 10 bar 的燃油压力，该压力使这个液压缸反向运动。如果没有这个反向压力，则喷油阀就会失效。燃油在连接模块中的连接活塞 A 和阀活塞 B 之间起压力缓冲垫的作用。当喷油器有动作但不喷油时（系统内进入了空气），喷油阀就会以起动转速来进行排气。

喷油器中的切换阀（图 4－23）由阀门板、阀门芯、阀门弹簧和节流片组成。燃油经节流片上的入口节流阀 2 流到喷嘴针阀处并进入该针阀上部的腔内，于是喷嘴针阀的上部和下部压力就平衡了，喷嘴针阀就被喷嘴弹簧的作用力保持在关闭的位置上。当压下阀门芯时，

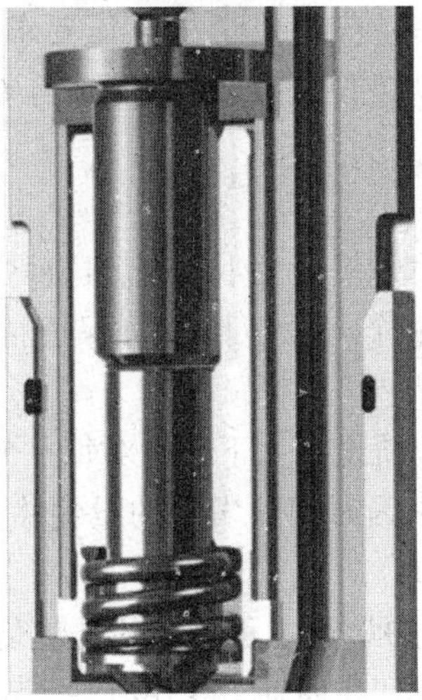

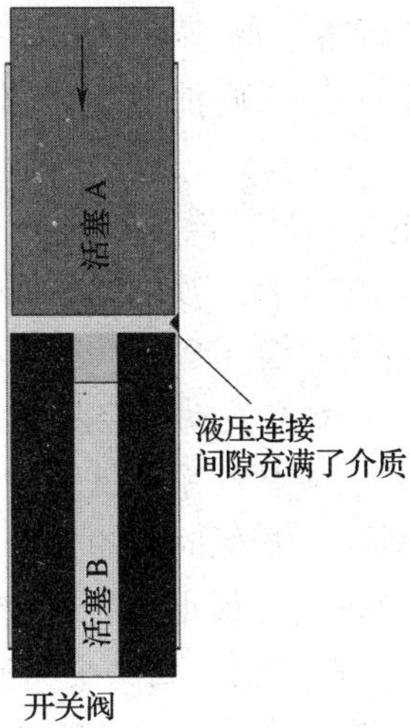

图 4－22　奥迪 3.0 V6 TDI 压电喷油器油阀中的液力转换器（连接模块）

回流通路就打开了，轨内的压力油首先流过喷嘴针阀上部的一个较大的出口节流阀 2，于是喷嘴针阀就被该压力抬离针阀座，然后就开始喷油。

针阀打开：偶合件向下运动时，阀活塞也向下运动，因此打开了回油路。针阀上部所作用的轨道压力突然下降，针阀打开。

针阀关闭：偶合件向上运动，阀活塞被压回其初始位置，因此针阀关闭。针阀上部依然作用着轨道压力。针阀被针阀弹簧推回其阀座，喷射过程结束。

由于压电元件的切换脉冲非常快，因此在每个工作行程中可以完成多次连续的喷油过程。当发动机冷机且以怠速运行时，喷油阀要进行两次预喷油和补充喷油。是否进行预喷油取决于发动机的负荷、转速以及变速箱的挡位。随着负荷的增加，预喷油逐渐减少，直至全负荷时只有主喷油在工作了。两次补充喷油都是用来还原颗粒过滤器的。

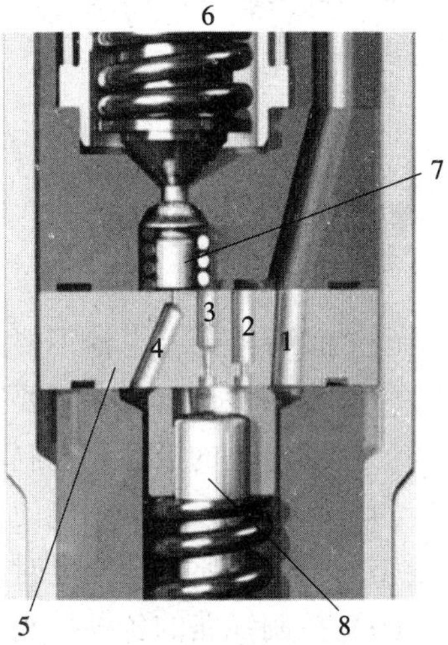

图 4－23　奥迪 3.0 V6 TDI 压电喷油器的切换阀

1—流向喷嘴针阀；2—入口节流阀；3—出口节流阀；4—旁通节流阀；5—节流阀；6—偶合元件；7—阀活塞；8—喷嘴针阀

2．压电喷油器匹配

1）喷油器学习和匹配

喷油量补偿和喷油嘴电压补偿功能具有这样的任务，即共轨系统中的每一个喷油嘴在整个特性曲线区域单元单独进行修正。

在更换喷油嘴时，必须将新喷油嘴的匹配值写入控制单元。在更换发动机控制单元时必须将喷嘴的 NMK 和 ISA 值写入新控制单元中。

IMA 即为喷油嘴量补偿：喷油嘴在制造厂通过某些检查点进行测量，其测量结果作为 IMA 码告知控制单元。

ISA：在工厂校正执行元件/开关阀的行程。由于样本差异形成的单个喷油嘴的不同电压要求（行程、阀座直径、活塞摩擦）。在工厂获悉单个的电压要求，分配到某一个电压需求等级会在喷油嘴相应位置做出标记。7 位 ISA 在安装时与 6 位 IMA 码一同读取。

2）压电喷油量补偿

随着时间的推移，喷油嘴在同样驱动条件下喷射量会发生改变。这种变化通过零量补偿（NMK）和电压补偿（NVC）进行补偿。因此在整个寿命范围内可保证精确的前、后喷射量。NMK 和 NVC 是发动机控制单元的功能。

零量补偿：在传动系统已知的情况下，在相应轨道压力下，针对每一个喷油嘴从转速信号确定了前喷射的操纵时间的校正量，目的是修正因时间而发生的量偏移。在超速切断时，每一个喷油嘴即使是很小量的试验喷射也会被学习。

电压补偿（NVC）：每一个喷油嘴的电压需求的学习过程，目的是优化能量分配。在比较长的超速切断过程中，喷油嘴被有目的地驱动直到在曲轴上作用有一个正向扭矩。根据发动机转速可确定其喷射量。节气门翻板和涡旋翻板因此处于打开状态。如果喷油时间发生偏移，则该缸喷油嘴的电流也发生变化。

更改的喷油嘴电流在控制单元中储存（NMK 和 NVC 值）在更换控制单元时学习值须传递给新的控制单元。

任务实施

一、注意事项

（1）没有接通蓄电池不要起动发动机。

（2）发动机运行时，不要拆卸蓄电池。

（3）蓄电池的极性和控制单元的极性不能接反。

（4）为起动发动机不能使用快速起动装置，只能采用蓄电池辅助起动。

（5）给车辆蓄电池充电时，需拆下蓄电池。

（6）控制线路的各种插头只能在断电状态（点火开关关）进行拔插。

（7）应遵循制造商的要求使用合适的设备进行故障诊断，故障诊断时，诊断设备应与发动机机体接地。

（8）不能用传统的方法进行新型电控柴油发动机的故障诊断。故障诊断前需要详细阅读发动机制造厂的操作指南和技术说明。

（9）电控柴油发动机系统故障诊断多采用逆源诊断法，先使用诊断设备找出故障的可能原因，然后从外围设备到控制单元逐步寻找故障所在的部位，最后加以解决。

（10）一旦出现燃油计量阀失效，则必须进行整个高压油泵的更换，不允许自行更换燃油计量阀。

（11）拆卸前确认共轨管内压力回落至环境压力。

二、拆装及检修流程

1. 检测共轨喷油器

（1）共轨喷油器供油量测试（奥迪 TDI 发动机）。

（2）共轨喷油器开启压力测试。

（3）共轨喷油器喷油均匀性测试。

（4）共轨喷油器最小喷油量测试。

（5）共轨喷油器最大喷油量测试。

（6）共轨喷油器雾化观察。

（7）共轨喷油器密封性检查。

2. 压电喷油器学习和匹配

三、技能学习考核

（1）教师为每组学生准备好实验台架或整车及相关技术材料。

（2）小组学生边查阅技术资料边观察实验台架或整车，完成技能学习工作单。结合检测结果，指出发动机电控或机械方面的故障。考虑工作计划的准备工作，检测仪器、工作油液和辅助材料的可使用性是否达到最佳程度，提出合理化建议并在下一次检修时予以考虑。

（3）教师观察学生学习过程，最后审阅学生完成的工作单，检查工作计划的所有工作项目并确认所有项目都已认真完成，检查安全、环保方面的工作是否到位，检查是否遵守规定的维修工时，检查车辆、发动机是否干净整洁，护套是否取下，工具是否整理，最后给出评价。

学习任务3

低压输油泵检修

学习目标

(1) 能够对电控共轨式燃油系统低压输油泵的分类进行正确的描述。
(2) 能够对电控共轨式燃油系统低压输油泵的工作原理进行正确的描述。
(3) 能够对电控共轨式燃油系统低压输油泵进行检修。
(4) 参阅汽车维修手册，制订低压输油泵的检修工作计划。
(5) 能够分析工作中的不安全因素并采取措施保护环境。
(6) 能够检查、评价、记录工作结果。

任务引入

低压输油泵的功用是克服油路中的各种阻力，将柴油从油箱内吸出并将足够量和一定压力的柴油输送给高压油泵或共轨。低压输油泵的输出油压一般在 1 MPa 以下，低压油泵可以是带有前置过滤器的电动燃油泵，也可以是机械式燃油泵。有的低压输油泵是和高压油泵集成在一起的。

相关知识

一、低压输油泵

1. 电动输油泵

电动输油泵可以安装在油箱内或油箱外，现安装在油箱外面顶部的更常见。

柴油发动机装用的电动输油泵与汽油发动机装用的电动汽油泵基本相同，在此仅介绍应用较多的滚柱式电动输油泵。滚柱式电动输油泵主要由油泵电动机、滚柱式输油泵、出油阀、卸压阀等组成，如图 4－24 所示。

滚柱式电动输油泵的工作原理如图 4－25 所示。装有滚柱的转子呈偏心状，置于泵壳内，由直流电动机驱动，当转子旋转时，位于转子槽内的滚柱在离心力的作用下，紧压在泵体内表面上，对周围起密封作用，在相邻两个滚柱之间形成了工作腔。在输油泵运转过程中，工作腔转过出油口后，其容积不断增大，形成一定的真空度，当转到与进油口连通时，将燃油吸入；而吸满燃油的工作腔转过进油口后，其容积又不断减小，使燃油压力提高，受压燃油流过电动机，从出油口输出。出油阀和卸压阀的功用与涡轮式电动输油泵相同。

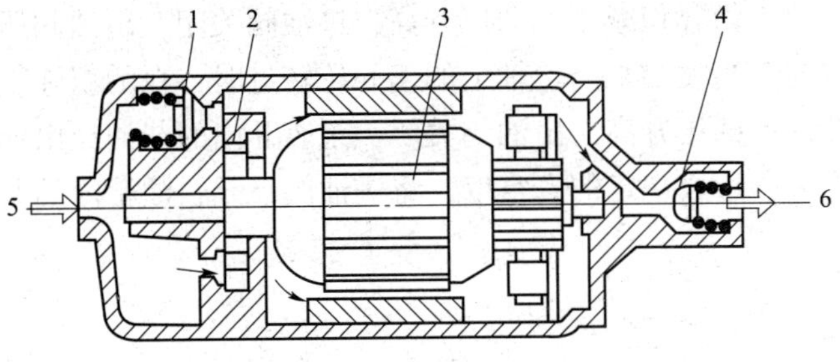

图 4-24　滚柱式电动输油泵

1—卸压阀；2—滚柱式输油泵；3—油泵电动机；
4—出油阀；5—进油口；6—出油口

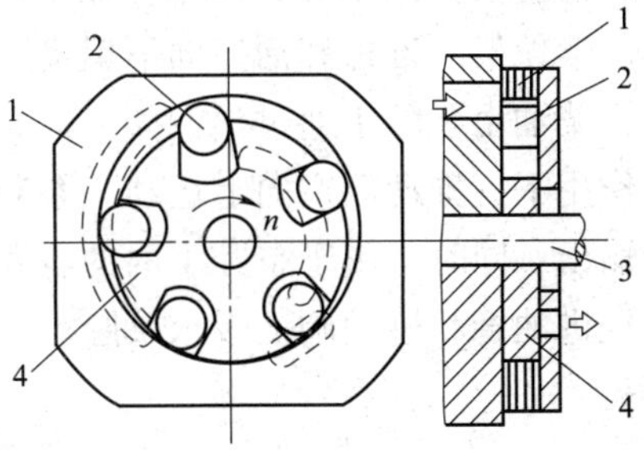

图 4-25　滚柱式电动输油泵工作原理

1—泵壳体；2—滚柱；
3—转子轴；4—转子

2. 机械输油泵

商用车柴油发动机输油泵一般采用机械式输油泵，而不采用电动输油泵。因机型的不同，其驱动方式略有差异。常用的低压输油泵有活塞式输油泵、膜片式输油泵、齿轮式输油泵。

1）活塞式输油泵

活塞式输油泵的结构如图 4-26 所示。活塞式输油泵主要由泵体、活塞、进油阀、出油阀和手油泵等组成。活塞式输油泵一般用配气机构凸轮轴或直列柱塞泵凸轮轴上的偏心轮驱动。

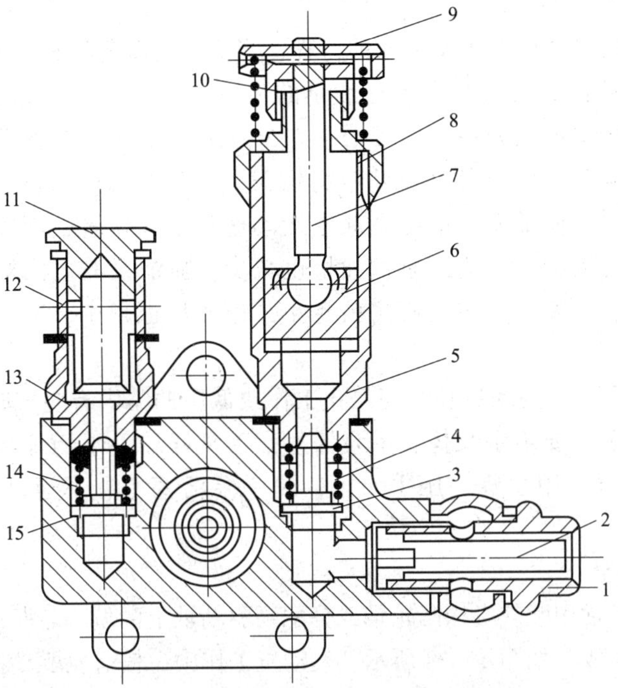

图 4-26　活塞式输油泵的结构

1—进油管接头螺栓；2—滤网；3—进油阀；4—进油阀弹簧；5—手泵体；6—手泵活塞；7—手泵杆；8—手泵盖；
9—手泵销；10—手泵柄；11—出油管接头螺套；12—保护套；13—油管接头；14—出油阀弹簧；15—出油阀

活塞式输油泵的工作原理如图4－27所示。输油泵凸轮轴转动时，轴上的偏心轮驱动滚轮、滚轮架、推杆和活塞向下运动，泵腔Ⅰ内容积减小，油压升高，进油阀关闭，出油阀压开，柴油由泵腔Ⅰ通过出油阀流向泵腔Ⅱ。当喷油泵凸轮轴上的偏心轮转过时，在活塞弹簧的作用下，推动活塞向上运动，泵腔Ⅱ内的油压升高，出油阀关闭，泵腔Ⅱ内的柴油经出油管输出；同时，由于泵腔Ⅰ内的容积增大，形成一定的真空度，将进油阀吸开，油箱内的柴油经进油管和进油阀被吸入泵腔Ⅰ。

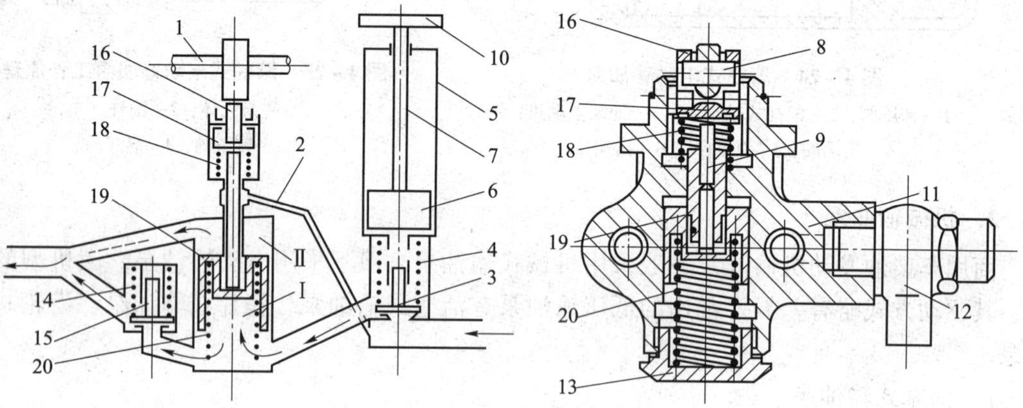

图4－27　活塞式输油泵的工作原理

1—喷油泵凸轮轴；2—回油道；3—进油阀；4—进油阀弹簧；5—手泵体；6—手泵活塞；7—手泵杆；8—滚轮销；9—推杆；10—手泵柄；11—泵体；12—进油管接头；13—螺塞；14—出油阀弹簧；15—出油阀；16—滚轮；17—滚轮架；18—滚轮弹簧；19—活塞；20—活塞弹簧

活塞式输油泵的输油量取决于活塞的行程，当活塞行程等于偏心轮的偏心距时，输油量最大，一般为发动机全负荷时最大耗油量的3～4倍。输油压力取决于活塞弹簧的弹力，活塞式输油泵的输油压力一般为0.15～0.30 MPa。如果输油泵的输油量大于喷油泵需要的油量或输油泵到喷油泵的油管路阻力增大，泵腔Ⅱ内的油压会升高，此压力与活塞弹簧的弹力平衡时，使活塞不能继续向上运动达到最高位置，活塞与推杆之间产生空行程，活塞的有效行程减小，输油泵输油量也减少。喷油泵需要的油量越少或输油泵到喷油泵的阻力越大，活塞的有效行程也就越小，输油量也越少，这样就实现了输油量的自动调节。

手油泵的功用是柴油发动机长时间停止工作或低压油路中有空气时，可用手油泵输油和排出空气。手油泵主要由手泵体、手泵活塞、手泵杆和手泵柄等组成。使用手油泵泵油时，将手泵柄旋开，用手提、压手泵柄，使手泵活塞上、下运动，完成吸油和输油过程。

2）膜片式输油泵

膜片式输油泵通常用配气机构凸轮轴或分配泵驱动轴上的偏心轮驱动，它主要由膜片总成和进、出油阀等组成，如图4－28所示。发动机工作中，偏心轮驱动摇臂绕摇臂轴逆时针转动时，摇臂通过膜片拉杆使膜片向下拱曲到最低位置，并使膜片弹簧压缩；由于膜片上方的泵腔内容积增大，产生一定的真空度，将进油阀吸开，而出油阀关闭，燃油经进油室和进油阀被吸入泵腔，输油泵完成吸油过程。当偏心轮的偏心部分转过摇臂时，摇臂在回位弹簧作用下紧靠偏心轮顺时针转动回位，膜片则在膜片弹簧作用下向上拱曲；由于膜片上方泵腔内的容积减小，油压增大，使进油阀关闭，当油压达到一定值时顶开出油阀，使泵腔内的燃油经出油阀、出油室泵出，输油泵完成压油过程。

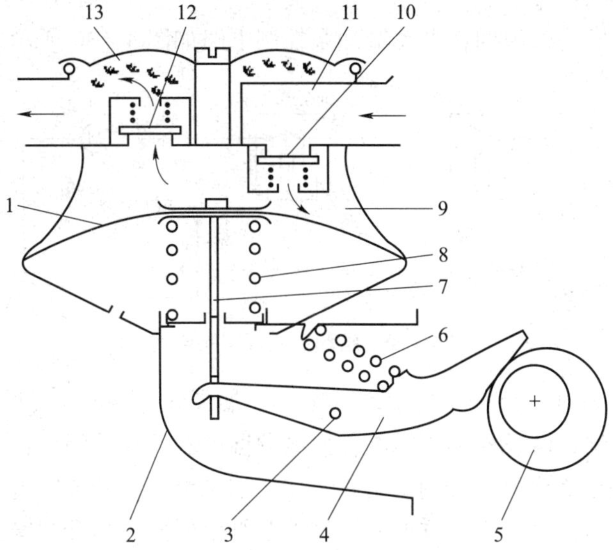

图 4－28　膜片式输油泵

1—膜片；2—输油泵下体；3—摇臂轴；4—摇臂；5—偏心轮；6—摇臂回位弹簧；7—膜片拉杆；8—膜片弹簧；9—泵腔；10—进油阀；11—进油室；12—出油阀；13—出油室

3）齿轮式输油泵

齿轮式输油泵一般通过联轴器、齿轮或者齿形皮带由发动机曲轴驱动，而在共轨系统中，经常用齿轮式输油泵作为二级低压输油泵，并将齿轮式低压输油泵与高压输油泵组合成一体（如奥迪 A6 3.0L TDI 的压电式共轨系统）。齿轮式输油泵主要由泵壳体和一对相互啮合的齿轮组成，如图 4－29 所示。发动机工作时，输油泵齿轮按图 4－29 中箭头所示方向旋转，进油腔的容积因齿轮向脱离啮合的方向转动而增大，进油腔内产生一定的真空度，燃油便从进油口被吸入进油腔。随齿轮旋转，轮齿间的燃油被带到出油腔。由于出油腔内齿轮进入啮合状态使其容积减小，油压升高，燃油便经出油口被压出。

为保证齿轮转动的连续性，当前一对轮齿还未脱离啮合时，后一对轮齿已进入啮合，这样在两对啮合轮齿之间的燃油会因轮齿逐渐啮合而被挤压，产生很高的压力，不仅会增加齿轮转动的阻力，而且此压力通过齿轮作用在输油泵轴上，会加剧输油泵齿轮和轴的磨损。为此，通常在泵壳体上加工有泄压槽，使啮合轮齿间的燃油流回出油腔。

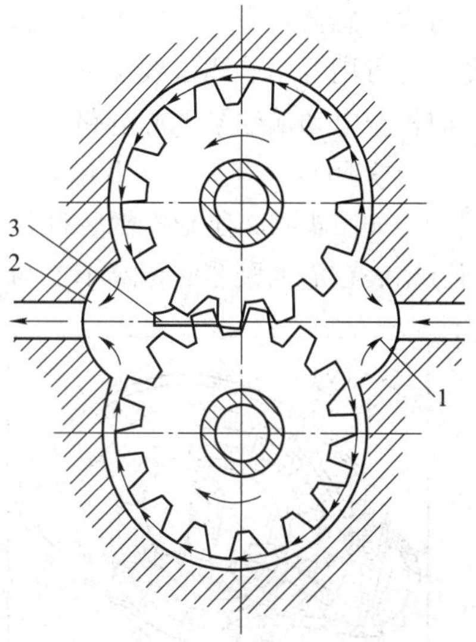

图 4－29　齿轮式输油泵

1—进油腔；2—出油腔；3—泄压槽

二、奥迪 TDI 发动机输油泵检修

1. 电动输油泵电路

以奥迪 TDI 柴油发动机为例，电动输油泵控制电路如图 4－30 所示。

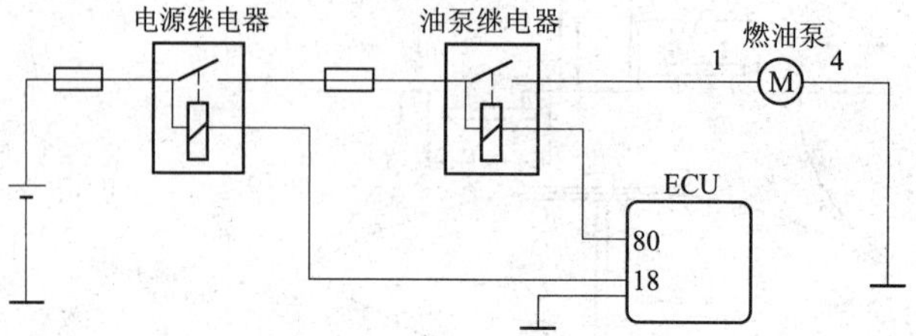

图 4－30 电动燃油泵控制电路

ECU 通过端子 18 和 80 分别控制电源继电器和燃油泵继电器。点火开关接通后，无论发动机是否工作，ECU 的端子 18 均经内部搭铁，使电源继电器的开关闭合；发动机起动或处于正常工作状态时，ECU 的端子 80 均经内部搭铁，使燃油泵继电器开关闭合，输油泵工作；发动机不工作时，ECU 的端子 80 内部搭铁断开，燃油泵继电器开关断开，输油泵不工作。点火开关关闭时，ECU 的端子 18 内部搭铁断开，电源继电器开关断开，输油泵也不能工作。

2. 电动输油泵的检测

检测电动输油泵前，先检查电池电压应不低于 11.5 V，关闭其他用电设备，然后进行如下检测：

（1）拧开油箱盖，打开点火开关，间断操作起动机（或用蓄电池直接给输油泵通电），应能听到燃油泵工作的声音，或用手捏供油软管应有压力感。

（2）关闭点火开关，拆开电动输油泵的线束连接器，在线束侧端子 1 和 4（端子 2 和 3 为油量表传感器端子）之间连接二极管灯，如图 4－31 所示；打开点火开关后，二极管灯应点亮。也可用万用表测量线束侧端子 1 和 4 之间电压，应为蓄电池电压。若不符合上述要求，应检查电动输油泵电源电路。

（3）关闭点火开关，用万用表（20 A 电流挡）和专用短接线连接线束与输油泵之间相应端子，如图 4－32 所示；然后打开点火开关，观察万用表读数，正常应为 3.5～4.5 A。也可用万用表在输油泵侧测量端子 1 与 4 之间电阻，一般为 2～3 Ω。

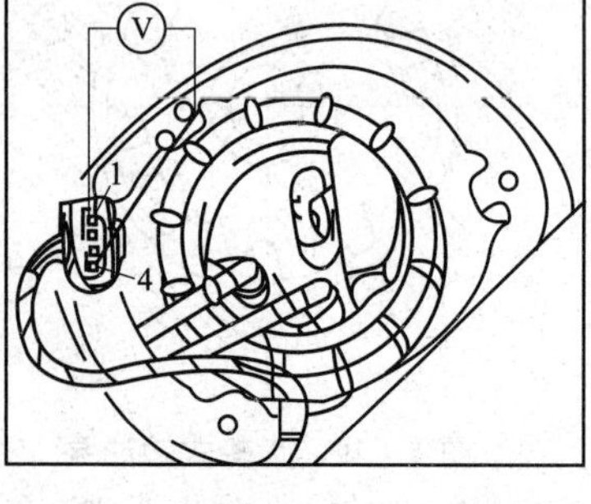

图 4－31 电动燃油泵的电源电压检测

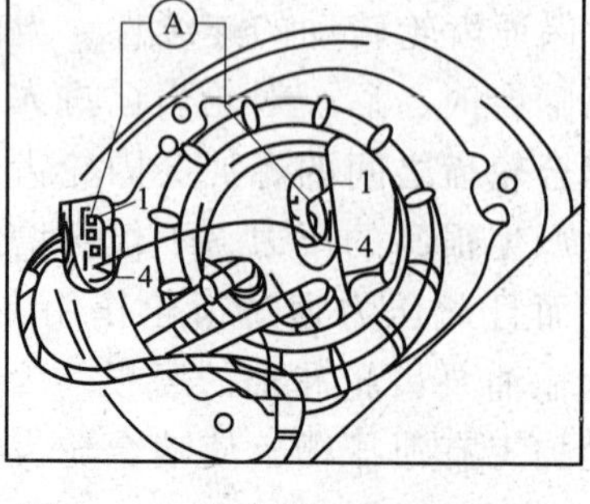

图 4－32 电动燃油泵的电流检测

注意：从油箱中拆出燃油泵后，用蓄电池直接给燃油泵通电检查其工作情况，通电时间不能过长，否则会烧坏油泵电动机。

任务实施

一、拆装及检修流程

1. 输油泵动态检测

（1）拧开油箱盖；

（2）打开点火开关；

（3）间断操作起动机（或用蓄电池直接给输油泵通电）。

2. 输油泵电压检测

（1）关闭点火开关；

（2）拆开电动输油泵的线束连接器；

（3）测量 1 和 4 端子之间电压。

3. 输油泵电阻检测

（1）关闭点火开关；

（2）拆开电动输油泵的线束连接器；

（3）测量 1 和 4 端子之间电阻。

二、技能学习考核

（1）教师为每组学生准备好实验台架或整车及相关技术材料。

（2）小组学生边查阅技术资料边观察实验台架或整车，完成技能学习工作单。结合检测结果，指出发动机电控或机械方面的故障。考虑工作计划的准备工作，检测仪器、工作油液和辅助材料的可使用性是否达到最佳程度，提出合理化建议并在下一次检修时予以考虑。

（3）教师观察学生学习过程，最后审阅学生完成的工作单，检查工作计划的所有工作项目并确认所有项目都已认真完成，检查安全、环保方面的工作是否到位，检查是否遵守规定的维修工时，检查车辆、发动机是否干净整洁，护套是否取下，工具是否整理，最后给出评价。

习题

（1）共轨系统分几种类型？各有何特点？

（2）共轨系统常用的电控喷油器有哪些？说明其工作原理。

（3）压电式共轨系统有何优点？

（4）柴油发动机电控燃油喷射系统常用的低压输油泵有哪些？说明其工作原理。

（5）柴油发动机电控燃油喷射系统常用的高压输油泵有哪些？说明其工作原理。

项目五

柴油发动机电控系统传感器检修

学习任务1

加速踏板位置传感器检修

学习目标

(1) 能够正确描述加速踏板位置传感器的功用。

(2) 能够正确描述加速踏板位置传感器的结构原理。

(3) 能够对加速踏板位置传感器进行检修。

任务引入

加速踏板位置传感器信号是喷油量控制的主控信号，发动机控制单元根据该信号计算出驾驶员所需要的发动机动力，并将此信息转换为发动机的扭矩数值。

相关知识

在装用传统柴油发动机的汽车上，驾驶员通过加速踏板由机械装置直接控制高压油泵来实现循环供油量控制，而在装用电控柴油发动机的汽车上，利用加速踏板位置传感器来检测加速踏板被驾驶员踩下的位置，并将加速踏板位置信号输送给 ECU，再由 ECU 通过控制供（喷）油量的执行元件来控制循环供（喷）油量。

加速踏板位置传感器又称柴油发动机负荷传感器，常用的有三种类型：电位计式、差动电感式和霍尔式。

一、电位计式加速踏板位置传感器

电位计式加速踏板位置传感器一般由电位计和怠速开关组成，如图 5－1 所示。利用怠速开关精确地检测加速踏板是否处于完全放松位置（怠速位置）。

电位计用于连续测量加速踏板的位置及其位置变化。电位计的滑动臂由加速踏板通过轴或拉线驱动，点火开关接通后，ECU 即通过 VC 端子给传感器提供 5 V 标准电压，使通过电位计的电流保持不变。在不同的加速踏板位置时，电位计滑动臂（信号端子 VA）与搭铁端子（经 ECU 内部搭铁的 E2 端子）之间的电阻不同，由于发动机工作时流经电位计的电流不变，所以两端子（VA 端子与 E2 端子）之间的电压与加速踏板的位置成正比，ECU 即根据这一电压信号确定加速踏板位置及其位置变化的。怠速触点为一个常开触点，只有当加速踏板处于怠速位置时，怠速触点闭合，DL 端子与 E1 端子接通，向 ECU 输送加速踏板处于完全松开位置（即怠速位置）的信号。

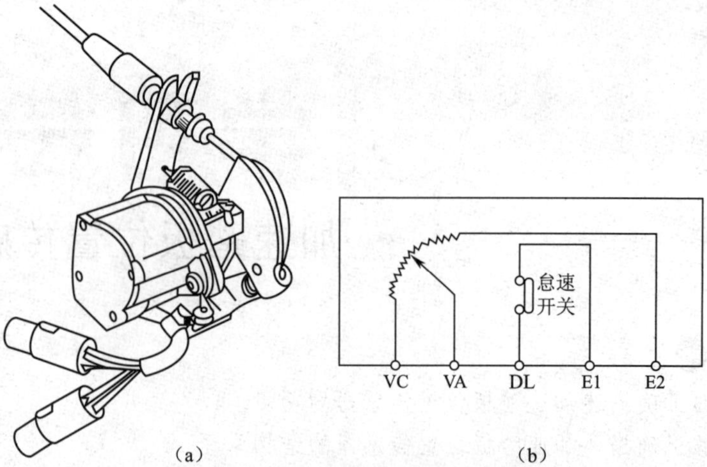

（a）　（b）

图 5-1　电位计式加速踏板位置传感器

（a）传感器外形；（b）内部电路

二、差动电感式加速踏板位置传感器

差动电感式加速踏板位置传感器主要由铁芯、感应线圈和线束连接器等组成，如图 5-2 所示。推杆与加速踏板联动，衔铁与推杆做成一体。当加速踏板的位置发生变化时，在两个线圈中移动，使两个线圈内的自感电动势发生一增一减的变化，根据输出端线圈的电压信号即可确定加速踏板的位置。

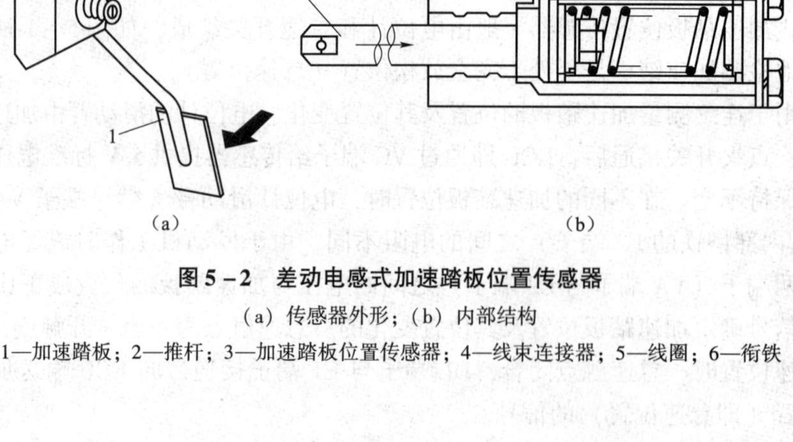

（a）　（b）

图 5-2　差动电感式加速踏板位置传感器

（a）传感器外形；（b）内部结构

1—加速踏板；2—推杆；3—加速踏板位置传感器；4—线束连接器；5—线圈；6—衔铁

三、霍尔式加速踏板位置传感器

霍尔式加速踏板位置传感器利用霍尔效应原理来检测加速踏板的位置及其位置变化，该传感器将永久磁铁安装在与加速踏板联动的轴上，霍尔元件则是固定的，如图 5-3 所示。当加速踏板位置变化时，与加速踏板联动的轴就会带动永久磁铁转动，从而改变永久磁铁与霍尔元件之间的相对位置，使作用在霍尔元件上的磁场强度发生变化，结果导致霍尔元件输出的电压发生变化，ECU 根据霍尔元件输出的电压即可确定加速踏板的位置及其位置变化。

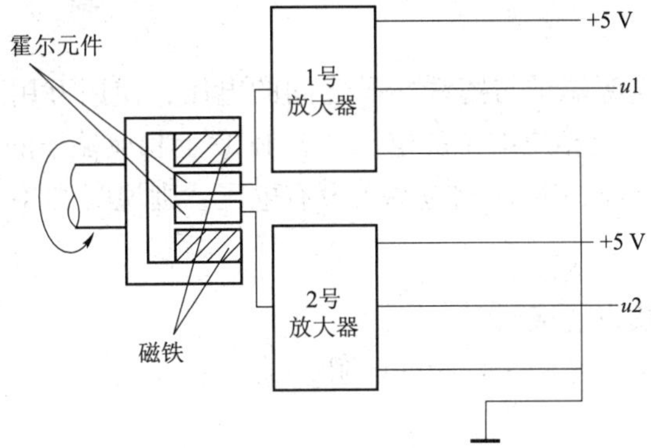

图 5-3　霍尔式加速踏板位置传感器

任务实施

一、拆装及检修流程

以捷达 SDI 柴油发动机加速踏板位置传感器为例，其电路如图 5-4 所示，该传感器内带有怠速开关和强制降挡开关，安装在加速跳板上部，共有 6 个端子，其中端子 4、2、3 分别为电位计的信号端子、电源端子和搭铁端子，端子 1、5、6 分别为强制降挡开关信号端子、开关信号端子和两个开关共用的搭铁端子。

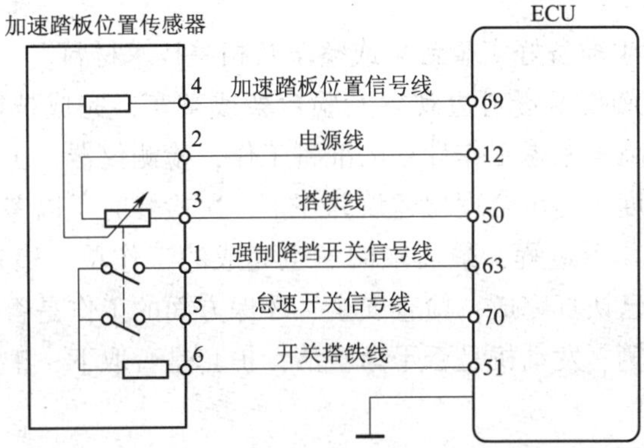

图 5-4　捷达 SDI 柴油发动机加速踏板位置传感器电路

1. 怠速开关检测

(1) 拆开传感器的线束连接器(捷达SDI发动机)。

(2) 使用万用表在传感器侧分别测量怠速开关信号端子是否导通。使用万用表在传感器侧测量怠速开关信号端子与开关搭铁端子之间的导通情况,加速踏板完全放松时,怠速开关信号端子应导通,踩下加速踏板时应不导通。

(3) 测量强制降挡开关信号端子是否导通。加速踏板踩到底时,强制降挡开关信号端子与开关搭铁端子之间应导通,加速踏板踩下深度小于95%时,应不导通。

2. 供电电压检测

(1) 打开点火开关。

(2) 在线束侧测量电源端子与搭铁端子之间的电压,使用万用表进行测量,应为5 V。若没有电压,则检查ECU上相应端子的电压;若ECU上相应端子的电压正常,说明ECU至传感器之间线路有故障;若ECU上相应端子没有电压,则说明ECU有故障。

3. 电阻检测

(1) 拆开传感器的线束连接器。

(2) 使用万用表测量2号和3号间的电阻。

4. 电压信号检测

插接好线束连接器,打开点火开关,用万用表测量加速踏板位置信号端子与搭铁端子之间的电压,其电压值应随加速踏板开度变化为0.5~4.5 V。

5. 数据流读取

使用V. A. G1551或V. A. G5051读取数据流,显示组002,怠速,冷却液温度80 ℃,数值0%,数值随油门开度的增加而升高。

6. 波形检测

可用故障检测仪或者示波器检测加速踏板位置传感器的波形。输出电压随油门开度的增加而升高,呈线性递增趋势。

二、技能学习考核

(1) 教师为每组学生准备好实验台架或整车及相关技术材料。

(2) 小组学生边查阅技术资料边观察实验台架或整车,完成技能学习工作单。结合检测结果,指出相关的故障。考虑工作计划的准备工作,检测仪器、工作油液和辅助材料的可使用性是否达到最佳程度,提出合理化建议并在下一次检修时予以考虑。

(3) 教师观察学生学习过程,最后审阅学生完成的工作单,检查工作计划的所有工作项目并确认所有项目都已认真完成,检查安全、环保方面的工作是否到位,检查是否遵守规定的维修工时,检查车辆、发动机是否干净整洁,护套是否取下,工具是否整理,最后给出评价。

学习任务2

凸轮轴/曲轴位置传感器检修

学习目标

(1) 能够正确描述凸轮轴/曲轴位置传感器的功用。

(2) 能够正确描述凸轮轴/曲轴位置传感器的结构原理。

(3) 能够对凸轮轴/曲轴位置传感器进行检修。

任务引入

凸轮轴位置传感器（CMPS）给ECU提供曲轴转角基准位置（第一缸压缩上止点）信号（即G信号）；曲轴位置传感器（CKPS）给ECU提供发动机转速信号（又称转速传感器）或曲轴转角信号（即Ne信号），两传感器信号主要用于供（喷）油正时控制。

相关知识

凸轮轴位置传感器和曲轴位置传感器的结构和工作原理基本相同，而且通常安装在一起，只是各车型安装位置不同，但必须安装在与曲轴有精确传动关系的位置处，如曲轴、凸轮轴或飞轮处。

柴油发动机凸轮轴/曲轴位置传感器主要有电磁感应式和霍尔式两种。

一、电磁感应式凸轮轴/曲轴位置传感器

电磁感应式传感器利用电磁感应原理产生脉冲信号，如图5－5所示。传感器主要由永久磁铁、感应线圈和转子组成，永久磁铁产生的磁力线通过转子形成封闭回路，当转子上的齿正对感应线圈时，空气隙最小，通过线圈的磁通量最大；随着转子的转动（由曲轴或凸轮驱动），由于转子与感应线圈之间的空气隙变化，通过感应线圈的磁通量变化，所以在感应线圈两端产生交变的感应电动势，经滤波整形后即可作为脉冲信号。转子每转一圈，产生的脉冲信号数量等于转子齿数与感应线圈数之乘积。

安装在飞轮处的电磁感应式凸轮轴/曲轴位置传感器如图5－6所示，该传感器利用飞轮作为曲轴位置传感器和凸轮轴位置传感器的共同转子；Ne感应线圈与飞轮齿圈（即Ne转子）组成曲轴位置传感器，用以产生Ne信号，曲轴每转一圈产生的信号数与飞轮齿圈的齿数相等；G感应线圈与飞轮一侧的基准位置标记（即G转子）用以产生G信号，曲轴每转一圈产生1个G信号。

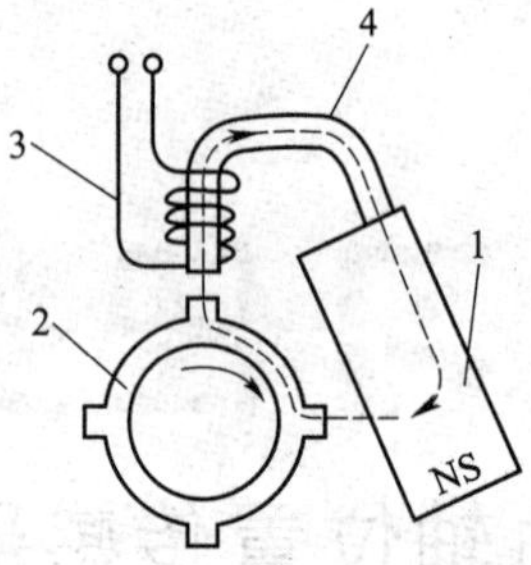

图 5-5 电磁感应式传感器原理

1—永久磁铁；2—转子；

3—感应线圈；4—铁芯

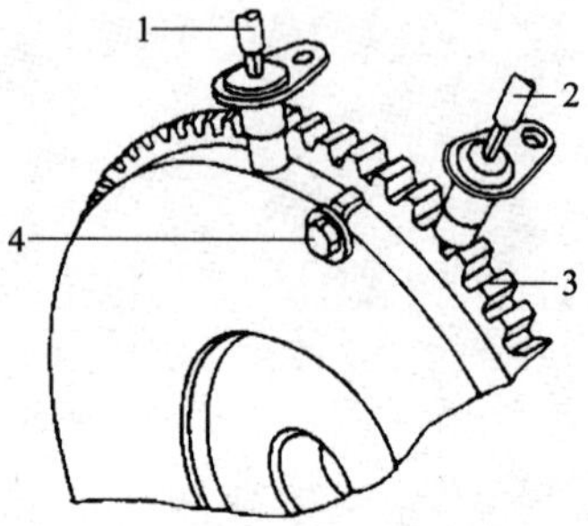

图 5-6 电磁感应式凸轮轴/曲轴位置传感器

1—G 感应线圈；2—Ne 感应线圈；

3—飞轮齿圈；4—基准位置标记

各种发动机装用的电磁感应式凸轮轴/曲轴位置传感器不完全相同，主要区别：一是凸轮轴位置传感器与曲轴位置传感器不一定安装在一起；二是安装位置，可以在曲轴前端皮带轮处、曲轴后端飞轮处、凸轮轴前后、直列柱塞泵或分配泵内等；三是转子的齿数，G 转子一般有 1 齿、2 齿等（能被缸数整除），Ne 转子一般有 12 齿、24 齿、60 齿等（能被 360 整除）；四是感应线圈数量，G 感应线圈一般有 1 个或 2 个，Ne 感应线圈一般只有 1 个。图 5-7 所示为三种不同形式的电磁感应式凸轮轴/曲轴位置传感器。

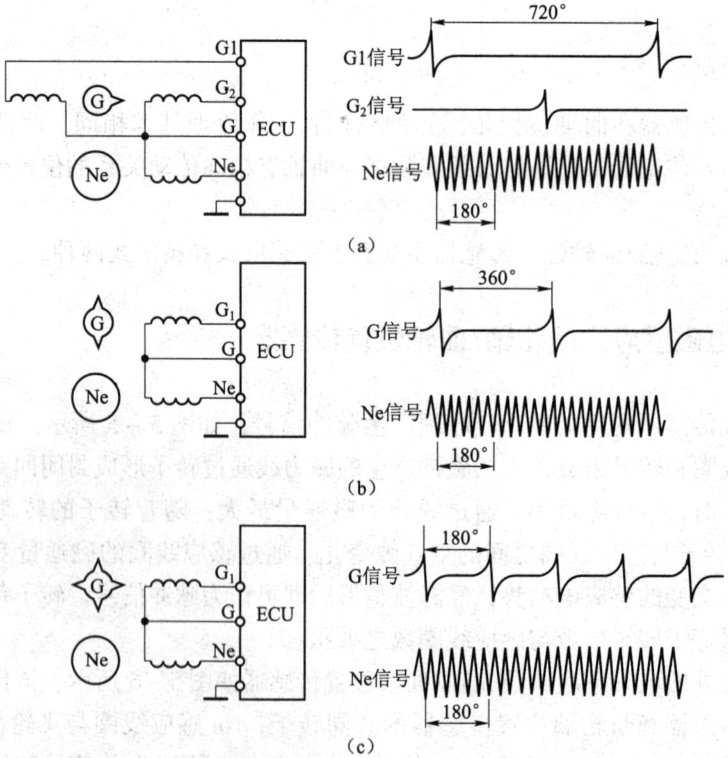

图 5-7 不同形式的电磁感应式凸轮轴/曲轴位置传感器

（a）2 个 G 感应线圈；（b）2 齿 G 转子；（c）4 齿 G 转子

此外，部分凸轮轴位置传感器与曲轴位置传感器的转子和感应线圈均共用 1 个，如图 5－8 所示。一般传感器转子齿沿圆周方向均匀分布，但该传感器的转子上某位置缺齿，转子转动，缺齿部位与感应线圈对正时，感应线圈产生的信号明显变化，以此作为 G 信号，而转子上其他的齿则用来产生 Ne 信号。

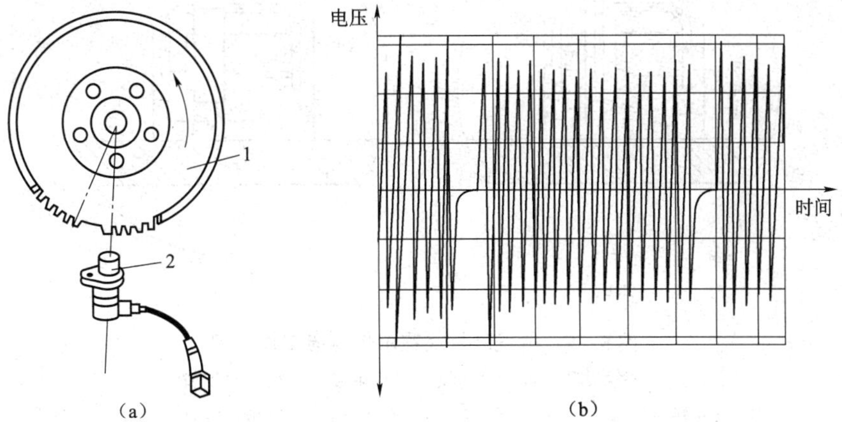

图 5－8　共用线圈和转子的凸轮轴/曲轴位置传感器

(a) 结构原理；(b) 输出波形

1—转子；2—感应线圈

二、霍尔式凸轮轴/曲轴位置传感器

霍尔式凸轮轴/曲轴位置传感器利用霍尔效应原理产生信号。霍尔效应原理即当电流通过放在磁场中的半导体基片（霍尔元件），且电流方向与磁场方向垂直时，在垂直于电流与磁场方向的霍尔元件横向侧面上，产生一个与电流和磁场强度成正比的电压（称霍尔电压），霍尔电压可用下式表示：

$$U_H = \frac{R_H}{d} IB$$

式中　R_H——霍尔系数；

d——基片厚度；

I——控制电流；

B——磁场强度。

由上式可知，当传感器结构和控制电流一定时，霍尔电压与磁场强度成正比。霍尔式传感器就是利用磁场强度变化时产生的霍尔电压，经过放大整形后作为信号输送给 ECU 的。根据霍尔式凸轮轴/曲轴位置传感器采用的触发转子不同，可分为触发叶片式和触发轮齿式两种。

1. 触发叶片式霍尔传感器

触发叶片式霍尔传感器主要由带触发叶片的转子、永久磁铁、导磁板和霍尔元件等组成，如图 5－9 所示。永久磁铁与霍尔元件分别固定在触发叶片的两侧。带触发叶片的转子转动时，每当叶片进入永久磁铁与霍尔元件之间的空气隙，霍尔元件的磁场即被触发叶片所旁路（或称隔磁），这时不产生霍尔电压；当触发叶片离开空气隙时，永久磁铁的磁通便通过导磁板穿过霍尔元件，这时产生霍尔电压。将霍尔元件间歇产生的霍尔电压经霍尔集成电路放大整形后，即向 ECU 输送电压脉冲信号。

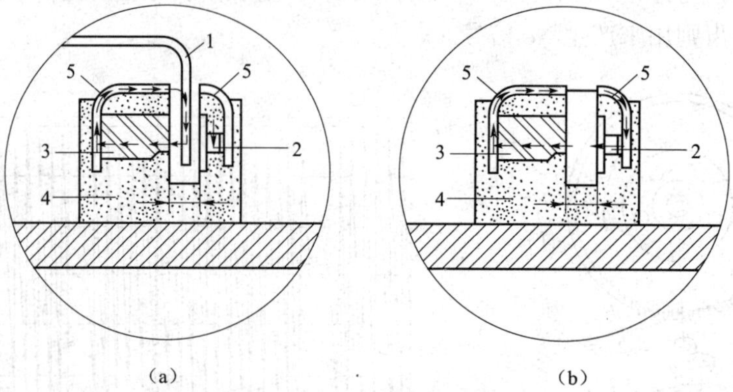

图 5-9　触发叶片式霍尔传感器工作原理

(a) 触发叶片进入空气隙；(b) 触发叶片离开空气隙

1—触发叶片；2—霍尔元件；3—永久磁铁；4—底板；5—导磁板

以美国通用（GM）公司霍尔式凸轮轴/曲轴位置传感器为例，该传感器带触发叶片的霍尔传感器转子如图 5-10 所示，它安装在发动机的曲轴皮带轮前端，内侧为 G 信号转子，外侧为 Ne 信号转子。内侧的 G 信号转子有 3 个触发叶片和 3 个窗口，每个触发叶片和窗口的宽度不等，3 个触发叶片所对应的角度分别为 110°、100°和 90°，3 个窗口所对应的角度分别为 10°、20°和 30°。外侧的 Ne 信号转子有均匀分布的 18 个触发叶片和 18 个窗口，每个触发叶片和窗口的宽度为 10°弧长。

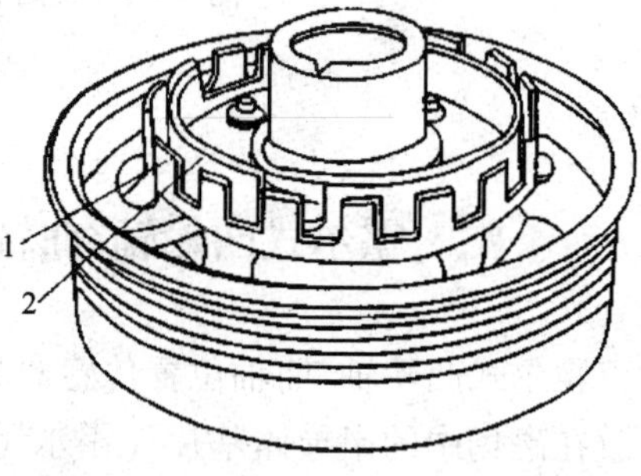

图 5-10　触发叶片式霍尔传感器转子

1—Ne 信号转子；2—G 信号转子

触发叶片式霍尔传感器输出信号如图 5-11 所示，Ne 转子每旋转 1 圈产生 18 个 Ne 信号（称为 18×信号），每个脉冲周期相当于 20°曲轴转角；G 转子每旋转 1 圈产生 3 个不同宽度的 G 信号（称为 3×信号），分别产生于 1—4 缸、3—6 缸和 2—5 缸上止点前 75°。

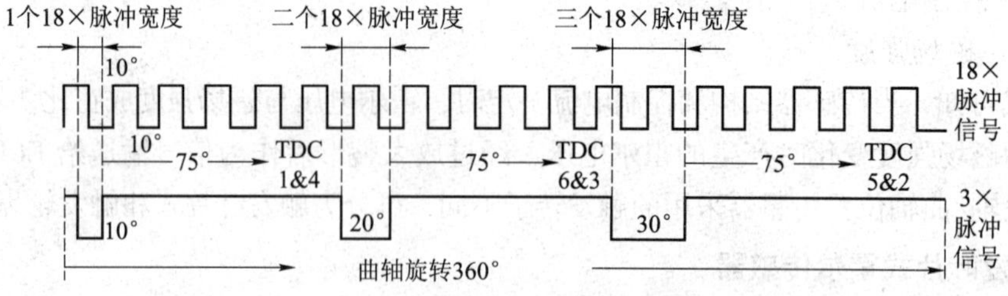

图 5-11　触发叶片式霍尔传感器输出信号

2. 触发轮齿式霍尔传感器

以美国克莱斯勒公司的霍尔式凸轮轴/曲轴位置传感器为例，触发轮齿式霍尔传感器主要由带触发轮齿的转子、霍尔元件等组成，如图 5－12 所示。霍尔元件安装在飞轮壳上，转子上的 12 个齿槽分成三组，每组有 4 个齿槽，各组相隔 120°，每组中的相邻两齿槽相隔 20°。发动机工作中，当转子上的齿槽通过传感器的霍尔元件时，经过霍尔元件的磁场强度大，产生约 5 V 的高电压；当转子上的轮齿通过传感器的霍尔元件时，经过霍尔元件的磁场强度小，产生约 0.3 V 低电压。转子上的每一组齿槽通过传感器时即可产生 4 个脉冲信号，转子每一圈产生 3 组脉冲信号（适用六缸发动机），每组信号的结束（或开始）用作 G 信号确定两缸（1—6 缸、2—5 缸或 3—4 缸）活塞上止点位置，每组中的 4 个脉冲信号则作为 Ne 信号。

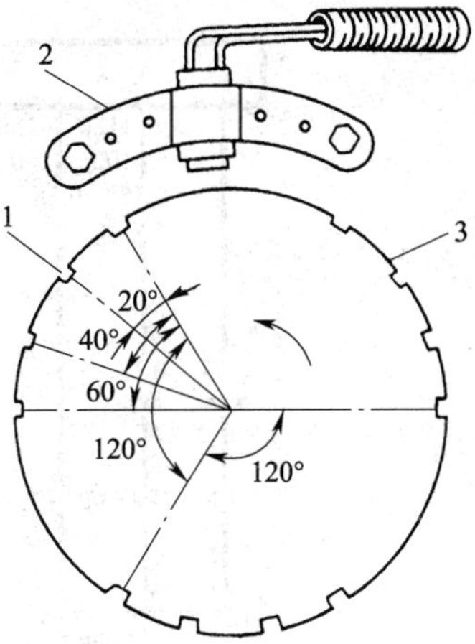

图 5－12　触发轮齿式霍尔传感器

1—转子齿槽；2—传感器；3—转子齿

任务实施

一、曲轴位置传感器检修

以宝来柴油发动机转速传感器为例，其电路如图 5－13 所示，该传感器安装在缸体上，是电磁感应式曲轴位置传感器，共有 3 个端子，其中端子 1、2、3 分别为正信号端子、负信号端子和屏蔽端子。

1. 传感器电阻检测

（1）拆开传感器的线束连接器。

（2）使用万用表测量 1 号和 2 号间的电阻（480 ~1 000 Ω）。

2. 屏蔽线检测

（1）拆开传感器的线束连接器。

（2）使用万用表测量 1 号和 3 号间的电阻，为无穷大。

（3）使用万用表测量 2 号和 3 号间的电阻，为无穷大。

3. 数据流读取

使用 V. A. G1551 或 V. A. G5051 读取数据流。

4. 波形检测

可用故障检测仪或者示波器检测转速传感器的波形。转速传感器的标准波形如图 5－14 所示。

二、凸轮轴传感器检修

以宝来柴油发动机凸轮轴位置传感器为例，该传感器安装在正时皮带导向轮处，转子则安装在凸轮轴上。宝来柴油发动机霍尔式凸轮轴位置传感器电路如图 5－15 所示，通过电源继电器给传感器端子 1 提供电源，传感器与 ECU 之间相连的两根线分别为信号线和搭铁线。

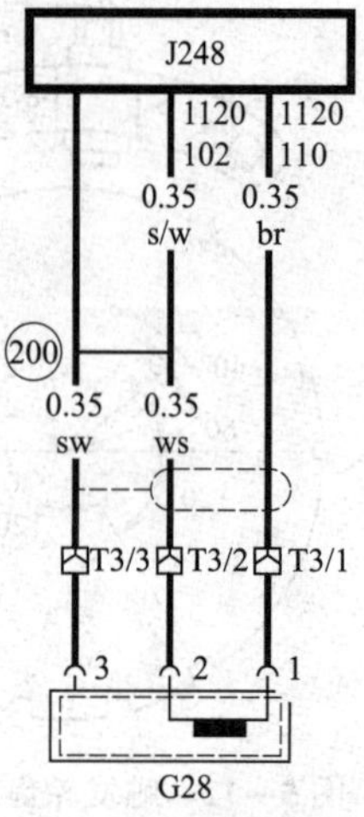

图 5－13　宝来转速传感器电路

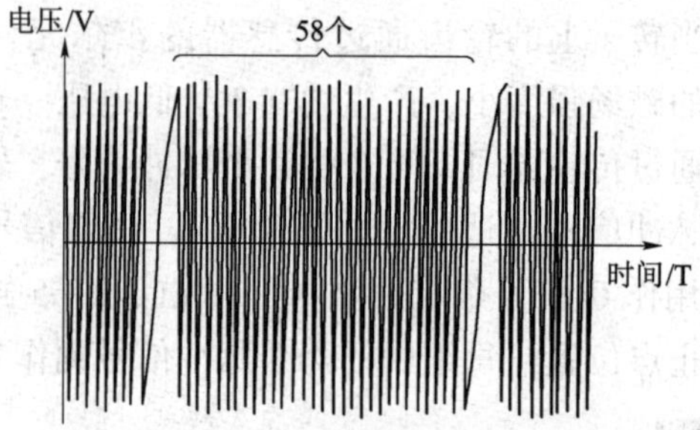

图 5－14　转速传感器的标准波形

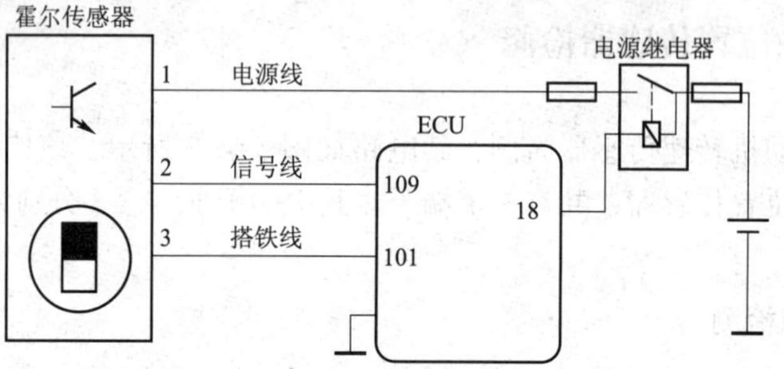

图 5－15　宝来柴油发动机霍尔式凸轮轴位置传感器电路

1. 供电电压检测

（1）打开点火开关。

（2）在线束侧测量电源端子 1 和搭铁端子 3 之间的电压，使用万用表进行测量，应为 12 V。

（3）在线束侧测量电源端子 2 和搭铁端子 3 之间的电压，使用万用表进行测量，应为 5 V。若没有电压，则检查 ECU 上相应端子的电压；若 ECU 上相应端子的电压正常，则说明 ECU 至传感器之间线路有故障；若 ECU 上相应端子没有电压，则说明 ECU 有故障。

2. 数据流读取

使用 V. A. G1551 或 V. A. G5051 读取数据流。

3. 波形检测

可用故障检测仪或者示波器检测凸轮轴传感器的波形，其标准波形如图 5－16 所示。

三、技能学习考核

（1）教师为每组学生准备好实验台架或整车及相关技术材料。

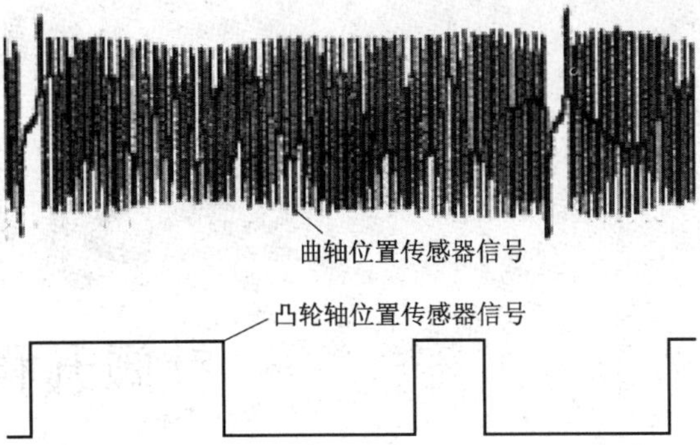

图 5-16　凸轮轴传感器的标准波形

（2）小组学生边查阅技术资料边观察实验台架或整车，完成技能学习工作单。结合检测结果，指出相关的故障。考虑工作计划的准备工作，检测仪器、工作油液和辅助材料的可使用性是否达到最佳程度，提出合理化建议并在下一次检修时予以考虑。

（3）教师观察学生学习过程，最后审阅学生完成的工作单，检查工作计划的所有工作项目并确认所有项目都已认真完成，检查安全、环保方面的工作是否到位，检查是否遵守规定的维修工时，检查车辆、发动机是否干净整洁，护套是否取下，工具是否整理，最后给出评价。

学习任务3

针阀升程传感器检修

学习目标

(1) 能够正确描述针阀升程传感器的功用。
(2) 能够正确描述针阀升程传感器的结构原理。
(3) 能够对针阀升程传感器进行检修。

任务引入

针阀升程传感器通过检测针阀升程来换算循环喷油量，间接检测柴油发动机负荷，并确定喷油始点作为缸位识别信号。信号是喷油量控制的主控信号。

相关知识

一、针阀升程传感器基本的组成及工作原理

在采用无压力室喷油器的压电式共轨系统中，ECU 通过控制喷油器针阀升程（即喷油孔流通截面）来控制喷油量，并利用针阀升程传感器实现喷油量的闭环控制。

喷油器针阀升程传感器是通过检测针阀升程来换算循环喷油量，间接检测柴油发动机负荷，这种传感器的工作原理如图 5－17 所示。霍尔元件 2 装在针阀弹簧座 4 的上方，弹簧座上固定着一块永久磁铁 3。霍尔元件通电后，弹簧座 4 随针阀 5 运动时，因永久磁铁 3 的运动，使通过霍尔元件 2 的磁感应强度发生变化，造成近似地与针阀升程成正比的输出信号电压的变化，故可由信号电压的变化来测出喷油始点。为了尽可能地减少处理毫伏级模拟信号问题，将霍尔元件与输出信号放大电路设计成一体，固化在一个集成电路芯片中。输出信号放大电路包括线性微分放大器、自调零电路、电压调节器和触发输出电路、信号处理电路。输出信号不需要再放大，直接可由单片机进行 A/D 转换获得。这些电路同时具有抑制和消除机械误差、磁误差及温度影响的功能。每经一次测量，就会自行重新校正一次。

图 5－18 所示为霍尔式针阀升程传感器的结构。针阀升程传感器由固定在顶杆内的磁铁和进行检测的霍尔元件构成，非常紧凑地布置在喷油器体内。

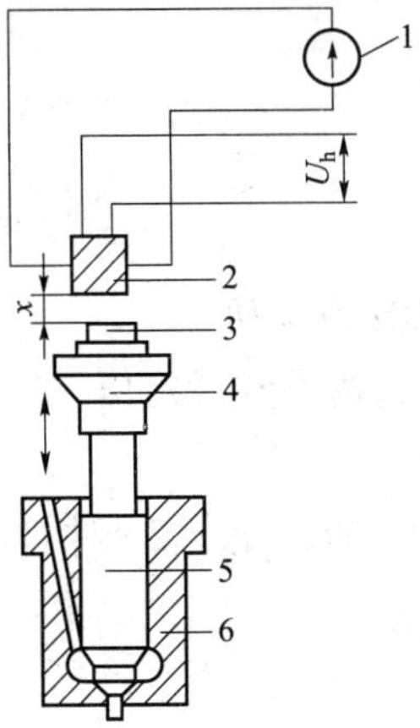

图 5-17　针阀升程传感器工作原理

1—直流电源；2—霍尔元件；3—永久磁铁；
4—弹簧座；5—针阀；6—针阀座；x—间隙

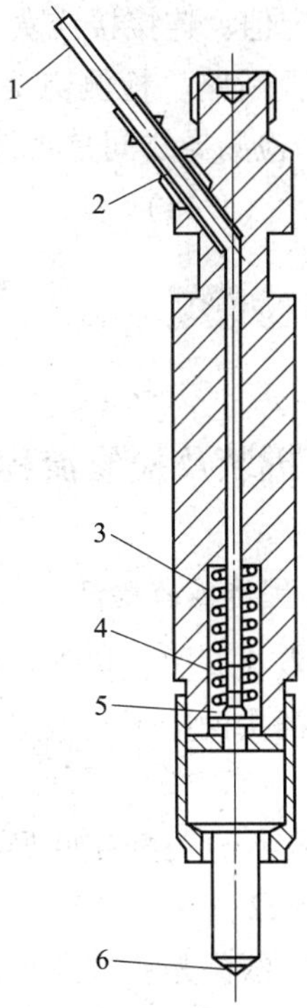

图 5-18　霍尔式针阀升程传感器的结构

1—传感器线束；2—线束连接器；3—传感器支架；
4—霍尔元件；5—弹簧座和永久磁铁；6—喷嘴

二、针阀升程传感器检修

以捷达 SDI 发动机为例，如果传感器失效，喷油阀喷油始点信号转换到开环控制（根据发动机转速与发动机负荷）。在正常操作过程中，喷油阀喷油始点信号由闭环功能控制（根据发动机转速、发动机负荷与温度）。

检测过程：关闭点火开关，拔下针阀升程传感器插头（图 5-19）。测量插头两端子间电阻值，标定值为 80~120 Ω。若达不到标定值，更换带针阀升程传感器（G80）的 3 缸喷油嘴。

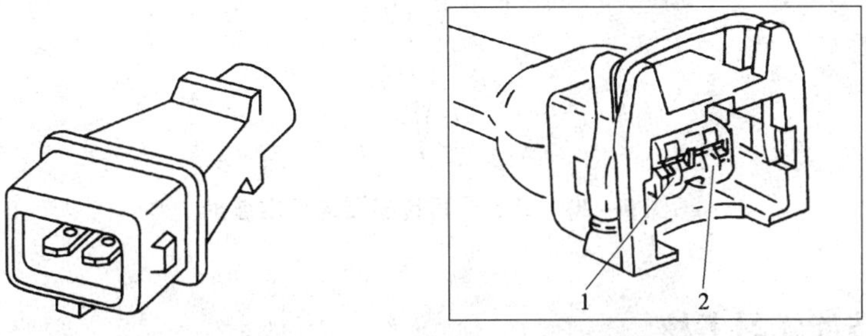

(a)　　(b)

图 5-19　针阀升程传感器插头与插座

(a) 插头；(b) 插座

1，2—端子

若达到标定值：连接接线盒 V. A. G1598/31 至控制单元线束，根据电路图检查接线盒与插座间导线是否断路。检测点为端子 1 与插口 109，端子 2 与插口 101，导线电阻最大为 1.5 Ω。另外，检测导线间是否彼此短路，对地短路或正极短路。若未发现故障，更换柴油发动机电控单元（J248）。

任务实施

一、拆装及检修流程

1. 针阀升程传感器检测

（1）关闭点火开关，拔下针阀升程传感器插头（捷达 SDI 发动机）。

（2）测量插头两端子间电阻值。标定值为 80～120 Ω，若达不到标定值，更换带针阀升程传感器。

（3）检查接线盒与插座间导线是否断路。端子 1 与插口 109，端子 2 与插口 101，导线电阻最大为 1.5 Ω。

（4）检测导线间是否彼此短路。

（5）检查传感器导线连接。

2. 针阀升程传感器波形检测

（1）起动发动机。

（2）测试传感器波形。

（3）针阀升程传感器的标准波形如图 5－20 所示。若达不到标准值，更换带针阀升程传感器的 3 缸喷油器。

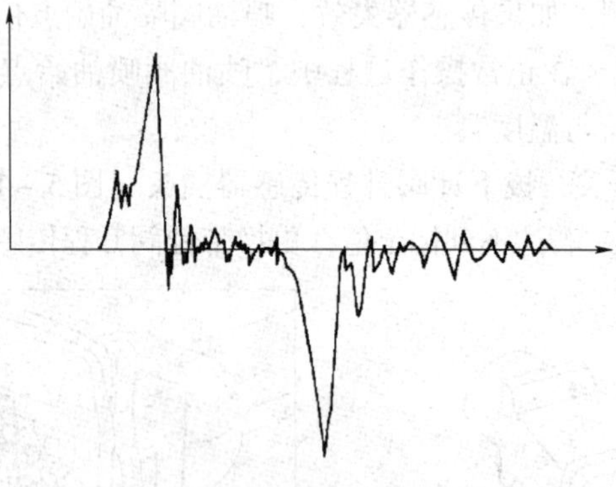

图 5－20　针阀升程传感器的标准波形

二、技能学习考核

（1）教师为每组学生准备好实验台架或整车及相关技术材料。

（2）小组学生边查阅技术资料边观察实验台架或整车，完成技能学习工作单。结合检测结果，指出相关的故障。考虑工作计划的准备工作，检测仪器、工作油液和辅助材料的可使用性是否达到最佳程度，提出合理化建议并在下一次检修时予以考虑。

（3）教师观察学生学习过程，最后审阅学生完成的工作单，检查工作计划的所有工作项目并确认所有项目都已认真完成，检查安全、环保方面的工作是否到位，检查是否遵守规定的维修工时，检查车辆、发动机是否干净整洁，护套是否取下，工具是否整理，最后给出评价。

学习任务 4

调节活塞位移传感器检修

学习目标

（1）能够正确描述调节活塞位移传感器的功用。

（2）能够正确描述调节活塞位移传感器的结构原理。

（3）能够对调节活塞位移传感器进行检修。

任务引入

调节活塞位移传感器又称控制滑套位置传感器，主要用来监测油量控制滑套和喷油提前器的位移。

相关知识

一、控制滑套位置传感器的基本组成及工作原理

控制滑套位置传感器利用电磁感应原理，将被测对象的位移变化量转换成线圈自感电动势或互感电动势的变化，进而由测量电路转换为电压信号。常用的差动电感式传感器分为差动自感式和差动变压器式两种。

1. 差动自感传感器

1）自感传感器

自感传感器可分为变间隙型、变面积型和螺线管型三种类型，其组成基本相同，主要包括线圈、铁芯、衔铁和连接杆，如图 5－21 所示。

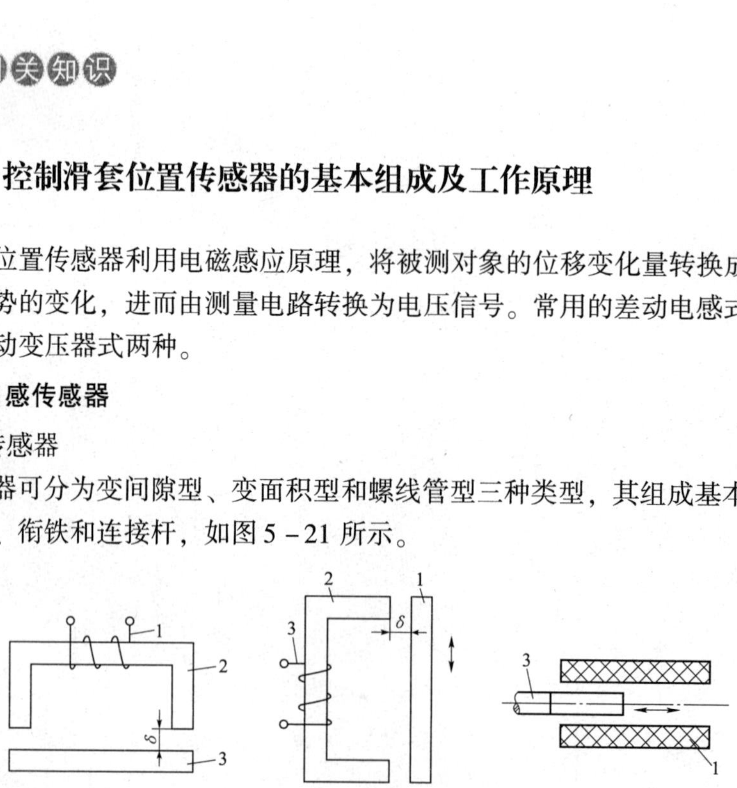

图 5－21　自感传感器

（a）变间隙型；（b）变面积型；（c）螺线管型

1—线圈；2—铁芯；3—衔铁

自感传感器的衔铁通过连接杆与被检测对象连接，传感器工作时，衔铁随被检测对象移动，将引起变间隙型自感传感器的衔铁与铁芯之间空气隙变化，或变面积型自感传感器铁芯与衔铁之间相对覆盖面积变化，或螺管型自感传感器的衔铁插入线圈深度发生变化，这些变化均会导致线圈磁回路中的磁阻变化，从而使线圈的磁通量变化，进而线圈产生的自感电动势也随之发生变化；传感器线圈产生的自感电动势与衔铁和被检测对象的移动量成正比。

变间隙型自感传感器灵敏度高，但非线性严重，检测量程较小；变面积型自感传感器灵敏度较低，但具有较好的线性，检测量程较大；螺管型自感传感器的灵敏度虽然比前两种都低，但检测量程大、线性好，且结构简单、成本低廉，应用比较广泛。

2）差动自感传感器

在上述自感传感器基础上，增加一个与原线圈完全相同的线圈，且两个线圈反向串接，以差动方式输出，即构成差动自感传感器，如图 5－22 所示，其类型也分变间隙型、变面积型和螺线管型三种。与只有一个线圈的自感传感器相比，差动自感传感器灵敏度高，测量误差小。

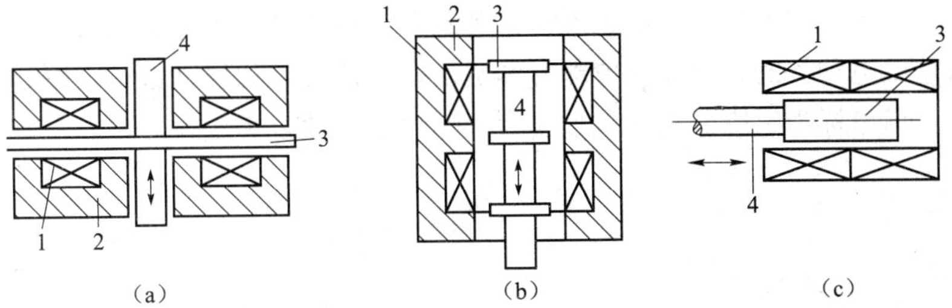

图 5－22　差动自感传感器

（a）变间隙型；（b）变面积型；（c）螺线管型

1—线圈；2—铁芯；3—衔铁；4—连接杆

差动自感传感器实际就是将两个自感传感器耦合在一起，并将两个线圈（L_1 和 L_2）与两个标准电阻器（R_1 和 R_2）接成电桥电路（图 5－23）。差动自感传感器输出特性如图 5－24 所示，随衔铁移动（相对两线圈位移量为 δ_1 和 δ_2）两个线圈产生的自感电动势一增一减；衔铁处于初始位置时，两个线圈产生的自感电动势相等，但极性相反，所以两个线圈输出的差动电感（ΔL）为 0，测量电路输出电压（U_0）为 0；衔铁向某一方向移动时，两个线圈产生的自感电动势一增一减变化，使测量电路输出的电压也随之变化；随衔铁移动量增大，两个线圈输出的差动电感增大，测量电路输出的电压也随之增大。由此可见，采用差动自感传感器作为直列柱塞泵供油齿条位置传感器或分配泵滑套位置传感器时，根据传感器输出的信号电压即可确定油量控制齿条或滑套的实际位置，而这一位置反映了直列柱塞泵或分配泵的供油量。

2. 差动变压器传感器

差动变压器传感器同样有变间隙型、变面积型和螺线管型三种类型，常用的也是螺线管型差动变压器传感器。差动变压器传感器主要由衔铁、初级绕组、次级绕组和线圈框架等组成，如图 5－25 所示。由于这种传感器的工作原理类似变压器，且两次级线圈反向串接，以差动方式输出，所以称为差动变压器传感器。

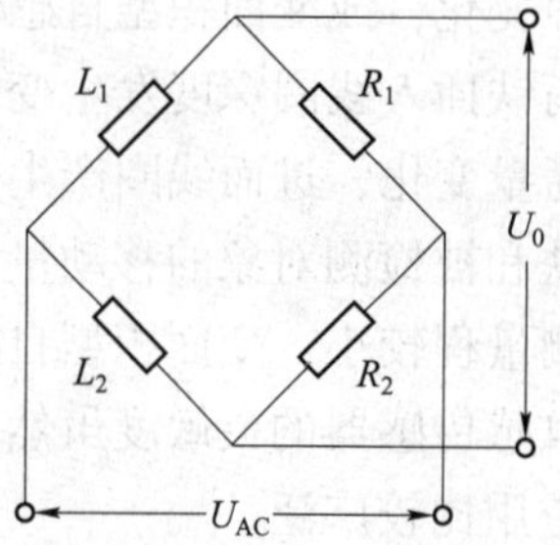

图 5－23　差动自感传感器测量电路

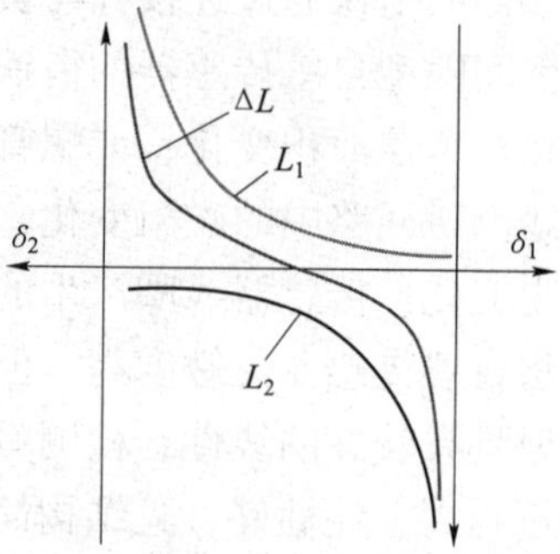

图 5－24　差动自感传感器输出特性

差动变压器传感器属互感型，给初级线圈通电时，在两个次级线圈中分别产生互感电动势 E_{21} 和 E_{22}，如图 5－26 所示，当衔铁移向某次级线圈一边时，该次级线圈产生的互感电动势增大，而另一个次级线圈产生的互感电动势减小；衔铁处于初始位置时，两个次级线圈产生的互感电动势大小相等，极性相反，差动电感为零；衔铁向任何一个方向移动偏离初始位置时，两个次级线圈的差动电感都不为零，而且差动电感随衔铁位移量的增大而增大。因此，根据差动变压器传感器输出电动势的大小和相位即可确定衔铁的位移量和移动方向。图 5－26 中横坐标为衔铁位移量，纵坐标为感应电动势，虚线为实际输出特性，实线为理想输出特性。

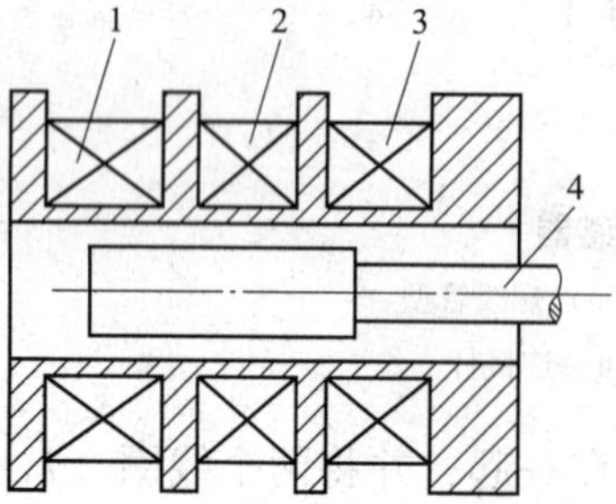

图 5－25　差动变压器传感器
1，3—次级线圈；2—初级线圈；4—衔铁

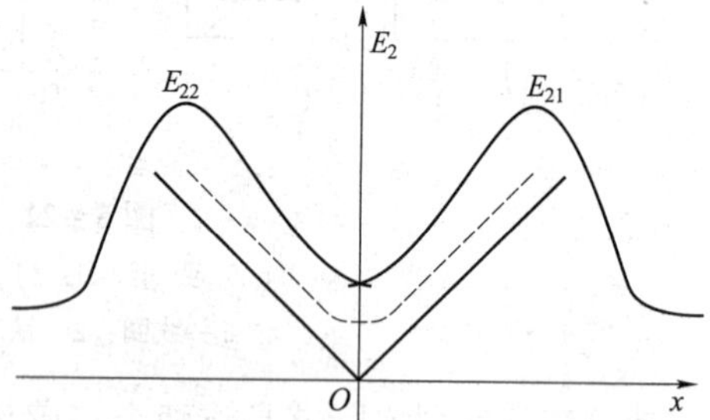

图 5－26　差动变压器传感器输出特性

二、控制滑套位置传感器检修

以捷达 SDI 发动机为例，检查调节活塞位移传感器 G149，关闭点火开关，拔出喷油泵连接器，如图 5－27（a）所示，检测喷油泵连接器端子 1 与 2 间及端子 2 与 3 间的电阻，应为 4.9 ~7.50 Ω。若阻值不符合要求，则更换喷油泵；若阻值符合要求，则将接线盒（V. A. G1598/31）与发动机电控单元和线束相连，如图 5－27（b）所示，检查接线盒插口 108 与喷油泵连接器端子 1 间、接线盒插口 106 与喷油泵连接器端子 2 间及接线盒插口 99 与喷油泵连接器端子 3 间的电路是否断路或短路。

检查油量调节器 N146，关闭点火开关，拔出喷油泵连接器，如图 5－27（a）所示，检测喷油泵连接器端子 5 与 6 间的电阻，应为 0.5 ~2.5 Ω，若阻值不符合要求，则更换喷油泵；若阻值符合要求，则将接线盒（V. A. G1598/31）与发动机电控单元和线束相连，如图

5－27（b）所示，检查接线盒插口 1、2 与喷油泵连接器端子 5 间及接线盒插口 121、116 与喷油泵连接器端子 6 间的电路是否断路或短路。

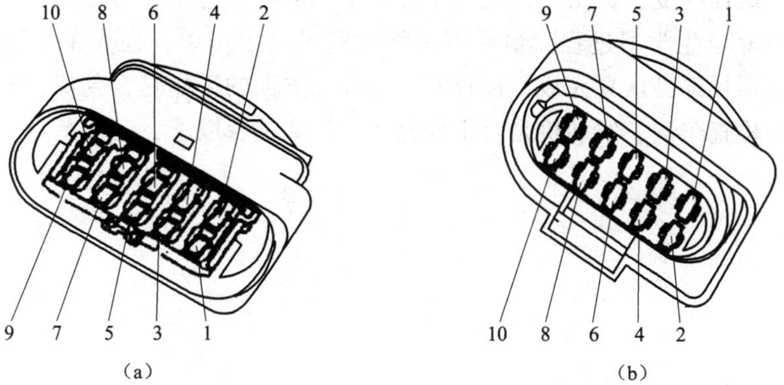

图 5－27　喷油泵连接器插头

任务实施

一、拆装及检修流程

1. 控制滑套位置传感器检修

（1）关闭点火开关，拔出喷油泵连接器（捷达 SDI 发动机）。

（2）测量插头 1、2 和 3、4 号两端子间电阻值，应为 4.9～7.5 Ω。

（3）检查接线盒插口 108 与喷油泵连接器端子 1 间、接线盒插口 106 与喷油泵连接器端子 2 间及接线盒插口 99 与喷油泵连接器端子 3 间的电路是否断路或短路。端子 1 与插口 106，端子 2 与插口 106，导线电阻：最大 1.5 Ω。

（4）检测导线间是否彼此短路。

（5）检查传感器导线连接情况。

2. 控制滑套位置传感器数据流读取

（1）起动发动机。

（2）读取数据块。冷却液温度不低于 85 ℃。显示区标准值 1.6～2.1 V。

3. 油量调节器检测

（1）关闭点火开关，拔出喷油泵连接器。

（2）检测喷油泵连接器端子 5 与 6 间的电阻，应为 0.5～2.5 Ω。

（3）检查接线盒插口 1、2 与喷油泵连接器端子 5 间及接线盒插口 121、116 与喷油泵连接器端子 6 间的电路是否断路或短路。

二、技能学习考核

（1）教师为每组学生准备好实验台架或整车及相关技术材料。

（2）小组学生边查阅技术资料边观察实验台架或整车，完成技能学习工作单。结合检测结果，指出相关的故障。考虑工作计划的准备工作，检测仪器、工作油液和辅助材料的可使用性是否达到最佳程度，提出合理化建议并在下一次检修时予以考虑。

（3）教师观察学生学习过程，最后审阅学生完成的工作单，检查工作计划的所有工作项目并确认所有项目都已认真完成，检查安全、环保方面的工作是否到位，检查是否遵守规定的维修工时，检查车辆、发动机是否干净整洁，护套是否取下，工具是否整理，最后给出评价。

学习任务5

温度传感器检修

学习目标

(1) 能够正确描述各类温度传感器的功用。
(2) 能够正确描述各类温度传感器的结构原理。
(3) 能够对各类温度传感器进行检修。

任务引入

柴油发动机电控系统中常用的温度传感器主要有进气温度传感器、冷却液温度传感器、燃油温度传感器和排气温度传感器，其工作原理大致相同。

相关知识

一、温度传感器的功用

进气温度传感器安装在进气管中，其功用是检测进气温度。ECU 根据进气温度信号和进气压力（或增压压力）信号确定进气量。

冷却液温度传感器一般安装在气缸体水道上或冷却水出口处，其功用是给 ECU 提供发动机冷却液温度信号，用于燃油喷射控制、起动控制、EGR 控制。

燃油温度传感器通常安装在燃油箱中，其功用是检测燃油温度，ECU 根据此信号对供（喷）油量进行修正。

排气温度传感器安装在排气管中，其功用是检测排气温度，主要用于排放控制。

二、温度传感器的结构原理

进气温度传感器、冷却液温度传感器、燃油温度传感器通常采用热敏电阻式温度传感器，排气温度传感器有热敏电阻式、热电偶式、熔丝式。

1. 热敏电阻式温度传感器

温度传感器通常采用负温度系数的热敏电阻作为测量元件，如图 5－28（a）所示。传感器壳体内装有一个热敏电阻，温度变化时，热敏电阻的阻值发生变化，如图 5－28（b）所示，由其特性图可见，随进气温度升高，阻值减小。

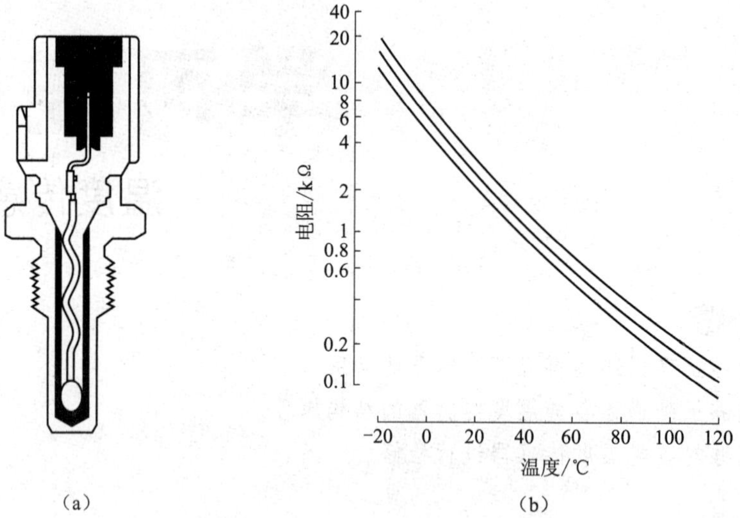

图 5－28　热敏电阻式温度传感器

（a）结构；（b）输出特性

用于检测进气温度、冷却液温度和燃油温度的温度传感器，通常采用低温热敏元件，适用的温度范围一般为－40 ℃～130 ℃。用于检测排气温度的温度传感器，通常采用高温热敏元件，适用的温度范围一般为 400 ℃～1 000 ℃。热敏电阻根据性质的不同，可分为负温度系数（NTC）和正温度系数（PTC）两种，热敏电阻式温度传感器之所以采用负温度系数热敏元件，主要是因为此类热敏元件的动态响应性好。

2. 热电偶式温度传感器

热电偶式温度传感器是利用热电效应制成的温度传感器，如图 5－29 所示。热电偶亦称温差电偶，由端点彼此紧密接触的两种不同材料金属丝组成，当两种不同材料金属丝的两个接点处于不同温度时，在回路中就有直流电动势产生，该电动势称温差电动势或热电动势。当组成热电偶的材料一定时，温差电动势仅与两接点处的温度有关。

构成热电偶的金属材料可以耐受的温度不同，传感器适用的温度范围也不同，如采用钨铼热电偶能够工作在 2 000 ℃以上的高温，采用金铁热电偶能够在液氮的温度附近工作，可见热电偶式温度传感器能够在很广泛的温度范围内工作。此外，由于热电偶温度传感器的灵敏度与材料的粗细无关，所以一般采用非常细的金属材料制作热电偶作为测温元件，具有极高的响应速度。热电偶式温度传感器的主要缺点是灵敏度比较低，抗干扰能力差，不适合测量微小的温度变化。

3. 熔丝式温度传感器

熔丝式温度传感器（图 5－30）利用金属材料受热熔化的特性，当温度达到一定值时，传感器内的熔丝熔断，使电路断路或短路。熔丝式温度传感器通常用来控制高温报警装置，一旦熔丝熔断，传感器不能继续使用。

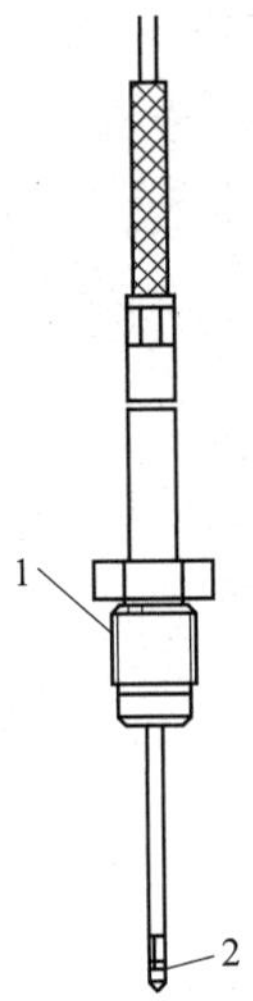

图 5－29　热电偶式温度传感器图

1—安装螺纹；2—热电偶

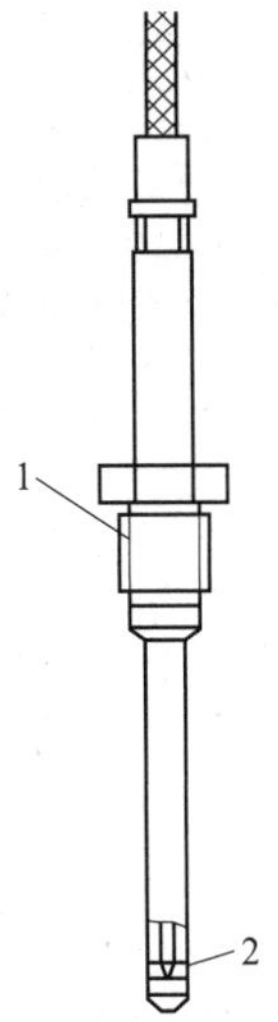

图 5－30　熔丝式温度传感器

1—安装螺纹；2—熔丝

三、温度传感器检修

1. 燃油温度传感器检修

下面以捷达柴油发动机燃油温度传感器为例具体说明，燃油温度传感器安装在喷油泵低压部分，如图 5－31 所示。燃油温度传感器是负温度系数热敏电阻（NTC）。当燃油温度升高时，传感器电阻值下降，用于监测油流的温度。

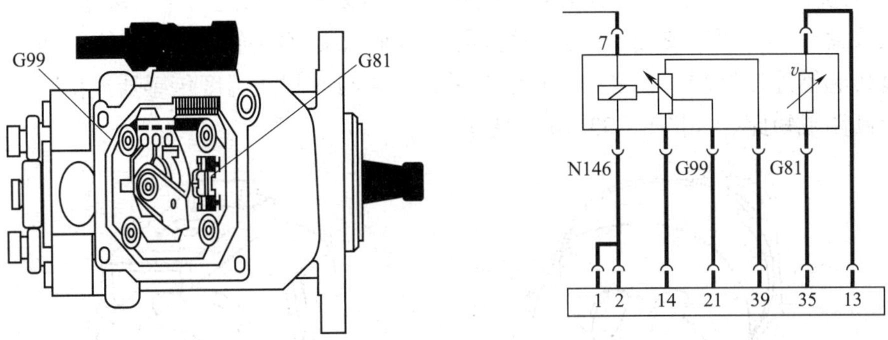

（a）　　　　（b）

图 5－31　燃油温度传感器及电路图

（a）喷油泵；（b）电路图

G81—燃油温度传感器；G99—油量控制滑套位置传感器

热敏电阻是一个两端加有 5 V 参考电压的分压器电路的一部分，所以在此电阻上测到的电压与燃油温度有关。此电压通过 A/D 转换器转变成数字信号以便于 ECU 处理。燃油温度传感器特征曲线，如图 5－32 所示，利用此曲线可根据电压值获得相应的燃油温度。

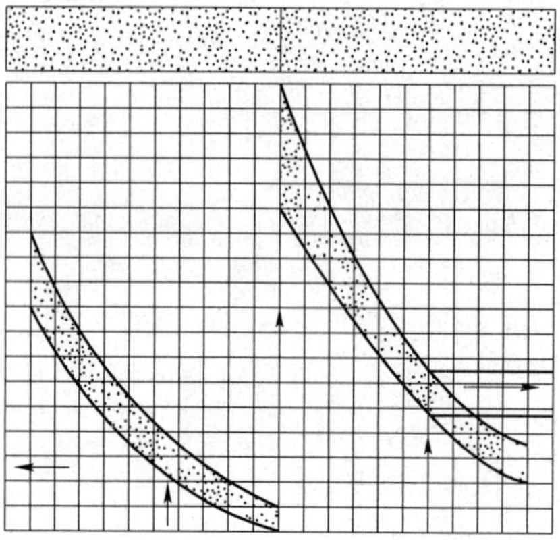

图 5-32 燃油温度传感器特性曲线

燃油温度传感器信号用来监测燃油温度。发动机控制单元需要这个信号来计算喷油始点和喷油量。温度不同，燃油密度也不相同。此外，信号也用来控制燃油冷却泵开关闭合。

燃油温度传感器信号失效时，发动机控制单元利用来自冷却液温度传感器 G62 的信号计算出一个替代值。

2. 冷却液温度传感器检修

检查冷却液温度传感器和传感器线束，关闭点火开关，拔出冷却液温度传感器连接器，如图 5-33（a）所示，检测冷却液温度传感器连接器端子 C 与 D 间的电阻，阻值如图 5-32 所示，在图中，A 为 0 ℃～50 ℃间的电阻，B 为 50 ℃～100 ℃间的电阻，例如：30 ℃对应 1 500～2 000 Ω 的电阻，80% 对应 275～375 Ω 的电阻。若阻值不符合要求，则更换冷却液温度传感器 G62；若阻值符合要求，则进行下一步检查。

将接线盒（V. A. G1598/31）与发动机电控单元和线束相连，检查接线盒插口 112 与冷却液温度传感器连接器端子 3 之间及接线盒插口 104 与冷却液温度传感器连接器端子 4 间的电路是否断路或短路，如图 5-33（b）所示。

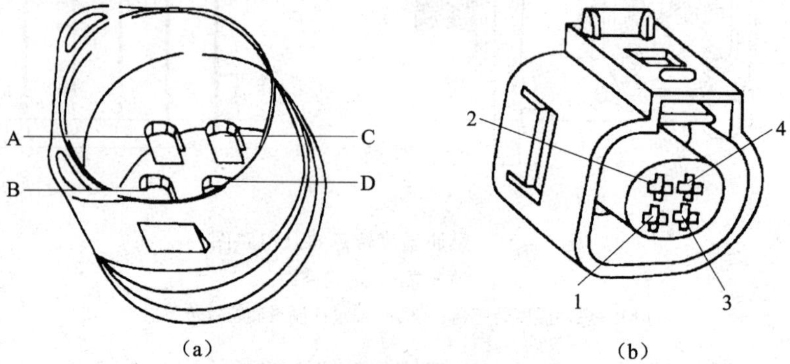

图 5-33 冷却液传感器连接器端子

1，2，3，4—端子

任务实施

一、燃油温度传感器的检修

1. 燃油温度传感器电阻检测

（1）关闭点火开关，打开燃油温度传感器连接器（捷达 SDI 发动机）。

（2）测量燃油温度传感器连接器端子 C 与 D 间的电阻，30 ℃对应 1 500 ~ 2 000 Ω 的电阻，80% 对应 275 ~ 375 Ω 的电阻。

（3）检查接线盒插口 112 与冷却液温度传感器连接器端子 3 之间及接线盒插口 104 与冷却液温度传感器连接器端子 4 间的电路是否断路或短路。端子 1 与插口 106，端子 2 与插口 106，导线电阻最大为 1.5 Ω。

（4）检测导线间是否彼此短路。

（5）检查传感器导线连接。

2. 燃油温度传感器数据流读取

（1）起动发动机。

（2）读取数据块 7。燃油温度约为环境温度，若有故障显示 40.5 ℃；进气歧管温度约为环境温度，若有故障显示 135.9 ℃；燃油冷却状态断开是 0%，接通时 100%。

二、进气歧管温度传感器的检修

如图 5－34 所示，G72 为进气歧管温度传感器，对应端子为 1（信号端子）和 2（搭铁端子）；G71 为进气歧管压力传感器，和进气歧管温度传感器 G72 共用 2 端子（搭铁端子）。

1. 进气歧管温度传感器电阻检测

（1）关闭点火开关，打开进气歧管温度传感器连接器。

（2）测量进气歧管传感器连接器端子 1 与 2 间的电阻，20 ℃对应 2 000 ~ 3 000 Ω 的电阻，90 ℃对应 150 ~ 250 Ω 的电阻。

（3）检查传感器和 ECU 连接，导线电阻最大为 1.5 Ω。

（4）检测导线间是否彼此短路。

（5）检查传感器导线连接。

2. 进气歧管温度传感器数据流读取

（1）起动发动机。

（2）读取数据块。当进气歧管温度传感器 G72 或线路损坏时，发动机进入失效保护模式，设定进气歧管温度为 136.8 ℃。

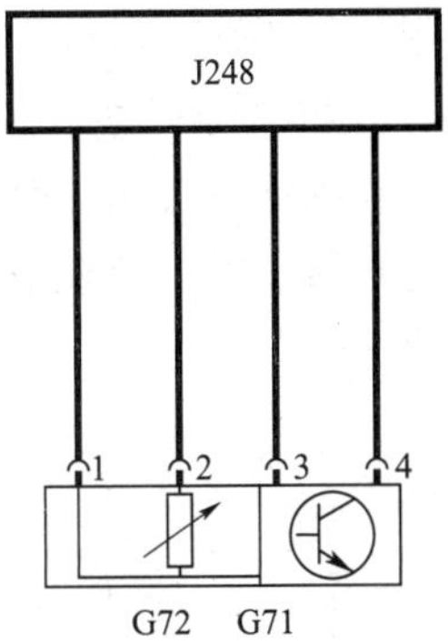

图 5－34 进气歧管温度传感器电路图

三、冷却液温度传感器的检修

如图 5－35 所示，G62 为冷却液温度传感器，G2 也为冷却液温度传感器（至仪表）。

1. 冷却液温度传感器电阻检测

（1）关闭点火开关，打开冷却液温度传感器连接器。

（2）测量冷却液温度传感器连接器端子 3 与 4 间的电阻，20 ℃对应 2 000～3 000 Ω 的电阻，90 ℃对应 150～250 Ω 的电阻，30 ℃对应 1 500～2 500 Ω 的电阻。

（3）检查传感器和 ECU 连接导线，电阻最大为 1.5 Ω。

（4）检测导线间是否彼此短路。

（5）检查传感器导线连接。

2. 冷却液温度传感器数据流读取

（1）起动发动机。

（2）读取数据块。

3. 冷却液温度传感器波形检测

（1）起动发动机。

（2）波形检测。模拟信号：冷车，3～5 V；水温升高，信号电压减小；热机，1 V 左右。

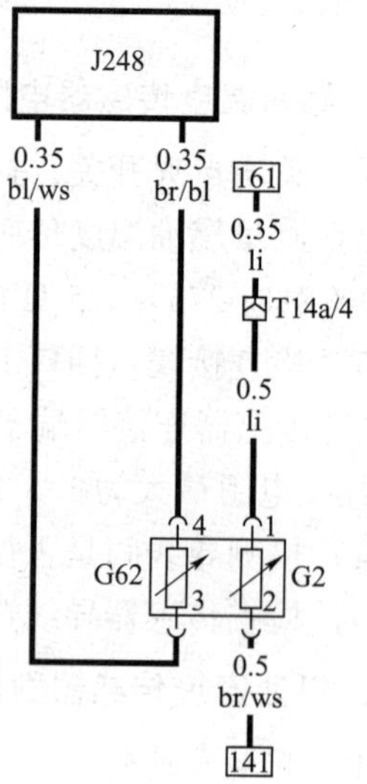

图 5－35 冷却液温度传感器电路图

四、技能学习考核

（1）教师为每组学生准备好实验台架或整车及相关技术材料。

（2）小组学生边查阅技术资料边观察实验台架或整车，完成技能学习工作单。结合检测结果，指出相关的故障。考虑工作计划的准备工作，检测仪器、工作油液和辅助材料的可使用性是否达到最佳程度，提出合理化建议并在下一次检修时予以考虑。

（3）教师观察学生学习过程，最后审阅学生完成的工作单，检查工作计划的所有工作项目并确认所有项目都已认真完成，检查安全、环保方面的工作是否到位，检查是否遵守规定的维修工时，检查车辆、发动机是否干净整洁，护套是否取下，工具是否整理，最后给出评价。

学习任务 6

压力传感器检修

学习目标

(1) 能够正确描述各类压力传感器的功用。

(2) 能够正确描述各类压力传感器的结构原理。

(3) 能够对各类压力传感器进行检修。

任务引入

柴油发动机电控系统中的压力传感器主要包括进气歧管绝对压力传感器、增压压力传感器、大气压力传感器、排气压力传感器、压差传感器、燃油压力传感器。

相关知识

一、压力传感器的功用

进气歧管绝对压力传感器安装在进气歧管中，其功用是检测进气歧管内的绝对压力，ECU 根据此信号确定进气量，以便根据供（喷）油量对进气量进行控制，保证最佳的混合气浓度。测定的压力范围一般为 2～400 kPa。

增压压力传感器安装在增压器压气机出口侧的进气歧管中，其功用是检测增压器的实际增压压力，ECU 根据此信号进行增压控制。测定的压力范围一般为 2～400 kPa。

大气压力传感器通常安装在 ECU 内或发动机舱内，其功用是：检测实际环境的大气绝对压力，ECU 根据此信号校正与大气压力有关的、用于闭环控制回路的设定值，如废气再循环闭环控制、增压压力闭环控制。测定的压力范围一般为 60～150 kPa。

排气压力传感器通常安装在颗粒过滤器前的排气歧管中，其功用是检测颗粒过滤器前的排气背压，ECU 根据此信号确定颗粒过滤器是否需要再生。测定的压力范围一般为 0～35 kPa。

压差传感器又分为空气滤清器压差传感器、EGR 压差传感器和 DPF（颗粒过滤器）压差传感器。空气滤清器压差传感器用来检测空气滤清器前后的压力差，确定空气滤清器的堵塞情况，以便提示更换空气滤清器。EGR 压差传感器用来检测 EGR 阀前后的压差，以便对 EGR 进行控制。DPF 压差传感器用来检测 DPF 两端的压差，供 ECU 选择合适的“再生触发”时机及额外燃料注入量或控制压缩空气脉冲。

燃油压力传感器通常安装在共轨上，用来检测共轨油压，ECU 根据此信号对共轨压力进行闭环控制。测定的压力范围一般为 0 ~ 200 MPa。有些柴油发动机的低压燃油泵与滤清器之间也装有燃油压力传感器，利用此信号监测柴油滤清器的堵塞情况。

二、压力传感器的结构原理

柴油发动机电控系统中，应用比较广泛的压力传感器主要有压敏电阻式、压电式、电容式和压差传感器四种。

1. 压敏电阻式压力传感器

压敏电阻式（简称压阻式）压力传感器利用单晶硅材料的压阻效应和集成电路技术制成，具有体积小、精度高、成本低等优点，在发动机电控系统中应用广泛。

压阻式压力传感器主要由绝对真空室、硅片和电极引线等组成，如图 5 – 36 所示，硅片的一侧是绝对真空室，而另一侧承受被测压力，在此压力作用下使硅片产生变形；硅片是一个压力转换元件，有 4 个压敏电阻被集成在硅片上，并接成电桥电路形式；当硅片受力变形时，4 个压敏电阻的电阻值发生变化，导致电桥电路输出电压发生变化，电桥电路输出的电压与硅片承受的压力（或变形量）成正比。由于硅片一侧绝对真空室的绝对压力为 0，所以传感器测得的压力为绝对压力。

2. 压电式压力传感器

压电式压力传感器主要由压电元件和电极引线等组成，如图 5 – 37 所示。当压电元件受压变形时，会在压电元件的两端产生电压，此电压与压电元件承受的压力成正比，ECU 根据这一电压信号确定被测压力。

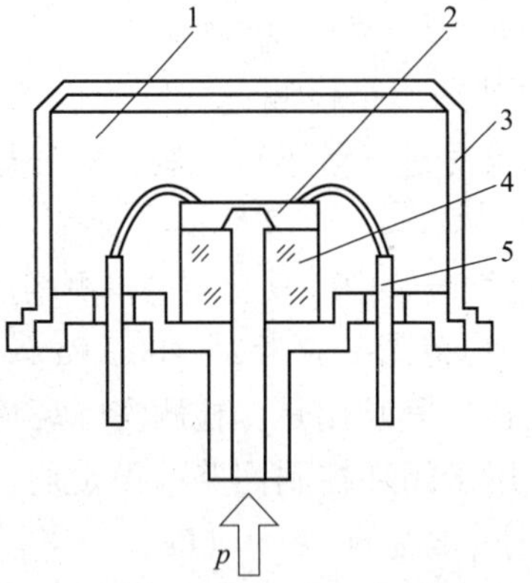

图 5 – 36 压阻式压力传感器

1—真空室；2—硅片；3—外壳；4—玻璃罩；5—电极引线

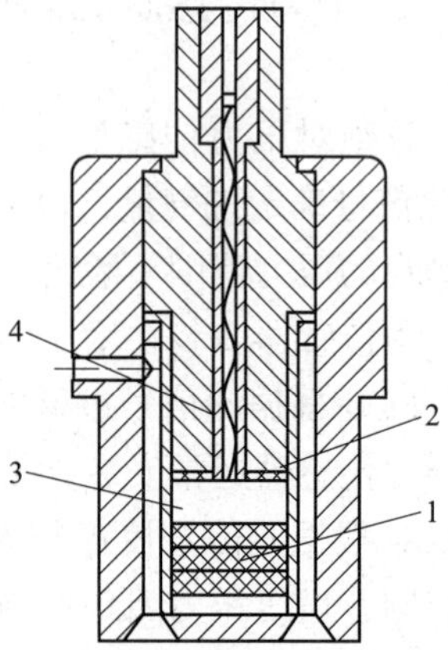

图 5 – 37 压电式压力传感器

1—压电元件组合；2—单片压电元件；3—接线板；4—电极引线

压电式压力传感器中主要使用的压电材料包括有石英、酒石酸钾钠和磷酸二氢铵。其中石英（二氧化硅）是一种天然晶体，压电效应就是在这种晶体中发现的，在一定的温度范围之内，压电性质一直存在，但温度超过这个范围之后，压电性质完全消失。由于随应力的变化，电场变化微小（也就说压电系数比较低），所以石英逐渐被其他的压电晶体所替代。

酒石酸钾钠具有很大的压电灵敏度和压电系数，但是它只能在室温和湿度比较低的环境下才能够应用。磷酸二氢铵属于人造晶体，能够承受高温和相当高的湿度，所以已经得到了广泛的应用。

3. 电容式压力传感器

电容式压力传感器利用电容效应检测绝对压力，其结构如图 5－38 所示。该传感器的压力转换元件由可产生电容效应的厚膜电极构成，电极被附在氧化铝膜片上。被测压力作用于氧化铝膜片上时，使氧化铝膜片产生位移，上、下两个厚膜电极之间的距离发生变化，导致由两个厚膜电极形成的电容也产生相应的变化，电容的变化量与进气歧管内空气的绝对压力成正比。电容的变化量可经过测量电路（电容电桥电路或谐振电路等）转换成电压信号或频率信号，ECU 则根据传感器输出的电压信号或频率信号确定被测压力。

4. 压差传感器

压差传感器的结构原理与压力传感器基本相同，只是压差传感器的硅片两侧均为压力气室：一侧为低压气室；另一侧为高压气室，如图 5－39 所示。压差传感器低压气室与空气滤清器、颗粒过滤器或 EGR 阀的低压侧连通，高压气室与空气滤清器、颗粒过滤器或增压 EGR 阀的高压侧连通，压力传感器检测的压力即为空气滤清器、颗粒过滤器或 EGR 阀前、后的压力差。压力传感器实际也可看作压差传感器，只是检测的压力为相对绝对压力为零的压差。

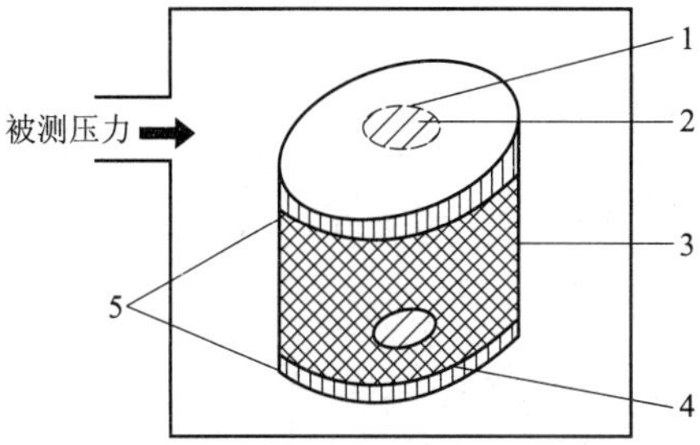

图 5－38 电容式压力传感器

1—电极引线；2—厚膜电极；
3—绝缘介质；4—电极引线；5—氧化铝膜片

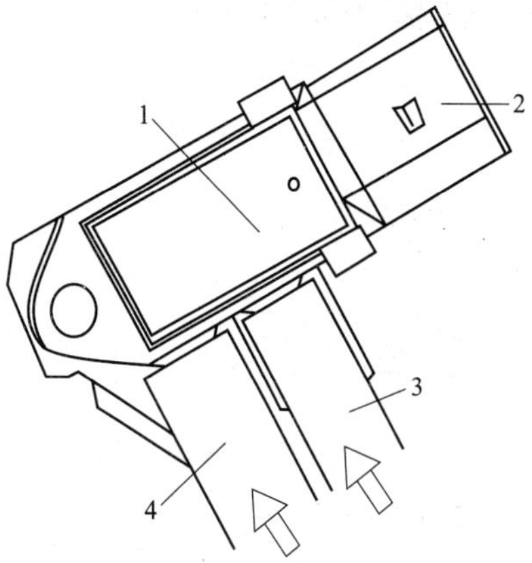

图 5－39 压差传感器

1—压差传感器；2—线束连接器；
3—低压侧接管；4—高压侧接管

进气歧管绝对压力传感器和燃油压力传感器一般采用压敏电阻式。压敏电阻式压力传感器通常由 3 个端子，分别为 5 V 标准电源端子、信号端子和搭铁端子。

任务实施

一、进气歧管压力传感器的检修

以宝来柴油发动机进气歧管绝对压力传感器为例，该传感器与进气温度传感器制成一体，安装在增压中冷器后的进气歧管上，共有4个端子，进气温度和压力两传感器共用搭铁端子，其电路和线束连接器如图5－40所示。G72为进气歧管温度传感器，对应端子为1（信号端子）和2（搭铁端子）；G71为进气歧管压力传感器和进气歧管温度传感器G72共用2端子（搭铁端子）。

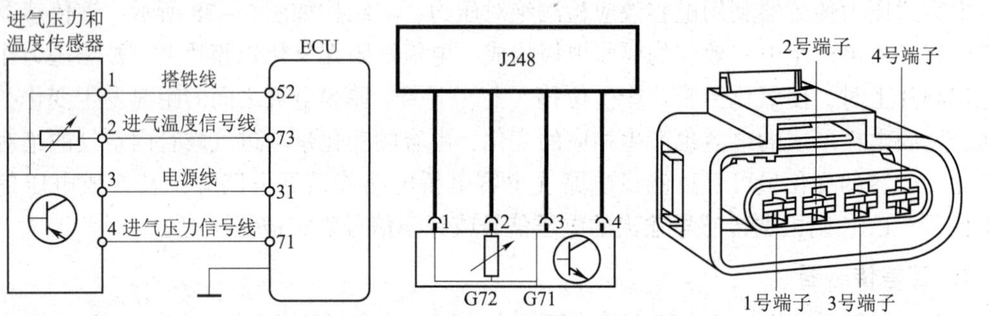

图5－40　进气管绝对压力和温度传感器线束连接器

1. 进气歧管压力传感器电阻检测

（1）关闭点火开关，打开进气歧管压力传感器连接器。

（2）检查传感器和ECU连接导线电阻，最大为1.5 Ω。

（3）检测导线间是否彼此短路。

（4）检查传感器导线连接。

2. 进气歧管压力传感器电压检测

（1）打开点火开关。

（2）检查端子1和端子3电压，标准为5 V。

（3）检查端子1和端子4电压，应为3.8～4.2 V。

（4）起动发动机，怠速运转，检查端子1和端子4电压，应为0.8～1.3 V。

3. 进气歧管压力传感器数据流读取

（1）起动发动机。

（2）读取数据块。

4. 进气歧管压力传感器波形检测

（1）起动发动机。

（2）读取波形。输出电压随进气压力增大而升高，呈线性递增趋势。

二、大气压力传感器的检修

大气压力传感器用于检测大气压力并确定海拔，用于控制喷油参数的修正。大气压力传感器集成在ECU内，其允许的测量误差为±0.003 MPa，在海平面上大气压力设定值为0.1 MPa，相应的大气压力传感器的信号电压为4 V左右。大气压力传感器位于ECU内，从外面无法检测，但可以用诊断仪读数据流，有关大气压力传感器的数据流一般有两个：“大气压力”和“大气压力传感器输出电压值”。大气压力传感器失效时，对柴油发动机性能略有影响。大气压力传感器损坏后，一般不能修理，只能更换 ECU 总成。

三、共轨压力传感器的检修

共轨压力传感器的核心是一个钢膜，在钢膜上安装有应变电阻，只要压力作用在钢膜的一侧，则应变电阻由于变形而改变其阻值。在传感器内部存在一个测量电子系统，根据经验轨道压力传感器只能使用一次，否则密封性会受到影响。在发动机熄火时系统压力降到零。该传感器三个输出端子：信号端子、搭铁端子、5 V 供电端子。发动机控制单元提供 5 V 电压，压力升高，电阻减小，信号电压升高，信号电压可折算成相应的压力值。

四、技能学习考核

（1）教师为每组学生准备好实验台架或整车及相关技术材料。

（2）小组学生边查阅技术资料边观察实验台架或整车，完成技能学习工作单。结合检测结果，指出相关的故障。考虑工作计划的准备工作，检测仪器、工作油液和辅助材料的可使用性是否达到最佳程度，提出合理化建议并在下一次检修时予以考虑。

（3）教师观察学生学习过程，最后审阅学生完成的工作单，检查工作计划的所有工作项目并确认所有项目都已认真完成，检查安全、环保方面的工作是否到位，检查是否遵守规定的维修工时，检查车辆、发动机是否干净整洁，护套是否取下，工具是否整理，最后给出评价。

学习任务 7

空气流量传感器检修

学习目标

（1）能够正确描述空气流量计的功用。

（2）能够正确描述空气流量计的结构原理。

（3）能够对空气流量计进行检修。

任务引入

在柴油发动机电控系统中，空气流量传感器（即空气流量计）用来测定发动机的实际进气量，空气流量信号主要用于进气控制和废气再循环控制。

相关知识

根据空气流量计测量原理不同，空气流量计可分为叶片式、热式和卡门旋涡式三种类型。下面主要介绍热式空气流量计。

热式空气流量计的主要元件是热线电阻，可分为热线式和热膜式两种类型，其结构和工作原理基本相同。

按其测量元件的安装位置不同，热线式空气流量计又可分为两种：第一种是将热线电阻器安装在主进气道中，称为主流测量方式的热线式空气流量计；第二种是将热线安装在旁通气道中，称为旁通测量方式的热线式空气流量计。

一、热线式空气流量计

热线式空气流量计主要由防护网、采样管、热线电阻器、温度补偿电阻器和控制电路等组成，如图 5－41 所示。热线电阻器和温度补偿电阻器安装在主进气道中，控制电路板安装在流量计下方。防护网用于防止回火和脏物进入空气流量计。

热线式空气流量计的工作原理如图 5－42 所示。安装在控制电路板上的精密电阻器 R_A 和 R_B 与热线电阻器 R_H 和温度补偿电阻器 R_K 组成惠斯通电桥电路。当空气流经热线电阻器时，热线电阻器温度降低，其相应的电阻值减小，使电桥失去平衡，若要保持电桥平衡，就必须增加流经热线电阻器的电流，以恢复其温度和阻值。流经热线电阻器的空气量（质量流量）不同，热线电阻器的温度变化量和电阻值的变化量不同，为保持电桥平衡，流经热线电阻器的电流也相应变化。由于精密电阻器 R_A 的电阻值是一定的，流经精密电阻器 R_A 和热线电阻器的电流相等（两电阻器串联），所以精密电阻器 R_A 两端的电压随流经热线电阻器的空气量相应变化，控制电路将精密电阻器 R_A 两端的电压输送给 ECU，即可确定进气量。

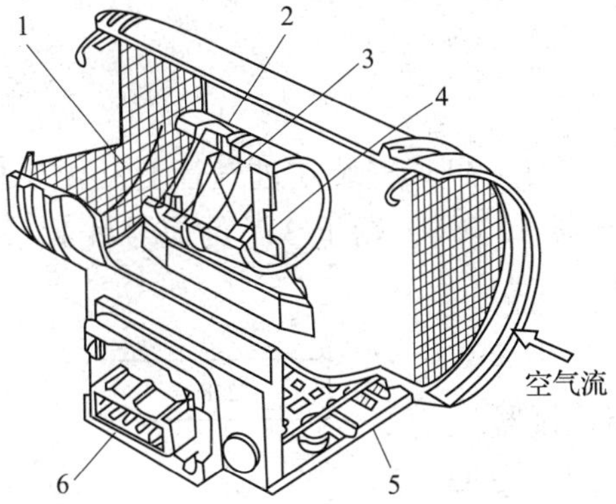

图 5－41　热线式空气流量计图

1—防护网；2—采样管；3—热线电阻；4—温度补偿电阻；5—控制电路板；6—线束连接器

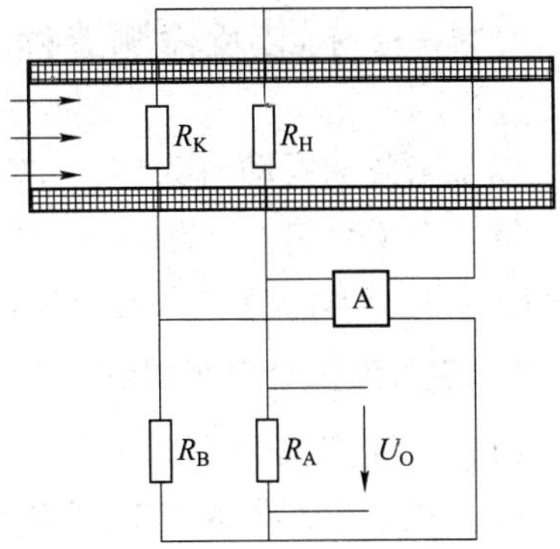

图 5－42　热线式空气流量计工作原理

控制电路的作用是保持电桥平衡，即保持热线电阻器与感应进气温度的温度补偿电阻器之间的温度差不变。装用热线式空气流量计的电控燃油喷射系统，可直接测量进入发动机的空气质量流量，一般不需要根据进气温度信号对喷油时间进行修正。

为保证测量精度，热线式空气流量计一般都有自清功能，发动机转速超过 1 500 r/min，关闭点火开关使发动机熄火后，控制系统自动将热线电阻器加热到 1 000 ℃以上并保持约 1 s，以便将附在热线电阻器上的粉尘烧掉。

二、热膜式空气流量计

热膜式空气流量计的结构如图 5－43 所示，热膜式空气流量计的结构和工作原理与热线式空气流量计基本相同，不同之处在于热线式空气流量计的测量元件是采用铂丝热线制成的电阻器，而热膜式空气流量计的测量元件不采用价格昂贵的铂丝热线，它用热膜代替热线，并将热膜镀在陶瓷片上，制造成本较低。此外，热膜式空气流量计的测量元件不直接承受空气流的作用力，其使用寿命较长。

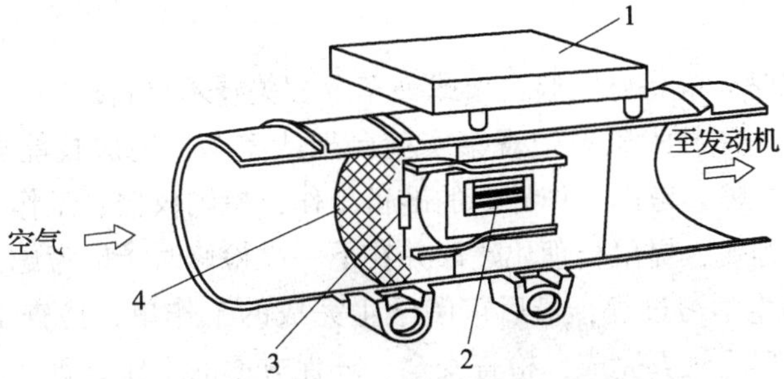

图 5－43　热膜式空气流量计的结构

1—控制电路；2—热膜；3—温度补偿电阻；4—防护网

任务实施

一、拆装及检测流程

以宝来柴油发动机为例，G70 空气流量计（图 5 - 44）安装在进气管上，共有 5 个端子。端子 1（空脚）、端子 2（通过燃油泵继电器/12 V）、端子 3（负信号线）、端子 4（ECU 供电）、端子 5（正信号线）。

1. 空气流量计电阻检测

（1）关闭点火开关，打开空气流量计传感器连接器。

（2）检查传感器和 ECU 连接导线电阻，最大为 1.5 Ω。

（3）检测导线间是否彼此短路。

（4）检查传感器导线连接。

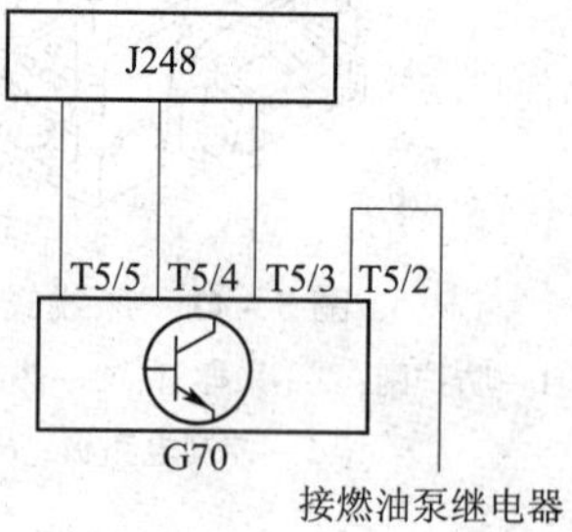

图 5 - 44　空气流量计电路

2. 空气流量计电压检测

（1）打开点火开关。

（2）检查端子 2 和搭铁电压，标准为 12 V。

（3）检查端子 4 和搭铁电压，应为 5 V。

（4）用电吹风向 G79 吹风，检查端子 3 和端子 5 电压，应为 2 ~ 4 V。

3. 空气流量计数据流读取

（1）起动发动机。

（2）读取数据块。

4. 空气流量计波形检测

（1）起动发动机。

（2）读取波形。输出信号电压随进气流量的增大而增大。通常热线（热膜）式空气流量传感器输出信号电压范围是从怠速时超过 0.2 V 变至节气门全开时超过 4 V，当急减速时输出信号电压应比怠速时的电压稍低。

二、技能学习考核

（1）教师为每组学生准备好实验台架或整车及相关技术材料。

（2）小组学生边查阅技术资料边观察实验台架或整车，完成技能学习工作单。结合检测结果，指出相关的故障。考虑工作计划的准备工作，检测仪器、工作油液和辅助材料的可使用性是否达到最佳程度，提出合理化建议并在下一次检修时予以考虑。

（3）教师观察学生学习过程，最后审阅学生完成的工作单，检查工作计划的所有工作项目并确认所有项目都已认真完成，检查安全、环保方面的工作是否到位，检查是否遵守规定的维修工时，检查车辆、发动机是否干净整洁，护套是否取下，工具是否整理，最后给出评价。

学习任务 8

氧传感器检修

学习目标

(1) 能够正确描述氧传感器的功用。

(2) 能够正确描述氧传感器的结构原理。

(3) 能够对氧传感器进行检修。

任务引入

氧传感器安装在排气歧管上，将检测到的废气中氧浓度信号输送给 ECU，ECU 根据此信号对混合浓度（取决于喷油量和进气量）和废气再循环量进行控制，使混合气浓度和 EGR 率满足降低排放污染的要求。

相关知识

氧传感器按性能特点不同可分为普通型、热型和和宽量程型三种。

一、普通型氧传感器

普通型氧传感器又分为氧化锆（ZrO_2）式、氧化钛（TiO_2）式。

1. 氧化锆氧传感器

氧化锆氧传感器的构造及其输出特性如图 5－45 所示。氧化锆传感器的基本元件是氧化锆管，氧化锆管固定在带有安装螺纹的固定套内，在氧化锆管的内、外表面均覆盖着一薄层铂作为电极，传感器内侧通大气，外侧直接与排气歧管中的废气接触。在氧化锆管外表面的铂层上，还覆盖着一层多孔的陶瓷涂层，并加有带槽口的防护套管，用来防止废气对铂电极产生腐蚀；在传感器的线束连接器端有金属护套，其上设有小孔，以便使氧化锆管内侧通大气。

氧化锆氧传感器实质是一个化学电池，又称氧浓度差电池。在 400 ℃以上的高温时，若氧化锆管内、外表面接处的气体中氧的浓度有很大差别，在氧化锆管内、外表面的两个铂电极之间将会产生电动势。发动机工作时，由于氧化锆管内表面接触的大气中氧浓度是固定的，而与外表面接触的废气中氧浓度是随空燃比变化的，所以将氧化锆管内、外表面两个电极间产生的电动势输送给 ECU，即可作为判断实际空燃比的依据。当混合气过稀时，排出

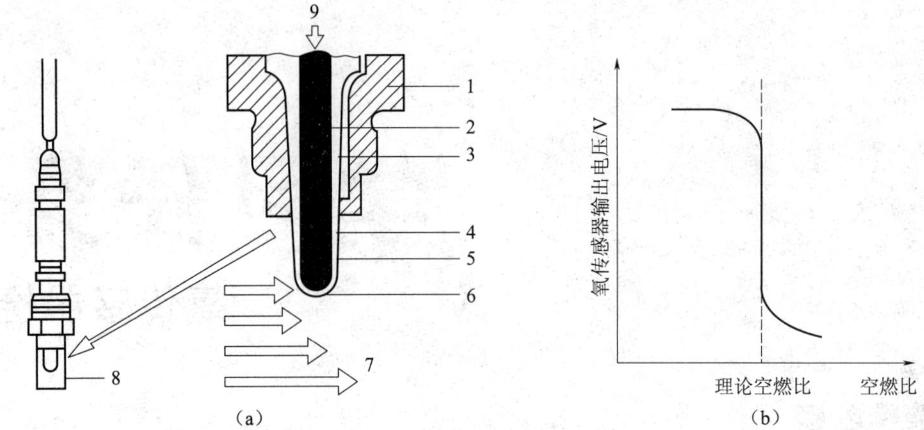

图 5-45　氧化锆氧传感器及其输出特性

(a) 结构；(b) 信号波形

1—法兰；2—铂电极；3—氧化锆管；4—铂电极；5—加热器；6—涂层；7—废气；8—套管；9—大气

的废气中氧含量高，传感器内、外侧氧浓度差小，两电极间产生的电压很低（接近 0 V）；混合气过浓时，排出的废气中氧含量低，传感器内、外侧氧浓度差大，两电极间产生的电压高（接近 1 V）。在理论空燃比附近，氧传感器输出的电压信号有一突变。

2. 氧化钛氧传感器

氧化钛氧传感器是利用化学反应性强、对氧气敏感、易于还原的半导体材料氧化钛与氧气接触时发生氧化还原反应，使晶格结构发生变化，从而导致电阻值变化的原理工作的，它是一种电阻型气敏传感器。

氧化钛氧传感器主要由二氧化钛元件、导线、金属外壳和接线端子等组成，其结构及输出特性如图 5-46 所示。当废气中的氧浓度高时，二氧化钛的电阻值增大；废气中的氧浓度较低时，二氧化钛的电阻值减小。将氧化钛氧传感器与一个标准电阻 R 串联组成测量电路，由 ECU 提供标准电压 V_C，即可获得电压信号 V_S，ECU 根据此信号确定实际的空燃比。与氧化锆氧传感器相同，在理论空燃比附近，输出的电压信号有一突变。

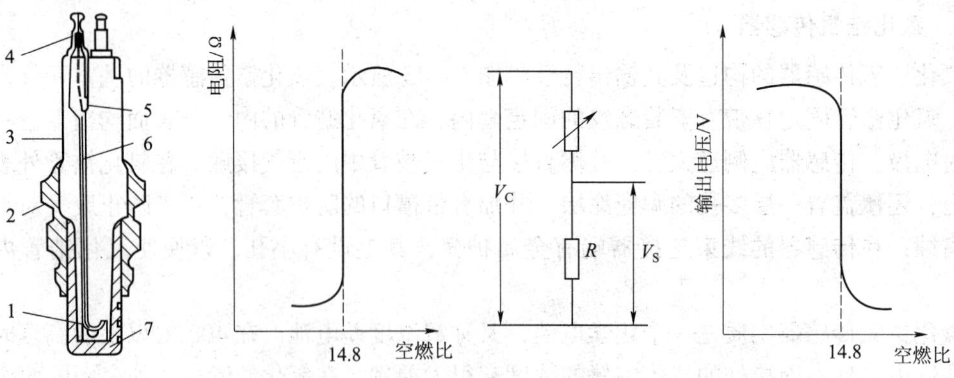

图 5-46　氧化钛氧传感器及其输出特性

(a) 结构；(b) 电阻特性；(c) 测量电路；(d) 信号波形

1—二氧化钛元件；2—金属外壳；3—陶瓷绝缘体；4—接线端子；5—陶瓷元件；6—导线；7—金属保护套

3. 普通氧传感器的缺陷

由氧化锆氧传感器和氧化钛氧传感器的输出特性不难看出，当混合气浓度为理论空燃比时，其输出的信号电压由低（约0.1 V）到高（约0.9 V）或由高到低发生突变，当混合气浓度大于或小于理论空燃比时，输出的信号电压变化微弱，ECU 也难以识别。因此，采用普通的氧化锆氧传感器和氧化钛氧传感器，ECU 只能根据其信号定性的判断混合气浓度比理论空燃比大或小，而无法定量确定混合气浓度。在废气中氧浓度较高的柴油发动机上，采用普通氧传感器一般难以达到降低排放污染的预期目的。

二、热型氧传感器

由于氧化锆只能在400 ℃以上的高温时才能正常工作，为保证氧传感器在发动机排气温度较低时也能正常工作，有的氧传感器内装有加热器，如图5－47 所示。热型氧传感器的加热器由发动机 ECU 控制，当排气温度较低时，加热器通电对氧化锆管进行加热。

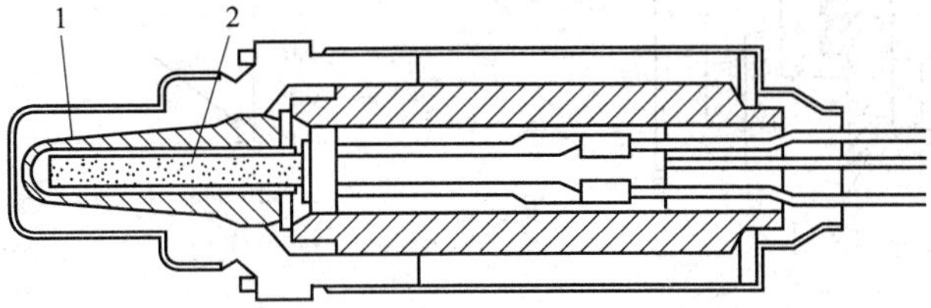

图5－47 热型氧传感器

1—氧化锆管；2—加热器

三、宽量程氧传感器

宽量程氧传感器能够在较宽的空燃比范围内检测排气中的氧浓度，比普通氧传感器更适合柴油发动机。宽量程氧传感器以普通氧化锆型氧传感器为基础扩展而来，氧化锆型氧传感器有一特性，就是当氧离子移动时会产生电动势，若将电动势加在氧化锆组件上，会造成氧离子的移动。

宽量程氧传感器主要由氧化锆参考电池、氧化锆泵电池、扩散孔、扩散室、控制器 A 和 B 等组成，如图5－48 所示。

氧化锆参考电池与氧化锆氧传感器的工作原理相同，其功用是感知通过扩散小孔进入扩散室的废气的氧浓度，并在内、外两电极之间产生电动势 U_s。氧化锆泵电池则相当于一个氧气泵，通过给其输入泵电流，将废气中的氧“泵入”扩散室，或将扩散室中的氧“泵出”。控制器的功用则是力图使扩散室内的氧浓度保持不变，即保持氧化锆参考电池产生的电动势 U_s为0.45 V（参考电压 U_u）的平衡状态；当混合气较浓，废气中的氧浓度较小时，氧化锆参考电池将产生高于0.45 V 的电动势，此时控制器给氧化锆泵电池输入一个正向泵电流，将废气中的氧气泵入扩散室，以恢复到 U_s为0.45 V 的平衡状态；而当混合气较稀，废气中的氧浓度较大时，控制器将给氧化锆泵电池输入一个反向泵电流，将氧气泵出扩散室，以恢复到 U_s 为 0.45 V 的平衡状态；随废气中的氧浓度变化，氧化锆参考电池产生的电动势 U_s 变化，而要恢复到 U_s 为 0.45 V 的平衡状态，所需的泵电流也随之成正比变化，通过控制器将变化的泵电流信号转换成连续变化的电压信号 U_o（0~5 V），ECU 根据此电压信号即可确定混合气的实际浓度。

宽量程氧传感器能够在 10~20 的空燃比范围内连续工作，输出的信号电压随空燃比增大而成正比增大，其输出特性如图 5-49 所示。

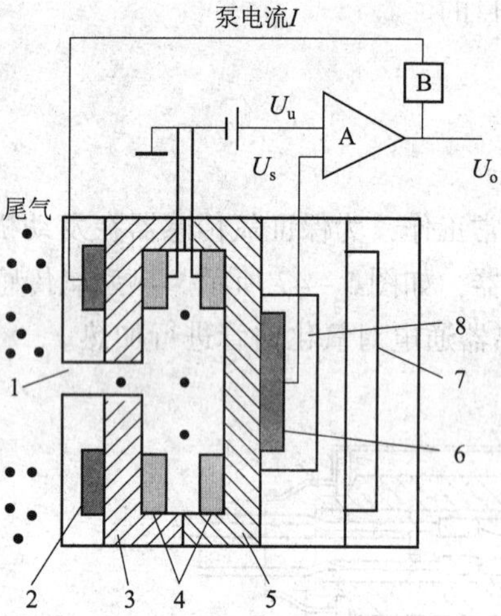

图 5-48 宽量程氧传感器

1—扩散小孔；2—阳极；3—氧化锆泵电池；4—阴极；5—氧化锆参考电池；6—阳极；7—加热器；8—空气

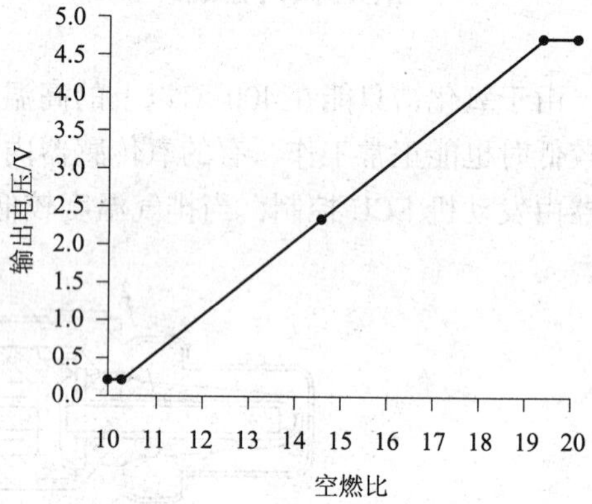

图 5-49 宽量程氧传感器输出特性

任务实施

一、氧传感器的检修

捷达 TDI 使用的是热型氧化锆氧传感器，其电路如图 5-50 所示。传感器有 4 个端子，分别为由电源继电器（或燃油泵继电器）给加热线圈供电的电源端子、加热线圈搭铁端子、传感器信号端子和搭铁端子。有些氧传感器的加热线圈直接搭铁（不受 ECU 控制）；也有些热型氧传感器只有 3 个端子，它是将加热线圈或传感器直接通过壳体搭铁，所以少 1 个端子。

1. 氧传感器电阻检测

（1）关闭点火开关，打开氧传感器连接器。

（2）在传感器侧测量加热线圈电源端子与搭铁端子间的电阻值，一般为 4~40 Ω（具体值查阅车型维修资料）。电阻值若为无穷大，说明加热线圈烧断，应更换氧传感器。

（3）检查传感器和 ECU 连接导线电阻，最大为 1.5 Ω。

（4）检测导线间是否彼此短路。

（5）检查传感器导线连接。

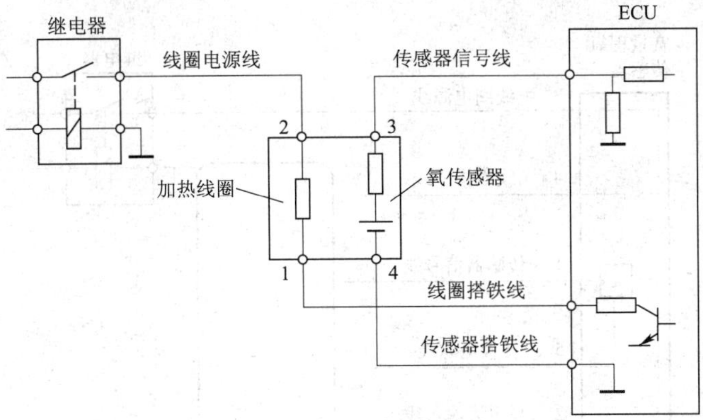

图 5－50　热型氧传感器电路

1，2，3，4—接线端子

2. 氧传感器电压检测

（1）打开点火开关。

（2）检查端子 3 和搭铁电压，标准为 12 V。

（3）插接好传感器线束连接器，起动发动机并使其达到正常工作温度，反复踩、松加速踏板，同时测量传感器信号端子与搭铁端子间的电压，正常应在 0 V 与 1 V 间变化。

3. 氧传感器数据流读取

（1）起动发动机。

（2）读取数据块。

4. 氧传感器波形检测

（1）起动发动机。

（2）读取波形。

二、宽量程氧传感器的检修

奥迪 3.0 TDI 使用的是宽量程氧传感器，一般有 6 个端子，包括加热线圈电源端子、加热线圈搭铁端子、两个 5 V 电源端子、信号端子和泵电流输入端子，其电路如图 5－51 所示。有些宽量程氧传感器只有 5 个端子，它是在传感器内部将两个 5 V 电源端子合并。

1. 宽量程氧传感器电阻检测

（1）关闭点火开关，打开氧传感器连接器。

（2）在传感器侧测量加热线圈电源端子与搭铁端子间的电阻值，一般为 4～40 Ω（具体值查阅车型维修资料）。电阻值若为无穷大，说明加热线圈烧断，应更换氧传感器。

（3）检查传感器和 ECU 连接导线电阻，最大为 1.5 Ω。

（4）检测导线间是否彼此短路。

（5）检查传感器导线连接。

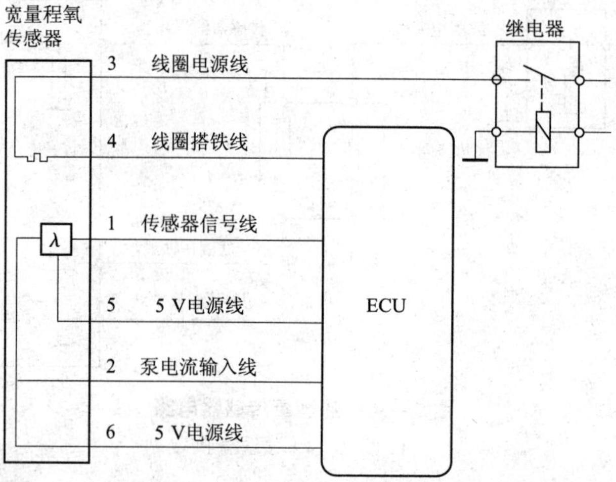

图5-51 宽量程氧传感器电路

2. 宽量程氧传感器电压检测

(1) 打开点火开关。

(2) 检查端子3和搭铁电压，标准为12 V。

(3) 宽量程氧传感器的电流信号只能由ECU转化为电压值显示出来，只能通过读取数据块检测其信号电压。宽量程氧传感器的电压规定值为1.0~2.0 V，电压值大于1.5 V时说明混合气过稀，电压值小于1.5 V时说明混合气过浓，电压值为0 V、1.5 V、4.9 V的恒定值时都说明氧传感器线路有故障。

3. 宽量程氧传感器数据流读取

(1) 起动发动机。

(2) 读取数据块。

4. 宽量程氧传感器波形检测

(1) 起动发动机。

(2) 读取波形。

三、技能学习考核

(1) 教师为每组学生准备好实验台架或整车及相关技术材料。

(2) 小组学生边查阅技术资料边观察实验台架或整车，完成技能学习工作单。结合检测结果，指出相关的故障。考虑工作计划的准备工作，检测仪器、工作油液和辅助材料的可使用性是否达到最佳程度，提出合理化建议并在下一次检修时予以考虑。

(3) 教师观察学生学习过程，最后审阅学生完成的工作单，检查工作计划的所有工作项目并确认所有项目都已认真完成，检查安全、环保方面的工作是否到位，检查是否遵守规定的维修工时，检查车辆、发动机是否干净整洁，护套是否取下，工具是否整理，最后给出评价。

习题

（1）加速踏板位置传感器的功用是什么？其有几种类型，简单说明其工作原理。

（2）凸轮轴/曲轴位置传感器的功用是什么？其有几种类型，简单说明其工作原理。

（3）压力传感器的功用是什么？其有几种类型，简单说明其工作原理。

（4）温度传感器的功用是什么？其有几种类型，简单说明其工作原理。

（5）空气流量传感器的功用是什么？其有几种类型，简单说明其工作原理。

（6）氧传感器的功用是什么？其有几种类型，简单说明其工作原理。

项目六

柴油发动机辅助控制系统检修

学习任务1

废气涡轮增压控制系统检修

学习目标

（1）能够正确描述废气涡轮增压控制系统的组成。

（2）能够正确描述废气涡轮增压控制系统的工作原理。

（3）能够对废气涡轮增压控制系统进行检修。

任务引入

所谓增压，就是将空气预先压缩，然后在进入气缸，以提高空气密度、增加空气量的一项技术。在柴油发动机上广泛采用的是废气涡轮增压技术。本任务是以大众宝来 TDI 柴油轿车为例，对增压控制系统进行检测，主要检测项目有增压压力限制电磁阀检测、机械式空气再循环阀检测、增压压力传感器检查、增压压力测试等。

相关知识

柴油发动机增压就是利用专门的装置将空气预先进行压缩，再送入气缸的过程。虽然气缸的工作容积不变，但因增压后每个循环进入气缸的气体密度增大，使实际充气量增加，这样可以向缸内喷入更多的燃料并保证充分的燃烧。增压技术在汽车发动机上应用已相当广泛，采用增压的目的不仅是提高发动机的升功率或进行高原补偿，更重要的是能降低燃油耗率、降低排放污染和减小噪声。增压的方式很多，如废气涡轮增压、机械增压、气波增压、复合增压等，现代汽车发动机以废气涡轮增压为主，这是由于采用废气涡轮增压，不仅能够充分利用废气能量，提高发动机热效率，同时由于废气涡轮使排气背压提高，有利于降低排气噪声，也有利于废气中 HC 和 CO 在排气管内的继续燃烧。

一、废气涡轮增压系统

1. 基本工作原理

常用废气涡轮增压系统主要由空气滤清器、增压器、中冷器等组成，如图 6－1 所示。废气涡轮增压器主要由涡轮和压气机两部分组成，涡轮与压气机的叶轮安装在同一轴上；涡轮的进气口与柴油发动机排气管相连，出气口与排气消声器相连；压气机的进气口前端装有空气滤清器，出气口则经中冷器与进气管相连。

发动机工作时，由排气管排出的高温、高压废气流经增压器的涡轮壳，在废气进入涡轮壳时利用废气通道截面的变化（由大到小）来提高废气的流速，使高速流动的废气按一定方向冲击涡轮，并带动压气机叶轮一起旋转。同时，经空气滤清器滤清后的空气被吸入压气机壳，旋转的压气机叶轮将进入压气机壳的空气甩向叶轮边缘出气口，使空气的压力和流速升高，并利用压气机出气口处通道截面的变化（由小到大）进一步提高空气压力，增压后的空气经中冷器和进气歧管进入气缸。

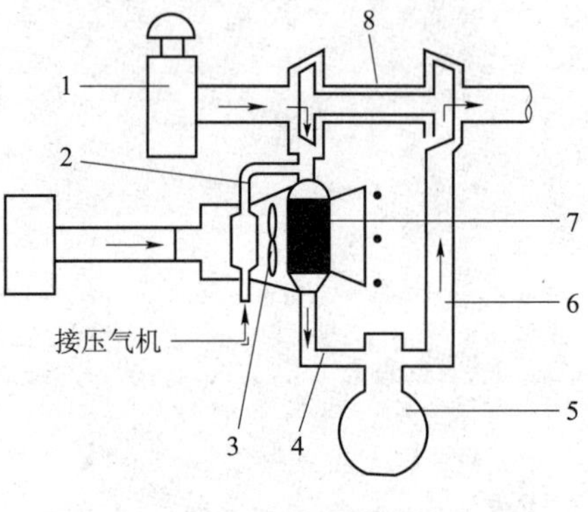

图 6－1　废气涡轮增压系统的组成

1—空气滤清器；2—抽气管；3—中冷器风扇；4—进气管；5—发动机；6—排气管；7—中冷器；8—增压器

中冷器全称为中间冷却器，其功用是使增压后的空气进入气缸前，进行中间冷却，以降低进气温度。这是因为空气经增压后温度会升高，空气的密度并不能随其压力成正比增加，适当对增压后的空气进行冷却，可进一步提高发动机的进气量。中冷器风扇的驱动，一般是从压气机一端引出 5% ~10% 的增压空气经抽气管流至与风扇制成一体的涡轮，通过涡轮带动风扇转动。

2. 废气涡轮增压器

废气涡轮增压器的结构如图 6－2 所示，其组成可分为涡轮、压气机、支撑装置、密封装置、润滑与冷却装置。

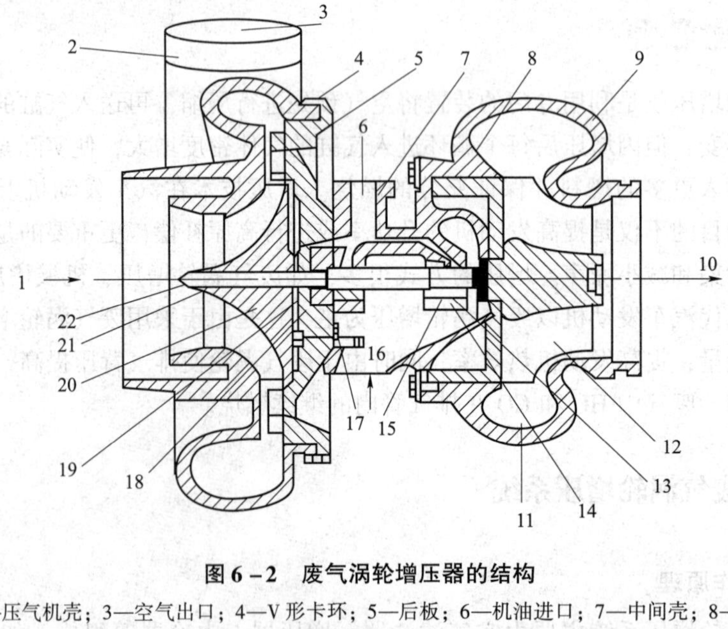

图 6－2　废气涡轮增压器的结构

1—空气入口；2—压气机壳；3—空气出口；4—V 形卡环；5—后板；6—机油进口；7—中间壳；8—护板；9—涡轮壳；10—排气出口；11—排气进口；12—涡轮；13—增压器浮动轴承；14—轴承壳；15—卡环；16—机油出口；17—止推盘；18—止推环；19—油封；20—压气机叶轮；21—固定螺母；22—涡轮及叶轮轴

涡轮部分由涡轮及叶轮轴和涡轮壳等零件组成，该部分主要利用废气能量产生驱动压气机的动力。

压气机部分由叶轮、压气机壳等零件组成，其功用是在废气涡轮驱动下，利用离心原理压缩即将进入气缸的空气。

支撑装置部分由轴承、护板、止推盘等零件组成，其功用是使转子可靠地定位在中间壳上，限制转子工作时的轴向和径向活动范围。

密封装置部分由油封和气封环等零件组成，在压气机端的密封装置主要防止润滑油进入压气机，在涡轮端的密封装置主要是防止废气进入油腔，污染润滑油。

润滑与冷却装置部分主要由轴承壳和进、出油管等零件组成，其功用是使发动机润滑油经油管和增压器轴承壳进行循环，对增压器进行润滑和冷却。

增压器中采用的支承轴承为浮动轴承，因为增压器转子的转速很高，每分钟上万转甚至数十万转，若采用普通的非浮动轴，轴承磨损很快，使用寿命很短。浮动轴承是指轴与轴承及轴承与轴承座孔之间均有一定的间隙，增压器工作时，具有一定压力的润滑油进入轴承的内外间隙，使轴承在内外两层油膜之间随转子转动，但轴承的转速比转子低得多，从而使轴承与轴和轴承孔的相对速度大大降低。与普通的滑动轴承相比，浮动轴承具有工作温度低、摩擦损失少、工作可靠及拆装方便等优点。

二、增压控制系统的功能

废气涡轮增压器是靠废气排出时的能量来驱动的，而废气排出时的能量主要取决于发动机排出的废气流速。随着发动机转速的提高，废气流速提高，使废气涡轮增压器的转速提高，增压压力增高；反之，随发动机转速降低，废气涡轮增压器的增压压力会减低。由于汽车发动机的转速变化范围大，废气涡轮增压器的工作特性难以在各种工况下均与发动机实现良好的匹配，如：发动机低速且大负荷时，会因增压压力低导致进气量不足，造成发动机燃烧不完全、冒黑烟，动力性和经济性下降等后果；反之，当发动机高速大负荷时，容易造成增压器超速、燃烧压力过高等不良后果。

由此可见，根据发动机工况变化，控制增压压力非常重要。增压控制系统的功能就是根据发动机工况变化，通过调节增压压力，进一步优化发动机的性能。此外，部分发动机还设有增压空气循环控制系统，该系统是通过将压气机出气口与进气口连通使增压空气循环的方法，控制供给发动机的增压空气量，以避免发动机在急减速工况时，废气涡轮增压器内部产生气体冲击，同时也可在转速过高（超过规定转速）或小负荷时，降低进气噪声和燃油消耗。

三、增压压力控制系统

增压器的增压压力取决于其转速，而在发动机转速和负荷一定时，废气涡轮增压器的转速与废气流经涡轮的速度有关。因此，改变废气流经涡轮的速度即可实现对增压压力的控制。

控制增压压力的方法主要有旁通阀式、节流阀式和可调叶片式三种。旁通阀式增压控制是利用旁通阀控制流经涡轮的废气量，节流阀式增压控制是利用节流阀控制涡轮进气口流通截面，可调叶片式增压控制是利用可调叶片控制涡轮受力有效截面，最终都是通过改变废气流经涡轮速度，实现对增压压力的控制。

1. 旁通阀式增压压力控制

以一汽大众宝来电控柴油发动机为例，旁通阀式增压压力控制系统如图6－3所示。旁通阀受驱动气室的控制，ECU控制的电磁阀安装在增压器压气机出口与驱动气室之间高压空气管中，电磁阀控制进入驱动气室的气体压力。ECU将增压压力传感器检测到的实际增压压力与内存的目标值进行比较，当实际增压压力低于目标时，ECU控制的电磁阀搭铁回路断开，电磁阀关闭通往驱动气室的高压空气管路，驱动气室驱动旁通阀关闭废气旁通口，使废气流经增压器，废气涡轮增压器工作；当实际增压压力高于目标时，ECU控制的电磁阀搭铁回路接通，电磁阀开启通往驱动气室的高压空气管路，驱动气室驱动旁通阀开启废气旁通口，由于废气经旁通口排出，废气涡轮增压器停止工作。

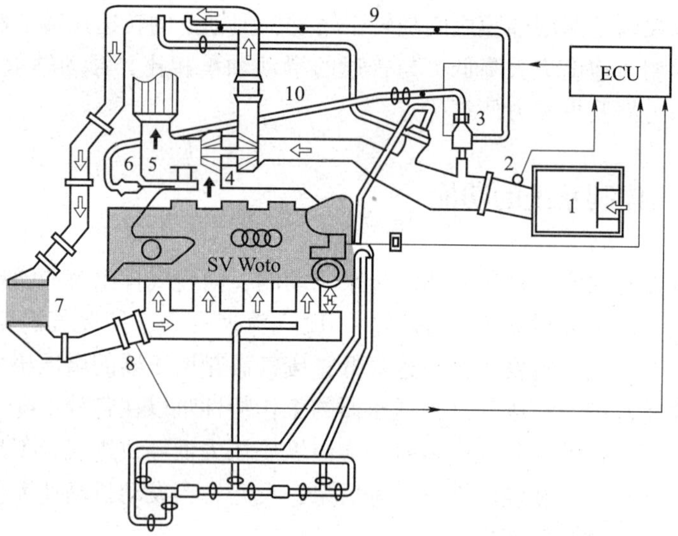

图6－3 旁通阀式增压压力控制系统

1—空气滤清器；2—空气流量计；3—增压压力控制电磁阀；4—废气涡轮增压器；5—旁通阀；
6—驱动气室；7—中冷器；8—增压压力传感器；9，10—高压空气管

旁通阀式增压压力控制装置如图6－4所示。当电磁阀关闭高压空气管路时，膜片左侧无空气压力，弹簧推动膜片向左移动，并通过膜片拉杆和控制杆驱动旁通阀向右关闭废气旁通口；当电磁阀开启高压空气管路时，来自压气机出口的高压空气作用在膜片上，使膜片压缩膜片弹簧向右移动，并通过膜片拉杆和控制杆驱动旁通阀向左开启废气旁通口。

增压压力控制电磁阀如图6－5所示。电磁阀断电时，阀被弹簧推至下端，低压空气侧管口被关闭，而高压空气侧管口与通驱动气室管口连通；电磁阀通电时，阀被电磁力吸起，高压空气侧管口被关闭，而低压空气侧管口与通驱动气室管口连通。

在旁通阀式增压压力控制系统中，可采用占空比控制型电磁阀取代开关型电磁阀，实现增压压力的连续控制。ECU根据柴油发动机负荷信号和转速信号，按预存的增压压力控制模型确定此负荷和转速下的增压压力，将其与增压压力传感器检测到的实际增压压力进行比较，并根据比较结果调节电磁阀通电占空比，通过电磁阀开度的变化调节作用在驱动气室膜片上的空气压力，从而调节旁通阀的开度，实现增压压力的连续控制。

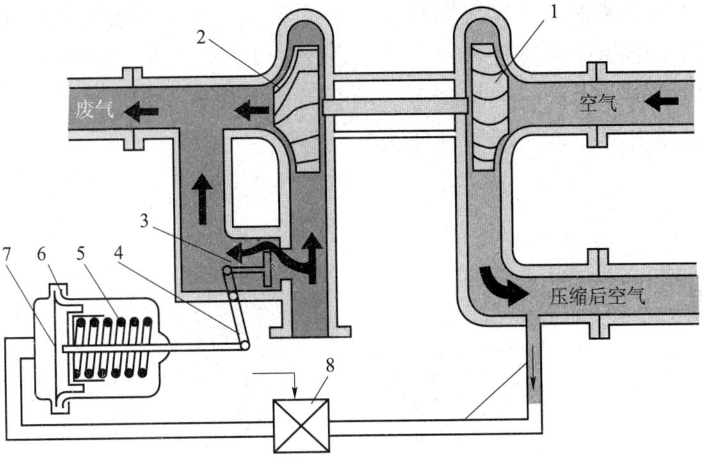

图 6－4　旁通阀式增压压力控制装置

1—压气机；2—涡轮；3—旁通阀；4—控制杆；5—膜片拉杆；6—膜片弹簧；7—膜片；8—增压压力控制电磁阀

2. 节流阀式增压压力控制

节流阀式增压压力控制装置如图 6－6 所示。节流阀安装在增压器的涡轮进口处，当发动机低速转动时，节流阀关闭，以减小涡轮进口截面，使废气流速加快，增压器转速提高，以避免低速时增压压力不足的现象。当发动机转速较高时，节流阀开启，以增大涡轮进口截面，使废气流速减慢，以免出现高速时增压器的超速现象。节流阀的开启或关闭，由电磁阀和驱动气室来控制，其控制原理与前述旁通阀控制基本相同。

3. 可调叶片式增压压力控制

可调叶片式增压压力控制系统如图 6－7 所示。调整环安装在增压器的涡轮壳上，与可调叶片和轴制成一体的叶片拨销位于调整环相应的卡槽内，叶片轴由支撑环支撑，调整环转动

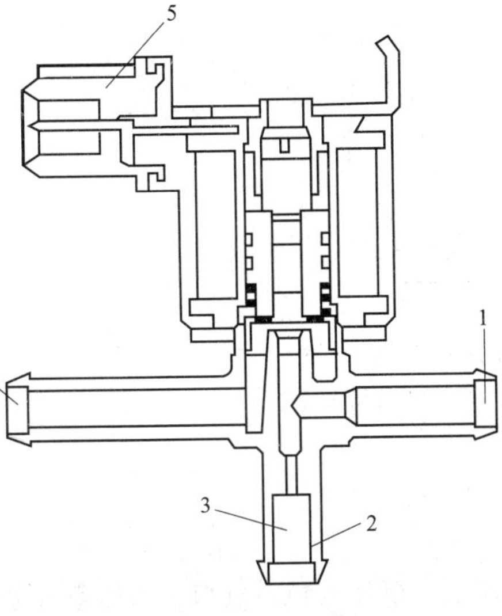

图 6－5　增压压力控制电磁阀

1—通驱动气室管口；2—低压空气侧管口；3—阀；4—高压空气侧管口；5—线束连接器

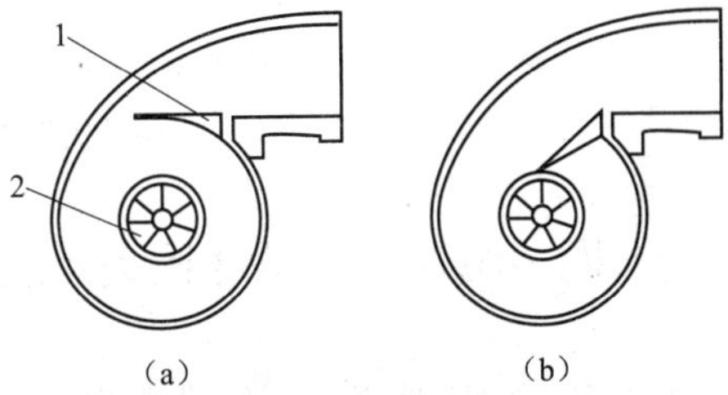

图 6－6　节流阀式增压压力控制装置

（a）低速时节流阀关闭；（b）高速时节流阀开启

1—增压器涡轮；2—节流阀

时，即可通过相应的卡槽驱动叶片拨销和叶片一起转动，从而改变叶片角度。控制连杆通过调整环拨销相应的卡槽驱动调整环转动，而控制连杆的转动则由 ECU 通过电磁阀和驱动气室来控制。控制电磁阀采用占空比控制型，但只有 4 个位置变化，相应的可调叶片也有 4 个角度位置，能够对废气涡轮增压器实现四级转换控制。

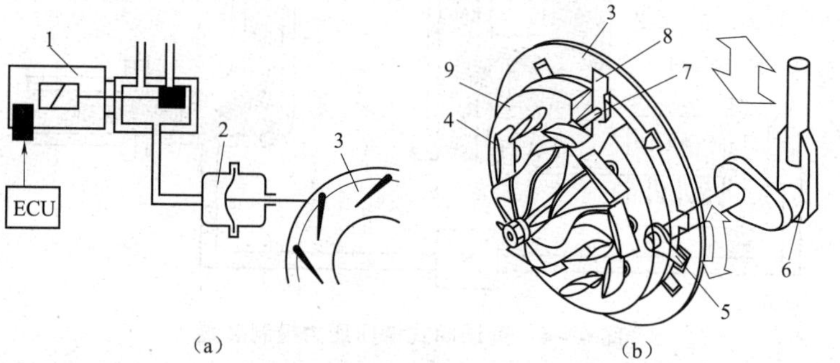

图 6－7　可调叶片式增压压力控制系统

(a) 系统组成；(b) 控制装置结构

1—控制电磁阀；2—驱动气室；3—调整环；4—可调叶片；5—调整环拨销；6—控制连杆；7—叶片轴；8—叶片拨销；9—支撑环

可调叶片式增压压力控制原理如图 6－8 所示。发动机低速转动时，ECU 通过电磁阀和驱动气室控制调整环转动，使可调叶片角度减小，由于废气经过可调叶片流向涡轮时的通道截面变小，使废气流速加快，而且废气冲击涡轮叶片的外边缘，也增大了涡轮驱动力矩，所以废气涡轮增压器转速较高，增压压力相对提高。反之，可调叶片角度增大时，增压压力则相对减小。

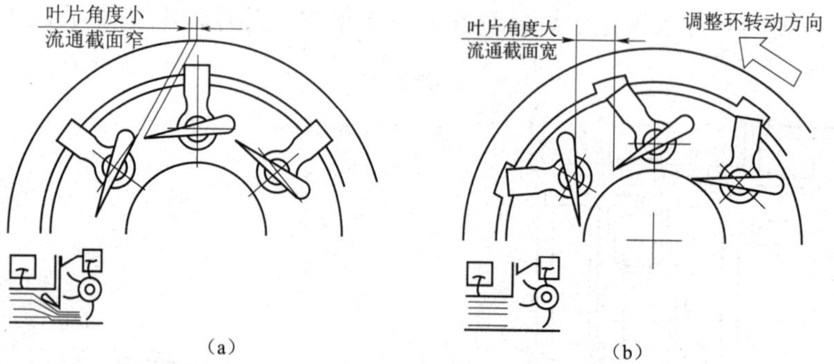

图 6－8　可调叶片式增压压力控制原理

(a) 叶片角度减小；(b) 叶片角度增大

四、增压空气循环控制系统

增压空气循环是指将压气机压缩后的空气重新引回到压气机进气口，增压空气循环控制系统主要是根据发动机转速和负荷的变化，控制增压空气循环量，以调节供给发动机的增压空气量。在发动机转速突然降低时，增压空气循环可避免废气涡轮增压器产生气体冲击；发动机小负荷工况运转时，增压空气循环可防止供气量过多，并可降低进气噪声；在发动机高速运转时，增压空气循环可防止发动机超速。

增压空气循环控制系统如图 6－9 所示。增压空气循环控制电磁阀为三通阀，左侧经真空管 14 和真空管 9 与真空罐 10 相通，右侧经真空管 13 与进气管连通，下部则经真空管 12 与增压空气循环阀膜片气室连通，电磁阀用于控制增压空气循环阀膜片气室与真空罐或进气管相通。发动机在正常工况下工作时，增压空气循环控制电磁阀不通电，增压空气循环阀膜片气室与真空罐之间的真空管路不通，此时，利用进气歧管真空度通过真空管 13、电磁阀、真空管 12 控制增压空气循环（真空通路如图 6－9 中小箭头所示方向）；随发动机转速提高，进气歧管真空度增大，增压空气循环控制阀开度增大，增压空气循环量增多，从而使供给发动机的增压空气量受到限制；反之，随发动机转速降低，进气歧管真空度减小，增压空气循环量减少，从而可防止低速时供气量不足。增压空气循环是经增压空气循环管 4 和空气循环控制阀 3 进行的（图 6－9 中大箭头所示方向）。在进气歧管真空管 13 与真空罐真空管 9 之间装有单向阀 8，利用进气歧管真空度吸出真空罐内空气，使真空罐内保持一定的真空度。当发动机转速突然降低，或负荷很小，或转速过高时，ECU 接通增压空气循环控制电磁阀的电路，电磁阀通电后，使增压空气循环阀与进气歧管之间的真空通路关闭，而利用真空罐中的真空经真空管 9、真空管 14、电磁阀、真空管 12 强制开启增压空气循环阀，此时真空罐中的真空度较大，增压空气循环阀达到最大开度；此时，增压后的空气压力因循环而得到全部释放，供往发动机气缸的空气几乎没有增压效果。

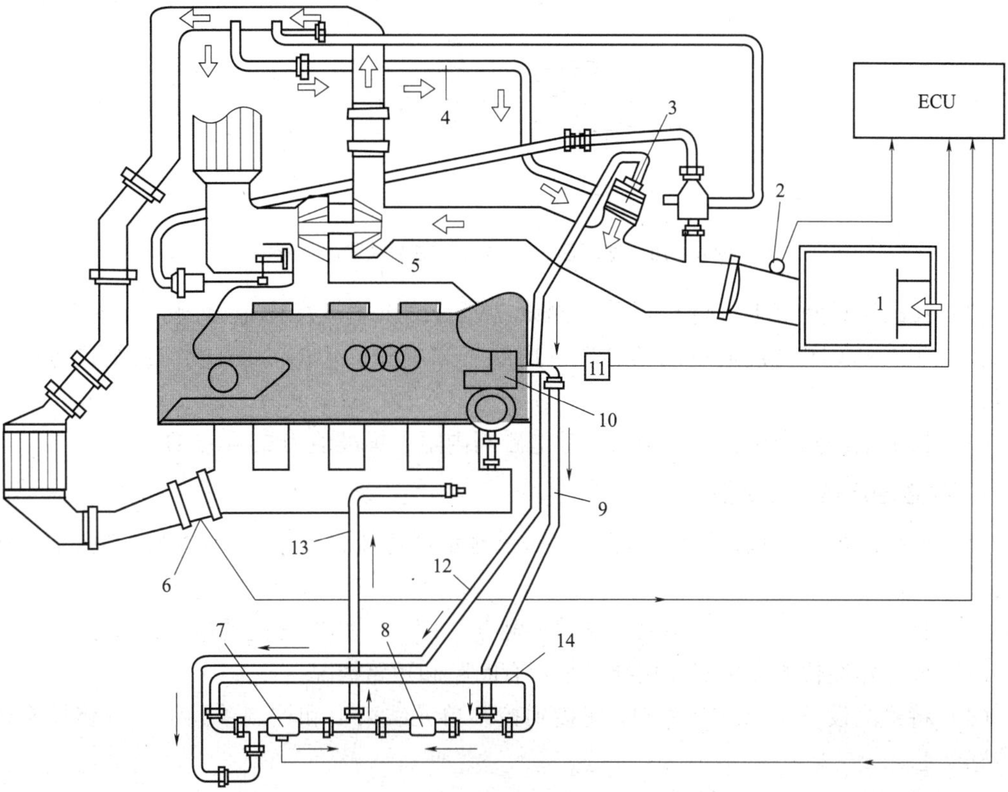

图 6－9　增压空气循环控制系统

1—空气滤清器；2—空气流量计；3—空气循环控制阀；4—空气循环管；5—压气机；6—增压压力传感器；7—空气循环控制电磁阀；8—单向阀；9，12，13，14—真空管；10—真空罐；11—转速传感器

任务实施

一、拆装及检修流程

1. 测试增压压力

（1）将真空软管从进气歧管上拔出并与涡轮增压器检测设备 V. A. G1397A 上的三通适配接头相连。

（2）在油门全开时且行驶期间测试增压压力，测试期间最长测量时间每次 10 s。

（3）如果增压压力过高，检查废气涡轮增压器内增压压力调节阀是否卡在关闭的位置。

（4）如果增压压力过低，检查增压压力限制电磁阀。

2. 测试增压压力限制电磁阀

（1）连接故障诊断仪，调取故障码。如显示增压压力电磁阀有故障，从阀上拔下软管，将一段辅助软管接到箭头所示的接头上，如图 6－10 所示。

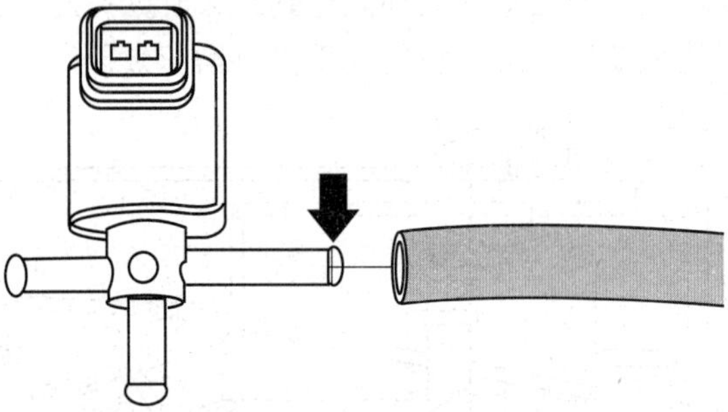

图 6－10　增压压力电磁阀与辅助软管的连接

（2）在故障诊断仪上进行执行单元测试功能，测试增压压力电磁阀，该阀应“嗒嗒”响，且应打开和关闭（可通过向辅助软管内吹气来检查）。如果没有响声，则检查电磁阀内阻。

（3）拔下电磁阀插头，用万用表测量电磁阀内阻，标准值为 25～35 Ω。

3. 检查增压压力传感器

（1）连接故障诊断仪，调取故障码。如果显示增压压力传感器有故障，则拔下传感器插头。

（2）打开点火开关，用万用表测量插头触点“1”和“3”之间的电压，规定值为 5 V。

（3）按电路图检查传感器连接导线是否有断路和短路情况。

（4）将检测设备 V. A. G1598/31 连接到控制单元线束上和控制单元上，并将插头连接到传感器上。

（5）将万用表连接到插孔“101”和“109”上。

（6）起动发动机并使之怠速运转，测量两插孔之间的电压，规定值为 1.8～2.0 V。

（7）使发动机急加速，测量两插孔之间的电压，规定值为 2.0～3.0 V。如果未达到规定值，则更换该传感器。

4. 检查机械式循环空气阀

（1）将手动真空泵 V. A. G 1390 连接到机械式循环空气阀的真空接口上。

（2）操纵手动真空泵，循环空气阀必须打开，如图 6－11 所示。

（3）操纵手动真空泵上的通气阀，循环空气阀必须关闭。

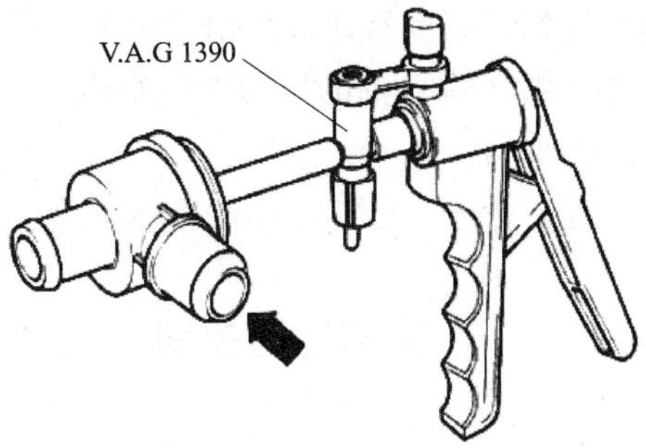

图 6－11　机械式循环空气阀的检查

二、技能学习考核

（1）教师为每组学生准备好实验台架或整车及相关技术材料。

（2）小组学生边查阅技术资料边观察实验台架或整车，完成技能学习工作单。结合检测结果，指出相关的故障，并考虑工作计划的准备工作，检测仪器、工作油液和辅助材料的可使用性是否达到最佳程度，提出合理化建议，并在下一次检修时予以考虑。

（3）教师观察学生学习过程，最后审阅学生完成的工作单，检查工作计划的所有工作项目并确认所有项目都已认真完成，检查安全、环保方面的工作是否到位，检查是否遵守规定的维修工时，检查车辆、发动机是否干净整洁，护套是否取下，工具是否整理，最后给出评价。

知识拓展

怠速控制系统

柴油发动机怠速是指加速踏板完全松开，发动机对外无功率输出并保持最低稳定转速运转的工况。在汽车使用中，发动机怠速运转的时间约占 30%，怠速转速的高低直接影响燃油消耗和排放污染。怠速转速过高，燃油消耗增多，且噪声大；怠速转速过低，CO、HC 和颗粒的排放量相对较高。因此，必须控制柴油发动机的怠速转速。

在柴油发动机工作中，影响怠速转速的因素很多，如空调打开、电器负荷增大、自动变速器挂入挡位、动力转向装置工作等，均增加发动机的负载，若不适当增加循环供（喷）油量，就容易导致发动机运转不稳甚至熄火。此外，随着发动机使用时间的增长、季节的变化、燃油黏度变化等，均会引起燃料供给系统供（喷）油特性的变化，同样会导致柴油发动机怠速运转不稳甚至熄火。在柴油发动机的传统燃料供给系统中，由于无法对影响怠速的各种因素做出快速反应，只能靠对机械调速器中怠速弹簧的人工调整，使柴油发动机保持较高的怠速转速，以避免怠速不稳甚至熄火现象的发生。柴油发动机的电控系统，必须对影响怠速稳定运转的各种因素做出快速反应，并根据实际的运行工况，对怠速转速进行调节，使其保持在理想的目标转速。

柴油发动机使用中，由于燃料供给系统调整误差或零部件磨损产生的误差，均会影响各缸供（喷）油量的均匀性，尤其是怠速工况下，由于供油量少、转速低，各缸供（喷）油的不均匀，更容易导致发动机转速不稳，严重时会产生振动和噪声。为此，柴油发动机怠速时各缸供（喷）油的均匀性控制也非常必要，但这在柴油发动机的传统燃料供给系统中是无法实现的。

综上所述，柴油发动机怠速控制应包括两个内容，即怠速转速控制和各缸均匀性控制。

一、怠速转速控制

怠速转速控制的目的就是使发动机维持一定转速稳定运转。其控制过程是：当发动机负载增加时，适当增大发动机负荷，使之发出较大功率，以防止怠速转速低于目标转速甚至熄火；当发动机负载减小时，则适当减小发动机负荷，使之发出功率减小，以防止怠速转速超过目标转速。怠速转速的控制过程是根据发动机负载的变化，通过调节发动机负荷来实现的。由于柴油发动机与汽油发动机的负荷调节的方法不同，柴油发动机为混合气浓度（质）调节，汽油发动机为混合气量（量）调节，所以柴油发动机的怠速转速控制与汽油发动机也有着本质的区别，汽油发动机怠速转速控制是通过控制其怠速时的进气量来实现的，而柴油发动机怠速转速控制则是通过控制循环供（喷）油量来实现的。

供（喷）油量控制是柴油发动机电控燃油喷射系统最主要的功能之一。在电控柴油发动机上，怠速控制系统与电控燃油喷射系统合二为一，都是由ECU根据发动机转速信号、加速踏板位置信号和内存控制模型来确定基本供（喷）油量，再根据冷却液温度信号、进气温度信号、起动开关信号、空调开关信号、供（喷）油量反馈信号等对供（喷）油量进行修正。

二、各缸均匀性控制

各缸均匀性控制的目的是尽量缩小同一工作循环各缸供（喷）油量的差值，以保持发动机怠速运转稳定和减轻振动。

各缸均匀性控制是通过对各缸供（喷）油量的瞬时调节来实现的。柴油发动机怠速工况时，ECU根据各缸做功行程时的转速传感器信号，确定各缸供（喷）油量的偏差，然后进行补偿调节。除采用“位置控制”方式的电控燃油喷射系统外，均可实现各缸均匀性控制的功能。

学习任务2

预热系统检修

学习目标

（1）能够正确描述预热系统的组成。

（2）能够正确描述预热系统的工作原理。

（3）能够对预热系统进行检修。

任务引入

柴油发动机具有热效率高、经济性好等优点，在车用发动机上得到了广泛应用。在低温环境下，由于机油的黏度高，柴油发动机的起动阻力矩大，气缸壁初始温度低，燃油雾化性差，压缩后的空气温度达不到燃油自燃温度，因而柴油发动机存在低温起动困难问题。为了保证柴油发动机在低温条件下能迅速起动，柴油发动机上普遍采用了火焰预热器、电加热进气预热器等进气预热装置。

相关知识

预热系统是柴油发动机所特有的。发动机冷态起动时，即使压缩充分，由于温度低，喷入的燃油并未升温至自燃温度，所以，必须用预热系统来改善点火性能。预热系统有两种，即起动预热系统（空气预热）和辅助预热系统（冷却液预热）。

一、起动预热系统（空气预热）

起动预热系统在发动机冷态起动前，通过电子装置加热压缩空气，提高了发动机的起动性，即使在起动后，依据冷却液温度，将对空气继续加热一段时间，从而可以减少柴油发动机的爆燃和冒白烟现象。起动预热系统有两种类型，即预热塞式和进气加热式。预热塞式用于加热燃烧室的空气，如图6－12所示；进气加热式用于直接加热来自空气滤清器的空气，如图6－13所示。

预热塞的结构原理如图6－14所示，预热塞内装有其电阻随温度上升而增加的控制线圈。随着温度的升高，线圈的电阻增加，从而降低流往与控制线圈串联着的热线圈的电流量，使预热塞的温度不致上升过高。预热塞的温度可升至约900 ℃。

预热系统的运行如图6－15所示，当发动机冷却液温度低时，在点火开关接通后，预热定时器或排放控制ECU内部的定时器1和2都接通。定时器1接通组合仪表内的预热指示灯；定时器2接通预热塞继电器，使预热塞产生热量。

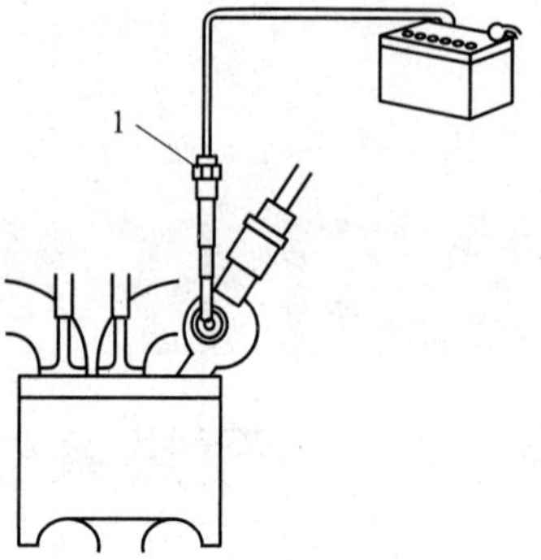

图 6－12　预热塞式

1—预热塞

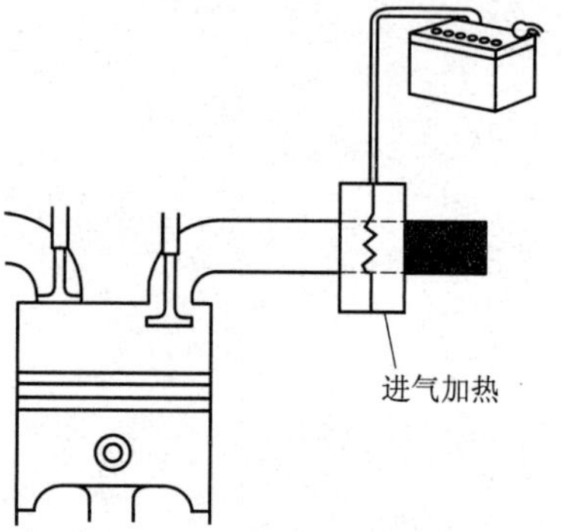

图 6－13　进气加热式

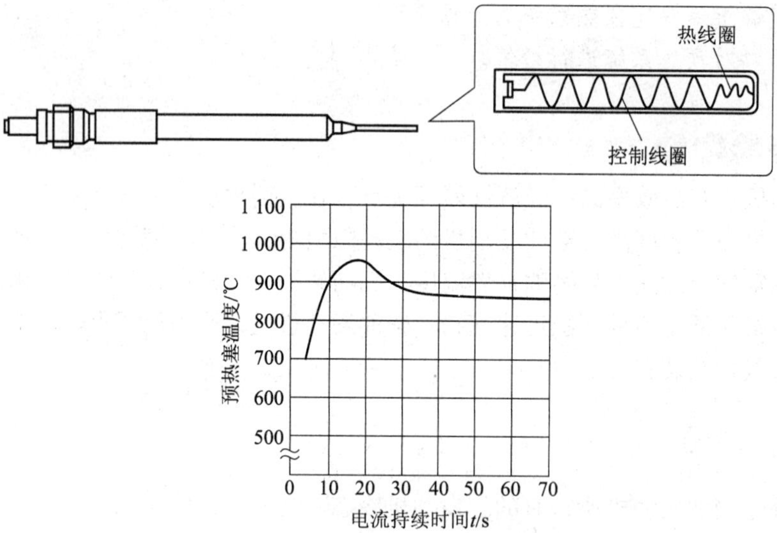

图 6－14　预热塞的结构原理

在冷却液温度决定的时间内，定时器 1 和 2 都接通，然后，同时断开。当定时器 1 断开时，预热指示灯也断开。

当点火开关旋至“起动（START）”时，预热定时器或排放控制 ECU 将预热塞继电器接通，防止预热塞温度在起动时下降和改善起动性能。

当定时器 3 运行时，是依据冷却液温度决定的时间内，将预热继电器接通，使其在预热后，点火开关从“起动”旋至“点火”时，为发动机的起动产生作用。

固定延时型电路如图 6－16 所示。在固定延时型预热系统中，预热定时器控制预热指示灯发光时间和预热塞继电器接通的时间（预热时间）。指示灯发光时间约为 5 s，预热时间约为 18 s，两者都按固定时间控制。

可变延时型电路如图 6－17 所示。在可变延时型预热系统中，预热定时器控制预热指示灯发光时间和根据发动机冷却液温度和交流发电机电压（可用作发动机运转信号）而决定的预热塞继电器接通时间（预热时间）指示灯发光时间，其为 2～28 s，预热时间为 2～55 s，两者都根据冷却液而变化。

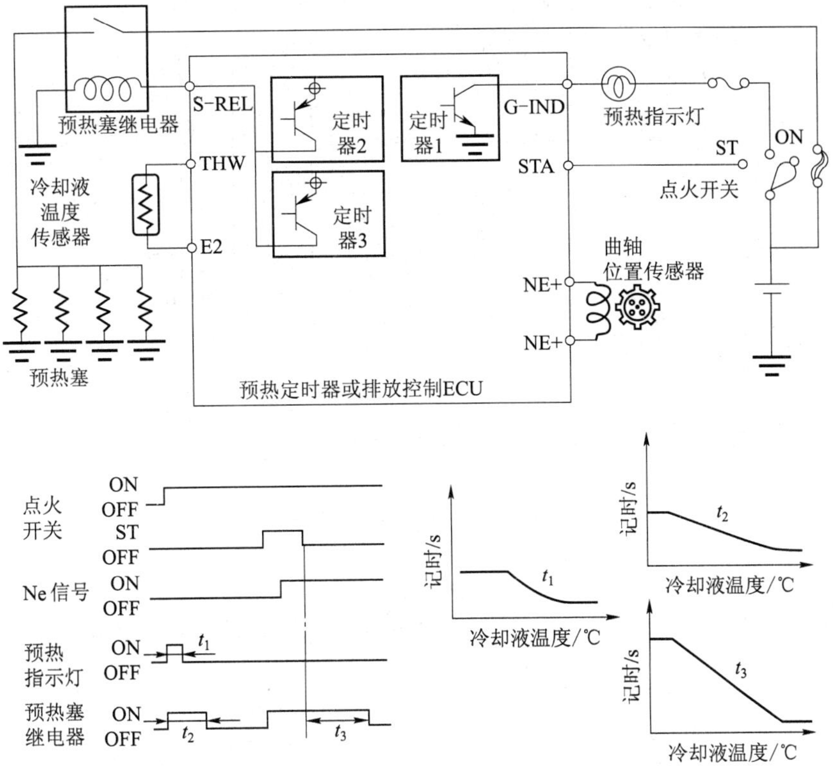

图6－15　预热系统的运行

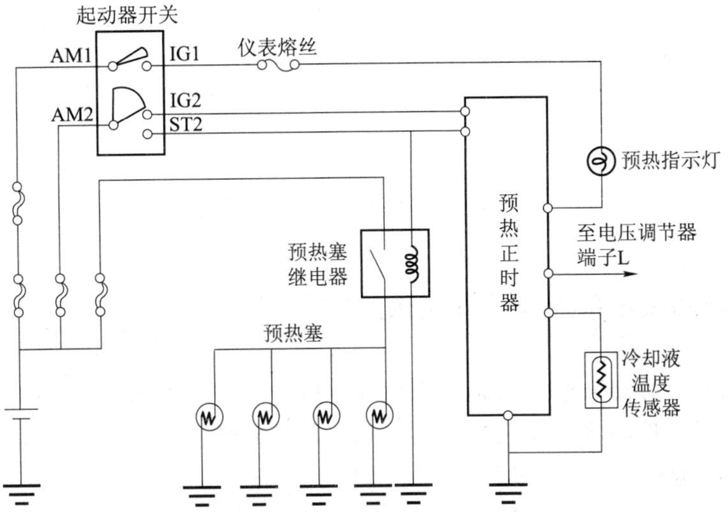

图6－16　固定延时型电路

电控单元控制型电路以一汽大众宝来柴油发动机为例，起动预热系统示意图如图6－18所示。电控单元控制型电路由电控单元控制预热塞继电器和预热塞的工作。预热塞系统使发动机在低温条件下容易起动。当冷却液温度低于9 ℃时，发动机电控单元起动预热塞加热系统。

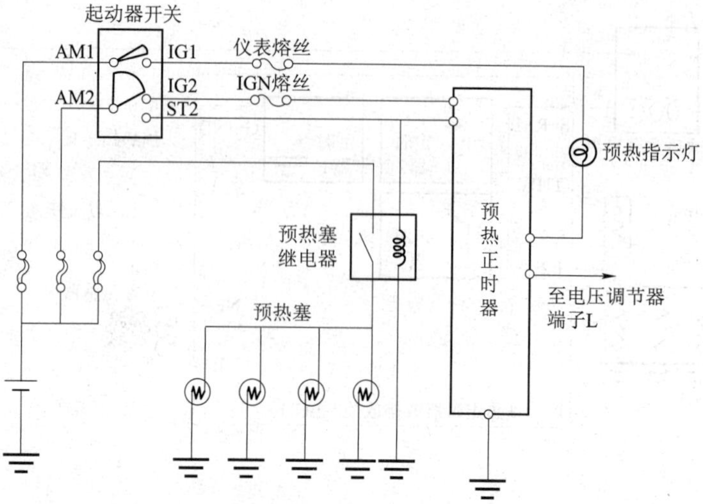

图6－17　可变延时型电路

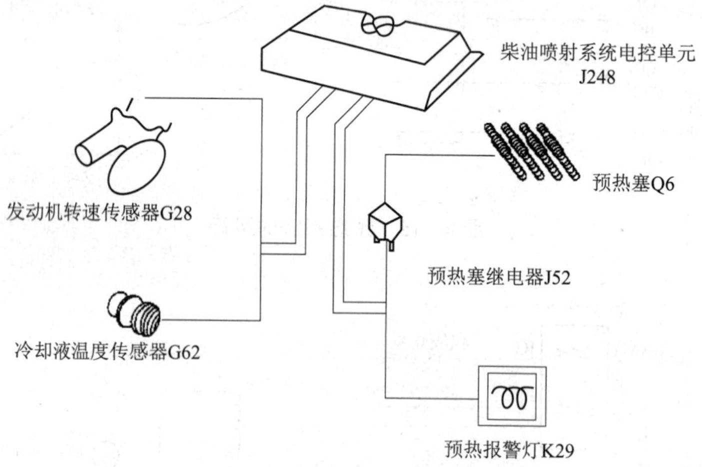

图6－18　起动预热系统示意图

二、辅助预热系统（冷却液预热）

辅助预热系统（冷却液预热）是根据进气温度传感器、冷却液温度传感器和发动机负荷传感器等的信号，控制冷却液预热塞的工作，以提高燃烧质量，从而提高发动机的动力性、经济性和排放性。

如图6－19所示，捷达SDI汽车辅助预热系统控制过程分两个阶段，即预热阶段和后预热阶段。

预热阶段：点火钥匙打开后，当冷却液温度低于9 ℃时预热塞被接通，预热期间报警灯亮。预热循环结束时报警灯熄灭，发动机可以起动。

后预热阶段：发动机起动后即为后预热阶段，时间不超过4 min，当发动机转速超过2 500 r/min后，后预热阶段终止。这将降低燃烧噪声，提高怠速质量和降低HC化合物排放水平。

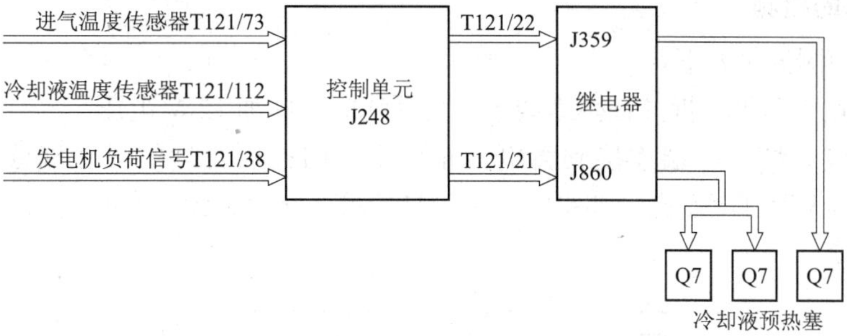

图 6－19　控制电路示意图

三、预热塞系统检修

以宝来柴油发动机为例，其预热系统电路如图 6－20 所示。ECU 通过电源继电器和热继电器控制预热塞工作，点火开关接通后，ECU 的端子 18 经内部搭铁使电源继电器内线圈的电路连通，电源继电器的开关闭合；当冷却液温度或进气温度低于设定值时，ECU 的端子 42 经内部搭铁使预热继电器内线圈的电路连通，预热继电器的开关闭合，蓄电池经熔丝和预热继电器向预热塞供电，以对进气进行预热。

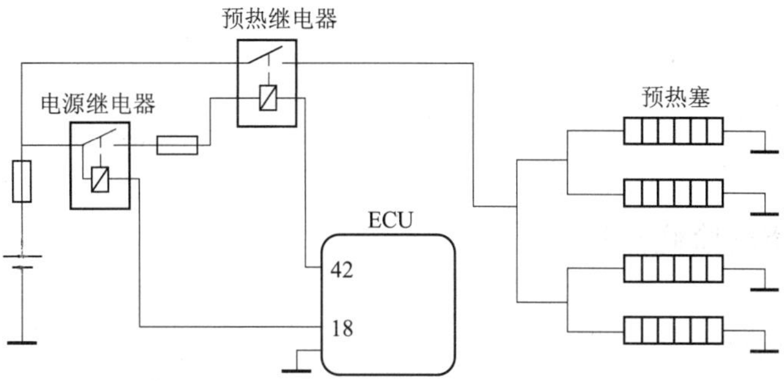

图 6－20　预热系统电路

1. 预热继电器的检测

除电磁阀（电磁线圈）外，继电器是电控系统应用最多的执行元件。在发动机电控系统中，ECU 主要通过控制继电器来实现对执行元件电路通断的控制，进而控制执行元件是否工作。继电器实际就是一个由 ECU（或其他装置）控制的电路开关，发动机电控系统中，常用的继电器主要有电源继电器（主继电器）、燃油泵继电器、冷却风扇继电器、预热继电器等，其结构原理和检测方法基本相同。继电器通常有 4 个端子，其检测内容和方法如下：

（1）拆下继电器，用万用表检测继电器线圈的两个端子之间的电阻，应不为∞（无断路）。

（2）用万用表检测继电器开关的两个端子之间的电阻，应不为 0（无短路）。

（3）用蓄电池或稳压电源给继电器线圈施加 12 V 电压，用万用表检测继电器开关的两个端子之间的电阻，应为 0（导通）。

2. 预热塞的检测

预热塞的检测方法如下：

（1）关闭点火开关，拆开预热塞线束连接器线圈，施加 12 V 电压。

（2）将二极管灯的一端连接到蓄电池正极上，用二极管灯的另一端分别触试预热塞（图 6－21），二极管灯应点亮。如果用二极管灯的另一端触试预热塞时，二极管灯不亮，说明预热塞有故障。

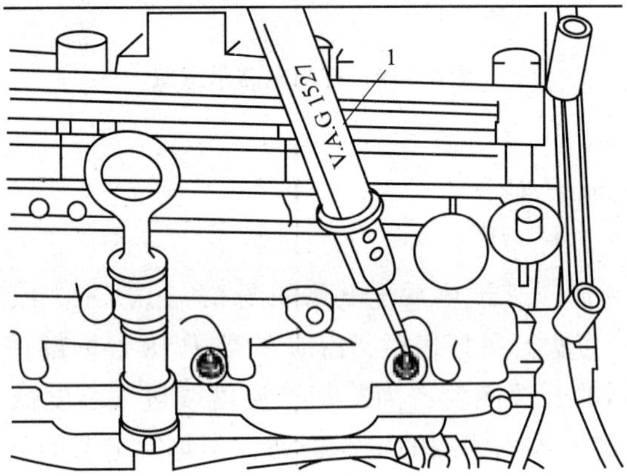

图 6－21 检测预热塞

1—二极管灯

任务实施

一、拆装及检修流程

1. 检查预热塞系统

（1）关闭所有电器（宝来 TDI 发动机）。

（2）拔出预热塞连接器。

（3）检查预热塞连接器与车身间的电压。电压应在 0 到蓄电池电压之间变化。

2. 检查预热塞

（1）关闭所有电器。

（2）拔出预热塞连接器，至与凸轮轴轴承盖垂直。

（3）将测试笔辅助电缆与蓄电池正极相连，依次将测试笔探头放在每个预热塞上。

（4）测试每个预热塞，发光二极管应闪亮。

二、技能学习考核

（1）教师为每组学生准备好实验台架或整车及相关技术材料。

（2）小组学生边查阅技术资料边观察实验台架或整车，完成技能学习工作单。结合检测结果，指出相关的故障，考虑工作计划的准备工作，检测仪器、工作油液和辅助材料的可使用性是否达到最佳程度，提出合理化建议并在下一次检修时予以考虑。

（3）教师观察学生学习过程，最后审阅学生完成的工作单，检查工作计划的所有工作项目并确认所有项目都已认真完成，检查安全、环保方面的工作是否到位，检查是否遵守规定的维修工时，检查车辆、发动机是否干净整洁，护套是否取下，工具是否整理，最后给出评价。

学习任务3

电控进气系统检修

学习目标

(1) 能够正确描述电控进气系统的组成。

(2) 能够正确描述电控进气系统的工作原理。

(3) 能够对电控进气系统进行检修。

任务引入

柴油发动机有很高的压缩比，如点火断开时，仍像正常运转时一样吸入空气，发动机将抖动。进气歧管翻板系统能够保证发动机平稳运转直至停止。柴油发动机实现进气节流控制的方法就是在进气道中安装一个节气门，并由电控执行元件根据 ECU 的指令控制节气门的开度，以控制进气量和进气管压力。进气节流控制系统一般只在低速小负荷工况时才工作，节气门的开度一般利用直流电动机或电控气动装置来控制。

相关知识

一、捷达 SDI 柴油发动机进气翻板的检修

1. 进气歧管翻板的功用

发动机低转速下，进气歧管内压力下降，无法保证废气再循环系统的功能。因此，节气门关闭以增加发动机起动时及发动机在部分负荷条件下运转时的进气歧管内压力，以保证废气再循环系统的功能。进气歧管翻板的结构如图 6－22 所示。

如图 6－23 所示，ECU 根据加速踏板位置传感器和发动机转速传感器信号，通过直流电动机直接开启或关闭节气门。

2. 进气歧管翻板检查维修

(1) 连接故障阅读仪 V. A. G1551（或 V. A. G1552）并选择发动机电控单元“地址码 01”，此时发动机必须怠速运转，显示屏显示：

Rapid data transfer	HELP
Select function × ×	

快速数据传递 选择功能 × ×	帮助

（2）按 0、3 键选择功能“执行元件诊断”，显示屏显示：

Rapid data transfer 03 Final control diagnosis	Q
快速数据传递 03 执行元件诊断	Q

（3）按 Q 键确认输入，显示屏显示：

Final control diagnosis Intake manifold flap motor – V157
执行元件诊断 进气歧管翻板电动机 – V157

说明：激活进气歧管翻板电动机改变燃烧噪声（电动机打开和关闭进气歧管翻板）。

（4）若听不到燃烧噪声改变，按 C 键。

（5）按 0、6 键，选择“结束输出”并按 Q 键确认。

（6）关闭点火开关。

（7）从进气歧管翻板电动机 2 上拔下插头 1，如图 6 – 24 所示。

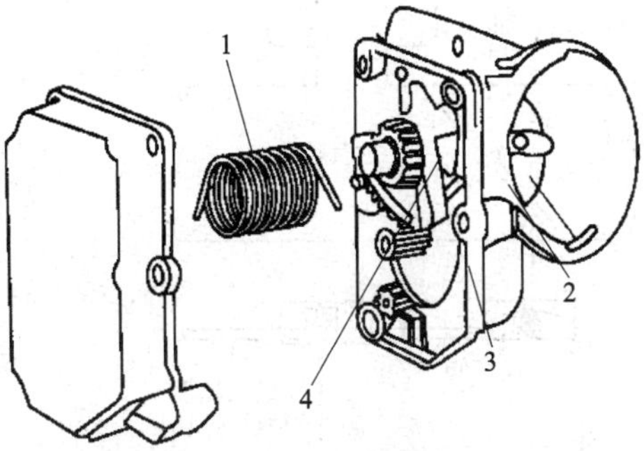

图 6 – 22　进气歧管翻板的结构

1—回位弹簧；2—翻板；3—电动机；4—调节部件

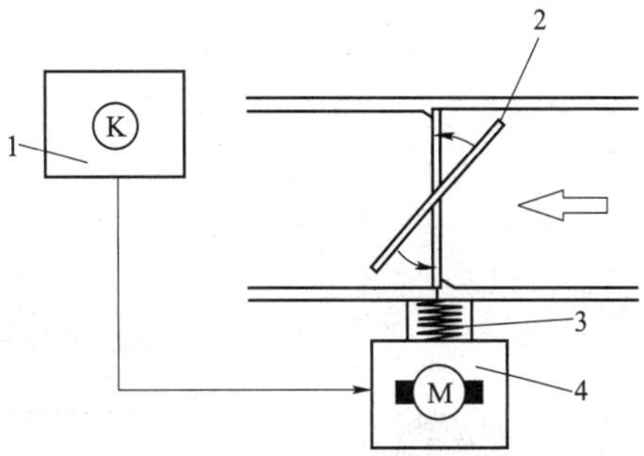

图 6 – 23　进气歧管翻板控制框图

1—电控单元；2—翻板；3—回位弹簧；4—电动机

（8）打开点火开关。

（9）测量进气歧管翻板电动机插头插孔 4 与地线间电压，然后测量插头插孔 4 与 1 之间的电压，如图 6 – 25 所示，标准值应为蓄电池电压。

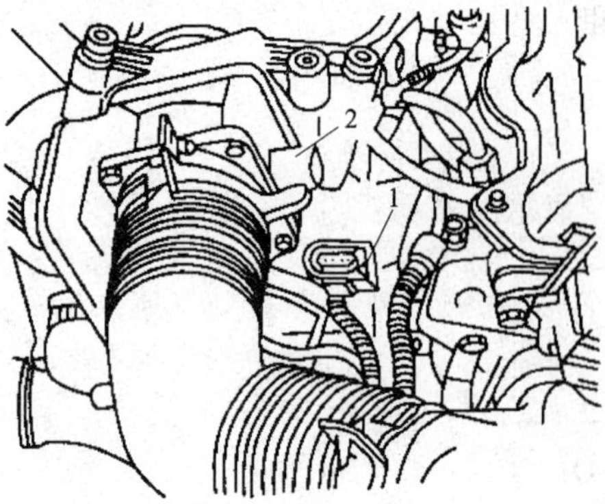

图 6-24　进气歧管翻板电动机插头位置

1—插头；2—电动机

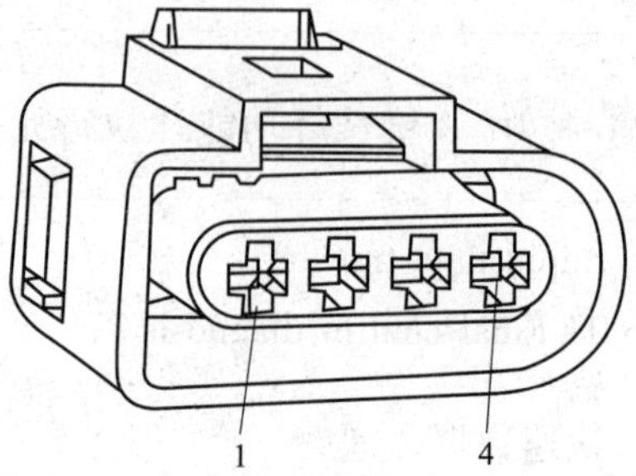

图 6-25　进气歧管翻板电动机插头

1，4—插头插孔

（10）若达不到标准值，关闭点火开关。

（11）连接接线盒 V. A. G1598/31 到电控单元线束。

（12）检查接线盒和插头间是否断路：触点 2 和插口 81，触点 3 和插孔 75，导线最大电阻 1.5 Ω。另外，检查线路间是否彼此短路、对地短路和对正极短路，标准值为无穷大。若未发现故障，则更换柴油发动机电控单元（J248）。

二、宝来 TDI 柴油发动机进气翻板的检修

1. 进气歧管翻板检修

发动机熄火时，进气歧管翻板关闭大约 3 s，然后再打开，从而减轻发动机停机时产生的振动。进气歧管翻板控制框图 6-26 所示。

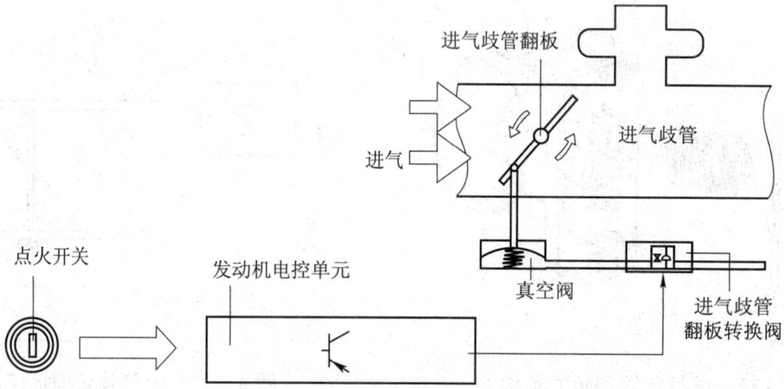

图 6-26　进气歧管翻板控制框图

通常情况下，进气控制电磁阀不通电，真空膜片气室的真空通道被电磁阀关闭，节气门处于开启状态；当进气控制电磁阀通电时，电磁阀开启真空膜片气室的真空通道，真空膜片气室通过拉杆驱动节气门关闭。一汽大众宝来轿车电控柴油发动机即采用此类型进气节流控制系统，节气门只在发动机熄火时关闭约 3 s，然后再开启，目的是停止空气供给，使发动

机熄火更柔和。

2. 进气歧管翻板机械检修

（1）必备专用工具、车间设备、测试仪备、手提式真空泵 V. A. G1390、测试盒 V. A. G1598/31、万用表、成套辅助接线 V. A. G1594、电路图。

（2）检查条件——熔丝正常，蓄电池电压不低于 11.5 V，所有电气设备必须关闭。

（3）检测过程：

① 拆下发动机罩，拆下与进气歧管连接处的进气冷却管的连接软管。

② 起动发动机，怠速运行。

③ 关闭发动机。

（4）由一个人观察进气歧管翻板位置，关闭点火开关后进气歧管翻板必须关闭，约 3 s 后必须再次打开。

（5）如果转换阀未起作用，则必须执行下列检查：

① 检查翻板机构是否活动自如（用手操作连杆进行检查）；

② 用手提式真空泵 V. A. G1390 检查真空定位元件的功能；

③ 检查真空管路的连接是否正确。

如果机械部件中未发现故障，检查进气歧管翻板转换阀（N239）。

3. 进气歧管翻转阀（N239）检修

（1）拔掉可变进气歧管翻板转换阀插头，测量转换阀触点之间的电阻（图 6－27）。标准值为 25.0～45.0 Ω（室温下，电阻值位于下线区域；而工作温度下，则在上线区域）。

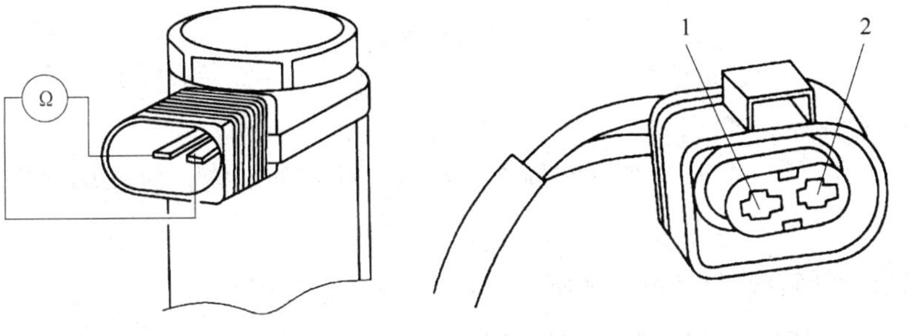

图 6－27　转换阀插头和线束

1，2—触点

（2）如未达到标准值，则更换进气歧管翻板转换阀（N239）。

（3）如达到标准值，用万用表测量从翻板转换阀上拔下的插头触点 1 和 2 的电压（图 6－27）。起动发动机，怠速运转。标准值约为蓄电池电压。关闭点火开关 3 s 后，电压必须降至 0 V。

（4）如果电压未按上述变化，将测试盒 V. A. G1598/31 连接到发动机电控单元的线束上，但不连接控制单元。按电路图检测测试盒与插头间的电路是否为断路：触点 1—插口 1 和 2，触点 2—插口 81，线路电阻最大为 1.5 Ω。

（5）另需检查线路间、对地及对蓄电池正极是否短路，标准值为无穷大。如在线路中未检测到故障，更换柴油喷射电控单元（J248）。

任务实施

一、捷达SDI柴油发动机进气翻板系统的检修

1. 执行元件测试

（1）连接故障阅读仪；

（2）执行元件测试；

（3）关闭点火开关。

2. 进气歧管翻板电动机电路检测

（1）拔下进气歧管翻板电动机的插头；

（2）打开点火开关；

（3）检测供电电压。

（4）检测连接线束。

二、宝来TDI柴油发动机进气翻板系统的检修

1. 进气歧管翻板检测

（1）起动发动机，怠速运行；

（2）关闭发动机；

（3）观察进气歧管翻板位置；

（4）手动检查翻板机构；

（5）用手提式真空泵V. A. G1390检查真空定位元件的功能，检查真空管路的连接是否正确。

2. 进气歧管翻转阀（N239）检测

（1）拔下进气歧管翻转阀（N239）的插头；

（2）检测电阻；

（3）检测供电电压。

（4）检测连接线束。

三、技能学习考核

（1）教师为每组学生准备好实验台架或整车及相关技术材料。

（2）小组学生边查阅技术资料边观察实验台架或整车，完成技能学习工作单，结合检测结果，指出相关的故障。考虑工作计划的准备工作，检测仪器、工作油液和辅助材料的可使用性是否达到最佳程度，提出合理化建议并在下一次检修时予以考虑。

（3）教师观察学生学习过程，最后审阅学生完成的工作单，检查工作计划的所有工作

项目并确认所有项目都已认真完成，检查安全、环保方面的工作是否到位，检查是否遵守规定的维修工时，检查车辆、发动机是否干净整洁，护套是否取下，工具是否整理，最后给出评价。

知识拓展

进气涡流控制系统

1. 进气涡流控制系统的功能

由于柴油的性质和柴油发动机直接喷射的工作特点，决定了柴油发动机对气缸内空气涡流有较高要求，以改善其混合气形成和燃烧的条件。柴油发动机气缸内的空气涡流主要包括进气道产生的进气涡流、燃烧过程产生的燃烧涡流和压缩过程产生的挤压涡流，进气涡流的强弱对混合气的形成和燃烧具有很大的影响，因而对柴油发动机的动力性、经济性、排放和噪声等有很大的影响。

与汽油发动机相比，柴油发动机需要较强的涡流，但也并不是涡流越强、性能越好。在进气道结构一定的情况下，由进气道产生的进气涡流随柴油发动机转速升高而增强，当转速升高到一定程度时，由于进气涡流过强，反而会使充气效率降低，燃烧速度过快，导致柴油发动机的动力性和经济性下降，排放污染增加，噪声增大；柴油发动机在低速运转时，由于进气涡流较弱，会使混合气形成不良，燃烧速度过慢，导致柴油发动机热效率降低，排气烟度增加。由此可见，为改善柴油发动机的性能，根据柴油发动机转速的变化适当调节进气涡流的强度非常必要。

在一定转速下，进气涡流的强度主要取决于进气通道的结构，一定结构的进气通道，只能适应某一转速对进气涡流强度的要求。柴油发动机工作中，转速变化的范围非常大，仅用机械控制方法很难实现随转速变化调节进气涡流强度。为优化柴油发动机的混合气形成和燃烧过程，现代汽车柴油发动机的进气涡流控制系统，就是利用电控装置来改变进气通道结构或干扰进气道中的气流运动，从而实现进气涡流控制的。

2. 进气涡流控制方法

进气涡流的控制方法有多种，但无论采用哪一种方法，都应保证在不降低进气流量的前提下，能在较大范围内调节进气涡流强度，并尽量减少对进气系统结构的改变。

1）喷气式进气涡流控制

喷气式进气涡流控制通过向进气通道喷入空气对进气流进行干扰来降低进气涡流强度，采用此方法对进气系统结构改动小，对充气效率影响小，控制系统简单，容易实现。

喷气式进气涡流控制装置如图 6－28 所示。喷气孔布置在进气通道下方，当发动机低速工作时，喷气孔关闭，原有进气通道可以产生较强的进气涡流；发动机高速工作时，喷气孔开启并向进气通道喷入空气，喷入的空气与进气通道的空气流相撞，使进气涡流强度降低。通过改变由

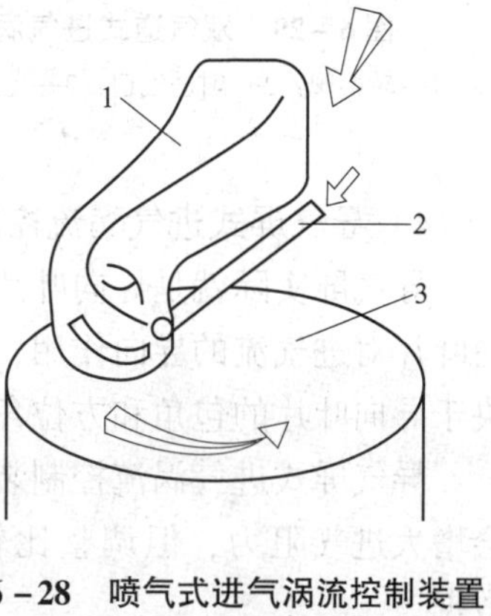

图 6－28　喷气式进气涡流控制装置

1—进气道；2—喷气孔；3—气缸

喷气孔向进气通道喷气的角度或速度，可增大控制涡流强度的变化范围。通过喷气孔向进气通道喷入的空气，一般来源于储气筒。

2）双气道式进气涡流控制

双气道式进气涡流控制装置如图6－29所示，它设有主、副两个进气通道，副进气通道以一定的角度与主进气通道相连，主进气通道能够产生低速时所需强进气涡流，副进气通道用于控制主进气通道的进气涡流。当发动机低速转动时，利用转换阀关闭副进气通道，利用主进气通道产生强度较大的主涡流；当发动机高速运转时，利用转换阀开启副进气通道，主、副两个气通道进气，既能保证较高充气效率，又能利用副进气通道产生的反向涡流降低主进气通道进气涡流的强度。

采用双气通道式进气涡流控制装置，通过改变转换阀的开度，即可实现对进气涡流强度控制的连续性。其缺点是进气系统结构改动大。

3）气道分隔式进气涡流控制

气道分隔式进气涡流控制是利用水平放置的隔板将进气通道分成上、下两层，类似汽油发动机的动力阀控制系统，通过改变进气通道流通截面的方法，来调节进气流的速度，从而改变进气涡流的强度。这种方法虽然简单，但对充气效率影响大。

气道分隔式进气涡流控制装置如图6－30所示。发动机低速运转时，控制阀关闭上层进气通道，进气通道流通截面变小，进气流速度提高，进气涡流增强；发动机高速运转时，控制阀则开启上层进气通道，两层气通道进气使进气通道流通截面增大，进气流速度降低，进气涡流减弱。此种方法简单，但低速时对充气效率影响大。

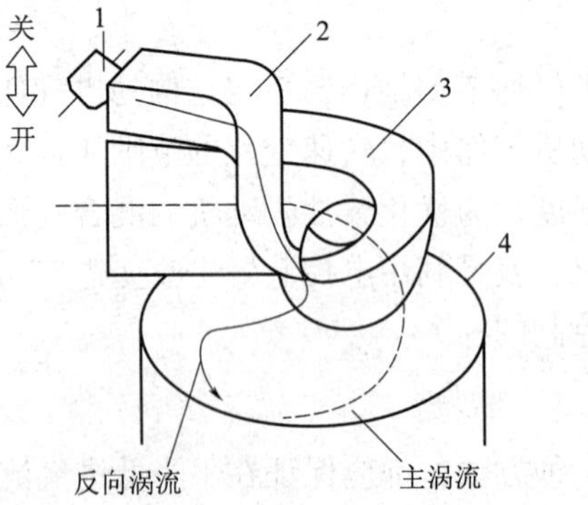

图6－29　双气道式进气涡流控制装置

1—转换阀；2—副进气道；3—主进气道；4—气缸

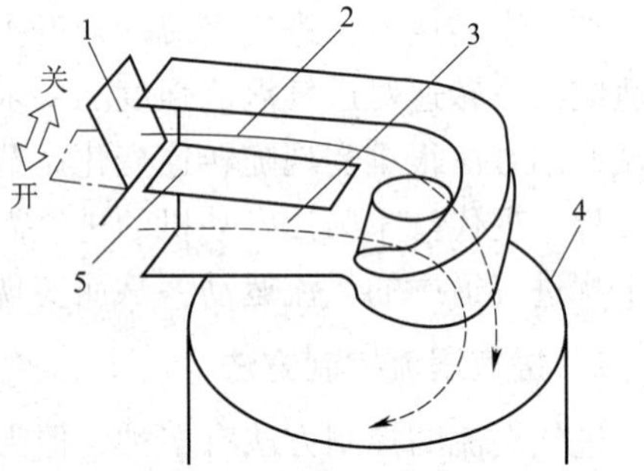

图6－30　气道分隔式进气涡流控制装置

1—控制阀；2—上层进气道；3—下层进气道；4—气缸；5—隔板

4）导气屏式进气涡流控制

导气屏实际就是导向叶片，它安装在进气门上，并可绕气门旋转。气缸进气时，利用导向叶片对进气流的导向作用，在气缸内产生绕气缸轴线旋转的进气涡流，进气涡流的强度取决于导向叶片的包角和方位角，改变导向叶片的包角或方位角，均可调节进气涡流的强度。

导气屏式进气涡流控制装置（图6－31）的结构复杂，制造成本高，气门容易磨损，且会增大进气阻力，但调整比较方便，常用在试验单缸机上，为新气通道的设计提供参考数据。

5）旁通气道式进气涡流控制

此方法与气道分隔式基本相同，它是利用从气道上部凸出到下部的隔板将气道分为螺旋气道和旁通气道，并利用旁通阀关闭或开启旁通气道，来改变进气流通截面大小，从而实现对进气涡流的控制。旁通气道式进气涡流控制装置如图 6－32 所示。采用此方法控制进气涡流，缺点是气道内隔板固定困难，而且由于隔板和旁通阀的存在，会影响充气效率。

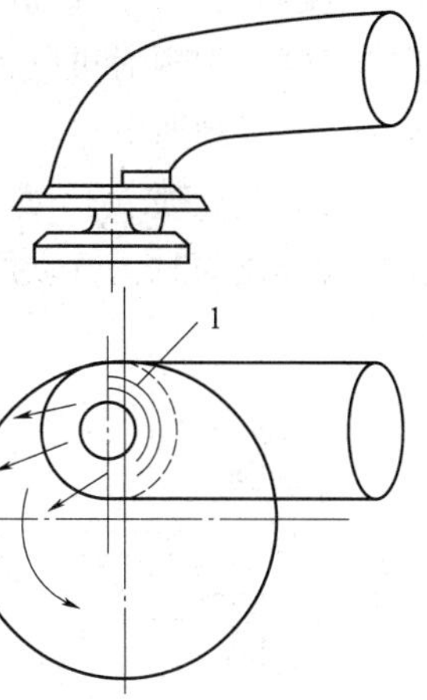

图 6－31　导气屏式进气涡流控制装置

1—导气屏

6）气道转换式进气涡流控制

气道转换式进气涡流控制装置如图 6－33 所示，挡块将进气道分为螺旋气道（左侧）和直气道（右侧），在两气道下部汇合处设有气道转换阀，在螺旋气道内装有一个节流阀。发动机高速转动时，利用转换阀关闭能产生较强涡流的螺旋气道，由直气道进气，进气涡流较弱；中等转速转动时，利用转换阀关闭直气道，由能产生较强涡流的螺旋气道进气，进气涡流较强；低速转动时，利用转换阀关闭直气道，节流阀也部分关闭，由于节流阀使进气流通截面变小，且由能产生较强涡流的螺旋气道进气，所以能产生很强的进气涡流。

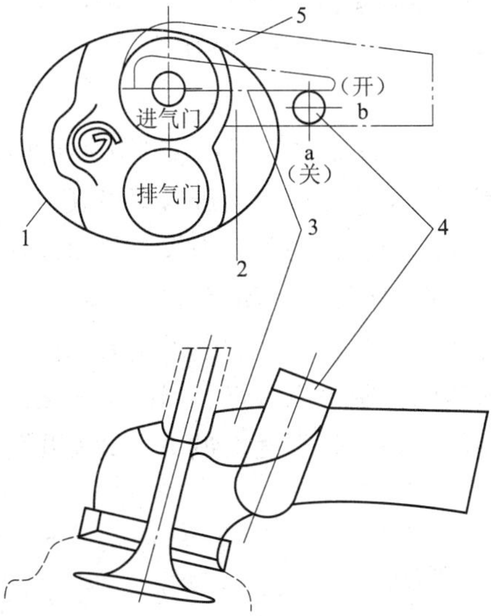

图 6－32　旁通气道式进气涡流控制装置

1—气缸；2—旁通气道；3—隔板；4—旁通阀；5—螺旋气道

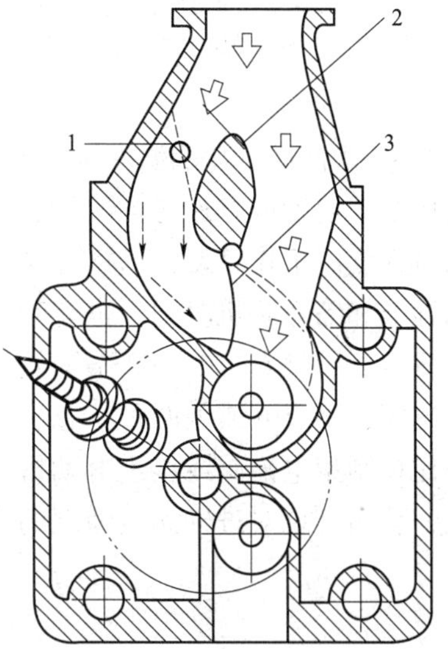

图 6－33　气道转换式进气涡流控制装置

1—节流阀；2—挡块；3—气道转换阀

气道转换式进气涡流控制的方法是在不同转速下，通过不同的气道进气实现进气涡流控制的。

3. 进气涡流控制系统的组成

以日本五十铃 6SDI—TC 柴油发动机为例，进气涡流控制系统的组成如图 6－34 所示。该系统采用喷气式进气涡流控制方法，由 ECU 根据柴油发动机转速和加速踏板位置信号，通过一个电磁阀和一个气动膜片阀来控制喷气孔的开闭，调节由储气筒经喷气孔喷入进气道的压缩空气量，实现对进气涡流强度的控制。柴油发动机转速较高，进气涡流过强时，ECU发出指令，电磁阀通电接通气动膜片阀的气压通道，使气动膜片阀开启喷气孔，同时来自储气筒的压缩空气经喷气孔喷入进气通道，以抑制进气涡流强度；反之，柴油发动机转速较低，进气涡流较弱时，气动膜片阀则关闭喷气孔，停止向进气通道喷气，以增强进气涡流。

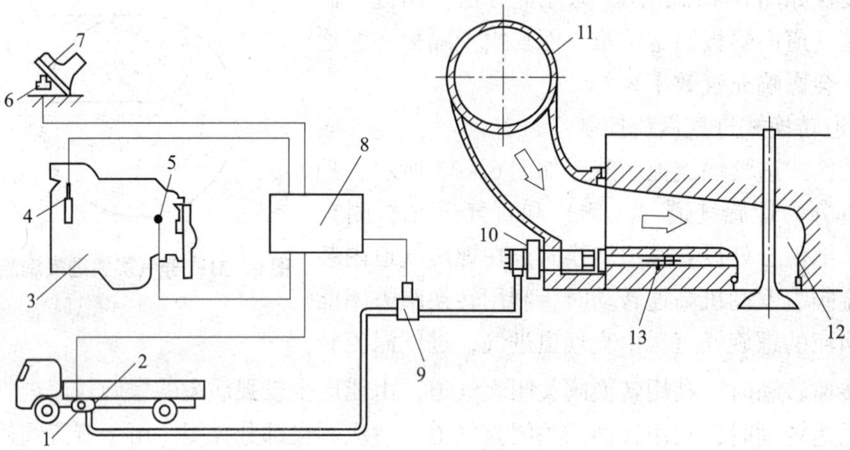

图 6－34　进气涡流控制系统的组成

1—空气压力传感器；2—储气筒；3—发动机；4—转速传感器；5—冷却液温度传感器；6—加速踏板位置传感器；7—加速踏板；8—ECU；9—电磁阀；10—气动膜片阀；11—进气管；12—进气道；13—喷气孔

当 ECU 根据冷却液温度传感器信号确定柴油发动机的温度低于正常工作温度时，即使发动机处于起动或怠速这样的低速工况，进气涡流控制系统也保持向进气道喷气，以降低进气涡流强度的工作状态，这样可减少由于气缸内气流运动引起的散热损失，从而改善柴油冷起动性能和缩短暖机时间，也有利于减轻柴油发动机低温时冒白烟的现象。

日本五十铃 6 SDI—TC 柴油发动机进气涡流控制系统中，采用的电磁阀为二位二通开关型电磁阀，只有开或关两种状态，这使其对进气涡流的控制也只有强、弱两个变化，若采用占空比控制型电磁阀或步进电动机控制，即可实现气动膜片阀开度由最小到最大开度的连续变化，从而实现对进气涡流强度的连续控制。

学习任务 4

EGR 系统检修

学习目标

（1）能够正确描述 EGR 系统的组成。

（2）能够正确描述 EGR 系统的工作原理。

（3）能够对 EGR 系统进行检修。

任务引入

废气再循环（EGR）就是将废气中的一部分引入燃烧室中，参与燃烧过程，其功用就是降低尾气中的 NO_x 含量。EGR 系统损坏会造成发动机怠速不稳、喘振，过量的 NO_x 气体排放等问题。本学习任务主要有废气再循环阀、废气再循环真空调节电磁阀的检测。

相关知识

随着汽车工业的飞速发展，汽车保有量急剧膨胀，汽车排放问题受到极大关注。因为汽车排放严重影响着生态环境、人身健康，制约着经济的发展，所以世界上各发达国家相继投入大量的人力、物力和财力控制环境污染，保护生态平衡。为了更好地治理环境污染，美国、日本等国家相继颁布了越来越严格的排放法规。随着汽车柴油化进程的不断加快，对车用柴油发动机的低污染要求越来越突出。

一、柴油发动机排放控制技术

1. 柴油发动机排放污染物

汽车柴油发动机排放污染物主要有 HC（碳氢化合物）、CO（一氧化碳）、CO_2（二氧化碳）、NO_x（氮氧化合物）、PM（颗粒物）和 SO_x（硫氧化合物）。

（1）HC。它是未燃和未完全燃烧的燃油、润滑油及其裂解和部分氧化的产物，如烷烃、烯烃、芳香烃、醛等。烷烃基本上无味，对人体健康不产生直接影响；烯烃略带甜味，有麻醉作用，对黏膜有刺激，经代谢会转化成对基因有毒的环氧衍生物，烯烃还会与氮氧化物一起在太阳光中的紫外线作用下形成有毒的“光化学烟雾”；芳香烃对血液和神经系统有害，特别是多环芳香烃及其衍生物有致癌作用；醛类是刺激性物质，对眼、呼吸道、血液有毒害。

（2）CO。它是发动机内不完全燃烧的产物，是一种无色无味的气体，CO 和血液中输送氧的载体血红蛋白结合，就会破坏血红蛋白对人体组织的供养能力；空气中 CO 的体积百分数超过 0.1% 时，人体会中毒；超过 0.3% 时，人会在 30 min 内死亡。

（3）CO_2。它是发动机排放物中含量最多的物质，目前虽未列入控制项目，但由于它是导致全球温室效应的物质，已包括在环境净化所考虑的范围内。

（4）NO_x。它是燃料在发动机内高温燃烧而生成的产物，发动机排放的 NO_x 绝大部分是 NO（一氧化氮），少量是 NO_2（二氧化氮）；NO 是无色气体，本身毒性不大，但在大气中缓慢氧化成 NO_2；NO_2 呈褐色，具有强烈的刺激味，对肺和心肌有很强的毒害作用，NO_x 也是形成有毒的“光化学烟雾”的主要因素之一。

（5）PM。它是在燃烧过程中生成的颗粒状碳（干碳烟）、硫酸盐及其吸附的可溶性有机物质，直径在 5 μm 以下的 PM 可进入呼吸道，直径在 3 μm 以下的 PM 可沉积在肺细胞内，引起肺病变；PM 吸附的有机物质具有不同程度的致癌作用。

（6）SO_x。它是燃料中的 S 燃烧后生成 SO_2 和 SO_3，能形成污染环境的酸雾，还会毒化催化转换器中的催化剂，降低净化效果。

2. 柴油发动机排放控制措施

柴油发动机与汽油发动机主要污染物排放比较见表 6－1。柴油发动机排放控制主要是降低 NO_x 和 PM 排放，然而控制技术大多受到 NO_x 和 PM 排放量与油耗成反比关系的束缚，发动机研究者采用各种技术，如直喷化、增压中冷、高压喷射、废气再循环、电子控制、低润滑油耗等，取得了一定的效果。从降低排放的措施的发展来看，依靠单一技术同时控制几种污染物是很难实现的，目前主要是将积累的技术集结起来，在发动机功率、耐久性、紧凑型等基本性能提高的基础上，实施排放控制措施。

表 6－1　柴油发动机与汽油发动机污染物排放比较

污染物种类	柴油发动机	汽油发动机	备　注
CO/%	<0.5	<10	汽油发动机为柴油发动机的 20 倍以上
HC/ppm	<500	<3 000	汽油发动机为柴油发动机的 5 倍以上
NO_x/ppm	1 000～4 000	2 000～4 000	二者相当
PM/（$g \cdot km^{-1}$）	0.5	0.01	柴油发动机为汽油发动机的 50 倍以上

控制柴油发动机 NO_x 排放的措施及技术见表 6－2。控制的方法可分为两类，一是抑制它的生成，二是对排出的污染物进行后处理。NO_x 的生成速率受燃烧温度和氧浓度的影响，为了减少 NO_x 的生成，就要采取使燃烧室内温度和氧浓度降低的方法，如推迟喷油、冷却进气、废气再循环、控制喷射率、采用小喷口喷油器、延长喷射时间、引燃喷射、提高压缩比等。后处理的典型方法是采用催化净化剂使 NO_x 分解还原，常用的还原剂有氨、尿素等。

表 6-2 控制柴油发动机 NO_x 排放的措施及技术

控制措施			控制技术
抑制生成措施	降低燃烧温度	推迟喷油	控制喷射时间、控制喷油规律
		控制燃烧率	引燃喷射、小喷孔喷油器、高压缩比
		进气冷却	中冷
		添加非活性物质	EGR、水喷射
	降低氧浓度	添加非活性物质	EGR、水喷射
	消除生成区	控制稀薄混合气区	控制涡流、喷油器布置在中心
后处理措施	化学处理	催化剂	催化还原
		其他	氨基酸、氨化合物
	电化学处理	电化学处理	等离子处理

控制柴油发动机 PM 排放的措施及技术见表 6-3。PM 主要由干碳烟、可溶性有机物（SOF）、燃料中的硫分生成的硫酸盐及其结合水构成。硫酸盐的形成起因于燃料中的硫分，所以控制 PM 排放的措施主要是减少干碳烟和 SOF。抑制干碳烟生成的措施有采用增压和多气门技术增加吸入空气量、采用小喷孔喷油器和增加向油雾内导入的空气量、缩小燃烧室内的无效容积提高空气利用率、采用高压喷射和改进燃烧室形状从而加强紊流的形成等。此外，喷油嘴布置在燃烧室中心，使燃料均匀分散，防止局部混合气过浓，对抑制 PM 的生成非常有效。SOF 由未燃烧的燃料和润滑油产生的一些成分构成，抑制 SOF 生成措施主要是改进燃油供给系统以防止液体燃油直接进入气缸、改进曲柄连杆机构以防止润滑油窜入气缸等。

表 6-3 控制柴油发动机 PM 排放的措施及技术

控制措施			控制技术
减少干碳烟	抑制干碳烟生成	促使空气进入喷雾内	小喷孔喷油器、控制涡流、增压
		增加吸入空气	多气门、增压、改进进气系统
		提高空气利用率	减少无效容积、改进燃烧室、高压喷射
		加强紊流	高紊流燃烧室、控制涡流
		使燃料均匀分布	喷油器布置在中心位置
		使喷雾微粒化	小喷孔喷油器、高压喷射
	促进干碳烟氧化	促使空气进入喷雾内	小喷孔喷油器、控制涡流、增压
		增加吸入空气	多气门、增压、改进进气系统
		提高空气利用率	减少无效容积、改进燃烧室、高压喷射
		加强紊流	高紊流燃烧室、控制涡流
	后处理	过滤	颗粒过滤器（DPF）
		氧化转换	氧化转换器

续表

控制措施			控制技术
减少 SOF	抑制 SOF 生成	促进燃油雾化	小喷孔喷油器、高压喷射
		防止喷油器滴油	小压力室喷油器、VCO 喷油器
		防止润滑油窜入气缸	改进活塞环、缸套
	后处理	过滤	颗粒过滤器（DPF）
		氧化转换	氧化转换器

尽管控制柴油发动机 NO_x 和 PM 排放的措施很多，但在现代汽车柴油发动机上，主要以 EGR 技术、催化转化技术和过滤技术作为降低 NO_x 和 PM 排放的主要技术。此外，集催化转化技术与过滤技术于一体，同时降低柴油发动机 NO_x 和 PM 排放的新技术，在柴油发动机上的应用也越来越多。

二、废气再循环控制系统

1. EGR 系统基本原理

废气再循环（EGR）就是将废气中的一部分引入燃烧室中，参与燃烧过程。由于废气的主要成分是惰性气体（CO_2、H_2O、N_2 等），它们具有较高的比热，废气与新鲜混合气混合后，热容量增大，可降低最高的燃烧温度，同时再循环的废气对新鲜混合气的稀释，也相应地降低了氧的浓度，从而使 NO_x 在燃烧过程中的生成量受到抑制。

废气再循环量的多少可用 EGR 率表示，它是指再循环的废气量在进入气缸内的气体中所占的比率，即

$$\text{EGR 率} = [\text{EGR 量}/(\text{进气量} + \text{EGR 量})] \times 100\%$$

2. EGR 实现方式

非增压柴油发动机的进、排气管存在足够的压力差，实现 EGR 很容易。增压柴油发动机实现 EGR 比较困难，因为在发动机运行工况下，排气管内的压力低于进气管内的压力，这意味着废气不会自动从排气管流向进气管，为此必须采取一定的措施。

按增压柴油发动机实现 EGR 的途径不同，EGR 可分为内部 EGR 和外部 EGR 两种类型。

1）内部 EGR

内部 EGR 指通过排气门或者特殊设置阀门的开启来实现废气再循环，如日本日野公司开发的内部 EGR，如图 6-35 所示，就是通过修改排气凸轮的形状，使排气门在进气行程中稍有提升，让部分高压废气回流到气缸内，从而实现废气再

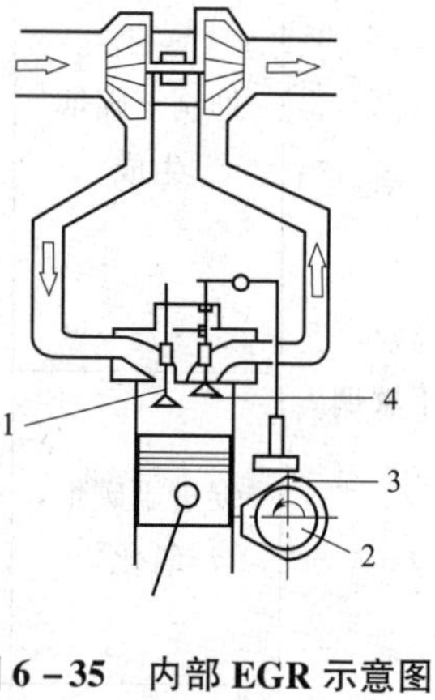

图 6-35　内部 EGR 示意图

1—进气门；2—排气凸轮；3—EGR 凸起；4—排气门

循环。

2）外部 EGR

外部 EGR 指将部分废气经由外部管路引入进气系统来实现废气再循环。按将废气引到进气系统的位置不同，外部 EGR 又可分为低压回路 EGR 和高压回路 EGR 两种类型。

低压回路 EGR 是将废气引到压气机进口前的低压进气系统中，如图 6－36 所示。低压回路 EGR 系统很容易获得所需要的压力差，但再循环的废气流经压气机和中冷器，使压气机的进气温度高于设计温度，而且中冷器容易阻塞而导致压力损失增加。

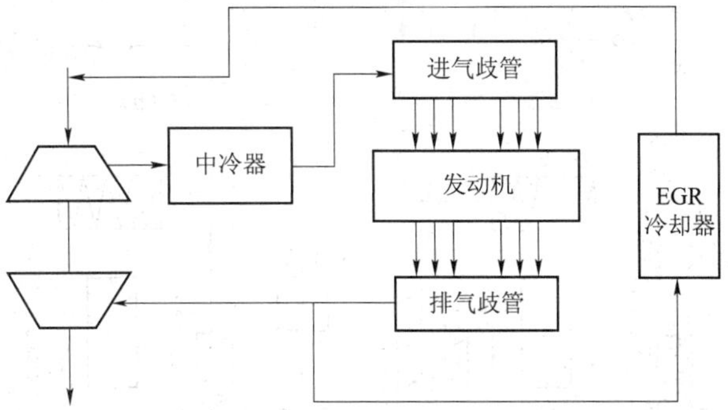

图 6－36　增压发动机低压回路 EGR 系统

高压回路 EGR 是将废气引到压气机出口后的高压进气系统中，如图 6－37 所示。高压回路 EGR 系统的再循环废气不经过压气机和中冷器，不存在影响增压装置耐久性和可靠性的问题，目前应用较普遍，但高压回路 EGR 获得所需要的压力差比较困难。

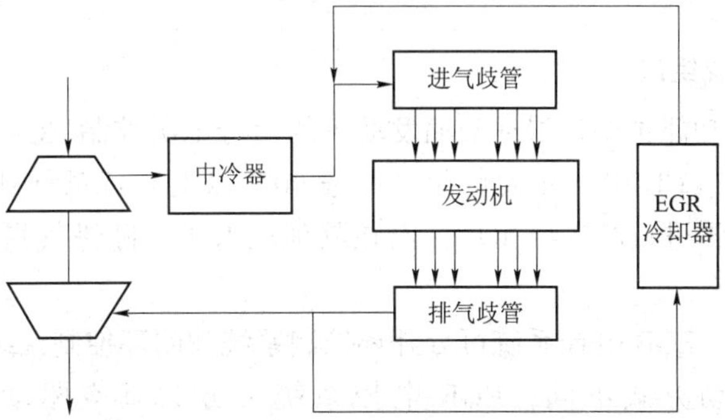

图 6－37　增压发动机高压回路 EGR 系统

为保证 EGR 的顺利实现，高压回路 EGR 通常采用的技术措施如图 6－38 所示。图 6－38（a）是在 EGR 阀前（有些在后）安装一个防逆流阀，以防止 EGR 阀开启时增压空气逆流，利用排气压力脉动只能将部分废气压入高压进气系统。图 6－38（b）是利用节流阀对增压空气进行节流的方法，降低进气管内的压力，但显然会增加柴油发动机的进气阻力。图 6－38（c）是在进气系统中安装一个文丘里管，利用文丘里管喉口的压降，获得 EGR 所需要的压力差，并可通过调节文丘里管旁通阀的开度，来改变 EGR 的有效压差。图 6－38（d）是利用专门的 ECR 泵强制进行 EGR，此方法虽然具有较好的灵活性，但由于泵的流量要求很大，采用机械驱动泵又过于庞大昂贵，所以常采用由增压器驱动的 EGR 泵。此外，采用可调叶片式增压压力控制系统，通过调整叶片角度减小废气流经涡轮的有效载面，提高增压器涡轮前排气管内的压力，也是增压柴油发动机实现 EGR 的有效途径。

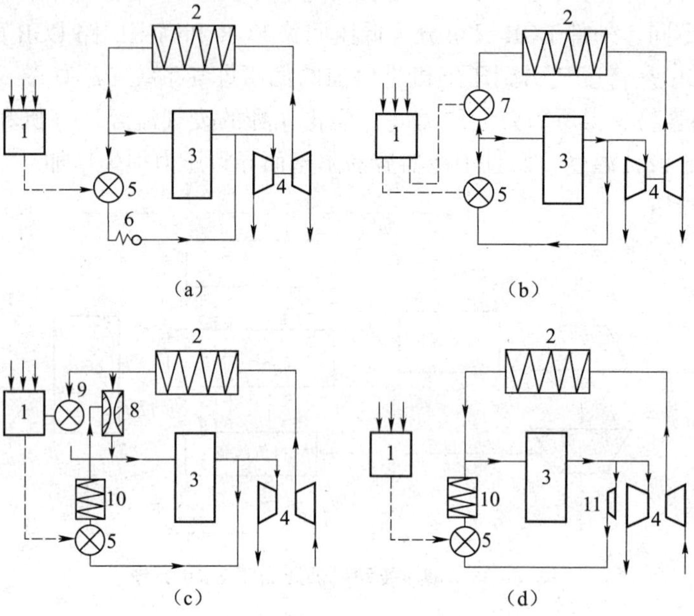

图 6-38　增压柴油发动机高压回路 EGR 措施

（a）防逆流方式；（b）进气节流方式；（c）文丘里管方式；（d）EGR 泵方式

1—ECU；2—中冷器；3—柴油发动机；4—废气涡轮增压器；5—EGR 阀；6—防逆流阀；7—进气节流阀；8—文丘里管；9—文丘里管旁通阀；10—EGR 冷却器；11—EGR 泵

3. EGR 电控系统组成

EGR 电控系统的功能主要是根据柴油发动机的运行工况控制 EGR 率，各种工况下的最佳 EGR 率预先储存在 ECU 中。在大负荷（一般 90% 以上）或低转速（一般 750 r/min 以下）时，柴油发动机不进行废气再循环，而在其他工况下，随进气量的增多，废气再循环量也增加。

按控制模式不同，EGR 电控系统可分开环控制系统和闭环控制系统两种类型。

按 EGR 阀的驱动方式不同，EGR 电控系统可分为真空驱动型和电驱动型两种类型。

1）真空驱动型 EGR 开环控制系统

真空驱动型 EGR 开环控制系统（图 6-39）主要由 EGR 阀和 EGR 电磁阀等组成，EGR 阀安装在废气再循环通道中，用以控制废气再循环量。EGR 电磁阀安装在通向 EGR 阀的真空通道中，ECU 根据发动机转速、负荷和冷却液温度等信号来控制电磁阀的通电或断电。EGR 电磁阀不通电时，控制 EGR 阀的真空通道接通，EGR 阀开启，进行废气再循环；EGR 电磁阀通电时，控制 EGR 阀的真空通道被切断，EGR 阀关闭，停止废气再循环。

EGR 电磁阀采用占空比控制型，ECU 通过控制电磁阀的开度，调节作用在 EGR 阀上的真空度，以控制 EGR 阀的开度，实现对 EGR 率的控制。

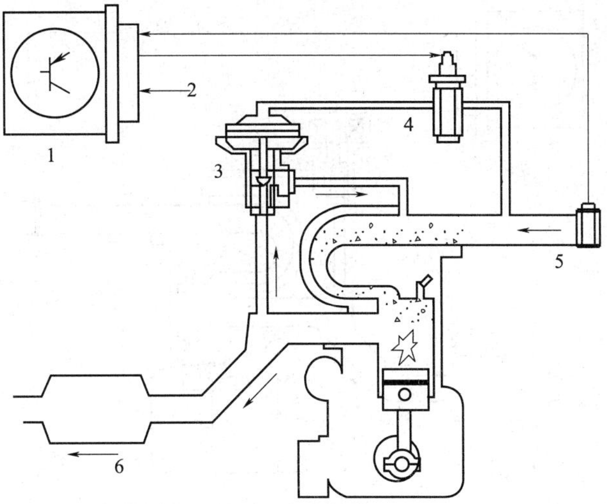

图 6－39　真空驱动型 EGR 开环控制系统

1—ECU；2—柴油发动机转速信号；3— EGR 阀；4— EGR 电磁阀；5—空气流量计；6—催化转换器

EGR 阀为气动膜片式，如图 6－40 所示。EGR 阀的真空室可在膜片上方，也可在膜片下方，视具体需要而定；真空驱动膜片动作时，由膜片拉杆带动阀移动，以控制废气再循环，废气再循环量取决于 EGR 阀的开度、排气歧管压力和进气歧管真空度。采用真空驱动型 EGR 阀，虽然系统结构复杂、响应速度慢，但 EGR 电磁阀远离高温废气，且真空驱动力比较大。

在开环控制 EGR 系统中，ECU 根据各传感器信号确定发动机工况，并按其内存的 EGR 率与转速、负荷的对应关系进行控制，而对其控制的结果不能进行监测。

2）电驱动型 EGR 开环控制系统

电驱动型 EGR 开环控制系统（图 6－41）是利用占空比控制电磁阀型或步进电动机型 EGR 阀直接控制废气再循环量，对其控制结果是否与目标值一致并不进行监测。与真空驱动型 EGR 系统相比，电驱动型 EGR 系统的突出优点是控制精度高、响应速度快，但由于电驱动装置距离高温废气近，工作环境差，对其工作可靠性要求高。

3）真空驱动型 EGR 闭环控制系统

真空驱动型 EGR 闭环控制系统是用 EGR 阀开度（位置）作为反馈信号的真空驱动型 EGR 闭环控制系统，如图 6－42 所示。与前述真空驱动型 EGR 开环控制系统相比，只是在 EGR 阀上增设了一个 EGR 阀开度传感器。闭环控制 EGR 系统工作时，ECU 可根据 EGR 阀开度传感器的反馈信号修正电磁阀的开度，使 EGR 率控制精度更高。EGR 阀开度传感器为电位计式或差动电感式。

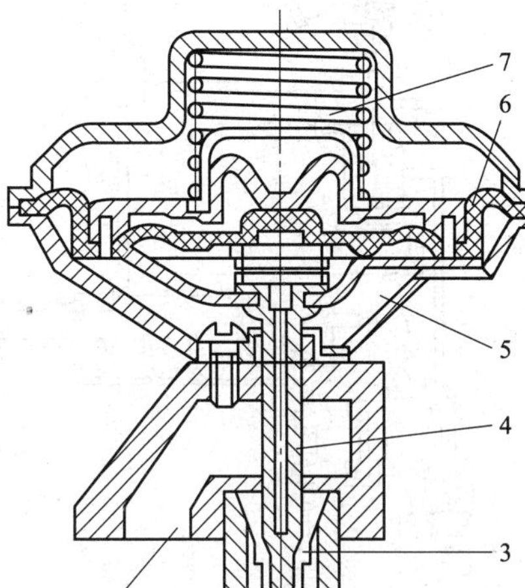

图 6－40　真空驱动型 EGR 阀

1—废气进口；2—废气出口；3—阀；4—膜片拉杆；5—真空进口；6—膜片；7—回位弹簧

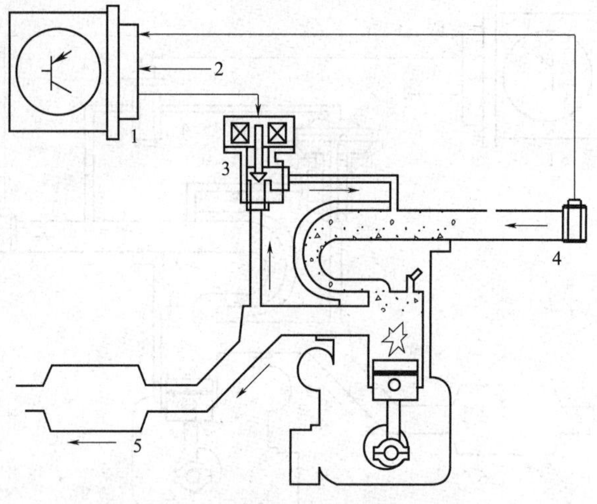

图6-41 电驱动型EGR开环控制系统

1—ECU；2—柴油发动机转速信号；3—电驱动EGR阀；4—空气流量计；5—催化转换器

4）电驱动型EGR闭环控制系统

电驱动型EGR闭环控制系统是用EGR率作为反馈信号的电驱动型EGR闭环控制系统，如图6-43所示。EGR率传感器安装在进气总管中的稳压箱上，新鲜空气经节气门进入稳压箱，参与再循环的废气经电驱动EGR阀进入稳压箱，传感器检测稳压箱内气体中的氧浓度（氧浓度随EGR率的增加而降低），并转换成电信号输送给ECU，ECU根据此反馈信号修正电驱动EGR阀的开度，使EGR率保持在最佳值。

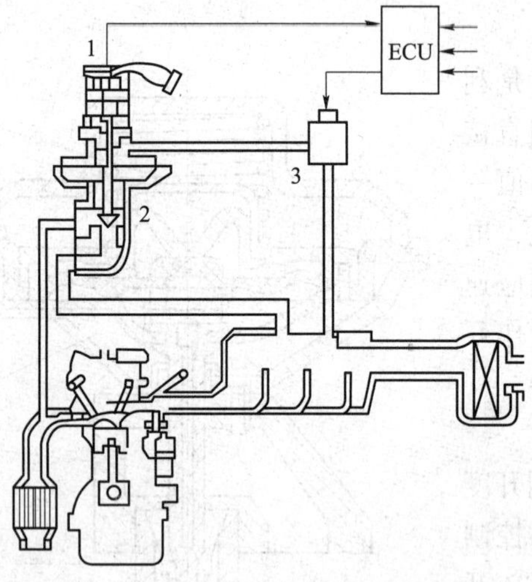

图6-42 真空驱动型EGR闭环控制系统

1—EGR阀开度传感器；2—EGR阀；3—EGR控制电磁阀

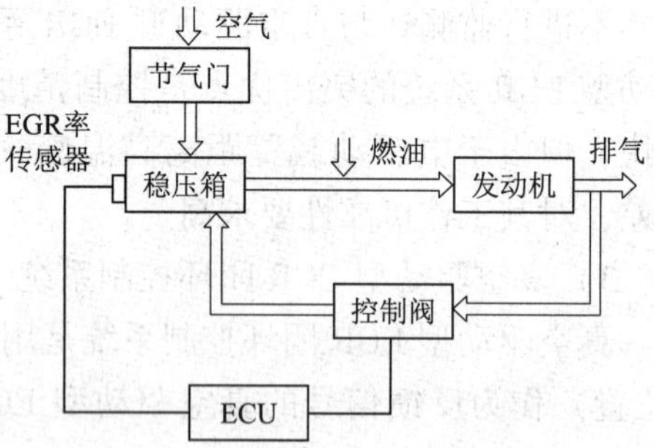

图6-43 电驱动型EGR闭环控制系统

目前，由于电驱动型EGR闭环控制系统的响应速度快，控制精度高，所以在现代汽车柴油发动机上的应用已越来越广泛。在电驱动型EGR系统中，应用较多的电驱动EGR阀为电磁阀型，其结构如图6-44所示，ECU通过控制其通电占空比来改变阀的开度，对EGR

率进行控制；阀开度传感器检测阀杆的实际位置，并将信号输送给 ECU，以实现 EGR 率的闭环控制。

4. EGR 冷却系统

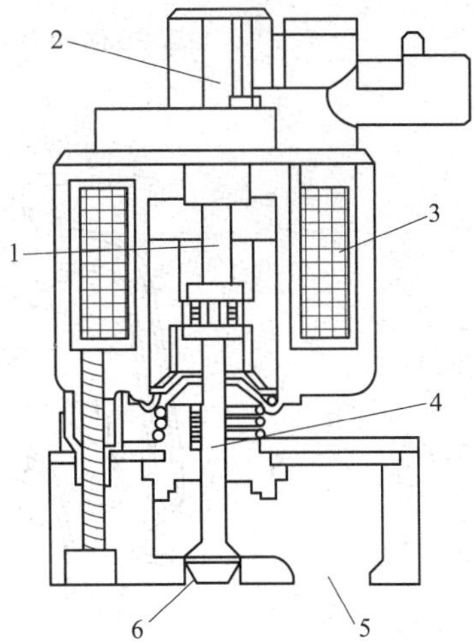

图 6－44 电磁阀型 EGR 阀

1—电枢；2—阀开度传感器；3—电磁线圈；4—阀杆；5—废气进口；6—废气出口

众所周知，EGR 在降低 NO_x 排放方面取得了很大的成功，但它在降低 NO_x 排放的同时，也会因高温废气引入进气系统，对进气加热并占据一定的气缸空间，使实际进气量减少，从而导致燃烧不完全，HC、CO 和 PM 的排放增加，PM 增加尤其明显，NO_x 和 PM 的同时控制是一个急待解决的问题。

EGR 冷却系统的功用就是对 EGR 气体进行冷却，这不仅使发动机的燃烧温度比用通常 EGR 的更低，从而进一步减少 NO_x 的排放，而且还能有效地提高进气密度，使燃烧更完全，对减少 PM 等污染物的排放也非常有利。在一定工况下，EGR 冷却系统对排放的影响如图 6－45 所示，图中的百分数表示 EGR 率，横坐标为单位时间的 NO_x 排放量，纵坐标为单位时间的 PM 排放量，0%、10%、20% 等为 EGR 率，实线表示采用 EGR 冷却时的排放值，虚线表示无 EGR 冷却时的排放值。

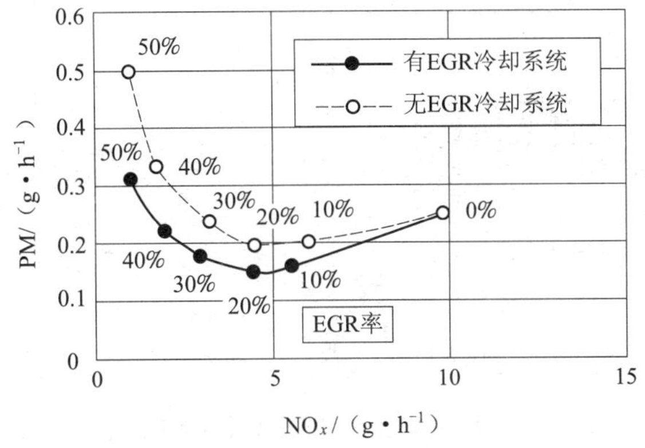

图 6－45 EGR 冷却系统对排放的影响

日本五十铃公司 EGR 冷却系统如图 6－46 所示。在 EGR 气体回路中加装一个 EGR 冷却器，冷却器的结构类似机油散热器，高温的 EGR 气体流经冷却器的芯管时，被在芯管外部循环流动的冷却液冷却，被冷却后的废气再经 EGR 阀流入进气管进行循环。利用柴油发动机的冷却液对再循环废气进行冷却，效果不理想，有些采用空气直接冷却。

此外，日本五十铃公司在原有的 EGR 冷却系统基础上，在世界上首先运用了防逆流阀技术，该系统被称为“单向 EGR 冷却系统”，如图 6－47 所示。其特点主要是在 EGR 气体回路中加装了防逆流阀，从而解决了增压发动机曾经很难解决的增压空气逆流问题，这项技术对燃料完全燃烧技术进行了补充，并且对降低颗粒物和黑烟排放有所贡献。

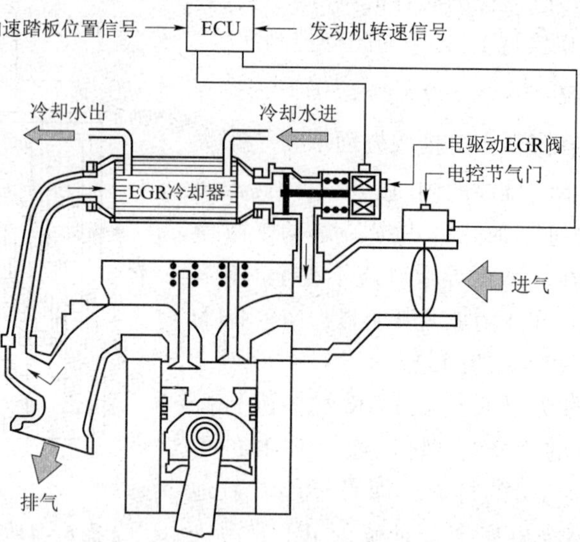

图6-46　EGR冷却系统

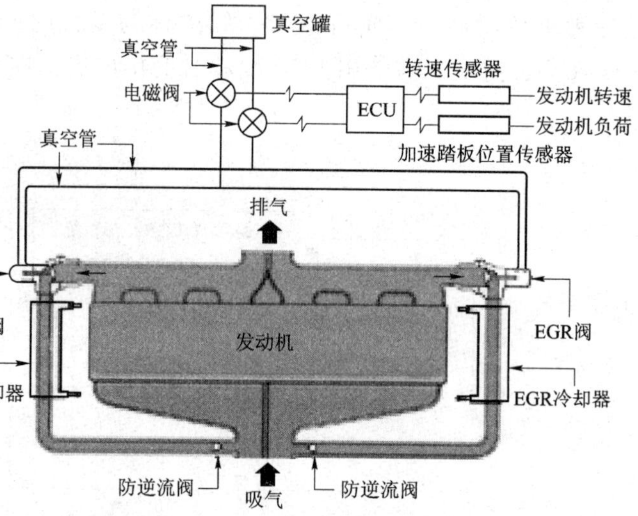

图6-47　单向EGR冷却系统

任务实施

一、拆装及检修流程

1. 检查废气再循环控制阀（N18）

废气再循环控制阀N18接收发动机控制单元发出的相应信号，并将其转化为一个脉冲控制信号，来控制再循环阀的动作，如图6-48所示。如果N18出现故障，则废气再循环系统停止工作。发动机控制单元可以监测到相应的故障信息。

（1）真空测试仪检测电磁阀真空度，开始无真空，电磁阀开始工作后将有真空产生。

（2）在08数据块中读取废气再循环显示值。

（3）测量电磁阀本身电阻，标定值为14～20 Ω。

2. 检查废气再循环机械阀

（1）操纵真空泵，如图6－49所示。膜片必须朝真空连接方向移动（用手感觉）。

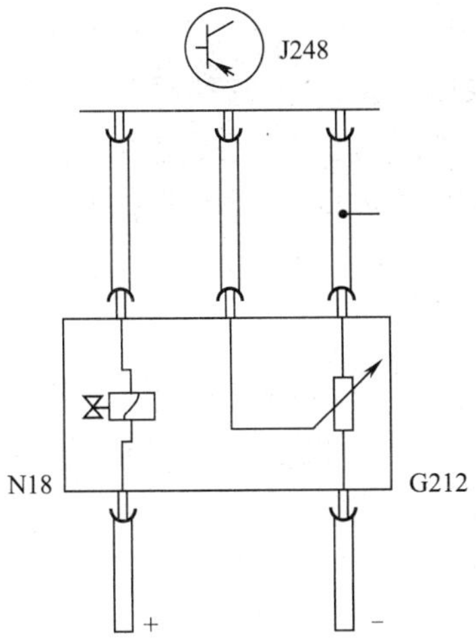

图6－48　废气再循环阀电路连接图

N18—EGR控制阀；G212—EGR位置传感器；
J248—发动机控制单元

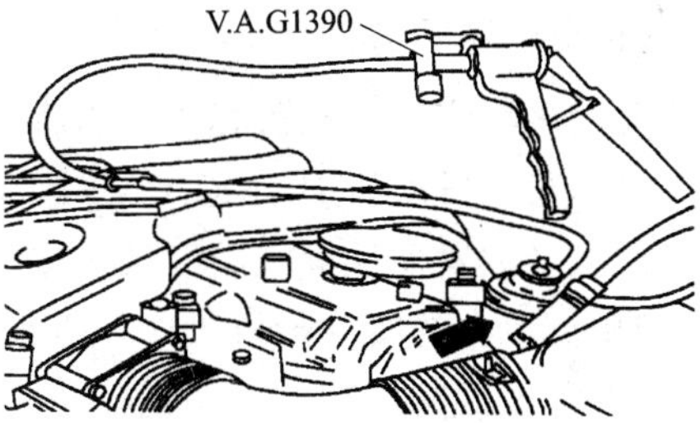

图6－49　废气再循环机械阀检查

（2）将手动真空泵软管从阀上拔下，必须清晰听到阀关闭声音（膜片移向排气管方向）。

（3）再循环量的检查：51 kPa的真空，应出现怠速不稳或熄火。

（4）检查机械阀隔膜运动、破损情况及隔膜的清洁情况。

（5）废气再循环孔及真空软管的检查。阀底容易产生积炭使再循环通道受阻或泄漏，清洗时须更换垫圈并涂锂基润滑脂。

二、技能学习考核

（1）教师为每组学生准备好实验台架或整车及相关技术材料。

（2）小组学生边查阅技术资料边观察实验台架或整车，完成技能学习工作单，结合检测结果，指出相关的故障。考虑工作计划的准备工作，检测仪器、工作油液和辅助材料的可使用性是否达到最佳程度，提出合理化建议并在下一次检修时予以考虑。

（3）教师观察学生学习过程，最后审阅学生完成的工作单，检查工作计划的所有工作项目并确认所有项目都已认真完成，检查安全、环保方面的工作是否到位，检查是否遵守规定的维修工时，检查车辆、发动机是否干净整洁，护套是否取下，工具是否整理，最后给出评价。

知识拓展

一、催化转化系统

与汽油发动机类似，为满足日益严格的排放法规要求，柴油发动机除采用更高压力的电控燃油喷射、可变几何的增压中冷、冷却式废气再循环、多气阀、可变进气涡流等技术外，配套相应的排气后处理的综合治理技术路线已形成共识。

催化转化系统是柴油发动机排气后处理系统的重要组成部分，它利用安装在柴油发动机排气系统中的催化转化器，使柴油发动机排出的 HC、CO、PM 氧化或使 NO_x 还原，以达到降低排放污染的目的。因此，柴油发动机装用的催化转化器分两大类，即氧化催化转化器和还原催化转化器。

1. 催化转化器关键技术

柴油发动机与汽油发动机相比，由于使用的燃料不同、工作特点不同等，其排放有不同的特性。虽然柴油发动机 HC、CO、CO_2 的排量远比汽油发动机低，NO_x 的排量也与汽油发动机相当，但柴油发动机排气温度低、排放特性随发动机变化较大、排气中氧浓度大、SO_x 排量大、PM 排量大的特性给机外净化带来了不便。

1）排气温度低的影响

催化转化技术本身就是利用催化剂的催化作用，加速污染物转化成污染小或无污染物质的化学反应，从而降低排放污染的，较低的排气温度显然不利于化学反应的进行。

2）排放特性随发动机变化较大的影响

众所周知，汽油发动机催化转化器也仅在理论空燃比（14.7:1）附近时转化效率最高，而柴油发动机由于采用“质”（即混合气浓度）调节负荷，工作时的混合气浓度随工况变化范围很大，如何在宽广工况范围保持转化器较高的转化效率，成为柴油发动机采用催化转化技术要解决的问题之一。

催化转化器的转化效率是指试验车辆或发动机按照某种指定的工况运行时，催化转化器前后某种污染物排放量的变化率，即

$$\text{转化器转化效率} = \frac{\text{转化器前污染物排放量} - \text{转化器后污染物排放量}}{\text{转化器前污染物排放量}} \times 100\%$$

3）排气中氧浓度大的影响

由于柴油发动机大部分工况下的混合气浓度都较稀，排出的废气中氧浓度可达 10%，较大的氧浓度增加了 NO_x 还原的难度。

4）SO_x 排量大的影响

由于柴油中一般含有微量硫化物，因此柴油燃烧时硫化物与氧反应生成 SO_x；用氧化催化器时，由于 SO_x 比 CO 和 HC 都容易氧化，所以 SO_x 首先被氧化生成 SO_3，SO_3 又与水分等反应生成 H_2SO_4 和硫酸盐，不仅增加了 PM 排放而且会导致催化剂中毒，研究针对抗硫的催化剂就是难点之一。

5）PM 排量大的影响

由于柴油发动机 PM 排放量是汽油发动机的 50 ~ 70 倍，由 PM 的组成（干碳烟、可溶

性有机物、硫酸盐）不难看出，柴油发动机排气中占40% ~50%的干碳烟、占5% ~10%的固态硫酸盐是很难通过催化转化措施来消除的，目前多采用过滤的方法解决。

2. 氧化催化转化器（DOC）

氧化催化转化器（Diesel Oxidation Catalyst，DOC）指安装在柴油汽车排气系统中，通过催化剂进行氧化反应，能同时降低排气中一氧化碳（CO）、总碳氢化合物（THC）和柴油颗粒物中可溶性有机物组分（SOF）的催化转化器。

如图6 -50所示，柴油发动机加装氧化催化转换器是一种有效的机外净化可燃污染物常用措施，它是在蜂窝陶瓷载体上负载贵重金属铂、钯作为催化剂，在一定温度及催化剂的作用下，使排气中可溶性有机物氧化，同时排气中的CO和HC也被氧化成CO_2和H_2O，从而降低HC、CO和PM的排放量。采用氧化催化转化器，能够使柴油发动机HC和CO排放减少50%，使PM排放减少50% ~70%。

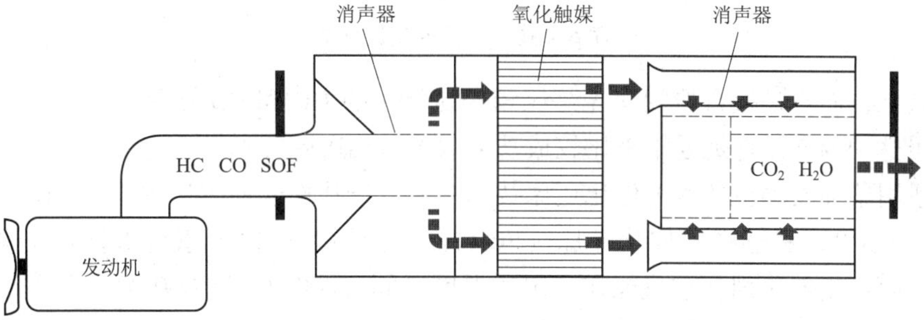

图6 -50　氧化催化转化器作用原理

氧化催化器的主要缺点是会将排气中的SO_2氧化成SO_3，生成危害更大的硫酸雾或固态硫酸盐颗粒。因此，目前世界各国投入巨资开发低硫柴油，如美国1993年、日本1997年已将柴油中的硫含量从2 000 ~3 000 ppm降低到500 ppm以下，目前美国甚至将柴油的硫含量降低到15 ppm。

3. 还原催化转化器

1）传统技术

还原催化转化器是对发动机排气中的NO_x进行后处理的装置。在柴油发动机上传统的还原催化转化器与汽油发动机基本相同，也是将氧化催化转化技术与还原催化转化技术集成一体，如一汽大众柴油发动机轿车上装用的三元催化转化器（图6 -51），它由金属壳体、陶瓷格栅底板及催化剂涂层组成，催化剂为贵重金属铂和铑，当含有HC、CO和NO_x的废气流经转化器时，这些污染物被转化为N_2、CO和H_2O。

在柴油发动机上使用三元催化转化器，除完成纯氧化催化转化器的功能外，对NO_x的转化效果非常不理想，这主要是因为柴油发动机（包括采用稀燃技术的汽油发动机）排气中含氧丰富、潜在的NO_x还原剂CO和HC缺乏、温度达不到理想范围（400 ℃ ~800 ℃）。随着柴油发动机在汽车上应用得日益广泛，为进一步提高转化器还原NO_x的效果，各国的柴油发动机制造商和科研机构，都在研究开发新的NO_x还原技术。

2）选择性催化还原技术（SCR）

“选择性”是指在催化还原转化过程中，利用还原剂的特性优先选择NO_x在催化剂作用

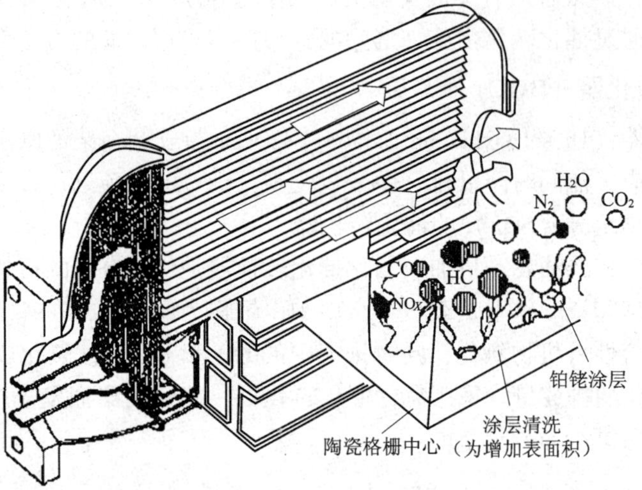

图6-51　三元催化转化器

下一起被氧化，而不是按自然规律先是比较容易氧化的HC和CO被氧化，从而大大提高转化效率（可达99%），它是近年来比较成功的NO_x催化还原技术。

目前适用柴油发动机的NO_x催化还原技术主要有选择性非催化还原（SNCR）、非选择性催化还原（NSCR）和选择性催化还原（SCR）。选择性非催化还原是指只利用具有选择性的还原剂，而不用催化剂，它只能在一定的温度区间（800 ℃ ~1 000 ℃）使用，而柴油发动机排气不可能达到这样高的温度，只能通过在柴油发动机膨胀过程中，向气缸中喷入还原剂来实现，但效果不是很理想。非选择性催化还原指采用的还原剂无选择性，也用催化剂，它是将还原剂喷入排气管的催化转化器中，由于废气中含氧量较高，还原剂很容易被氧化，所以还原剂的消耗量极大。选择性催化还原技术与非选择催化还原技术相似，采用的还原剂不同。

选择性催化还原系统主要由催化转化器和还原剂供给装置组成。选择性催化还原系统所用的催化转化器与传统转化器基本相同，主要有铂（钯或铑）催化转化器、铜—沸石催化转化器、钒—钛催化转化器等。实验证明，采用铂、钯或铑金属作催化剂的转化器，能依靠丙烯、丙烷在160 ℃ ~260 ℃的温度区间，在氧气富余的情况下把NO_x降至原来的40% ~50%；采用铜—沸石（Cu/ZSM-5）作催化剂的转化器能依靠丙烯、丙烷在260 ℃ ~460 ℃的温度区间，在氧气富余的情况下将NO_x降至原来的40%，但工作不稳定；同时采用上述两类催化剂的转化器，能够在160 ℃ ~460 ℃的温度区间将转化效率提高到50% ~70%。采用钒—钛催化转化器，能够在500 ℃ ~550 ℃的温度区间仍具有较好的活性，转化效率能达到50% ~60%。

采用选择性催化还原技术的转化器一般称为选择性还原催化转化器（Selective Catalytic Reduction，简称SCR），它是指安装在柴油汽车排气系统中，用于将柴油发动机排气中的氮氧化物（NO_x）催化还原成N_2和O_2的催化转化系统。该系统需要外加还原剂，例如，能产生NH_3的化合物（如尿素）。

在选择性催化还原系统中，采用的还原剂主要有氨（NH_3）、尿素（Urea）及碳氢化物（如柴油等）。使用氨作为催化剂，由于氨本身是一种有毒物质，必须增加精密的附加电控系统，将其水解成一定浓度（一般 32.5%）的氨水并喷入废气流中；此外，气态氨的储存和运输都不方便。使用尿素作为还原催化剂，其水溶性好，储存运输很方便，而且价格低廉，使用安全；一般选用浓度为 30% ~40% 的尿素水溶液作催化剂，因为在此浓度尿素水溶液的凝固点最低（-11 ℃）；采用尿素作为催化剂，只是利用尿素产生氨，再用氨来还原 NO_x，因此同样需要附加的电控系统。碳氢化合物用作还原剂的好处在于它比较容易获得，不需要附加的电控系统，但是它的还原催化能力并不是很强。

为满足更加严格的排放法规要求，在现代汽车柴油发动机上，大家比较认可的 NO_x 还原技术是以尿素作催化剂的选择性催化还原技术（表示为 $SCR-NO-NH_3$），该技术的转化效率可以达到 90% 以上。尿素的催化作用机理是：在水溶液中，尿素与水分子相结合并水解为 NH_3 和 CO_2，在低温区间 NH_3 和 NO 被氧化，在高温区间 NH_3 和 NO 直接反应，过程方程式为

尿素水解　　$CO(NH_2)_2 + H_2O = 2NH_3\uparrow + CO_2\uparrow$

在低温区　　$4NH_3 + 4NO + O_2 = 4N_2 + 6H_2O$

在高温区　　$4NH_3 + 6NO = 5N_2 + 6H_2O$

德国 BOSCH 公司 $SCR-NO-NH_3$ 催化转化电控系统如图 6-52 所示。该系统集氧化催化转化技术、$SCR-NO-NH_3$ 选择性还原催化转化技术于一体。由 ECU 控制的尿素还原剂供给系统主要由排放传感器、尿素溶液温度传感器、排气温度传感器、空气滤清器、尿素溶液箱、尿素溶液供给模块（电控泵）、喷雾器（电控喷射器）等组成，来自空气滤清器的清洁空气与尿素溶液在尿素溶液供给模块中混合，ECU 则根据柴油负荷、排气温度等传感器信号按内存确定最佳喷射量，并通过喷雾器将适量的尿素溶液与空气的混合物喷入 SCR 催化转化器中。由于转化器的转化效率取决于尿素溶液的质量、温度以及排气温度，所以在尿素溶液箱和排气管上安装有温度传感器，以检测尿素溶液和排气的实际温度，并将信号输送给 ECU。此外，在柴油发动机不同负荷下，NO_x 的排放量不同，对尿素溶液的需要量也不同，为精确控制尿素溶液的供给量，在排气管上还安装有排放传感器（或称氧化氮传感器），用来检测并向 ECU 反馈处理后的废气中的 NO_x 含量，以实现对尿素溶液供给量的闭环控制。安装在 SCR 催化转化器前部的氧化催化转化器，可有效降低 HC、CO 和 PM 的排放量。

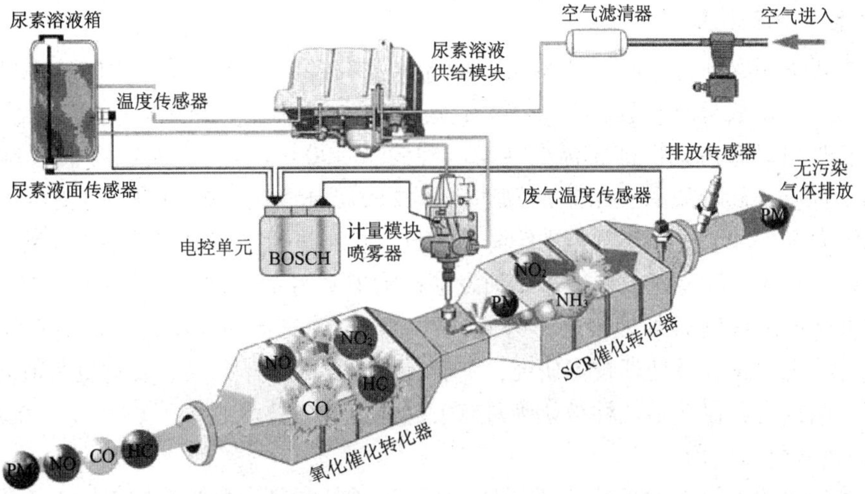

图 6-52　$SCR-NO-NH_3$ 催化转化电控系统

4．吸附—催化还原技术（NAC）

吸附—催化还原技术包括吸附和催化还原两项技术，其关键技术是吸附技术。该项技术几乎与选择性催化还原技术同时出现，由于成本低、结构相对简单，所以发展速度也很快，但其转化效率略低，一般可达到70%～90%。

1）吸附技术

吸附是一种固体表面现象。它是利用多孔性固体吸附剂处理气态污染物，使其中的一种或几种组分，在固体吸附剂表面，在分子引力或化学键力的作用下，被吸附在固体表面，从而达到分离的目的。

在汽车排放物NO_x后处理中采用吸附技术，主要是利用充填有NO_x吸附剂的吸附器，在富氧条件下将难以催化还原的首先储存起来，再用其他方法进行处理。吸附器类似一个过滤器，但它过滤的是发动机排气中的NO_x。常用的吸附剂为贵金属、碱金属或碱土金属氧化物，如碳酸钾（K_2CO_3）和金属钡（Ba）等，吸附剂的耐硫性能和高温稳定性也比较差。

2）催化还原技术

吸附技术通常与催化还原技术集成使用，形成吸附—催化还原技术。因为当吸附剂吸附的NO_x到一定量后，必须使吸附剂“再生”，否则因吸附剂失去活性而不能继续发挥其作用。“再生”是指通过去除吸附剂吸附的NO_x，使吸附剂恢复其原有的活性（即吸附能力）。

在吸附—催化转化器中，吸附剂再生的方法一般是在转化器上配置预热空气鼓风机和预热器，当吸附剂中吸附了规定量的NO_x后，利用热风使NO_x从吸附剂中分离出来，而后在催化剂（如铂等）作用下，使NO_x与还原剂（如HC、CO、H_2）发生反应，生成无害的N_2、CO_2和H_2O。还原剂一般是利用柴油发动机在排出的HC和CO，由于柴油发动机在一般工况下的HC和CO排放低，不能满足NO_x还原的需要，因此柴油发动机的电控系统必须具有与其相适应的功能，即：每隔一定时间（一般约1 min），通过加大废气再循环量或推迟喷油正时，来增加HC和CO排放，以保持较高的NO_x转化效率。毫无疑问，采用此措施控制排放污染，会使柴油发动机的燃油经济性受到影响，据资料表明，将使燃油消耗增加5%左右。

5．其他催化转化技术

我国主要采用欧洲的排放法规体系，2005年欧洲各国实施欧Ⅳ排放标准，2009年执行更为严格的欧Ⅴ排放标准。我国2004年开始实施了相当于欧Ⅱ的国家第二阶段标准（国Ⅱ）——轻型机动车污染物排放标准（GB 18352.2—2001），预计2017年将实施国Ⅴ（相当于欧Ⅴ）标准。随着我国车用柴油发动机排放法规升级速度的加快，目前柴油发动机几乎所有的重大发展和改进工作都是围绕降低排放、噪声进行。借鉴国外柴油发动机技术的发展经验，应对欧Ⅳ、欧Ⅴ排放标准，柴油发动机除了采用先进的控制排放主动技术外，还必须采用各种必要的尾气后处理措施。为此，近年来，针对柴油发动机、稀燃直喷汽油发动机、燃气发动机的尾气后处理技术研究，一直是世界各大汽车公司、发动机制造商和科研机构的热门课题，在此仅介绍几种被认为具有发展潜力的新技术。

1）四效催化转化器

四效催化转化器是通过催化剂进行化学反应，能同时降低排气中CO、HC、NO_x和PM的催化转化器。关键技术是催化剂和提高转化效率。

2）$DeNO_x$催化技术

$DeNO_x$（净化氮氧化合物，又称脱硝或脱氮）催化技术主要是催化 NO_x热裂变为 N_2和 O_2，该技术比 SCR 简单，无有害生成物，目前认为最具发展潜力。目前常用的 $DeNO_x$催化剂有贵金属、分子筛和过渡金属氧化物，其中贵金属催化剂是目前唯一商业化的催化剂，但其价格昂贵，抗高温烧结性能、抗硫中毒能力差。因此非贵金属催化剂和过渡金属氧化物的研究和开发日益受到人们的关注。

3）DPNR（颗粒和 NO_x净化）

它集氧化催化技术（DOC）、净化氮氧化合物技术（$DeNO_x$）和颗粒物过滤技术（DPF）于一体，通过三项技术的不同组合，针对不同发动机的特性选择最佳匹配方案，最大限度地同时兼顾降低排放及燃油经济性。

4）碳素纤维加载低电压技术

碳素纤维具有催化活性，能促进废气中的 NO_x与 CO 或 HC 进行氧化还原反应，随着电压的升高，可使 NO_x排放明显降低。该技术以采用硝酸浸渍的不同基材（如沥青基、黏胶基、聚丙烯腈基等）活性碳素纤维作为直接还原剂，以达到脱除 NO_x的目的。

5）臭氧消除氮氧化物

用臭氧消除氮氧化物技术被认为是不采用氨的选择性催化还原技术，系统主要包括臭氧发生器、反应器、输送管和湿洗涤器。采用该技术先将烟道气冷却到 121 ℃，然后与臭氧接触，NO 与 NO_2都不溶于水，他们与臭氧反应生成水溶性的五氧化二氮，可通过湿洗涤器生成稀硝酸。据称，采用此技术的费用比选择性催化还原低 10% ~30%，转化效率可达 95%。

6）均质充量压缩点燃技术（HCCI）

这是一种新型发动机燃烧方式，英文全称 Homogeneous Charge Compression Ignition（简称 HCCI）。它借鉴了汽油发动机的燃料进气和柴油发动机通过高压自行点火的特点，但省略了火花塞和喷射系统，这是其与各种类型的喷射系统最大的不同之处。这种方式几乎不会产生颗粒物和氮氧化物，因为在这种燃烧方式下形成的混合气比任何形式的喷射所形成的都要均匀得多。

但 HCCI 燃烧存在着燃烧相位、燃烧速率难以控制和 UHC（未燃碳氢化合物）排放较高的难题。随着负荷增加，循环喷油量增加时上述问题越来越严重，因此，目前 HCCI 燃烧的应用仍主要局限于中低负荷。尽管 HCCI 现在还面临着许多难题需要克服，但相信随着研究的不断深入，HCCI 技术一定越来越成熟，在不久的将来，HCCI 必将成为一项广泛使用的发动机新技术。

二、颗粒过滤系统

颗粒过滤是有效降低柴油发动机颗粒物排放的主要措施之一。颗粒过滤系统的主要装置就是颗粒过滤器（Diesel Particulate Filter，简称 DPF），它是安装在柴油汽车排气系统中，通过过滤来降低排气中颗粒物（PM）的装置。

颗粒过滤器的过滤效率可达 50% ~90%。过滤效率是指试验车辆或发动机按照某种指定的工况运行时，柴油颗粒过滤器前后的颗粒物排放重量的变化率，即

$$过滤器过滤效率=\frac{过滤器前颗粒物排放量-过滤器后颗粒物排放量}{过滤器前颗粒物排放量}\times 100\%$$

1. 颗粒过滤器

颗粒过滤器的结构如图 6－53 所示。当废气流经颗粒过滤器时，利用有极小孔隙的滤芯将废气中直径较大的颗粒物过滤下来。滤芯是颗粒过滤器的主体，除应保证过滤器有较高的过滤效率外，还应具有较高的机械性能、热稳定性能和耐热性能，具有较小的热膨胀系数、流通阻力和质量。目前，最常使用的过滤材料有金属丝网、陶瓷纤维、泡沫陶瓷和壁流式蜂窝陶瓷等。

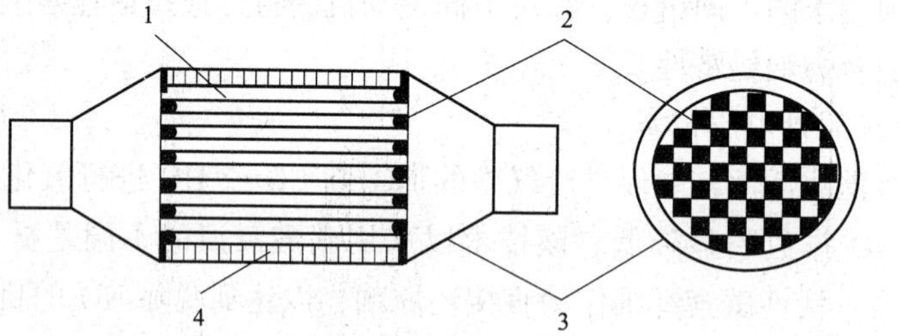

图 6－53 颗粒过滤器的结构

1—多孔滤芯；2—陶瓷塞；3—金属壳体；4—隔垫

颗粒过滤器除采用传统的类似滤清器的方式捕集排气中的颗粒外，近年来又研究出一些新的捕集方式，如静电吸附捕集、旋流分离捕集、静电旋风捕集、电压捕集等。这些技术大多仍处于研究阶段，在此仅做简单介绍。

1）静电吸附捕集技术

柴油发动机排气颗粒中有 70%～80% 呈带电状态，每个带电颗粒带 1～5 个基本正电荷或负电荷，整体呈电中性。目前利用静电除尘技术，即利用附加高压静电场对呈带电特性的颗粒进行静电吸附，并取得了一定的试验成果。目前的问题是设备体积过大，成本太高，在车辆上使用最困难的是高压电的供给及收集中防止二次分散及反电晕等问题。但是随着技术的发展也是极有前景的。

2）旋流分离捕集技术

旋流分离捕集技术是利用离心除尘原理分离并捕集颗粒物，试验表明对直径为 0.5 μm 和 1 μm 的颗粒物过滤效率分别达到 50% 和 70%，但对直径小于 0.5 μm 颗粒物捕集效率则较低。目前的问题是过滤效率低，仅能达到 25%～49%。

3）静电旋风捕集技术

静电旋风捕集技术是利用离心除尘技术和静电除尘技术相结合的方法，对柴油发动机排气进行后处理。如何将两种技术有机地结合并发挥各自的优势，是目前研究的主要问题。静电旋风捕集器具有排气阻力小、结构简单等优势。

4）电压捕集技术

电压捕集技术是在柴油发动机排气管的上下游分别装金属网，网间加约 50 V 直流电压。一般上游的金属网网格较大，加负电压；下游的金属网网格较密，加正电压。当颗粒经过上游金属网时带上负电，经过下游带正电的金属网时被吸附，从而达到颗粒净化的目的，过滤效率较高。

5）高压脉冲电晕等离子体技术

它是利用脉冲电晕所产生等离子体中的高能电子、离子轰击排气中污染物的分子，使其分子内化学键断裂，继而发生反应，达到清除排气中 NO_x 和 PM 等污染物的目的。但由于会产生新的盐类和其他化学成分，有可能形成二次污染，目前尚处于理论研究和实验室内的应用。

2. 过滤器再生技术

颗粒过滤器对碳的过滤效率较高，可达到 60%。简单的过滤器只能物理性地降低颗粒排放，随着过滤下来的颗粒积累，柴油发动机排气背压增加，当排气背压达到 16 ~ 20 kPa 时，柴油发动机性能开始恶化，因此必须定期除去过滤器中的颗粒，使过滤器恢复到原来的工作状态，即过滤器再生。

再生技术是研制颗粒过滤器的关键。过滤器再生方式可分为被动再生和主动再生。

1）被动再生

被动再生是指集催化转化技术和颗粒过滤技术于一体，利用柴油发动机排气本身所具有的能量（热量）进行再生。但在正常工作条件下，柴油发动机排气温度一般在 200 ℃ ~ 500 ℃，而颗粒物的燃点一般在 500 ℃ ~ 600 ℃，可见依靠柴油发动机的排气的温度很难使过滤器再生。为能在多种工况下提高过滤器的"再生效率"，使颗粒物的温度高于其最低氧化温度十分必要，通常采用降低颗粒着火最低温度或者提高排气温度的方法来实现。

颗粒过滤器再生的效果通常用再生效率来表示。过滤器再生效率是指在规定的颗粒物加载水平（指过滤器加载后和加载前的重量增加量）下进行再生，其再生前后的重量变化率，即

$$\text{过滤器再生效率} = \frac{\text{过滤器再生前的重量} - \text{过滤器再生后的重量}}{\text{过滤器再生前的重量}} \times 100\%$$

利用催化剂降低颗粒着火最低温度的过滤器称为催化型柴油颗粒过滤器（Catalyzed Diesel Particulate Filter，简称 CDPF），其结构与简单的过滤器基本相同，只是在过滤器的滤芯上负载催化剂，催化剂具有降低颗粒物氧化反应所需的温度的作用。

采用提高排气温度的方法来实现过滤器再生，实际是将氧化催化转化器（DOC）与颗粒过滤器（DPF）集成一体。通常为提高再生效率，将 DOC 与 CDPF 集成一体，它利用安装在滤芯前的氧化催化剂，使排气中的 HC、CO 等可燃成分加速氧化提高排气温度，为颗粒物氧化创造有利的温度环境，并利用负载在滤芯上的催化剂降低颗粒物氧化反应所需的温度，温度一增一减都有利于实现过滤器的被动再生。DOC + DPF 型过滤器的结构如图 6 - 54 所示。

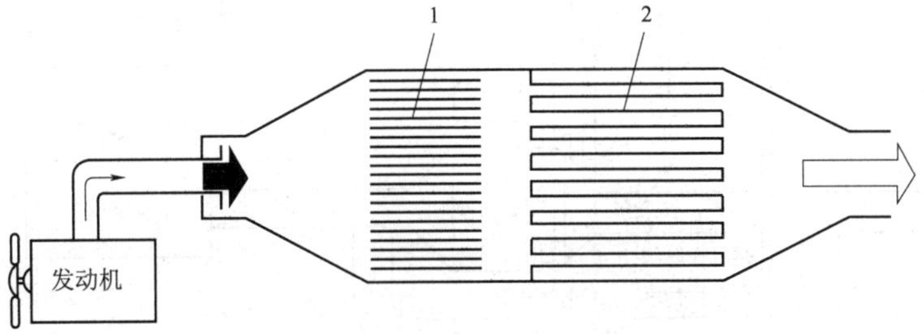

图 6 - 54　DOC + CDPF 型过滤器的结构

1—氧化触媒；2—带触媒的过滤器

采用被动再生技术的颗粒过滤器，在柴油发动机工作中，在降低颗粒物排放的同时，也在连续不断地进行着再生，故又称为“连续再生式颗粒过滤器”。

2）主动再生

主动再生是指利用外加能源（如电加热器、燃烧器或发动机操作条件的改变以提高排气温度）使颗粒物过滤器（DPF）内部温度达到颗粒物的氧化燃烧温度而进行的再生。

电加热主动再生系统如图 6－55 所示。在过滤器的前面加装一个电加热器，后面加装一个压缩空气罐，由 ECU 根据排气压力传感器信号（反映过滤器堵塞情况）确定过滤器是否需要再生，并通过控制各电磁阀和加热器的工作来完成过滤器再生。排气压力未达到设定值时，说明过滤器内的颗粒积累不多，加热器不通电，电磁阀 1、3、5 关闭，电磁阀 2 和 4 开启，废气经电磁阀 2、过滤器和电磁阀 4 排入大气。当排气压力达到设定值时，ECU 发出指令将电磁阀 2 和 4 关闭，并开启电磁阀 5，使废气不经过滤器直接排入大气；同时，利用脉冲指令控制电磁阀 1 和 3 使压缩空气罐放出高压脉冲气流，气流将过滤器中的颗粒反吹进电加热器中燃烧掉，从而实现过滤器的再生。在上述电加热主动再生系统中，以用微波加热器取代电加热器，形成微波加热主动再生系统。

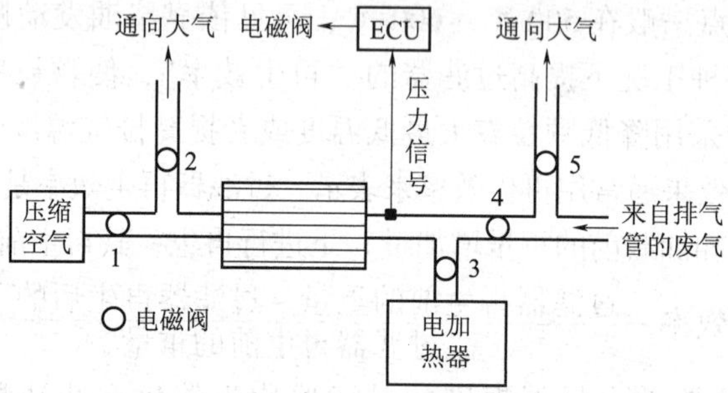

图 6－55　电加热主动再生系统

有些电加热主动再生系统将加热器置于过滤器内，如图 6－56 所示。其工作原理与外置加热器式基本相同，但内置加热器使颗粒物燃烧在过滤器内进行，容易导致过滤器因高温而损坏，而且颗粒物燃烧后的灰烬不易排出。

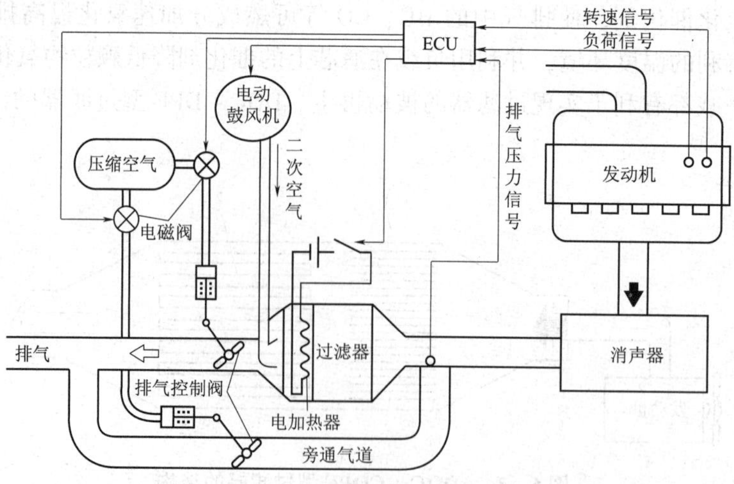

图 6－56　内置电加热主动再生系统

燃烧器加热主动再生系统如图 6－57 所示。在过滤器前安装一个燃烧器，当过滤器需要再生时，用喷油器向燃烧器喷入少量燃油，并通过空气压缩机向燃烧器供给二次空气，利用火花塞点燃燃油，燃烧所产生的热量使过滤器中沉积的颗粒物快速燃烧掉，实现过滤器的再生。再生过程一般需 1～2 min。

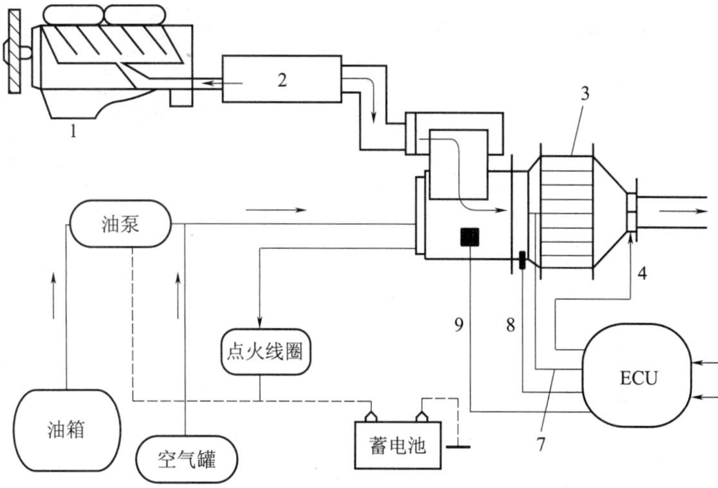

图 6－57　燃烧器加热主动再生系统

1—柴油发动机；2—消声器；3—过滤器；4—出口温度信号；5—转速信号；6—负荷信号；7—排气压力信号；8—进口温度信号；9—燃烧器温度信号

习题

（1）为什么要进行增压控制？控制的内容有哪些？如何实现？
（2）柴油发动机的起动预热装置有几种类型？说明其基本原理。
（3）为什么要进行进气控制？控制的内容有哪些？如何实现？
（4）柴油发动机的主要排放污染物是什么？主要控制方法有哪些？
（5）为什么要对 EGR 进行冷却？如何冷却？
（6）应用在柴油发动机上的催化转化技术主要有几种？说明其基本原理。
（7）颗粒物过滤器的作用是什么？再生的方法有几种？

项目七

柴油发动机电控系统故障诊断

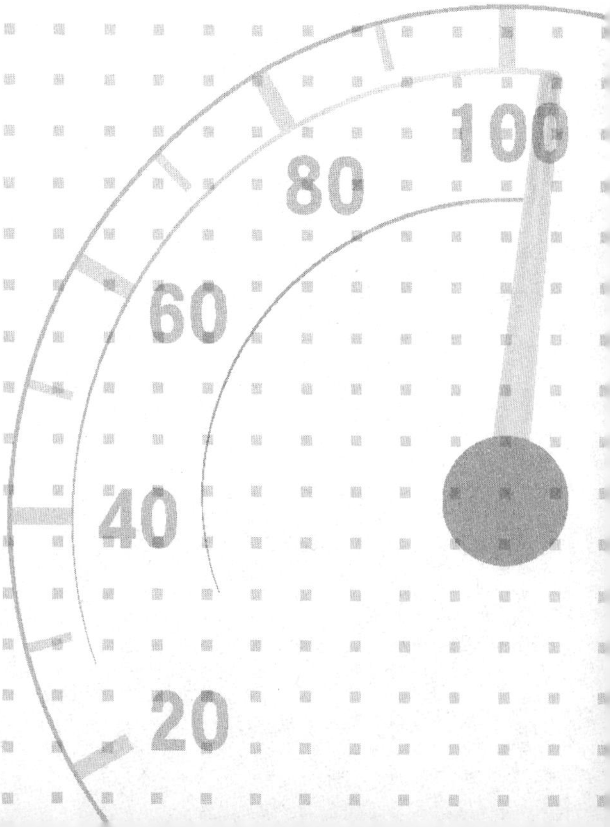

学习任务1

故障码读取和无故障诊断

学习目标

（1）能够进行故障码的读取和清除。

（2）能够进行无故障码诊断和排除。

任务引入

发动机电控系统发生故障时，调取故障码是快速、准确获取故障信息的有效途径。

相关知识

一、故障码读取与清除

1. 故障码读取与清除的基本方法

1）读取故障码的方法

虽然不同公司生产的汽车，调取故障码的操作程序及读取方法有很大差异，但基本方法分两种：一是使用随车自诊断系统调取，二是使用故障诊断仪调取。

（1）利用随车自诊断系统调取故障码。只需按照规定程序进行操作（如短接诊断座上的端子、操作某些开关等），即可利用仪表板盘上“故障指示灯”、指针式万用表、自制二极管灯或车上显示器等读取故障码，此种方法不需价格比较昂贵的仪器设备，但必须知道被检车辆的维修资料，如调取故障码的操作程序和故障码含义等，否则无法进行故障诊断和检修，而且有些汽车也无法利用随车自诊断系统调取故障码（如德国大众车系等）。随着汽保设备价格的下降，其应用也越来越普及，利用随车自诊断系统调取故障码的方法已很少使用，因此本教材对此不做详细介绍。

（2）使用故障诊断仪调取故障码。使用故障诊断仪调取故障码，只需掌握诊断仪的简单使用方法，对维修人员理论水平要求不高，而且速度快、准确率高，目前已得到广泛应用。

2）清除故障码的方法

与调取故障码类似，在发动机故障排除后，必须按规定程序利用随车自诊断系统清除故障码，或利用故障诊断仪清除故障码。

2. 大众车系故障诊断仪使用方法

目前国内装用柴油发动机的轿车主要是一汽大众捷达、宝来、奥迪，此处仅介绍德国大众车系专用故障诊断仪使用方法。大众车系专用故障诊断仪有 V. A. G1551、V. A. G1552 和 V. A. S505X 三种。

1）V. A. G1551、V. A. G1552 的使用方法

V. A. G1551、V. A. G1552 故障诊断仪具有读取和清除故障码、读取数据块、对执行元件诊断及部件基本设置等功能，通过检测程序卡升级，可以检测最新车型控制系统的故障。V. A. G1552 与 V. A. G1551 的主要区别主要是不带打印功能，二者的使用方法相同。

V. A. G1551 专用诊断仪如图 7－1 所示，其功能键及键入功能代码使用说明见表 7－1。

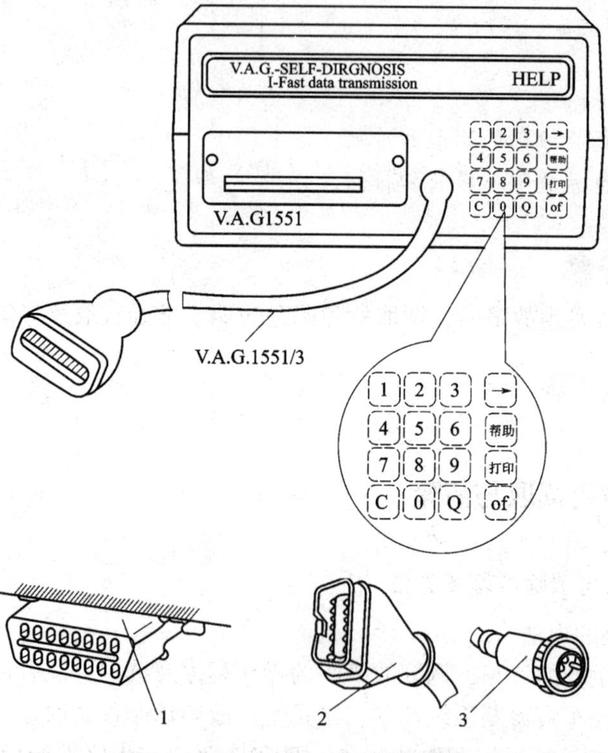

图 7－1　V. A. G1551 专用诊断仪

1—车上的故障诊断座；2，3—端子连接器

表 7－1　V. A. G1551 专用故障诊断仪功能键及代码说明

功能键的使用		键入的功能代码及其含义			
操作	实现功能	代码	含义	代码	含义
按 C 键	更改输入数据及当前菜单	01	显示 ECU 版本号	05	清除故障码
按 Q 键	确认输入信息	02	故障查询	06	结束，退出
按→键	下一步	03	执行机构诊断	07	ECU 编码
按 HELP 键	帮助信息	04	基本设定	08	测量数据显示

使用 V. A. G1551、V. A. G1552 时应注意：装用 16 端子诊断座的车辆必须配用 V. A. G1551/3 专用传输线，装用 2＋2 端子诊断座的车辆必须配用 V. A. G1551/1 专用传输线；调取和清除故障码前，应确保蓄电池电压大于 11.5 V，冷却液温度高于 80 ℃。

以宝来轿车为例，故障码的调取方法如下：

（1）关闭点火开关，将专用传输线 V. A. G1551/3 的一端（5 端子）与诊断仪相应接口连接，传输线另一端（16 端子）与故障诊断座连接，如图 7 – 2 所示。

（2）打开点火开关，输入发动机 ECU 的地址代码“01”，然后按 Q 键确认，这时屏幕显示：

Rapid data transmission Q（快速数据传递） 01—Engine electronics （发动机电控单元）

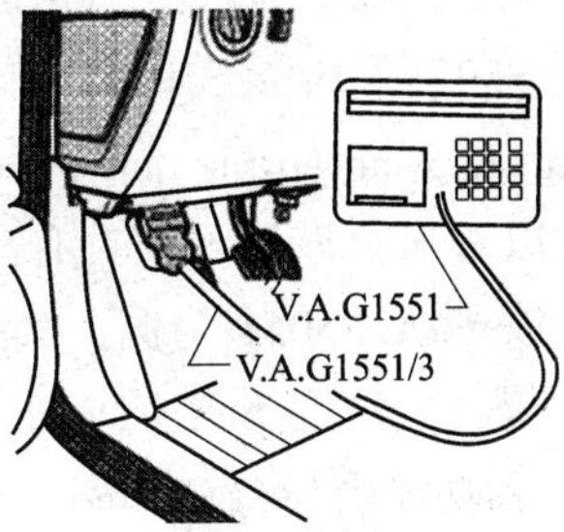

图 7 – 2 V. A. G1551 诊断仪的连接

经一段时间后，屏幕上显示 ECU 的版本号和编码。

（3）按→键进入功能选择，屏幕上显示：

Rapid data transmission Q（快速数据传递） Select function × ×（功能选择 × ×）

（4）输入功能代码“02”，再按 Q 键确认，无故障时屏幕上显示：

No fault（无故障）

有故障时，屏幕上将显示出故障数量。如有 2 个故障，屏幕上显示：

2 fault Recognized（发现 2 个故障）

之后按→键，屏幕将依次显示每一个已检测到的故障代码及故障原因。在显示故障原因时，若屏幕底部出现“/SP”，表示该故障为间歇性出现的故障。有多个故障码时，可将故障信息打印出来。

（5）故障码调取完成后，输入功能代码“06”，再按 Q 键确认即可退出。然后关闭点火开关，拆下专用诊断仪和传输线。

大众车系故障码的清除方法如下：

① 按调取故障码步骤（1）、（2）、（3）进行操作后，输入功能代码“05”并按 Q 键确认，即可清除故障码，此时屏幕上显示：

Rapid data transmission（快速数据传递） fault memory is erased（故障码已清除）

若故障码所代表的故障还没有排除，故障码将无法清除，屏幕上显示：

Rapid data transmission（快速数据传递） fault memory not erased（故障码没有清除）

② 故障码清除完毕后，输入功能代码“06”，再按 Q 键确认即可退出。然后关闭点火开关，拆下专用诊断仪和传输线。

2）V. A. S505X 的使用方法

V. A. S505X 是大众集团专用工具的一个编号，其中的 X 是产品的序列号，它是在大众车系原有的诊断仪 V. A. G1551 和 V. A. G1552 的基础上发展过来的。现在该系列检测仪共有 V. A. S5051、V. A. S5051B、V. A. S5052 和 V. A. S5053 四种产品。检测仪的全称是“Vehicle diagnostic, measuring and information system（车辆诊断、测量和信息系统）”。从仪器的名称上可以看出，该检测仪具有车辆的诊断、测量和信息查询功能。

以 V. A. S5051 为例，其初始屏幕如图 7－3 所示。从初始屏幕上可以看到该检测仪具有自诊断（Vehicle Self－Diagnosis）、测量（Test Instruments）、故障引导（Guided Fault Finding）和功能引导（Guided Functions）四大功能，其操作模式与 V. A. G1551 基本相同，只要按照显示屏上的提示依次进行相应的操作即可。

图 7－3　V. A. S5051 初始屏幕

（1）自诊断功能是对车辆单独的控制单元进行检测，如对发动机、变速箱、ABS 和仪表等控制单元进行检测。这些控制单元具有独立的地址码，V. A. S5051 可以单独和这些控制单元进行通信，完成控制单元故障记忆的查询、故障记忆的清除等功能。在自诊断项目下，主要有查询故障、执行元件诊断、基础设定、清除故障记忆、结束输出、控制单元编码、读数据块、读单个数据块、匹配、登录功能，如图 7－4 所示。

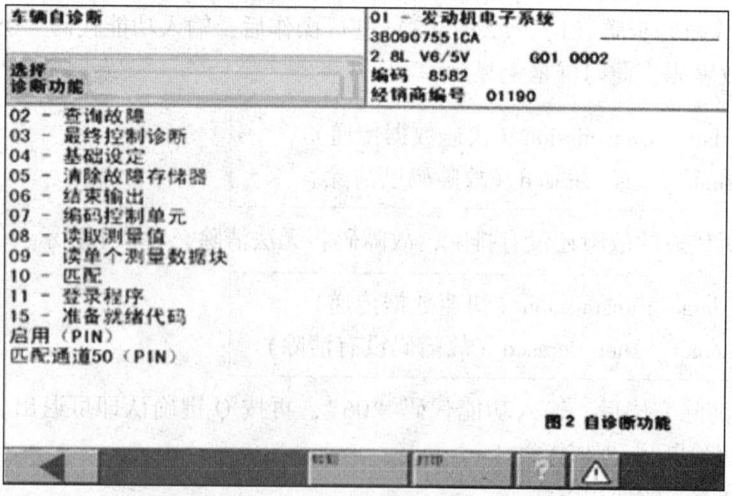

图 7－4　V. A. S5051 自诊断功能

（2）测量功能包括万用表的使用功能，即检测仪可以测量电压、电阻和电流。另外，还可以测量传感器的波形。在实际的维修工作中，检测仪在对控制单元进行电脑检测的同时，还需要对线路和传感器进行测试。该测试仪的这项功能可以兼并。

（3）故障引导功能的实现需要检测仪内部储存的大量车型数据来支持。由于现代车型的更新变化很快，对维修人员掌握的车辆技术和车型信息的要求就越来越高。把这些新的车型信息存储在检测仪中，当维修人员需要某项信息的时候可以马上调出来，并且检测仪可以根据故障记忆的描述，结合自己强大的数据库，帮助维修人员查找故障。当然，检测仪储存的车辆信息，要根据厂家车型的变化定期进行升级更新。当执行故障引导功能时，选择要检测的车型，检测仪就调出该车型的信息，并且把该车型上的所有的控制单元检测一遍。检测完后，根据检测到的故障记忆，检测仪可以指导进行下一步的维修工作，帮助查找故障原因。

（4）功能引导是维修人员主动对某个控制单元进行操作，通过这种操作来完成对控制单元的匹配和故障查找等工作。

3. 故障码说明

以一汽大众宝来柴油发动机为例，其故障码含义见表7－2。

表7－2 宝来轿车柴油发动机故障码含义

故障码	辅助故障码	故障码含义	故障可能原因
16485	P0101	空气流量计信号不正常	① 电路断路或对地短路； ② 空气流量计失效
16684	P0300	不点火	① 一缸或多缸不点火； ② 气缸没有压力
16685	P0301	1缸不点火	① 1缸不点火； ② 气缸没有压力
16686	P0302	2缸不点火	① 2缸不点火； ② 气缸没有压力
16687	P0303	3缸不点火	① 3缸不点火； ② 气缸没有压力
16688	P0304	4缸不点火	① 4缸不点火； ② 气缸没有压力
16705	P0321	转速传感器信号不正常	① 转速传感器失效； ② 速度传感器/传感器轮间隙过大； ③ 转速传感器上有金属屑或底座松动； ④ 电路断路或对地短路
16706	P0322	转速传感器无信号	① 转速传感器失效； ② 电路断路或对地短路

续表

故障码	辅助故障码	故障码含义	故障可能原因
16725	P0341	凸轮轴位置传感器信号不正常	① 凸轮轴位置传感器失效； ② 传感器不正常或未紧固； ③ 传感器与凸轮轴链轮间隙不正确； ④ 电路断路或对地短路； ⑤ 传感轮的轮毂在凸轮轴上转动且松动
16885	P0501	车速传感器信号不正常	无速度传感器信号
16944	P0560	电源电压信号不正常	① 电源供电继电器失效； ② 继电器卡住
16944	P0562	电源电压太低	电压小于 4 V
16947	P0563	电源电压太高	电压大于 20 V
16955	P0571	制动灯开关信号不正常	① 制动灯开关失效； ② 制动踏板开关失效
16989	P0605	ECU 故障	发动机 ECU 内部故障
17552	P1144	空气流量计断路或对地短路	① 电路断路或对地短路； ② 空气流量计失效
17553	P1145		
17554	P1146	空气流量计工作电压故障	① 工作电压过高或过低； ② 电路断路
17563	P1155	进气歧管压力传感器正极短路	① 电路正极短路； ② 进气歧管压力传感器失效
17564	P1156	进气歧管压力传感器断路或对地短路	① 电路断路或对地短路； ② 进气歧管压力传感器失效
17565	P1157	进气歧管压力传感器工作电压故障	① 工作电压过高或过低； ② 电路断路； ③ 进气歧管压力传感器失效
17568	P1160	进气温度传感器对地短路	① 电路对地短路； ② 进气温度传感器失效
17569	P1161	进气温度传感器断路或正极短路	① 电路断路或正极短路； ② 进气温度传感器失效
17570	P1162	燃油温度传感器对地短路	① 电路对地短路； ② 燃油温度传感器失效
17571	P1163	燃油温度传感器断路或正极短路	① 电路断路或正极短路； ② 燃油温度传感器失效

续表

故障码	辅助故障码	故障码含义	故障可能原因
17663	P1255	冷却液温度传感器对地短路	① 电路对地短路； ② 冷却液温度传感器失效
17664	P1256	冷却液温度传感器断路或正极短路	① 电路断路或正极短路； ② 冷却液温度传感器失效
17668	P1260	1 缸泵喷嘴信号不正常	不能控制泵喷嘴
17669	P1261	1 缸泵喷嘴超出控制极限	① 控制时间过长； ② 传输受阻
17670	P1262	1 缸泵喷嘴未达到控制极限	① 控制时间过短； ② 缺油； ③ 燃油系统内有空气
17671	P1263	2 缸泵喷嘴信号不正常	不能控制泵喷嘴
17672	P1264	2 缸泵喷嘴超过控制极限	① 控制时间过长； ② 传输受阻
17673	P1265	2 缸泵喷嘴未达到控制极限	① 控制时间过短； ② 缺油； ③ 燃油系统内有空气
17674	P1266	3 缸泵喷嘴信号不正常	不能控制泵喷嘴
17675	P1267	3 缸泵喷嘴超过控制极限	① 控制时间过长； ② 传输受阻
17676	P1268	3 缸泵喷嘴未达到控制极限	① 控制时间过短； ② 缺油； ③ 燃油系统内有空气
17677	P1269	4 缸泵喷嘴信号不正常	不能控制泵喷嘴
17678	P1270	4 缸泵喷嘴超过控制极限	① 控制时间过长； ② 传输受阻
17679	P1271	4 缸泵喷嘴未达到控制极限	① 控制时间过短； ② 缺油； ③ 燃油系统内有空气
17810	P1402	EGR 阀正极短路	电路正极短路
17849	P1441	EGR 阀断路或对地短路	① 电路断路； ② EGR 阀失效； ③ 电路对地短路

续表

故障码	辅助故障码	故障码含义	故障可能原因
17910	P1502	燃油泵继电器正极短路	① 燃油泵继电器失效; ② 电路断路或蓄电池正极短路
17911	P1503	发电机 DF 端子负荷信号不正常	① 发电机故障; ② 电压调节器失效; ③ 电路断路
17932	P1524	燃油泵继电器断路或对地短路	① 电路断路或对地短路; ② 燃油泵继电器失效
17948	P1540	车速信号太高	① 车速大于 260 km/h; ② 组合仪表失效
17954	P1546	进气压力控制电磁阀正极短路	电路正极短路
17957	P1549	进气压力控制电磁阀断路或对地短路	① 电路断路或对地短路; ② 进气压力控制电磁阀失效
17958	P1550	进气压力控制有偏差	① 进气压力控制电磁阀失效; ② 软管接头未接上; ③ 涡轮增压器与发动机间漏气; ④ 涡轮增压器失效
17964	P1556	进气压力未达到调节极限	① 进气压力控制电磁阀失效; ② 涡轮增压器失效; ③ 涡轮增压器与发动机间漏气
17965	P1557	进气压力超过调节极限	软管接头未插上
17977	P1569	巡航控制系统开关信号不正常	① 巡航控制系统开关失效; ② 电路断路或短路
17978	P1570	发动机 ECU 故障	① 用未授权的钥匙起动车辆; ② 试图起动车辆; ③ 电路短路; ④ 防盗系统故障; ⑤ 防盗 ECU 失效或无法找到; ⑥ 已更换发动机 ECU，但与防盗器不匹配
18008	P1600	电源电压端子 15 电压不正常	点火开关打开时无电压（端子 15）
18009	P1601	端子 30 电源供电继电器不正常	① 继电器失效; ② 继电器卡住

故障码	辅助故障码	故障码含义	故障可能原因
18017	P1609	应急开关触发	安全气囊触发
18020	P1612	发动机 ECU 编码不正确	发动机 ECU 编码无效
18024	P1616	预热警告灯正极短路	预热警告灯正极短路
18025	P1617	预热警告灯电路断路或对地短路	① 电路断路或对地短路； ② 灯泡失效
18026	P1618	预热塞继电器正极短路	① 电路正极短路； ② 预热塞继电器失效
18027	P1619	预热塞继电器断路或对地短路	① 电路断路或对地短路； ② 预热塞继电器失效
18034	P1626	没有变速器 ECU 信息	至变速器 ECU 的数据线有故障
18039	P1631	加速踏板位置传感器信号电压过高	失效
18040	P1632	加速踏板位置传感器电压不正常	① 电路断路； ② 工作电压太高或太低
18044	P1636	没有安全气囊 ECU 信息	安全气囊 ECU 数据总线有故障
18047	P1639	加速踏板位置传感器信号不正常	加速踏板位置传感器失效
18048	P1640	发动机 ECU 失效	发动机 ECU 内部故障
18056	P1648	传动系数据总线失效	ECU 内部故障
18057	P1649	没有 ABS ECU 信息	ABS ECU 的数据总线有故障
18058	P1650	没有组合仪表信息	组合仪表数据总线有故障
18062	P1654	组合仪表故障	机油油位/机油温度传感器失效
18065	P1657	空调输入/输出正极短路	电路正极短路
18067	P1659	散热器风扇触发器正极短路	电路短路
18071	P1663	泵喷嘴触发器正极短路	① 电路正极短路； ② 发动机 ECU 内部正极短路
18072	P1664	泵喷嘴触发器电路故障	电路断路或对地短路
18073	P1665	泵喷嘴机械故障	泵喷嘴机械故障
18074	P1666	1 缸泵喷嘴电路故障	电路断路或对地短路
18075	P1667	2 缸泵喷嘴电路故障	电路断路或对地短路

续表

故障码	辅助故障码	故障码含义	故障可能原因
18076	P1668	3 缸泵喷嘴电路故障	电路断路或对地短路
18077	P1669	4 缸泵喷嘴电路故障	电路断路或对地短路
18080	P1672	散热器风扇触发器电路断路或对地短路	电路断路或对地短路
18090	P1682	ABS ECU 信号不正常	ABS ECU 的数据总线有故障
19456	P3000	组合仪表有故障	组合仪表数据总线有故障
19458	P3002	强制降挡开关信号不正常	加速踏板位置传感器失效
19459	P3003	低热输出继电器正极短路	① 电路断路或正极短路； ② 低热输出继电器失效
19461	P3005	高热输出继电器正极短路	① 电路断路或正极短路； ② 高热输出继电器失效
19463	P3007	没有凸轮轴位置传感器信号	① 凸轮轴位置传感器失效； ② 传感器不对或未紧固； ③ 传感器与凸轮轴链轮间的间隙不正确； ④ 电路断路或对地短路
19764	P3008	凸轮轴位置传感器信号不正常	传感器转子在凸轮轴处扭曲变形或松动
19560	P3104	可变进气歧管翻板转换阀正极短路	可变进气歧管翻板转换阀电路正极短路
19561	P3105	可变进气歧管翻板转换阀断路或对地短路	① 电路断路或对地短路； ② 可变进气歧管翻板转换阀失效

4. 按故障码提示进行故障诊断

首先应注意，有故障码并不一定有故障。因为维修人员在故障排除后并未清除历史故障码，在发动机运行或点火开关打开的情况下，驾驶员或维修人员拆开线束连接器产生的人为故障码，都会导致有故障码但无故障的情况发生。所以，即使能调取故障码，也不要急于按故障码来检修，如果发动机能够起动，最好是先清除故障码，起动运行后再重新调取故障码，第二次调出的故障码才真正说明有无故障。当然，在清除故障码前应记下故障码，因为有些故障码的产生情况难以再现，第二次调取的故障码或许会漏掉一些故障信息。

自诊断系统监视的往往是某一电路，而非某一元件，所以如果故障码的含义是“某传感器信号不正常”，实际是指该传感器相应电路故障，传感器电路包括传感器、传感器与 ECU 间的连线（包括线束连接器）、ECU 及其供电和搭铁线路，如果只按故障码含义的字面含义来检修，必然会走弯路。

有故障码反映了电控系统存在故障，但有时并非是故障码含义所指相应电路的故障。例如，宝来轿车柴油发动机故障码 19764P3008 的含义为“凸轮轴位置传感器信号不正常”，其可能的故障原因则是“传感器转子在凸轮轴处扭曲变形或松动”。所以，根据故障码提示进行故障诊断，也不可局限于电路，必要时还要考虑机械、气路等部分。

二、无故障码故障诊断

无故障码故障是指在汽车使用中，有明显的故障现象，但“故障指示灯”不亮，按规定程序调取故障码时，显示正常码。

自诊断系统只能监测电控系统电路，这包含两点：一是如果故障不属于电路，也就不可能有故障码；二是不属于电控系统的电路（如起动系统、充电系统等）故障，也不会存储故障码。因此，无故障码故障往往与电控系统无关，此时应按非电控发动机故障的诊断步骤进行排查，切记不要盲目检查电控系统的 ECU、执行元件、传感器和电路，否则不仅徒劳无功，稍有不慎反会损坏电控元件。

此外，自诊断系统一般只能监测信号的范围，不能监测传感器特性的变化。若因某种原因只是使传感器信号的特性发生了变化，并不能产生故障码。例如，发动机冷却液传感器的阻值有一个正常的工作范围，一旦阻值超出此范围，自诊断系统马上会产生故障码；但是假如该传感器的特性（指温度和阻值的对应关系）发生变化，但阻值依然在此范围内，发动机会工作不良，故障指示灯并不会亮，当然也无故障码。维修人员不应因为无故障码，就认为肯定无故障，以免走弯路。这时应该根据发动机的故障现象进行综合分析判断，有条件的还应用专用诊断仪读取相关数据块、分析波形，继而对传感器单体进行有针对性的检测，以找到并排除传感器故障。

如果故障指示灯亮，却调不出故障码，则可能是故障指示灯电路搭铁故障。

柴油发动机无故障码故障诊断可参照表 7－3 和表 7－4 进行。

表 7－3　非共轨型柴油发动机无故障码故障诊断

故障现象	可能故障部位	检查内容
发动机不能转动	① 起动机； ② 起动继电器； ③ 空挡起动开关	① 起动机； ② 起动继电器； ③ 空挡起动开关及其电路
低温起动困难	① 预热系统； ② STA 信号电路； ③ 燃油系统； ④ 发动机 ECU	① 预热塞及其电路； ② STA 信号电路； ③ 喷油泵、喷油器和燃油滤器； ④ 发动机 ECU
热起动困难	① STA 信号； ② 燃油系统； ③ 压缩压力； ④ 发动机 ECU	① STA 信号电路； ② 喷油泵、喷油器和燃油滤清器； ③ 压缩压力； ④ 发动机 ECU

续表

故障现象	可能故障部位	检查内容
发动机起动后经常熄火	① ECU 电源电路; ② 燃油系统; ③ 发动机 ECU	① ECU 电源电路; ② 燃油滤清器和喷油泵; ③ 发动机 ECU
发动机失速	① ECU 电源电路; ② 喷油量控制阀继电器电路; ③ 发动机 ECU; ④ 喷油泵	① ECU 电源电路; ② 喷油量控制阀继电器电路; ③ 发动机 ECU; ④ 喷油泵
怠速过高	① A/C 信号; ② STA 信号; ③ 喷油泵; ④ 发动机 ECU	① A/C 信号电路; ② STA 信号电路; ③ 喷油泵; ④ 发动机 ECU
怠速过低	① A/C 信号; ② 气门间隙; ③ 压缩压力; ④ 燃油管路有空气; ⑤ 燃油系统; ⑥ EGR 系统; ⑦ 发动机 ECU	① A/C 信号电路; ② 气门间隙; ③ 压缩压力; ④ 燃油系统排气; ⑤ 喷油器和喷油泵; ⑥ EGR 系统; ⑦ 发动机 ECU
怠速不稳	① 燃油管路有空气; ② 气门间隙; ③ 压缩压力; ④ 预热系统; ⑤ 燃油系统; ⑥ EGR 系统; ⑦ 发动机 ECU	① 燃油系统排气; ② 气门间隙; ③ 压缩压力; ④ 预热系统; ⑤ 喷油器和喷油泵 ; ⑥ EGR 系统; ⑦ 发动机 ECU
加速不良	① 压缩压力; ② 燃油系统; ③ EGR 系统; ④ 发动机 ECU	① 压缩压力; ② 喷油泵、喷油器和燃油滤清器; ③ EGR 系统; ④ 发动机 ECU
工作粗暴	① 燃油系统; ② EGR 系统; ③ 发动机 ECU	① 喷油器; ② EGR 系统; ③ 发动机 ECU

续表

故障现象	可能故障部位	检查内容
冒黑烟	① 燃油系统； ② EGR 系统； ③ 发动机 ECU	① 喷油器和喷油泵； ② EGR 系统； ③ 发动机 ECU
冒白烟	① 燃油系统； ② 预热系统； ③ EGR 系统； ④ 发动机 ECU	① 喷油泵、喷油器和燃油滤清器； ② 预热系统； ③ EGR 系统； ④ 发动机 ECU
喘振（转速波动）	① 燃油系统； ② 发动机 ECU	① 喷油器和喷油泵； ② 发动机 ECU

表 7－4　共轨型柴油发动机无故障码故障诊断

故障现象	可能故障部位	检查内容
发动机不能转动	① 起动机； ② 起动继电器； ③ 空挡起动开关	① 起动机； ② 起动继电器； ③ 空挡起动开关及其电路
低温起动困难	① 预热系统； ② STA 信号电路； ③ 燃油系统； ④ 燃油压力传感器； ⑤ 进气节流控制系统； ⑥ 发动机 ECU	① 预热塞及其电路； ② STA 信号电路； ③ 输油泵、喷油器和燃油滤器； ④ 燃油压力传感器； ⑤ 进气节流控制系统； ⑥ 发动机 ECU
热起动困难	① 压缩压力； ② STA 信号电路； ③ 燃油系统； ④ 燃油压力传感器； ⑤ 进气节流控制系统； ⑥ 发动机 ECU	① 压缩压力； ② STA 信号电路； ③ 输油泵、喷油器和燃油滤器； ④ 燃油压力传感器； ⑤ 进气节流控制系统； ⑥ 发动机 ECU
发动机起动后经常熄火	① ECU 电源电路； ② 燃油系统； ③ 进气节流控制系统； ④ 燃油压力传感器； ⑤ 发动机 ECU	① ECU 电源电路； ② 燃油滤清器和输油泵； ③ 进气节流控制系统； ④ 燃油压力传感器； ⑤ 发动机 ECU

续表

故障现象	可能故障部位	检查内容
怠速过高	① A/C 信号； ② STA 信号； ③ 输油泵； ④ 燃油压力传感器； ⑤ 发动机 ECU	① A/C 信号电路； ② STA 信号电路； ③ 输油泵； ④ 燃油压力传感器； ⑤ 发动机 ECU
怠速过低	① A/C 信号； ② 气门间隙； ③ 压缩压力； ④ 燃油管路（有空气）； ⑤ 燃油系统； ⑥ EGR 系统； ⑦ 燃油压力传感器； ⑧进气节流控制系统； ⑨发动机 ECU	① A/C 信号电路； ② 气门间隙； ③ 压缩压力； ④ 燃油系统排气； ⑤ 喷油器和输油泵； ⑥ EGR 系统； ⑦ 燃油压力传感器； ⑧进气节流控制系统； ⑨发动机 ECU
怠速不稳	① 燃油管路有空气； ② 气门间隙； ③ 压缩压力； ④ 燃油系统； ⑤ EGR 系统； ⑥ 燃油压力传感器； ⑦ 进气节流控制系统； ⑧发动机 ECU	① 燃油系统排气； ② 气门间隙； ③ 压缩压力； ④ 喷油器和输油泵； ⑤ EGR 系统； ⑥ 燃油压力传感器； ⑦ 进气节流控制系统； ⑧发动机 ECU
加速不良	① 压缩压力； ② 燃油系统； ③ EGR 系统； ④ 燃油压力传感器； ⑤ 进气节流控制系统； ⑥ 发动机 ECU	① 压缩压力； ② 输油泵、喷油器和燃油滤清器； ③ EGR 系统； ④ 燃油压力传感器； ⑤ 进气节流控制系统； ⑥ 发动机 ECU
工作粗暴	① 燃油系统； ② EGR 系统； ③ 燃油压力传感器	① 喷油器和输油泵； ② EGR 系统； ③ 燃油压力传感器
冒黑烟	① 燃油系统； ② EGR 系统； ③ 燃油压力传感器； ④ 进气节流控制系统； ⑤ 发动机 ECU	① 喷油器和输油泵； ② EGR 系统； ③ 燃油压力传感器； ④ 进气节流控制系统； ⑤ 发动机 ECU

故障现象	可能故障部位	检查内容
冒白烟	① 燃油系统； ② 预热系统； ③ EGR 系统； ④ 燃油压力传感器； ⑤ 进气节流控制系统； ⑥ 发动机 ECU	① 输油泵和燃油滤清器； ② 预热系统； ③ EGR 系统； ④ 燃油压力传感器； ⑤ 进气节流控制系统； ⑥ 发动机 ECU
喘振（转速波动）	① 燃油系统； ② 燃油压力传感器； ③ 发动机 ECU	① 喷油器和输油泵； ② 燃油压力传感器； ③ 发动机 ECU

任务实施

一、故障码读取

（1）关闭点火开关，将诊断仪器 V. A. G1551/3 故障诊断座连接；
（2）打开点火开关，输入发动机 ECU 的地址代码；
（3）故障码读取，记录每一个已检测到的故障代码及故障原因；
（4）故障码调取完成后关闭点火开关，拆下专用诊断仪和传输线。

二、无故障码诊断

参照表 7－3 和表 7－4，分析发动机无法起动的可能原因，并进行故障排除。

三、技能学习考核

（1）教师为每组学生准备好实验台架或整车及相关技术材料。

（2）小组学生边查阅技术资料边观察实验台架或整车，完成技能学习工作单。结合检测结果，指出相关的故障，并考虑工作计划的准备工作，检测仪器、工作油液和辅助材料的可使用性是否达到最佳程度，提出合理化建议并在下一次检修时予以考虑。

（3）教师观察学生学习过程，最后审阅学生完成的工作单，检查工作计划的所有工作项目并确认所有项目都已认真完成，检查安全、环保方面的工作是否到位，检查是否遵守规定的维修工时，检查车辆、发动机是否干净整洁，护套是否取下，工具是否整理，最后给出评价。

知识拓展

电控系统维修注意事项

1. 蓄电池使用注意事项

蓄电池是整个汽车的总电源，拆装蓄电池电缆线是在汽车维修中经常需要维修人员进行的基本操作。对电控发动机而言，该项操作不当或时机不对，将会给维修工作带来许多困难，甚至会产生严重后果。

（1）不能随意切断 ECU 电源。在发动机运行过程中，电控系统出现故障时，自诊断系统会存储相应的故障码，以便维修人员在维修时，利用诊断仪器或随车自诊断系统读取故障码，进而根据故障提示信息查找故障原因和部位。若在读取故障码前拆开蓄电池电缆线或拆下主熔丝，就切断 ECU 的电源，存储在 ECU 随机存储器中的故障代码便会自动消除。若想获得故障码，对能够起动且故障经常出现的发动机而言，只要接通电源重新起动发动机，还可以重新获取故障码，但也浪费时间；而对于故障间歇性出现或根本无法起动的发动机，切断 ECU 电源后将导致难以再获取甚至无法获得故障码，这也就失去了一个很重要的故障信息。因此，在维修电控发动机时，若需要拆开蓄电池电缆线，必须先按规定的程序读取故障码。

ECU 电源一般不受点火开关控制，关闭点火开关不会切断 ECU 电源。

（2）不能随意断开与蓄电池电压相同的供电线路。当点火开关处于接通（ON）位置时，无论发动机是否正在运转，此时绝不可拆下蓄电池电缆线或熔丝。因为突然断电将会使电路中的线圈产生自感电动势而出现很高的瞬时电压（有时达近万伏），从而使 ECU 及传感器等微电子元件严重受损。

此外，还必须注意的是：除蓄电池电缆线外，其他凡是与蓄电池电压相同的供电线路（如直流电动机、燃油泵等线路），在点火开关处于接通位置时，也都不能拆除；否则，也同样使相关的线圈产生自感而烧坏 ECU 或传感器。

（3）必要时必须切断电源。由于电控发动机的燃油系统多采用电动燃油泵，若在检修燃油系统时不切断电源，就有可能会在检修过程中无意接通电动燃油泵电路，使电动燃油泵工作，高压燃油会从拆开的燃油管路中以高压喷出，造成人身伤害或引起火灾。因此，在对电控发动机燃油系统进行检修作业之前，应先切断电源，其方法是：关闭点火开关，或拆开蓄电池电缆线，或拨下主熔丝。

（4）不可随意采用切断 ECU 电源的方法清除故障码。发动机维修完毕后，必须清除存储在 ECU 中的原故障码；否则，发动机故障虽已被清除，但故障代码仍储存在 ECU 中，驾驶室仪表板上的故障指示灯仍将点亮，驾驶员无法确定是否有新的故障发生。

对大多数电控发动机而言，拆开蓄电池电缆线或拆下主熔丝，使 ECU 断电 30 s 以上即可清除故障码。但是必须注意，汽车防盗密码、音响密码、石英钟等信息也存储在 ECU 的随机存储器中，采用断电清除故障码的方法，上述存储在 ECU 中的临时信息也将一起被清除掉，从而导致音响锁码等。一般来说，应按维修手册要求的方法清除故障代码，不知道有无防盗密码和音响密码，或不知道密码是什么，切忌随意切断 ECU 电源。

(5) 不要出现过压或蓄电池极性接反。在进行车辆维修时，不允许蓄电池以外的其他电源（如专供起动用的起动电源）直接起动发动机，在装复蓄电池时注意其正、负极性不能接反，否则，供电电压过高、反向通电均会使 ECU 或其他电控元件损坏。

2. 维修操作注意事项

(1) 维修前应了解电控系统主要元件位置：在对发动机电控系统维修前，必须充分了解该车的 ECU 及主要电子元件的位置，以便实施可靠的保护，防止误拆、误卸。

(2) 注意保护 ECU：ECU 承受剧烈振动、过高的温度或进水，会导致 ECU 内部的芯片毁坏；因此，在维修电控机时，如需重力敲击作业、清洗作业或焊接作业，应拆下 ECU，以免造成不必要的损失。

此外，在对电控系统进行测试时，除特别指明外，只能使用高阻抗数字式（不能使用指针式）万用表进行 ECU 及传感器测试，严禁用试灯测试与 ECU 相连接的电子元件，禁止用搭铁试火的方法进行电路检测，以免损坏 ECU 或其他电控元件。

(3) 不能盲目进行拆检：电控系统的工作可靠性高、使用中出现故障的概率小、多数故障是由于线束连接器接触不良造成的，这句话本身是正确的，但必须注意，"工作可靠性高"并不是说"绝对可靠"，"出现故障的概率小"并不是说"绝对不出现故障"，"多数故障是因连接不良造成的"并不是说"全部故障是因连接不良造成的"。有些维修人员，尤其是驾驶员，由于对上述"正确语言描述"的片面理解，当发动机故障指示灯点亮时，便根据自己的主观臆断，在点火开关打开、甚至在发动机运转过程中，将一些电控元件的线束连接器拆开、插上进行试验，殊不知，这样每拆开一个传感器的线束连接器，ECU 便会记录一个故障码，会导致人为故障码与实际故障码混淆，给故障诊断带来不必要的混乱。尤其是缺乏电控发动机维修知识或经验的人员，由于盲目操作导致发动机无法起动，再由专业人员维修时，调取的故障码有几个甚至几十个，也只能按调取的故障码一个一个地排除，既费时又费力。因此，非专业维修人员不要进行盲目拆检。

(4) 不能盲目采用换件法诊断故障：当怀疑某个电控元件有故障时，用新的元件（或无故障车的同一元件）取代旧件以验证该电控元件是否有故障，这是目前在维修电控系统中多数维修人员都采用过的方法。但必须注意，换件法是建立在已经获得初步诊断结论后所采用的验证方法，否则换了一堆零件下来，即使故障修复了，也不知道准确的故障部位在哪里。

此外，换件法对诊断传感器、执行器等自身故障非常有效，但电控系统发生故障多是因为外部元件或线路损坏造成的，如果在此情况下采用换件法是比较危险的，极易因故障车的外围故障而导致新电控元件的损坏，增加损失。因此，若采用换件法诊断电控系统故障，只能将故障车电控元件换到其他同类型无故障车上试验，而不能将其他无故障电控元件装在故障车上进行试验。

(5) 必要时拆开喷油泵或喷油器线束连接器：在维修中，要使发动机运转但又不想起动发动机（如检测气缸压力等）时，必须拆开喷油泵或喷油器线束连接器，以免发动机误起动或喷油器误喷油造成事故。

(6) 注意燃油系统清洁：在拆开燃油系统前，必须先清洁相关部件及相邻区域；拆下的燃油系统部件必须放置在清洁的平面上，并用不带绒毛的布等遮盖好；安装前，必须保证零部件的清洁；维修中，如有柴油滴漏，应及时擦拭干净；燃油系统拆开后，尽量不使用压缩空气作业，尽量不移动汽车，以免污物进入燃油系统。

3. 维修后注意事项

故障排除了，故障码也就自动消失了，这种认识是错误的。电控系统的故障排除后，必须按照规定的程序清除故障码，否则，故障码仍然存储在 ECU 中，直到若干个起动循环，该处不再发生故障后，故障码才会自动清除。

新维修好的发动机，只要 ECU 中记录有故障码，无论该故障是否存在，仪表盘上的故障指示灯都会点亮以示报警，这样车主便认为仍有故障。若在故障码自动清除前，又有新的故障出现，一是由于无法分清新旧故障码而不易及时发现新的故障，二是在故障排除中，旧故障码会给维修工作带来混乱及困难。因此，在发动机电控系统维修后，必须按照规定的程序清除故障码。

学习任务 2

数据流读取和执行元件测试

学习目标

（1）能够进行数据流的读取。

（2）能够进行执行元件的测试。

任务引入

随着电子技术在汽车上的应用不断增多，汽车的维修变得越来越复杂化，因此诊断仪在汽车维修中的使用越来越多。除调取和清除故障码外，在汽车维修中，利用诊断仪还可以完成读取数据块、执行元件诊断和对 ECU 进行编码。

相关知识

一、读取数据块

数据块（数据流）是指含有某一特定时间车辆工作状况的数据块。目前，国内外正规生产的汽车 ECU 中都有丰富的数据块存储调用功能，一般用故障诊断仪即可从诊断座上读取反映电控系统工作状况的数据块，如传感器的输入数据和输出数据等。维修人员可以通过对数据块中的各项参数进行数值分析，判断电控系统的各个元件工作是否正常，为查找故障原因提供有效依据。

1．读取数据块条件

读取数据块时，应满足以下测试条件：

（1）熔丝正常。

（2）蓄电池电压不低于 11.5 V。

（3）发动机和变速器的搭铁线正常。

（4）冷却液温度不低于 80 ℃。

（5）所有用电设备关闭。

（6）带空调的车辆，关闭空调。

（7）采用自动变速器的车辆，将换挡杆置于 P 或 N 挡位置。

（8）调取故障码时应无故障码，否则应先检修车辆并清除故障码。

2. 读取数据块方法

读取数据块的步骤如下：

（1）连接 V. A. G1551 或 V. A. G1552（图 7－1）。

（2）起动发动机并维持怠速运转，输入地址码“01”并按 Q 键确认，屏幕显示：

Rapid data transmission Q（快速数据传递）	
01—Engine electronics （发动机电控单元）	

（3）待屏幕上显示 ECU 的版本号和编码后按→键进入功能选择，屏幕显示：

Rapid data transfer（快速数据传输）	HELP
Select function × ×（选择功能× ×）	

（4）输入功能码“08”并按 Q 键确认，进入“阅读测量数据块”功能，屏幕显示：

Read measured value block（阅读测量数据块）
Enter display group number × × ×（输入显示组× × ×）

（5）以读取 001 显示组数据块为例，按 0、0 和 1 键并按 Q 键确认，屏幕显示：

Read measured value block（阅读测量数据块）				1
1	2	3	4	

屏幕显示“1、2、3、4”代表显示区域的 4 个具体数据值，其含义和标准值将在本节后续内容中介绍。此外，不同车型数据块显示组数量、编码和显示内容也不同，宝来柴油发动机怠速工况下可读取的数据块分 16 个显示组，全负荷工况下可读取的数据块分 6 个显示组，读取数据块时，可按表 7－5 进行操作，从而切换到另一个显示组。

表 7－5 切换显示组操作方法

显示组切换	高	低	跳读
V. A. G. 1551	按 3 键	按 1 键	按 C 键
V. A. G. 1552	按↑键	按↓键	按 C 键

（6）数据块读取结束后，按→键，屏幕显示：

Rapid data transfer（快速数据传输）	HELP
Select function × ×（选择功能× ×）	

（7）输入功能码“06”并按 Q 键确认，结束“阅读测量数据块”功能。

3. 发动机怠速工况时的数据块说明

（1）怠速工况显示组 000 说明见表 7－6。怠速工况显示组 000 必须在发动机暖机（冷却液温度不低于 80 ℃）时进行测试。

表 7－6　怠速工况显示组 000 说明

显示组 000											
发动机怠速运转											
阅读测量数据块 0											标准值
×	×	×	×	×	×	×	×	×	×	←屏幕显示	
1	2	3	4	5	6	7	8	9	10	←显示区	
									空气流量		70～126
								燃油温度			85～184
							进气歧管温度				151～189
						冷却液温度					36～80
					大气压力						181～222
				进气歧管压力							88～113
			喷油量								11～33
		油门踏板位置									0
	喷油始点										113～133
发动机转速											
手动变速器											41～45
自动变速器											38～42

（2）怠速工况显示组 001 说明见表 7－7。怠速工况显示组 001 必须在发动机暖机（冷却液温度不低于 80 ℃）时进行测试。

表 7－7　怠速工况显示组 001 说明

显示组 001－喷油量					
阅读测量数据块 1					标准值
××××r/min	××.×mg/H	×.×℃A	×××℃	←屏幕显示	
1	2	3	4	←显示区	
			冷却液温度		80 ℃～110 ℃
		喷油时间（标准值）			5.0 ℃A～8.0 ℃A
	喷油量				3～9 mg/H
发动机转速					
手动变速器					860～940 r/min
自动变速器					790～870 r/min

读取怠速工况显示组 001 主要是检测喷油量，若喷油量低于 3 mg/h，可能故障原因是泵喷嘴故障；若喷油量高于 9 mg/h，可能故障原因是发动机温度过低、燃油不足、燃油系统内有空气或泵喷嘴故障。

（3）怠速工况显示组 002 说明见表 7－8。怠速工况显示组 002 必须在发动机暖机（冷却液温度不低于 80 ℃）时进行测试。

表 7－8　怠速工况显示组 002 说明

显示组 002－怠速					
阅读测量数据块 2					
×××× r/min	×××.×%	×××	××× ℃	←屏幕显示	标准值
1	2	3	4	←显示区	
				冷却液温度	80 ℃～110 ℃
			运行条件		010
		加速踏板位置			0.0%
	发动机转速 手动变速器 自动变速器				860～940 r/min 790～870 r/min

读取怠速工况显示组 002 主要是检测发动机怠速时加速踏板的位置，若加速踏板位置大于 0（1%～100%），可能的故障原因是加速踏板位置传感器故障。

运行条件显示值说明：第一位数字（百位）代表空调状态，“0”表示空调关闭（测试时应关闭），“1”表示空调打开；第二位数字（十位）代表怠速开关状态，“0”表示怠速开关打开，“1”表示怠速开关闭合（怠速时应闭合）；第三位数字（个位）代表空调压缩机状态，“0”表示空调压缩机关闭（测试时应关闭），“1”表示空调压缩机打开。

（4）怠速工况显示组 003 说明见表 7－9。怠速工况显示组 003 必须在发动机暖机（冷却液温度不低于 80 ℃）时进行测试。

表 7－9　怠速工况显示组 003 说明

显示组 003－废气再循环					
阅读测量数据块 3					
×××× r/min	××× mg/h	××× mg/h	××.×%	←屏幕显示	标准值
1	2	3	4	←显示区	
				EGR 阀占空比	50%～70%
			进气量（实际值）		230～420 mg/h
		进气量（标准值）			230～420 mg/h
	发动机转速 手动变速器 自动变速器				860～940 r/min 790～870 r/min

读取怠速工况显示组 003 主要是检测发动机废气再循环情况，若进气量实际值显示低于 230 mg/h，可能故障原因是废气再循环过度或进气系统漏气（不经计量）；若进气量实际值显示高于 420 mg/h，可能故障原因是废气再循环不足、发动机温度过低或空气流量计故障。进气量标准值显示高于 420 mg/h，可能故障原因是发动机温度过低。

（5）怠速工况显示组 004 说明见表 7－10。怠速工况显示组 004 必须在发动机暖机（冷却液温度不低于 80 ℃）时进行测试。

表 7－10　怠速工况显示组 004 说明

显示组 004－喷油始点					
阅读测量数据块 4					
××××r/min	××.× mg/h	×.×× CA	×××.× ℃	←屏幕显示	标准值
1	2	3	4	←显示区	
			同步角		(－3.0~3.0)℃A
		喷油时间（标准值）			(3.0~8.0)℃A
	喷油始点（标准值）				2°~4°ATDC
发动机转速 手动变速器 自动变速器					 860~940 r/min 790~870 r/min

读取怠速工况显示组 004 主要是检测发动机喷油正时，若喷油始点高于 4°ATDC，可能是发动机温度过低，应提高发动机转速，暖机后再检查；若同步角显示高于 3.0 ℃A 或低于 －3.0 ℃A，可能故障原因是凸轮轴位置传感器（包括线路及转子）故障。

（6）怠速工况显示组 005 说明见表 7－11。

表 7－11　怠速工况显示组 005 说明

显示组 005－起动条件					
阅读测量数据块 5					
××××r/min	××.× mg/h	×.××	×××.× ℃	←屏幕显示	标准值
1	2	3	4	←显示区	
			冷却液温度		—
		起动同步效应			—
	起动喷油量				—
发动机转速					—

读取怠速工况显示组 005 的数据值与维修人员进行诊断故障无关。

（7）怠速工况显示组 006 说明见表 7－12。怠速工况显示组 006 只需在点火开关打开时进行测试。

表 7-12　怠速工况显示组 006 说明

显示组 006 - 开关位置					
阅读测量数据块 6					
××× km/h	×××	××. ×%	×××	←屏幕显示	标准值
1	2	3	4	←显示区	
			巡航控制系统		255
		加速踏板位置			0. 0%
	离合器与制动踏板监测				000
车速					0 km/h

巡航控制系统显示值说明：不带巡航控制系统车辆显示值为“255”；带有巡航控制系统车辆，巡航控制系统关闭时显示值为“0”，巡航控制系统打开时显示值为“1”。

离合器与制动踏板监测显示值说明：第一位数字（百位）代表离合器踏板开关状态，“0”表示关闭（正常应关闭），“1”表示打开；第二位数字（十位）代表制动踏板开关状态，“0”表示关闭（正常应关闭），“1”表示打开；第三位数字（个位）代表制动灯开关状态，“0”表示打开（正常应打开），“1”表示关闭。

（8）怠速工况显示组 007 说明见表 7-13。怠速工况显示组 007 必须在点火开关打开、发动机冷机且不运转时进行测试。

表 7-13　怠速工况显示组 007 说明

显示组 007 - 温度					
阅读测量数据块 7					
×××℃	××. ×%	××× ℃	××× ℃	←屏幕显示	标准值
1	2	3	4	←显示区	
			冷却液温度		约环境温度
		进气温度			约环境温度
	燃油冷却状态				0% 或 100%
燃油温度					约环境温度

读取怠速工况显示组 007 主要是检测发动机冷却液温度、进气温度和燃油温度，由于是在冷机时测量，所以没有具体的标准值，均应与环境温度相近，若与环境温度有明显的差别，应检查相应温度传感器是否有故障。

怠速工况显示组 007 中第 2 显示区“燃油冷却状态”与维修人员进行故障诊断无关。

（9）怠速工况显示组 009 说明见表 7-14。

读取怠速工况显示组 009 的数据值与维修人员进行诊断故障无关。

（10）怠速工况显示组 012 说明见表 7-15。

表 7－14　怠速工况显示组 009 说明

显示组 009－喷油量限制					
阅读测量数据块 9					
×××× r/min	××. × mg/h	××. × mg/h	××. × mg/h	←屏幕显示	标准值
1	2	3	4	←显示区	
			油量限制		—
		换挡时变速箱的喷油量限制			—
	喷油量（巡航控制系统起动）				—
发动机转速					—

表 7－15　怠速工况显示组 012 说明

显示组 012－预热塞系统					
阅读测量数据块 12					
××××	×××	××. × V	×××. × ℃	←屏幕显示	标准值
1	2	3	4	←显示区	
			冷却液温度		—
		电控单元电源电压			—
	预热时间/s				—
预热系统状态					—

读取怠速工况显示组 012 的数据值与维修人员进行诊断故障无关。

（11）怠速工况显示组 013 说明见表 7－16。怠速工况显示组 013 必须在发动机暖机（冷却液温度不低于 80 ℃）时进行测试。

表 7－16　怠速工况显示组 013 说明

显示组 013－稳定怠速控制					
阅读测量数据块 13					
××. × mg/h	××. × mg/h	××. × mg/h	××. × mg/h	←屏幕显示	标准值
1	2	3	4	←显示区	
			稳定怠速控制 4 缸喷油量		－2. 80 ~ ＋2. 80 mg/h
		稳定怠速控制 3 缸喷油量			－2. 80 ~ ＋2. 80 mg/h
	稳定怠速控制 2 缸喷油量				－2. 80 ~ ＋2. 80 mg/h
稳定怠速控制 1 缸喷油量					－2. 80 ~ ＋2. 80 mg/h

柴油发动机怠速控制系统具有怠速均匀性控制功能。在发动机怠速运转时，ECU 根据发动机转速传感器信号确定各气缸输出的功率，并通过调节各缸的喷油量来使各缸发出的功

率尽可能相等，以维持发动机怠速稳定运转。读取怠速工况显示组 013 数据块，根据显示区的显示值，可确定各气缸输出功率大小及喷油量增减量；若显示某缸喷油量为“正值”，说明该气缸输出功率较小，为保持均匀性增加了该缸的喷油量，显示的数值即喷油量的增加量；若显示某缸喷油量为“负值”，说明该气缸输出功率较大，为保持均匀性减少了该缸的喷油量，显示的数值为喷油量的减少量。

（12）怠速工况显示组 015 说明见表 7－17。

表 7－17　怠速工况显示组 015 说明

<table>
<tr><td colspan="6">显示组 015 – 燃油消耗</td></tr>
<tr><td colspan="4">阅读测量数据块 15</td><td rowspan="3">←屏幕显示
←显示区</td><td rowspan="3">标准值</td></tr>
<tr><td>× × × × r/min</td><td>× ×. × mg/h</td><td>× ×. × mg/h</td><td>× × × mg/h</td></tr>
<tr><td>1</td><td>2</td><td>3</td><td>4</td></tr>
<tr><td></td><td></td><td></td><td colspan="2">喷油量（驾驶员的要求）</td><td>—</td></tr>
<tr><td></td><td></td><td colspan="3">燃油消耗</td><td>—</td></tr>
<tr><td></td><td colspan="4">喷油量（实际值）</td><td>—</td></tr>
<tr><td colspan="5">发动机转速</td><td>—</td></tr>
</table>

读取怠速工况显示组 015 的数据值与维修人员进行诊断故障无关。

（13）怠速工况显示组 016 说明见表 7－18。怠速工况显示组 016 必须在发动机怠速运转时进行测试。

表 7－18　怠速工况显示组 016 说明

<table>
<tr><td colspan="6">显示组 016 – 辅助加热器</td></tr>
<tr><td colspan="4">阅读测量数据块 16</td><td rowspan="3">←屏幕显示
←显示区</td><td rowspan="3">标准值</td></tr>
<tr><td>× × ×%</td><td>× × × × × × × ×</td><td>× ×</td><td>× × ×. × V</td></tr>
<tr><td>1</td><td>2</td><td>3</td><td>4</td></tr>
<tr><td></td><td></td><td></td><td colspan="2">来自电控单元的电压</td><td>13.5 ~ 14.5 V</td></tr>
<tr><td></td><td></td><td colspan="3">辅助加热器继电器动作</td><td>—</td></tr>
<tr><td></td><td colspan="4">辅助加热器</td><td>—</td></tr>
<tr><td colspan="5">发电机负荷</td><td>—</td></tr>
</table>

一汽大众宝来柴油发动机带有冷却液加热系统，“辅助加热器”即指冷却液加热器，“加热器部件动作”指控制冷却液加热器工作的继电器动作状态，控制冷却液加热器工作的继电器有低热输出继电器和高热输出继电器。

怠速显示组 016 第 2 区“辅助加热器”显示说明：显示值为 8 位数，分别表示辅助加热器关闭（即不工作）的原因，8 位数由左到右，第一位显示值为“1”说明冷却液温度在 70 ℃ ~ 80 ℃以上或进气歧管温度在 5 ℃以上，第二位显示值为“1”说明发电机故障，第三位显示值为“1”说明蓄电池电压低于 9 V，第四位显示值为“1”说明发动机转速低于

760 r/min，第五位显示值为“1”说明发动机持续起动超过 10 s，第六位显示值为“1”说明冷却液温度传感器、进气温度传感器或辅助加热器有故障，第七位和第八位显示值与维修人员诊断故障无关。

怠速显示组 016 第 3 区“辅助加热继电器动作”显示说明：不同车型其显示值有 2 位数和 8 位数两种；若显示值为 2 位数，第一位（十位）显示值为“1”说明高热输出继电器接通，第二位（个位）显示值为“1”说明低热输出继电器接通；若显示值为 8 位数，8 位数由左到右，第一位到第六位显示值与维修人员诊断故障无关，第七位（十位）显示值为“1”说明高热输出继电器接通，第八位（个位）显示值为“1”说明低热输出继电器接通。

（14）怠速工况显示组 018 说明见表 7－19。怠速工况显示组 018 必须在发动机暖机（冷却液温度不低于 80 ℃），且至少怠速运转 1 min 后进行测试。

表 7－19　怠速工况显示组 018 说明

显示组 018－泵喷嘴状态					
阅读测量数据块 18					
××	××	××	××	←屏幕显示	标准值
1	2	3	4	←显示区	
			4 缸泵喷嘴		0
		3 缸泵喷嘴			0
	2 缸泵喷嘴				0
1 缸泵喷嘴					0

各缸泵喷嘴状态显示值若不为“0”，可能的故障原因有泵喷嘴故障、电路断路、缺油、燃油系统有空气。

（15）怠速工况显示组 125 说明见表 7－20。怠速工况显示组 125 必须在发动机怠速运转时进行测试。

表 7－20　怠速工况显示组 125 说明

显示组 125－数据总线信息交换					
阅读测量数据块 125					
下一个	下一个	下一个	下一个	←屏幕显示	标准值
1	2	3	4	←显示区	
			安全气囊状态		气囊 1
		组合状态			组合仪表 1
	ABS 状态				ABS 1
变速器状态					挡位 1

怠速工况显示组 125 各区显示值为“1”说明已连接数据总线电控单元，显示值为“0”说明未连接数据总线电控单元。若显示值为“0”，可能的故障原因有数据总线连接失效、

未安装数据总线电控单元、数据总线电控单元失效，可通过调取故障码确定原因。

4. 发动机全负荷工况时的数据块说明

读取全负荷工况各显示组数据块，必须由两人配合完成，一人驾驶车辆，由另一人读取数据块或通过诊断仪打印数据块。测试时必须满足的条件为发动机暖机（冷却液温度不低于 80 ℃）、以二挡或三挡路试、车辆全负荷加速、发动机转速达到 3 000 r/min。

（1）全负荷工况显示组 000 说明见表 7－21。

表 7－21　全负荷工况显示组 000 说明

AGP、AQM 发动机 000 显示组（显示小数值）											
发动机转速 850 ~ 3 150 r/min											
阅读测量数据块 0											
×	×	×	×	×	×	×	×	×	×	←屏幕显示	标准值
1	2	3	4	5	6	7	8	9	10	←显示区	
									空气流量		>245
								燃油温度			85 ~ 199
							进气歧管温度				51 ~ 189
						冷却液温度					35 ~ 80
					大气压力						181 ~ 222
				进气歧管压力							88 ~ 221
			喷油量								142 ~ 160
		油门踏板位置									255
	喷油始点										53 ~ 76
发动机转速											136 ~ 150

（2）全负荷工况显示组 004 说明见表 7－22。

表 7－22　全负荷工况显示组 004 说明

显示组 004－泵喷嘴					
阅读测量数据块 4					
×××× r/min		××.×°ATDC	××.× ℃A	←屏幕显示	标准值
1	2	3	4	←显示区	
			同步角		(－3.0 ~ +3.0)℃A
		喷油时间（标准值）			(19.0 ~ 23.0)℃A
	喷油始点（标准值）				16.0° ~ 23.0°ATDC
发动机转速					2 850 ~ 3 150 r/min

读取全负荷工况显示组 004 主要是检测发动机泵喷嘴喷油同步角，若同步角显示高于 3.0 ℃A 或低于－3.0 ℃A，可能故障原因是凸轮轴位置传感器（包括线路及转子）故障。

（3）全负荷工况显示组 008 说明见表 7 – 23。

表 7 – 23　全负荷工况显示组 008 说明

显示组 008 – 喷油量控制					
阅读测量数据块 8					
× × × × r/min	× ×. × mg/h	× ×. × mg/h	× × × mg/h	←屏幕显示	标准值
1	2	3	4	←显示区	
			喷油量限制（进气量限制）		44. 0 ~ 52. 0 mg/h
		喷油量限制（扭矩限制）			39. 0 ~ 44. 0 mg/h
	喷油量（驾驶员要求）				42 ~ 52 mg/h
发动机转速					2 850 ~ 3 150 r/min

全负荷工况显示组 008 第 2 区“喷油量（驾驶员要求）”说明：若显示值低于 42. 0 mg/h，其故障原因可能是加速踏板未踩到底、加速踏板位置传感器故障或加速踏板操纵机构故障。“喷油量（驾驶员要求）”是指根据加速踏板位置传感器信号确定的喷油量。

全负荷工况显示组 008 第 3 区“喷油量限制（扭矩限制）”说明：若显示值低于 39. 0 mg/h，其故障原因可能是发动机转速过高或过低。应在发动机转速达到 3 000 r/min 时，重新读取该数据块。“喷油量限制（扭矩限制）”的主要目的是使发动机在各种转速下均能获得最佳的扭矩特性。

全负荷工况显示组 008 第 4 区“喷油量限制（进气量限制）”说明：若显示值低于 44. 0 mg/h，其故障原因可能是进气量不足或废气再循环量过多。“喷油量限制（进气量限制）”的主要目的是防止冒黑烟。

（4）全负荷工况显示组 010 说明见表 7 – 24。

表 7 – 24　全负荷工况显示组 010 说明

显示组 010 – 空气流量					
阅读测量数据块 10					
× × × mg/h	× × × × kPa	× × × × kPa	× × ×. ×%	←屏幕显示	标准值
1	2	3	4	←显示区	
			加速踏板位置		100%
		进气压力（增压空气压力）			185 ~ 225 kPa
	大气压力				不相关
进气量					800 ~ 1 100 mg/h

全负荷工况显示组 010 第 1 区“进气量”说明：若显示值低于 800 mg/h，其故障原因可能是转速过低或过高（在发动机转速达到 3 000 r/min 时重新读取）、进气压力过低（检查增压压力调节装置）或空气流量计故障。

全负荷工况显示组 010 第 3 区“进气压力（增压空气压力）”说明：若显示值低于

185 kPa，可能的故障原因是增压压力调节装置故障或增压器故障；若显示值大于 225 kPa，可能的故障原因是增压器故障。

全负荷工况显示组 010 第 4 区“加速踏板位置”说明：若显示值低于 100%，可能的故障原因是加速踏板未踩到底或加速踏板位置传感器故障。

（5）全负荷工况显示组 011 说明见表 7－25。

表 7－25　全负荷工况显示组 011 说明

显示组 011－进气压力控制					
阅读测量数据块 11					
××××r/min	××××kPa	××××kPa	×××%	←屏幕显示	标准值
1	2	3	4	←显示区	
			进气压力调节阀占空比		55%～80%
		进气压力（实际值）			185～225 kPa
	进气压力（标准值）				190～210 kPa
发动机转速					2 850～3 150 r/min

全负荷工况显示组 011 第 3 区“进气压力（实际值）”说明：若显示值低于 185 kPa，可能故障原因是增压压力调节装置故障或增压器故障，也可能是大气压力过低（应在低海拔地区测量）；若显示值约为 225 kPa，可能的故障原因是增压器故障。

二、执行元件诊断

1. 注意事项

以一汽大众宝来柴油发动机为例，利用专用诊断仪对执行元件诊断时应注意：

（1）带空调的车辆，必须使车辆处于高于 15 ℃的室温环境，并打开空调系统，温度调至最低挡位置，鼓风机转速调至最高速位置。

（2）诊断时按顺序依次触发下列执行元件：废气再循环阀、空调压缩机、进气压力调节电磁阀、进气歧管翻板转换阀、预热时间警告灯、鼓风机继电器、预热塞继电器、低热输出继电器（用于手动变速器车辆）、高热输出继电器（仅用于手动变速器车辆）。每个执行元件被触发 30 s，在这期间可通过按键触发另一个执行元件；重复进行执行元件诊断前，应关闭点火开关。

2. 执行元件诊断步骤

（1）连接 V. A. G1551 或 V. A. G1552（图 7－2）。

（2）起动发动机并维持怠速运转，输入地址码“01”并按 Q 键确认，屏幕显示：

Rapid　data　transmission　Q（快速数据传递） 01—Engine　electronics（发动机电控单元）

(3) 待屏幕上显示 ECU 的版本号和编码后按→键进入功能选择，屏幕显示：

Rapid data transfer（快速数据传输）　　　　HELP Select function × ×（选择功能× ×）

(4) 输入功能码“03”进入“执行元件诊断”功能，屏幕显示：

Rapid data transfer（快速数据传输）　　　　Q 03 Final control diagnosis（03 执行元件诊断）

(5) 按 Q 键确认，屏幕显示如下：

Rapid data transfer（快速数据传输） Exhaust gas recirculation valve－N18（废气再循环阀 N18）

此时应能听到废气再循环阀发出的咔嗒声。若因受发动机运转声的影响而听不到电磁阀的咔嗒声，可通过触摸来确定阀是否动作，必要时应打开点火开关重新检查。若废气再循环阀无咔嗒声（不工作），应检查废气再循环系统。

(6) 按→键，屏幕显示如下：

Final control diagnosis（执行元件诊断） Conditioner compressor interruption（空调压缩机切断）

此时空调压缩机应在 5 s 内停转，然后约每 5 s 起动和关闭一次。若空调压缩机未切断，则应检查空调系统的信号。

(7) 按→键，屏幕显示如下：

Final control diagnosis（执行元件诊断） Charge pressure control solenoid value－N75（进气压力调节电磁阀 N75）

此时应能听到电磁阀发出咔嗒声，若因受发动机运转声的影响而听不到电磁阀的咔嗒声，可通过触摸来确定阀是否动作，必要时应打开点火开关重新检查。若废气再循环阀无咔嗒声（不工作），应检查进气压力调节电磁阀 N75。

(8) 按→键，屏幕显示如下：

Final control diagnosis（执行元件诊断） Intake manifold flap changeover valve－N239（进气歧管翻板转换阀 N239）

此时发动机应停转，若发动机不停转，则应检查进气歧管翻板转换阀的工作状况。

（9）按→键，屏幕显示如下：

Final control diagnosis（执行元件诊断） Glow period warning lamp－K29（预热时间警告灯 K29）

此时预热时间警告灯应闪亮，若不闪亮，则检查预热时间警告灯。

（10）按→键，屏幕显示如下：

Final control diagnosis（执行元件诊断） Fan relay J323（鼓风机继电器 J323）

此时风扇应每 5 s 运转和停止一次，若风扇不运转，则检查风扇继电器。

（11）按→键，屏幕显示如下：

Final control diagnosis（执行元件诊断） Glow plug relay－J52（预热塞继电器 J52）

此时应能听到预热塞继电器发出的咔嗒声，同时由于预热塞耗电量大，继电器接通和断开时车内灯光会一明一暗变化。若继电器无咔嗒声，则检查预热塞继电器。

（12）按→键，屏幕显示如下（手动变速器车辆）：

Final control diagnosis（执行元件诊断） Low heater output relay－J359（低热输出继电器 J359）

此时应能听到低热输出继电器发出的咔嗒声，若继电器无咔嗒声，则检查低热输出继电器。

（13）按→键，屏幕显示如下（手动变速器车辆）：

Final control diagnosis（执行元件诊断） High heater output relay－J360（高热输出继电器 J359）

此时应能听到高热输出继电器发出的咔嗒声，同时由于冷却液加热器“高热输出”时的耗电量大，继电器接通和断开时车内灯光会一明一暗变化。若继电器无咔嗒声，则检查高热输出继电器。

（14）按→键，屏幕显示如下：

Rapid data transfer（快速数据传输）　　　HELP Select function × ×（选择功能× ×）

（15）输入功能码“06”并按Q键确认，结束“数据传输功能”。关闭点火开关，执行元件诊断完成。

三、发动机控制单元（ECU）编码

1. 获取ECU编码

获取ECU编码的方法如下：

（1）连接专用诊断仪V. A. G1551或V. A. G1552（图7－2）。

（2）打开点火开关或起动发动机，输入地址码“01”并按Q键确认，屏幕显示：

038906019DF	1.9l	R4	EDC	G000SG 1260
Goding00002	WSC×××××			

其中：038906019DF为发动机控制单元零件号，1.9l为发动机排量（1.9 L），R4为发动机形式（4缸直列），EDC为电子柴油控制喷射系统英文缩写，G表示带巡航控制系统，SG表示手动变速器车辆（AG表示自动变速器车辆），1260为控制单元软件版本号，Goding00002为控制单元编码（00001为自动变速器，00002为手动变速器），WSC×××××为上一次编制代码的服务站的V. A. G1551代码（若未改动则显示原厂代码WSC00000）。

屏幕显示上述信息后，记录或按V. A. G1551上的PRINT键打印。

（3）将屏幕显示的信息记录或打印后，按→键，再输入功能码“06”并按Q键确认，结束数据传输。

2. ECU编码

如果在仪器诊断时，显示的ECU版本号和编码等信息与车辆不符或更换新的ECU后，均需对ECU进行重新编码，其方法如下：

（1）连接V. A. G1551或V. A. G1552（图7－2）。

（2）打开点火开关，输入地址码“01”并按Q键确认，再按→键进入功能选择，屏幕显示：

Rapid data transfer（快速数据传输）	HELP
Select function ××（选择功能××）	

（3）输入功能码“07”并按Q键确认，进入“控制单元编码”功能，屏幕显示：

Coding control unit（控制单元编码）	Q
Enter code number（输入编码）	

（4）输入控制单元编码（自动变速器00001，手动变速器00002），按Q键确认，屏幕显示：

038906019DF 1.9l R4 EDC G000SG 1260 Goding00002 WSC×××××

（5）关闭点火开关，再打开点火开关，即完成 ECU 编码。若输入编码后，不进行“先关闭再打开点火开关”操作，则不能激活输入的编码，存储的“控制单元编码不正确”故障信息（故障码）无法清除。

任务实施

一、数据流读取

（1）关闭点火开关，将诊断仪器 V. A. G1551/3 故障诊断座连接；
（2）打开点火开关，输入发动机 ECU 的地址代码；
（3）数据流读取，弄清楚每组数据代表的含义；
（4）数据流调取完成后，关闭点火开关，拆下专用诊断仪和传输线。

二、执行元件测试

（1）连接 V. A. G1551 或 V. A. G1552（图 7－2）；
（2）起动发动机并维持怠速运转，输入地址码“01”并按 Q 键确认；
（3）待屏幕上显示 ECU 的版本号和编码后按→键进入功能选择；
（4）输入功能码“03”进入“执行元件诊断”功能；
（5）废气再循环阀测试；
（6）进气压力调节电磁阀测试；
（7）进气歧管翻板转换阀测试；
（8）预热时间警告灯测试；
（9）鼓风机继电器测试；
（10）预热塞继电器测试；
（11）低热输出继电器测试；
（12）高热输出继电器测试；
（13）关闭点火开关，执行元件诊断完成。

三、技能学习考核

（1）教师为每组学生准备好实验台架或整车及相关技术材料。

（2）小组学生边查阅技术资料边观察实验台架或整车，完成技能学习工作单。结合检测结果，指出相关的故障，并考虑工作计划的准备工作，检测仪器、工作油液和辅助材料的可使用性是否达到最佳程度，提出合理化建议并在下一次检修时予以考虑。

（3）教师观察学生学习过程，最后审阅学生完成的工作单，检查工作计划的所有工作项目并确认所有项目都已认真完成，检查安全、环保方面的工作是否到位，检查是否遵守规定的维修工时，检查车辆、发动机是否干净整洁，护套是否取下，工具是否整理，最后给出评价。

习题

（1）如何用 V. A. G1551 或 V. A. G1552 调取宝来车故障码？

（2）如何利用诊断仪对柴油发动机电控执行元件进行诊断？

（3）如何读取数据块？有何意义？

（4）如何对 ECU 进行编码？

技能学习工作单

项目一　柴油发动机电控系统和维修常用仪器设备的认识

学习任务1　技能学习工作单

学习任务：柴油发动机电控系统的认识

班级学号		姓名	

1. 你所查阅的技术资料有：

____

____。

2. 请描述观察实验台架或整车的相关信息：

（1）捷达 1.9 L SDI 柴油发动机电控系统。

技术参数：

燃油喷射系统类型：

主要传感器：

主要执行器：

（2）宝来 1.9 L TDI 柴油发动机电控系统。

技术参数：

燃油喷射系统类型：

主要传感器：

主要执行器：

（3）奥迪 A6 2.5 L TDI 柴油发动机电控系统认识。

技术参数：

燃油喷射系统类型：

主要传感器：

主要执行器：

3. 学生熟悉柴油发动机电控系统相关传感器和执行器的位置并记录相关注意事项：

4. 自我评价（个人技能掌握程度）：□非常熟练　□比较熟练　□一般熟练　□不熟练

教师评语：（包括工作单填写情况、查阅资料能力、观察的方法、小组协作情况等，并按等级制给出成绩）

学习任务成绩________　　教师签字：________　　______年___月___日

学习任务2　技能学习工作单

学习任务：维修常用仪器设备认识

班级学号		姓名	

1. 你所查阅的技术资料有：

____

____。

2. 请对维修设备进行识别并描述其功能：

（1）跨接线：

（2）测试灯：

（3）数字式万用表：

（4）手动真空泵：

（5）燃油压力表：

（6）故障诊断仪：

（7）示波器：

（8）发动机综检仪：

3. 学生练习使用维修仪器设备并记录使用注意事项：

4. 自我评价（个人技能掌握程度）：□非常熟练　□比较熟练　□一般熟练　□不熟练

教师评语：（包括工作单填写情况、查阅资料能力、观察的方法、小组协作情况等，并按等级制给出成绩）

学习任务成绩________　　教师签字：________　　______年___月___日

项目二　电控分配泵燃油系统检修

学习任务1　技能学习工作单

学习任务：分配泵检修

班级学号		姓名	

1. 你所查阅的技术资料有：

____

____。

2. 请描述观察实验台架或整车的相关信息：

____

____。

3. 分配泵检测

（1）请将你对柴油发动机分配泵故障诊断时发现的故障现象描述在下面：

____

____

____

____。

（2）根据上述现象，你做出的分析是：______________________

____

____

____。

（3）请将你对针对上述故障所做的排除检测工作记录在下面：

____

____

____

____。

（4）根据上述排除操作，最后检验的结果是：□故障排除　□故障未排除。

如果故障未排除，请分析原因，并提出进一步检修计划：

____

____。

4. 自我评价（个人技能掌握程度）：□非常熟练　□比较熟练　□一般熟练　□不熟练

教师评语：（包括工作单填写情况、查阅资料能力、观察的方法，小组协作情况等，并按等级制给出成绩）

学习任务成绩________　　教师签字：________　　______年____月____日

学习任务2　技能学习工作单

学习任务：喷油器检修

班级学号		姓名	

1. 你所查阅的技术资料有：

____

____。

2. 请描述观察实验台架或整车的相关信息：

____

____。

3. 喷油器检修

（1）请将你对柴油发动机喷油器故障诊断时发现的故障现象描述在下面：

____

____

____

____。

（2）根据上述现象，你做出的分析是：______________________________

____

____

____。

（3）请将你对针对上述故障所做的排除检测工作记录在下面：

____

____

____

____。

（4）请将你进行喷油器拆装时需要注意的事项记录在下面：

____

____

（5）根据上述排除操作，最后检验的结果是：□故障排除　□故障未排除。

如果故障未排除，请分析原因，并提出进一步检修计划：

____

____。

4. 自我评价（个人技能掌握程度）：□非常熟练　□比较熟练　□一般熟练　□不熟练

教师评语：（包括工作单填写情况、查阅资料能力、观察的方法、小组协作情况等，并按等级制给出成绩）

学习任务成绩________　　教师签字：________　　______年____月____日

项目三　电控泵喷嘴燃油系统检修

学习任务1　技能学习工作单

学习任务：泵喷嘴检修

班级学号		姓名	

1. 你所查阅的技术资料有：

____

______________________________。

2. 请描述观察实验台架或整车的相关信息：

____

______________________________。

3. 泵喷嘴检修

（1）请将你对柴油发动机泵喷嘴故障诊断时发现的故障现象描述在下面：

____

____

____

______________________________。

（2）根据上述现象，你做出的分析是：______________________________

____

____

______________________________。

（3）请将你对针对上述故障所做的排除检测工作记录在下面：

____

____

____

______________________________。

（4）请将你进行喷油器拆装时需要注意的事项记录在下面：

____

____

（5）根据上述排除操作，最后检验的结果是：□故障排除　□故障未排除。

如果故障未排除，请分析原因，并提出进一步检修计划：

____

______________________________。

4. 自我评价（个人技能掌握程度）：□非常熟练　□比较熟练　□一般熟练　□不熟练

教师评语：（包括工作单填写情况、查阅资料能力、观察的方法、小组协作情况等，并按等级制给出成绩）

学习任务成绩________　教师签字：________　______年____月____日

学习任务2　技能学习工作单

学习任务：泵喷嘴校正

班级学号		姓名	

1. 你所查阅的技术资料有：

____。

2. 请描述观察实验台架或整车的相关信息：

____。

3. 泵喷嘴校正：

（1）请将你对柴油发动机泵喷嘴故障诊断时发现的故障现象描述在下面：

____。

（2）根据上述现象，你做出的分析是：____。

（3）请将你对针对上述故障所做的校正工作记录在下面：

____。

（4）请将你进行喷油器拆装时需要注意的事项记录在下面：

____

（5）根据上述排除操作，最后检验的结果是：□故障排除　□故障未排除。

如果故障未排除，请分析原因，并提出进一步检修计划：

____。

4. 自我评价（个人技能掌握程度）：□非常熟练　□比较熟练　□一般熟练　□不熟练

教师评语：（包括工作单填写情况、查阅资料能力、观察的方法、小组协作情况等，并按等级制给出成绩）

学习任务成绩________　教师签字：________　______年____月____日

项目四　电控共轨式燃油系统检修

学习任务1　技能学习工作单

学习任务：高压泵检修

班级学号		姓名	

1. 你所查阅的技术资料有：

____

____。

2. 请描述观察实验台架或整车的相关信息：

____

____。

3. 高压泵检修：

（1）请将你对柴油发动机高压泵故障诊断时发现的故障现象描述在下面：

____

____

____

____。

（2）根据上述现象，你做出的分析是：________________________________

____

____

____。

（3）请将你对针对上述故障所做的诊断工作记录在下面：

____

____

____

____。

（4）请将你进行高压泵拆装时需要注意的事项记录在下面：

____

____

（5）根据上述排除操作，最后检验的结果是：□故障排除　□故障未排除。

如果故障未排除，请分析原因，并提出进一步检修计划：

____

____。

4. 自我评价（个人技能掌握程度）：□非常熟练　□比较熟练　□一般熟练　□不熟练

教师评语：（包括工作单填写情况、查阅资料能力、观察的方法、小组协作情况等，并按等级制给出成绩）

学习任务成绩________　　教师签字：________　　______年____月____日

学习任务2　技能学习工作单

学习任务：共轨喷油器检修

班级学号		姓名	

1. 你所查阅的技术资料有：

____

____。

2. 请描述观察实验台架或整车的相关信息：

____

____。

3. 共轨喷油器的检修：

（1）请将你对柴油发动机共轨喷油器故障诊断时发现的故障现象描述在下面：

____

____

____

____。

（2）根据上述现象，你做出的分析是：______________________________

____

____

____。

（3）请对针对上述故障所做的诊断工作记录在下面：

____

____

____

____。

（4）请将进行共轨喷油器匹配时需要注意的事项记录在下面：

____

____

（5）根据上述排除操作，最后检验的结果是：□故障排除　□故障未排除。

如果故障未排除，请分析原因，并提出进一步检修计划：

____

____。

4. 自我评价（个人技能掌握程度）：□非常熟练　□比较熟练　□一般熟练　□不熟练

教师评语：（包括工作单填写情况、查阅资料能力、观察的方法、小组协作情况等，并按等级制给出成绩）

学习任务成绩________　教师签字：________　______年____月____日

学习任务3　技能学习工作单

学习任务：低压输油泵检修

班级学号		姓名	

1. 你所查阅的技术资料有：

____

____。

2. 请描述观察实验台架或整车的相关信息：

____

____。

3. 低压输油泵的检修：

（1）请将你对柴油发动机低压输油泵故障诊断时发现的故障现象描述在下面：

____

____

____

____。

（2）根据上述现象，你做出的分析是：______________________________

____

____

____。

（3）请将你对针对上述故障所做的诊断工作记录在下面：

____

____

____

____。

（4）如果故障未排除，请分析原因，并提出进一步检修计划：

____

____。

4. 自我评价（个人技能掌握程度）：□非常熟练　□比较熟练　□一般熟练　□不熟练

教师评语：（包括工作单填写情况、查阅资料能力、观察的方法、小组协作情况等，并按等级制给出成绩）

学习任务成绩________　　教师签字：________　　______年____月____日

项目五　柴油发动机电控系统传感器检修

学习任务1　技能学习工作单

学习任务：<u>加速踏板位置传感器检修</u>

班级学号		姓名	

1. 你所查阅的技术资料有：

____

____。

2. 请描述观察实验台架或整车的相关信息：

____

____。

3. 加速踏板位置传感器的检修：

（1）请将你对柴油发动机加速踏板位置传感器故障诊断时发现的故障现象描述在下面：

____

____

____

____。

（2）根据上述现象，你做出的分析是：____

____

____

____。

（3）请将你对针对上述故障所做的诊断工作记录在下面：

____

____

____

____。

（4）画出加速踏板位置传感器的波形

（5）如果故障未排除，请分析原因，并提出进一步检修计划：

____

____。

4. 自我评价（个人技能掌握程度）：□非常熟练　□比较熟练　□一般熟练　□不熟练

教师评语：（包括工作单填写情况、查阅资料能力、观察的方法、小组协作情况等，并按等级制给出成绩）

学习任务成绩________　　教师签字：________　　______年____月____日

学习任务2　技能学习工作单

学习任务：曲轴/凸轮轴位置传感器检修

班级学号		姓名	

1. 你所查阅的技术资料有：____。

2. 请描述观察实验台架或整车的相关信息：____。

3. 曲轴位置传感器的检修：

（1）请将你对柴油发动机曲轴位置传感器的故障诊断时发现的故障现象描述在下面：____。

（2）根据上述现象，你做出的分析是：____。

（3）请将你对针对上述故障所做的诊断工作记录在下面：____。

（4）画出曲轴位置传感器的波形

（5）如果故障未排除，请分析原因，并提出进一步检修计划：____。

班级学号		姓名	

4. 凸轮轴位置传感器的检修：

（1）请将你对柴油发动机凸轮轴位置传感器的故障诊断时发现的故障现象描述在下面：

____。

（2）根据上述现象，你做出的分析是：____。

（3）请将你对针对上述故障所做的诊断工作记录在下面：

____。

（4）画出凸轮轴位置传感器的波形：

（5）如果故障未排除，请分析原因，并提出进一步检修计划：

____。

5. 自我评价（个人技能掌握程度）：□非常熟练 □比较熟练 □一般熟练 □不熟练

教师评语：（包括工作单填写情况、查阅资料能力、观察的方法、小组协作情况等，并按等级制给出成绩）

学习任务成绩________ 教师签字：________ ______年____月____日

学习任务3　技能学习工作单

学习任务：<u>针阀升程传感器检修</u>

班级学号		姓名	

1. 你所查阅的技术资料有：

____

____。

2. 请描述观察实验台架或整车的相关信息：

____

____。

3. 针阀升程传感器的检修：

（1）请将你对柴油发动机针阀升程传感器故障诊断时发现的故障现象描述在下面：

____

____

____

____。

（2）根据上述现象，你做出的分析是：______________________

____

____

____。

（3）请将你对针对上述故障所做的诊断工作记录在下面：

____

____

____

____。

（4）画出针阀升程传感器的波形

（5）如果故障未排除，请分析原因，并提出进一步检修计划：

____

____。

4. 自我评价（个人技能掌握程度）：□非常熟练　□比较熟练　□一般熟练　　□不熟练

教师评语：（包括工作单填写情况、查阅资料能力、观察的方法、小组协作情况等，并按等级制给出成绩）

学习任务成绩________　　教师签字：________　　______年___月___日

学习任务4　技能学习工作单

学习任务：控制滑套位置传感器检修

班级学号		姓名	

1. 你所查阅的技术资料有：

____。

2. 请描述观察实验台架或整车的相关信息：

____。

3. 控制滑套位置传感器的检修

（1）请将你对柴油发动机控制滑套位置传感器故障诊断时发现的故障现象描述在下面：

____。

（2）根据上述现象，你做出的分析是：____。

（3）请将你对针对上述故障所做的诊断工作记录在下面：

____。

（4）如果故障未排除，请分析原因，并提出进一步检修计划：

____。

4. 自我评价（个人技能掌握程度）：□非常熟练　□比较熟练　□一般熟练　□不熟练

教师评语：（包括工作单填写情况、查阅资料能力、观察的方法、小组协作情况等，并按等级制给出成绩）

学习任务成绩________　　教师签字：________　　______年____月____日

学习任务5　技能学习工作单

学习任务：温度传感器检修

班级学号		姓名	

1. 你所查阅的技术资料有：

。

2. 请描述观察实验台架或整车的相关信息：

。

3. 燃油温度传感器的检修：

（1）请将你对柴油发动机燃油温度传感器故障诊断时发现的故障现象描述在下面：

。

（2）根据上述现象，你做出的分析是：

。

（3）请将你对针对上述故障所做的诊断工作记录在下面：

。

（4）如果故障未排除，请分析原因，并提出进一步检修计划：

。

4. 进气歧管温度传感器的检修：

（1）请将你对柴油发动机进气歧管温度传感器故障诊断时发现的故障现象描述在下面：

。

续表

班级学号		姓名	

（2）根据上述现象，你做出的分析是：______________________________

____

____

____。

（3）请将你对针对上述故障所做的诊断工作记录在下面：

____

____

____

____。

（4）如果故障未排除，请分析原因，并提出进一步检修计划：

____

____。

5．冷却液温度传感器的检修：

（1）请将你对柴油发动机冷却液温度传感器故障诊断时发现的故障现象描述在下面：

____

____

____

____。

（2）根据上述现象，你做出的分析是：______________________________

____

____

____。

（3）请将你对针对上述故障所做的诊断工作记录在下面：

____

____

____

____。

（4）如果故障未排除，请分析原因，并提出进一步检修计划：

____

____。

6．自我评价（个人技能掌握程度）：□非常熟练　□比较熟练　□一般熟练　□不熟练

教师评语：（包括工作单填写情况、查阅资料能力、观察的方法、小组协作情况等，并按等级制给出成绩）

学习任务成绩________　　教师签字：________　　______年____月____日

学习任务6 技能学习工作单

学习任务：压力传感器检修

班级学号		姓名	

1. 你所查阅的技术资料有：

____

____。

2. 请描述观察实验台架或整车的相关信息：

____

____。

3. 进气歧管压力传感器的检修：

（1）请将你对柴油发动机进气歧管压力传感器故障诊断时发现的故障现象描述在下面：

____

____

____

____

____。

（2）根据上述现象，你做出的分析是：________________________________

____

____

____

____。

（3）请将你对针对上述故障所做的诊断工作记录在下面：

____

____

____

____

____。

（4）如果故障未排除，请分析原因，并提出进一步检修计划：

____

____。

4. 大气压力传感器的检修：

（1）请将你对柴油发动机大气压力传感器故障诊断时发现的故障现象描述在下面：

____

____

____

____。

（2）根据上述现象，你做出的分析是：________________________________

____

____

____。

续表

班级学号		姓名	

（3）请将你对针对上述故障所做的诊断工作记录在下面：

____

____

____

____。

（4）如果故障未排除，请分析原因，并提出进一步检修计划：

____

____。

5. 共轨压力传感器的检修：

（1）请将你对柴油发动机共轨压力传感器故障诊断时发现的故障现象描述在下面：

____

____

____

____。

（2）根据上述现象，你做出的分析是：______________________

____

____

____

____。

（3）请将你对针对上述故障所做的诊断工作记录在下面：

____

____

____

____

____。

（4）如果故障未排除，请分析原因，并提出进一步检修计划：

____

____

____。

6. 自我评价（个人技能掌握程度）：□非常熟练 □比较熟练 □一般熟练 □不熟练

教师评语：（包括工作单填写情况、查阅资料能力、观察的方法、小组协作情况等，并按等级制给出成绩）

学习任务成绩________ 教师签字：________ ______年____月____日

学习任务7　技能学习工作单

学习任务：空气流量计传感器检修

班级学号		姓名	

1. 你所查阅的技术资料有：

____

____。

2. 请描述观察实验台架或整车的相关信息：

____

____。

3. 空气流量计传感器的检修：

（1）请将你对柴油发动机空气流量计传感器故障诊断时发现的故障现象描述在下面：

____

____

____

____

____。

（2）根据上述现象，你做出的分析是：______________________

____

____

____。

（3）请将你对针对上述故障所做的诊断工作记录在下面：

____

____

____

____

____。

（4）如果故障未排除，请分析原因，并提出进一步检修计划：

____

____

____。

4. 自我评价（个人技能掌握程度）：□非常熟练　□比较熟练　□一般熟练　□不熟练

教师评语：（包括工作单填写情况、查阅资料能力、观察的方法、小组协作情况等，并按等级制给出成绩）

学习任务成绩________　　教师签字：________　　______年____月____日

学习任务8 技能学习工作单

学习任务：氧传感器检修

班级学号		姓名	

1. 你所查阅的技术资料有：

____

____

____。

2. 请描述观察实验台架或整车的相关信息：

____

____

____。

3. 氧传感器的检修：

（1）请将你对柴油发动机氧传感器故障诊断时发现的故障现象描述在下面：

____

____

____

____

____。

（2）根据上述现象，你做出的分析是：______________________

____

____

____

____。

（3）请将你对针对上述故障所做的诊断工作记录在下面：

____

____

____

____

____。

（4）如果故障未排除，请分析原因，并提出进一步检修计划：

____

____

____。

4. 宽量程氧传感器的检修：

（1）请将你对柴油发动机宽氧传感器故障诊断时发现的故障现象描述在下面：

____

____

____

____

____。

续表

班级学号		姓名	

（2）根据上述现象，你做出的分析是：____。

（3）请将你对针对上述故障所做的诊断工作记录在下面：

____。

（4）如果故障未排除，请分析原因，并提出进一步检修计划：

____。

5．自我评价（个人技能掌握程度）：□非常熟练 □比较熟练 □一般熟练 □不熟练

教师评语：（包括工作单填写情况、查阅资料能力、观察的方法、小组协作情况等，并按等级制给出成绩）

学习任务成绩________ 教师签字：________ ______年____月____日

项目六　柴油发动机辅助控制系统检修

学习任务1　技能学习工作单

学习任务：废气涡轮增压控制系统检修

班级学号		姓名	

1. 你所查阅的技术资料有：

____

____。

2. 请描述观察实验台架或整车的相关信息：

____

____。

3. 废气涡轮增压控制系统的检修：

（1）请将你对柴油发动机废气涡轮增压控制系统故障诊断时发现的故障现象描述在下面：

____

____

____

____。

（2）根据上述现象，你做出的分析是：____

____

____

____。

（3）请将你对上述故障所做的诊断工作记录在下面：

____

____

____

____。

（4）如果故障未排除，请分析原因，并提出进一步检修计划：

____

____。

4. 自我评价（个人技能掌握程度）：□非常熟练　□比较熟练　□一般熟练　□不熟练

教师评语：（包括工作单填写情况、查阅资料能力、观察的方法、小组协作情况等，并按等级制给出成绩）

学习任务成绩________　　教师签字：________　　______年____月____日

学习任务2　技能学习工作单

学习任务：预热系统检修

班级学号		姓名	

1. 你所查阅的技术资料有：

____

____。

2. 请描述观察实验台架或整车的相关信息：

____

____。

3. 预热系统的检修：

（1）请将你对柴油发动机预热系统故障诊断时发现的故障现象描述在下面：

____

____

____

____。

（2）根据上述现象，你做出的分析是：______________________

____

____

____

____。

（3）请将你对上述故障所做的诊断工作记录在下面：

____

____

____

____

____。

（4）如果故障未排除，请分析原因，并提出进一步检修计划：

____

____

____。

4. 自我评价（个人技能掌握程度）：□非常熟练　□比较熟练　□一般熟练　□不熟练

教师评语：（包括工作单填写情况、查阅资料能力、观察的方法、小组协作情况等，并按等级制给出成绩）

学习任务成绩________　　教师签字：________　　______年____月____日

学习任务3　技能学习工作单

学习任务：<u>电控进气系统检修</u>

班级学号		姓名	

1. 你所查阅的技术资料有：

____

____。

2. 请描述观察实验台架或整车的相关信息：

____

____。

3. 进气系统的检修：

（1）请将你对柴油发动机进气系统故障诊断时发现的故障现象描述在下面：

____

____

____

____。

（2）根据上述现象，你做出的分析是：________________________________

____

____

____

____。

（3）请将你对上述故障所做的诊断工作记录在下面：

____

____

____

____

____。

（4）如果故障未排除，请分析原因，并提出进一步检修计划：

____

____

____。

4. 自我评价（个人技能掌握程度）：□非常熟练　□比较熟练　□一般熟练　□不熟练

教师评语：（包括工作单填写情况、查阅资料能力、观察的方法、小组协作情况等，并按等级制给出成绩）

学习任务成绩________　　教师签字：________　　______年____月____日

学习任务4　技能学习工作单

学习任务：EGR系统检修

班级学号		姓名	

1. 你所查阅的技术资料有：

____

____。

2. 请描述观察实验台架或整车的相关信息：

____

____。

3. EGR系统的检修：

（1）请将你对柴油发动机EGR系统故障诊断时发现的故障现象描述在下面：

____

____

____

____。

（2）根据上述现象，你做出的分析是：______________________

____

____

____

____。

（3）请将你对上述故障所做的诊断工作记录在下面：

____

____

____

____

____。

（4）如果故障未排除，请分析原因，并提出进一步检修计划：

____

____

____。

4. 自我评价（个人技能掌握程度）：□非常熟练　□比较熟练　□一般熟练　□不熟练

教师评语：（包括工作单填写情况、查阅资料能力、观察的方法、小组协作情况等，并按等级制给出成绩）

学习任务成绩________　　教师签字：________　　______年____月____日

项目七　柴油发动机电控系统故障诊断

学习任务1　技能学习工作单

学习任务：故障码读取和无故障码诊断

班级学号		姓名	

1. 你所查阅的技术资料有：

____

____。

2. 请描述观察实验台架或整车的相关信息：

____

____。

3. 故障码读取和无故障码诊断：

（1）请将你对柴油发动机电控系统故障诊断时发现的故障现象描述在下面：

____

____

____

____。

（2）根据上述现象，你做出的分析是：________________________

____

____

____。

（3）请将你对上述故障所做的诊断工作记录在下面：

____

____

____

____。

（4）如果故障未排除，请分析原因，并提出进一步检修计划：

____

____

____。

4. 自我评价（个人技能掌握程度）：□非常熟练　□比较熟练　□一般熟练　□不熟练

教师评语：（包括工作单填写情况、查阅资料能力、观察的方法、小组协作情况等，并按等级制给出成绩）

学习任务成绩________　　教师签字：________　　______年___月___日

学习任务2 技能学习工作单

学习任务：数据流读取和执行元件测试

班级学号		姓名	

1. 你所查阅的技术资料有：____。

2. 请描述观察实验台架或整车的相关信息：____。

3. 数据流读取：

（1）请记录数据流读取的相关数据：____。

（2）根据上述数据，你做出的分析是：____。

4. 执行元件测试：

（1）请记录执行元件测试的方法：____。

（2）根据上述操作结果，你做出的分析是：____。

5. 自我评价（个人技能掌握程度）：□非常熟练 □比较熟练 □一般熟练 □不熟练

教师评语：（包括工作单填写情况、查阅资料能力、观察的方法、小组协作情况等，并按等级制给出成绩）

学习任务成绩________ 教师签字：________ ______年____月____日

参 考 文 献

[1] 张西振. 柴油发动机电控系统检测与修复 [M]. 北京：机械工业出版社，2011.

[2] 张西振. 汽车柴油机电控技术 [M]. 北京：机械工业出版社，2009.

[3] 栾琪文. 汽车电控柴油机结构原理与维修 [M]. 北京：机械工业出版社，2006.

[4] 北京联创高科技汽车电子研究所. 怎样维修电控柴油机轿车 [M]. 北京：机械工业出版社，2006.

[5] 杨杰民，等. 现代汽车柴油机电控系统 [M]. 上海：上海交通大学出版社，2002.

[6] 刘仲国. 现代汽车检测与诊断技术 [M]. 北京：机械工业出版社，2001.

[7] 谭本忠. 最新电控柴油发动机维修 [M]. 北京：化学工业出版社，2013.

[8] 范明强，等. 柴油机电控高压喷油系统结构与维修 [M]. 北京：机械工业出版社，2013.

[9] 宋福昌. 高压共轨电控柴油机结构与维修 [M]. 北京：机械工业出版社，2013.